唐蘭全集

一二

書信
詩詞
附録

上海古籍出版社

目録

書信

詩詞

附録

後記

書信

致王國維

一

静安先生大人左右：

敬啓者，違教久，輒憶前請益之時，殊縈懷抱也。近聞方治《公羊》，蘭亦稍習其書，未知可不鄙愚魯有所啓迪否？奉上敝館講演集一册，中有拙作《名學》一篇，萬望教之爲禱。未悉尊寓，特請羅先生轉致。此後如蒙時錫教言，則故末學所馨香以祝也。耑此，敬請

著安

鄉後學唐蘭白

蘭於專修館已卒業，頃在無錫羊腰灣無錫中學任教務，陰曆二十歸里嘉興項家巷。

二

静安徵君先生大人几杖：

得賜簡，敬悉。承惠借《文存》，感激之至。

蘭近治金文範圍較廣，擬分纂《古籀統釋》、《燔餘類考》二種。《統釋》全本《説文》。《類考》擬分三門：句讀、讀若、徵經、韻徵爲一門；禮類、官制、宫室、車制、冕服、人名、氏族、史事、曆類、地理爲一門；禮器考、軍器考、藏吉金史及目録爲

一門。方抄集考釋作長編。此書若成，於三代文獻似當不無少益。未知先生以爲然否？蘭記問疏陋，虧尊著，妄致疑義，先生不以爲瀆而教誨之，感荷不已！《乾鑿度》曆用元、蔀首、月灋、去日法，并與《三統》不同，而所推月日則甚近（諸曆皆相近），故前函引之。共和前年數則《三統》自有之，唯確不？不可必耳。蘭竊謂古曆既亡，苟欲推之，必立定法，然後以經傳所見月日合之，合之而準即其法是也，而不準即其法非也（此中却不可勉强）。七曆所出雖晚，然并用此法，而杜征西爲長曆遷就傳文以推月日，則視古曆爲無法，恐違治曆明時之意也（心所未安）。待開歲當盡究七曆，一絜其長短，刻下苦無暇也。蘭近著《卦變發微》一篇，由系辭剛柔相推而生變化諸文悟出：乾坤相推而生十二消息，六子相推而生三十雜卦，八卦相宅而生十六游歸，合之經文而盡通，蓋三千年來未有知者，荀、虞曲説皆可糾正，亦一大快事也。

歲將單矣，十九或二十當返里，便過上海當携以就正也。雪堂先生頃聞在申，未審何日首北？蘭得及見之不？如相晤，乞具道蘭飢渴也。耑此，肅請

著安

鄉後學唐蘭敬白

十一日

三

静安前輩先生大人左右：

久闕問候，時復馳思，似承謦咳也。自去年來嬰于塵網，學業日退，殆無寸狀足陳左右者。唯小學尚未盡蕪耳（近著《切均疏證》脱稿後當呈政）。昨聞主講清華，衷懷勃勃，頗欲乘此獲聆教訓，惜勢有不能，徒懷懊喪耳。

同學有王蘧常者，字瑗仲，與蘭同里，今年二十六歲，平昔留意史學，著《商書》若干卷，詩文稿八卷，又釋清《藝文志》及《歷代群籍源流考》等。其人舊從沈（子）培翁受詩學及書法，與蘭同畢業於無錫國學專修館，近任無錫中學高中部教員、無錫國學專修館教員，兼任浙江教育廳顧問。夙日仰慕先生學術至深，本欲報名與試，以人事罣誤，竟至愆期，而明歲又以種種關係萬難求學。乃以蘭曾辱一日之知，囑代轉詢左右，可否設法通融，許其補考入學，或由浙江教育廳咨送，以

慰其向往之忱。蘭以其志甚篤，故爲函請。望即賜以可否爲禱。餘別詳。

肅此，敬請

教安

後學唐蘭再拜

回示請寄天津英界達文波路四十號唐立庵。

四

静安先生大人左右敬啓者：

海上一別，忽已年餘，去臘仍乞羅先生轉上一緘，并附敝館講演集一册，想均達記室矣。拙作《名學》一篇，深懲近人以詭辯爲名學之失，惟學力不深，文筆鈍拙，似無足取。苟蒙教之，則幸甚矣！

正月杪以羅先生之介，來津主周立之觀詧處，教其二子。至時曾在哲嗣在山兄處一候起居。而雜事忽忽，未遑通箋啓也。頃承羅先生命臨王仁煦《切韻》（有裴務齊加字大内本景照）付石印。顧考王、裴生平迄不可知。因思左右精熟各史，未知能有見詔否？此本於韻學至有關係。十五均又上平聲目下具存，吕静、夏侯該等五書畢留平聲二卷，而卷目相連。陽、唐、升、在江下，又只一百九。未知左右曾見之否？前承示《式古堂匯考》、《唐均序》，知亦至有關係。後聞曾作一跋，甚懸思一讀，未識可寫示否？作《韻英》者確是元廷堅，作陳者乃陳王友元庭堅之誤。庭堅事實詳《太平廣記》鳥類，退食餘暇幸一檢之，似可補《韻學餘論》之未備也。

尊著《五聲説》推本戴、段、江、孔諸説，陰陽之分，確實有據。惟謂《聲類》、《韻集》當爲陽一陰四，則竊有二疑焉：

一、吕静韻目見於王仁煦《切均》，所載上平聲異同（此法□原本所有），則《切均》正承李、吕之舊，略有損益，必無古（指三代音）今韻之大異。

二、宫商角徵羽必與四聲無涉（此謂非即四聲，非謂了無關係也），亦與古韻無關也。所謂與四聲無涉者，四聲起于齊梁之際，蓋有顯證。《陸厥傳》：「汝南周顒善識聲韻，爲文皆用宫商，以平上去入爲四聲，以此制韻。」《周顒傳》顒始著《四聲切均》

行于時，《沈約傳》梁武帝問周舍何謂四聲，舍曰：「天子聖哲是也。」（舍即顒子）《談藪》（引見《廣記》二百四十一）梁高祖問重公曰：「天子聞在外有四聲，何者爲食？」重公曰：「天保寺刹劉孝倬曰：『何爲道？天子萬福。』」梁鍾嶸《詩品》曰：「至平上去入，則余病未能。」蘭按據此諸文可推知四聲實起于齊，時人猶未能識，故梁武帝《清暑殿聯句》猶以去入通押也（見顧寧人《音論》）。《四聲切均》者，即謂以四聲制韻。又葛洪有《字苑》，而《和名類聚抄》引《四聲字苑》，然未必一書也。而五音則起盛自魏晉，其原本已不同，陸雲爲文已用李登之韻（見雲集《與兄機書》），豈有梁武時人而猶不識宫商？則是梁武所問四聲决非宫商可知（四聲之説當時本有兩途，尊著謂專爲文用，則似太狹。若周顒之著《四聲切均》固明是用以辨音也）。且五聲之來久矣，《大師》職曰：「文之以五聲宫商角徵羽。」《詩序》曰：「四聲成文謂之音。」（注謂宫商角徵羽）是五聲成音者實樂之曲折（即聲調矣），是以詩頌之不用韻，以其用宫商也。三百篇有無均，無不協宫商。西人詩不用韻者必有節奏，我國白話詩去均并去節奏則徒成話柄耳。鍾嶸曰：「古曰詩頌，皆被之金竹，故非調五音無以諧會。若『置酒高堂上，明月照高樓』，爲韻之首，故三祖之詞文或不工，而韻入歌唱。此重音韻之義也。」（蘭按：此亦誤以韻爲聲）與世之言宫商異矣。今既不備管弦，亦何取于聲律耶？是則五聲之自樂出，而非即韻，斷無可疑（本出於樂即後世之雙聲也，即八音也）。

蓋雜比曰音，單出曰聲，此爲一類；在六書曰聲，合樂曰韻，此爲一類。本出於動物（如言語），即後世之疊均也。聲韻判然兩途。自宋而下動稱古音，其實并是古韻（此説似違前人，然實非誤，幸細詳之。如有人先已言者，尤望見告）。左右疑陽一陰四之韻，即是五聲，殆亦由此而誤。然尊説故是未定，不足爲疵病也。竊觀尊著於隋唐韻書考析精矣，而於隋以前之本原未有辨説。蘭昔常疑叔然始制反音，以爲必不能憑空杜撰（二字一聲不足爲反語，根據本字自反則偶然相遇耳）。及讀《漢藝文志》歌詩家，内有《河南周歌詩》七篇，《河南周歌聲曲折》七篇，《周謡歌詩》七十五篇，《周謡歌詩聲曲折》七十五篇，恍然知聲學之所出。蓋以聲合歌詩則某字屬某聲（謂宫商），較然明矣。又漢五行家亦傳聲，學京房吹律定姓。晉嵇康曰：「地之吉凶有若禽虎，不得宫姓則無害，商則爲灾也。」（集中釋張遼叔《難宅無吉凶攝生論》）又曰人姓有五音、五行、有相生云云（《五行大義》未知有關此説否？行橐無此書，不能一檢爲恨）。《南齊・輿服志》：伏曼容善識牲聲，不復旁假吹律，能識遠代之宫商。裁音配尚，起自曼容。周顒駁之曰：「三代牲音，古無前記。」蘭按：周説非也，據嵇説，蓋當時確有此學。而《漢志・五行家》有《五音定名》十五卷（《白虎通義》、《是類謀》、《大戴禮》，并氣吹律定名），觀其名曰定名又多至十五卷，則似非，但述定名之法，而且（必）以五音配定一切之名也。自許叔重作《説文解字》述形聲綦詳，而韻學粗具。郭氏《古今字指》（此疑即詁釋《漢志》一卷之古今字者。指即指意，此書亦一卷也。張揖《古今字詁》疑亦詁古今字耳）。衛宏《古文官書》等亦有益韻學。蓋漢人所稱古文多有假借，然可據以知叠均字也。故張書古今字耳。引《聲類》，均□多稱某字古文某某字或某字也。聲韻兩學基礎並具，而當時儒先并有究心。讀爲、讀若，長言、短言，楚語、齊語，舌腹、舌頭，迭有發明，于是孫氏起而總兩學之軌，集一代之成，而反切之學興矣。當時鄭、服、王肅并從其説，李登《聲類》蓋亦起於此時。考釋文引《聲類》有庚韻，陸雲（集）引李氏云：雪與列韻，則其書似當以五聲爲經，以均爲緯（不分四聲）。其書一萬一千五百二十字，較《説文》一萬五百十六字僅多一千四字耳。然則均學之出於《説文》蓋信而有徵也。鄭君遵用許説，孫氏當亦用之。《均集》則承李或小變動耳（但似訓義變動）。由是而至齊，梁王融、周顒、范曄、謝朓、謝莊諸人始倡四聲制韻之説，聲韻之學爲之大變。蓋五聲與四聲之別較之西樂至爲明晰，五音者音階也，如1、2、3之類，比較之高低聲也（橫行）；四聲者，音名也，如C、D、E、F等，截然之高低聲也（直行）。自是聲韻之組織漸密，而韻書則并合五聲爲一部，而分隸于四聲矣。五聲之義唐人尚明之，至鄭漁仲謂古人知直有四聲，不知橫有七音；又徐景安以四聲配五音，後人多從之，其實皆誤也。既又析五音爲七音，而印度聲學傳入，則七音之中又析爲卅六字母，四聲之中又析呼、等，而法言以下一派韻書興矣。

隋以前聲韻學之原大約如此，擬更籀繹而作一説，敬先陳概略，佇候教正，幸恕其僭妄賜以辨正，切禱，切禱！頃方校《經典釋文分類》（如孫音、鄭音、徐音、劉音等各歸一類）。昨閲尊著，述治法與拙見合，竊引以爲喜也），索其分類之法與變嬗之迹，又校《慧琳音義》，以索《韻英》等聲韻之學。俟有所獲當再膚陳也。近讀殷契，略有新得，并考其地名，亦有眉目。書詞已冗，故不復陳。五月間至京，當更奉謁。近校《水經》新得幾何？專此，敬請

道安

後學唐蘭　白

三月四夕

通信處：天津英界達文波路二五號周公館唐立庵。

《周金文存》本擬帶趨，行篋不便，留待下次至時當帶來也。

五

静安徵君先生大人閣下：

古學蔑棄久矣，先生上索甲龜先文，下及詞曲，或勾深索引，扶絶存殘，或協和宫羽，從容風雅，盛業不朽，服膺久矣！蘭少年愚妄，以爲孔子之學始于《詩》、《書》，究于《易》，所謂十五志學，五十知天命也。學《詩》、《書》則當多識詁訓前言也，故頗留意小學，于《爾雅》、《蒼頡》、《方言》、《説文》、《釋名》、《字林》、《玉篇》皆有校本。又爲《説文注》（擬卅卷，成二卷），于甲龜金文亦頗有肯論，已略舉之，自羞于羅先生叔藴矣，先生以爲可教則教之也。謹先具書左右。謹候

夏安

生唐蘭　白

如蒙賜復請寄浙江嘉興項家漾。七月八日以後寄無錫國學專修館。

尊刊《切韻》（或是《唐均》，已忘之矣，惟非蔣氏之《唐均》）于何處發行耶？可不見示？蘭甚欲得之也。

載馬奔騰輯注《王國維未刊來往書信集》二〇八頁至二一三頁清華大學出版社二〇一〇年十一月。

附：王静安先生遺札

一

立庵仁兄大人左右：辱手書，敬審疏通知遠，先治小學，甚佩，甚佩。雪堂來書亦甚相推服，並有書籍相贈，寄在敝寓。唐寫本《切韻》（係弟録本）乃京師友人集資印之，以代傳寫；敝處尚有之，亦俟尊駕過滬時奉呈。錫山之行，亮在下月，當佇聞明教也。專復，敬候起居。不一。弟王國維頓首。廿三日。（壬戌六月）

二

立庵仁兄足下：惠書敬悉。陳簠齋以不嫢敦之「白」字爲即虢季子白，其説實不可從。「白氏」若以侯氏之例言之，則是爵也；若以晉太子申生稱狐突爲伯氏之例言之，則是字也；二者必居一於此。虢季子白字季，則「白」當是其名，不得稱「伯氏」。古地名人名同者甚多，不可牽合爲説。「西俞」亦非必「俞泉」，容齋譏《博古圖》之説，亦我輩當知也。至弟以「不嫢」爲「伯氏」之子，以「不嫢」之祖爲諸侯，又「伯氏」呼爲「予小子」，故有此疑，然亦未敢即以爲是也。所詢諸書，則《字鏡》有《古佚叢書》本，《倭名類聚抄》有楊星吾刊本，叢書本不能另售，楊本亦不易即得。然此種于《説文》所補無多，蓋展轉援引，未可遽以爲據也。《切韻》、《唐韻》其價值仍在音韻學上，而不在所引古書，不知兄以爲何如。專覆。即候近祉。不一。弟王國維頓首。八月朔。

三

立庵仁兄左右：讀惠書，敬悉。承校《生魄考》誤字，甚感。近刻《集林》於「六月乙亥朔」業已校正，其「己丑」當作「乙丑」，則校時未覺其誤，承示乃知之；惜已鑄版，無從追改矣。承教以《生魄考》中疑義七條，讀之至爲愉快。其中「殷時置閏不在歲杪」一説，尤合於曆意；欽佩之至。其餘諸條，頗有可解説者，今分別奉答：

一、來書謂馬、許之學出於劉歆，其於生魄死魄之説，不當分歧。然許君於《説文》及《五經異議》中從今文説者，不易僂指；則此處亦不必從歆説。況明明云：「承大月三日，小月三日」乎。馬融説亦然，皆不滿於歆説而改之者也。

二、蔡邕以光魄對言，亦未必然。又蔡治今文，亦無確據；惟所校太學石經用博士所立之今文經本耳。其他如《明堂論》多用古文説，其所撰《獨斷》，所引《詩序》，全與《毛詩》同，則蔡氏非今文家也。

三、潘氏齊鎛與《薛款識》之齊侯鎛鐘非一人一時所作，不能援以作證。

四、此條極是。

五、《武成》至《召誥》年數，經無明文。兄據三統曆所定年數，用《乾鑿度》術推算，則結果自與三統曆合；即劉歆所定諸名之解釋，亦無不合，未足爲劉説之左證也。杜征南有言，當順天以求合，不當爲合以驗天。劉歆之病，在爲合以驗經，且强經以從其所謂合者，此其病之大者也。最善之法，須一面順天，一面順經，而得多數之合，乃爲近之。如此，而尚有少數之不合者，則斷爲歧誤，亦無不可也。兄試從《召誥》之年以上推二十年，恐必有如弟所定《武成》諸月日者，如得此月日，則《武成》至《召誥》之年數，庶可得而定也。

六、兄云：「以曆推之，西周諸王元年皆無閏四月，疑曶鼎第二節當屬次年」。然共和以前西周諸王在位年數，除厲王外，史無明文，（劉歆亦無説）兄何自推算之乎？

七、此一説，乃與弟説相近，與歆説矛盾。䡅侯晨鼎之「䡅」字，乃從革亙聲之字。兄謂何如？

以上云云，似足解兄所惑，非弟意欲護前説，乃事理如是也。以後兄有所見，仍希時時見示，與彼此均有埤益。哈同學校已解散，弟處之《周金文存》可全以借兄，年假時，乞顧舍一取可也。此問起居。不一。弟國維頓首。十九日。

四

立庵仁兄左右：兩接手書，以有事返海寧，致稽作復，甚歉，甚歉！蔣氏所藏《唐韻》自係孫愐書，然却是天寶十載重定之本，非開元廿年初纂之本。弟於有唐一代韻書，均有考訂，初爲《音韻餘説》、《唐韻別考》二種，後改爲《續聲韻考》一書，去歲復改定入《觀堂集林》卷八。惟孫愐初纂之本，當時未見，故不知孫書有二本，去年讀卞氏《書畫彙考》始知之耳。何時赴錫，祈見示。此問近祺。不一。弟維頓首。十五日。（癸亥正月）

五

立庵仁兄有道：前日有手書，並秦園照片，適弟反海寧，昨晚至滬，始得讀悉。《吕氏春秋》高郵王氏應有校本，當以所校不多，故未刊入《讀書雜志》中耳。盧氏所校《釋名》未見，盧校《方言》不甚佳，此書未知何如？恐未必能勝江艮庭也。弟一月後有北京之行，上海未了之事尚多，現料理一切，頗爲忙碌，對來書所問，未能一一詳復，至爲抱歉。《晨風閣叢書》係粤人沈君宗畸所刊，並聞。此問起居。不一。弟王國維頓首。十三日。

六

立庵仁兄大人閣下：前日奉手教，敬悉一切。弟北上在下月上旬，現在書籍行裝，尚未整理，應酬尤爲頻繁，不敢有勞玉趾，因恐無暢談學問之暇也。入都後，舍館既定，乃可時時通書，商量舊學也。肅復，順侯近祺。不一。弟維頓首。廿六日。

七

立庵仁兄閣下：前日接手書，敬悉一切。《王仁煦切韻》前已見過，其序目亦曾録出。前拙撰《五聲論》疑《聲類》《韻集》之「五聲」，即陽聲一陰聲四，亦不過擬議之詞，尊意在反證此事，亦未得確據，（因陸韻次序不必同於吕韻，猶王仁煦韻次序不同於陸韻也）且存而不論可也。聞大駕北來，甚爲欣喜，五月中有京師之遊，尤所歡迎，相見暢談一切。王氏《切韻》景本縮小太甚，夾注幾不可辨，不知臨寫時略放大否？《式古堂書考》中所收孫愐《唐韻》初本，弟有書後一篇，近北京大學《國學季刊》索去登載，將來印出後，可以奉遺。此本（開元廿年所編）與陸韻同，（惟上聲多一韻）而與天寶十載重定之本大異，先此奉告。專復。即候起居。弟國維頓首。三月八日。（甲子）

八

立庵仁兄閣下：昨接惠書，敬悉一切。貴友□君□□事，昨已與當局者商，云：「現已考畢，所取學生名單，亦於今日發表，碍難再行補考」。自係實情，望轉致□君爲荷。此次吴君其章考取第二，昨閱名單，始知之，（閱卷用糊名法）並以奉聞。《王仁煦切韻》聞已寫就大半，尚有少許未就，弟亟盼此書之出，幾於望眼欲穿，祈早蕆此事，實爲功德。專此奉復。敬問起居不一。弟維頓首。十二日。（乙丑）

壬戌初秋始訪先生於海上，辱不棄鄙陋，抵掌而談，遂至竟日，歸而狂喜，記於先生所贈《切韻》後葉，以爲生平第一快事。凡斯景況，猶在目前，而先生之墓門且有宿草矣。偶理舊篋，得遺札八通，重悲逝者，爰迻録之，以實《將來》。雖斷篇零紙，亦間與學術有關，搜羅先生遺文者，或將有取於是也。己巳冬日唐蘭識。（第七札所及「五聲」之問題，余續有研究，以後並原函同發表於本刊。又第八函「其章」二字乃原文如此。）

載《將來月刊》第一卷 第三期 十七頁至二一頁 一九二九年十二月十五日。

又《王國維全集・書信》吴澤主編 劉寅生、袁英光編輯 中華書局一九八四年三月。

整理説明：

札尾所標時間係王國維記，括號内舊曆年月爲唐蘭補記，各札舊曆時間所對應之公曆時間摘自《王國維全集・書信》

一、廿三日（壬戌六月） 一九二二年八月十五日

二、八月朔 一九二二年九月二一日

三、十九日 一九二三年二月四日

四、十五日（癸亥正月） 一九二三年三月二日

五、十三日 一九二三年四月二八日

六、廿六日 一九二三年五月十一日

七、三月八日（甲子） 一九二四年四月十一日

八、十二日。（乙丑） 一九二五年八月一日

（劉　雨）

致吴芸閣

一

芸閣兄如晤：

昨日車行至遲，晚九時始至津。弟在車中熟睡者三四次，疲亦甚矣。歸館後，得見尊函，乃弟至津前發者，所述困難情形，在京雖略略言及，究嫌未罄。以弟意言，兄此時立腳未定，切不可欲速，尤忌懈怠。學問以真實爲最難。試自問：讀一句書，果曾得此一句之益否？譬如游一次北海，能得此北海面目否？正恐人人遊北海，日日遊北海，而北海真面目無一人知者耳。讀書苟能得益，一句即足，不然雖瀏覽千萬卷，仍是無益也。最重要在此一句熟而又熟，至於能行，行而至於得要，至於自然，至於安身立命不能外此，然後爲真能讀書者也。其餘若過眼煙雲，一切置於腦後，則心不亂矣。足下目前大患，先爲欲速。非自恨才不如人，不能一過瞭然，即欲以一年半年，獲得方法。須知爲學固有方法，要在熟則得之。若死板方法，雖得之亦無益也。因欲速之病，所害極多，多匆匆一遍，自謂能了，其害一也。謂舊説爲未足，展轉狐疑，穿鑿附會，二也。一段未了，即尋二段，常至輕率，三也。匈無主宰，惑於是非，四也。渾渾噩噩，自生怨艾，五也。以此種種之結果，成懈怠二字。所謂懈怠者，不僅費時失學也。讀一句書未得其益，即復旁求，便是懈怠矣。夫善爲學者，如攻堅木，先其易者，後其節目，足下何以羡難而輕易，忽熟而求生，以自趨紛擾也？凡一句之書曾讀十遍者，更讀百遍，所見必異。曾思百遍者，更思千遍，所得必異。即如《學而時習》一章，思之讀之，果何如矣？假如已得聖哲之意，則以求之。（此句有誤字脱字）無論何書，何不通之有？如尚在模糊之間，則何必問《其爲人也孝弟》一章邪？弟意爲學當定如此準則，愿足下更斟酌之。

昨晚至天祥後一家餐館晚膳，二菜一湯，外加麵包，僅五角五分，價值之廉可謂稀有。膳畢歸館後即睡，二十日之勞於以大解。今日則略閱信件雜誌之類，尚未能讀書也。阮君處信，明後日總可發出。在京一切奉擾，亦可不言謝矣。今日書肆曾來，恐是索逋，然亦未定，弟以疲倦辭之，明後日當往申理。惟經濟恐慌，將來總有無辦法一日耳。絳事全任自然，變化如何，在所不問。惟弟意志管筆，不能更作他想，則可爲足下告也。

二

芸閣我友足下：

奉十七日手書，會雜事蝟集，闕然久未報，罪甚。承詢用力之方，弟之愚烏能有所知，顧稍聞先民之緒言，或有可爲足下之一助者。立志固當恢闊，至其施力則有淺深之異。就其已知而擴充之，則事易成而功倍；若好高騖遠，而不察己力之所及與否，則未有不絶臏者也。古之人蓋嘗深戒口耳之學，知未及之，貌襲以取之，穿窬之類也，君子則惡乎是。故君子之於學也，先其易者，後其堅者，所惡於智者，爲其鑿也，《易》曰：浚恒貞凶，以其求深也。故理之不可驟明者，置之；學之不可驟成者，徐之。明其易明，成其易成，積小以高大，下學而上達，積之既久，則何所不通，何所不明？夫豈有他謬巧哉，亦曰誠與恆而已耳。苟誠與恆，日知其所亡，月無忘其所能，切之磋之，琢之磨之，何患之不成，何患乎不精？夫戒躐等，戒速成，人一之己百之，先難而後獲，爲仁之道也。今之學者則不然，知欲務極其高明，而行則安於愚闇，其意自謂雖聖賢不我過，其實不能自慊，施一日之功，而蘄得朞年之效，其初曷嘗不志於道，而卒歸於欺世盜名，則不能誠與恒之故也。故君子必自處於無知無能，然後可以有所知有所能。不圖近功，不蘄小成，有不可知者，平心以逆之，行有未能及者，直起而追之。蓋志於學者，學之外無他思也，富貴貧賤不足以動其心，人之毁譽不足以摇其志，勉焉，若將終身焉，能如此，庶幾其有乎。弟聞道也晚，所知不過如此，其言似乎淺易，而私守之差有微效，故敢貢之足下也。《詩經》弟所未習，不敢妄答。而心竊爲足下計者，萬不可爲場面計而求之過於迫促，要當實事求是，苟得一義，必推之往聖而不惑，資質來聖而無疑，求之己心而無怍，而後可。（此推其志之極詣也，若目前所知尚淺，則亦不必過於求深。）若苟而已者，又何用此紛擾爲邪？大凡讀書第一貴誠敬，讀此書時不可參以彼書之念。排類編纂，嘗使心向外，且可遲之。先略定課程，以諷誦思辨爲本。亦不可多取異説以自亂，但以大家最好注疏三四種反複閲之。（除注疏外，二經解備矣，衹取大部者可也。憶陳奂似有一《詩例》，然否？）

義例之大者，注疏往往舉之，必熟憶而無忘，積之既多，自然通會。萬不可刻意求新求速也。

三

芸閣兄如晤：

得手示敬悉。尊府一時拮据，變産亦無不可，祖遺家業，一旦稍替，故是可惜，然做事總須八面着想，權其輕重，足下方以讀死書爲職志，則所以答祖宗親族者，在此而不在彼。果能久久不渝，讀書得通，雖盡棄祖産何足惜哉？人只要有志，事事好辦，有志則可不餒，三軍之士衆矣，而我能往，故知將冒死犯難，而我志不能奪也。故足下既以讀書爲志，餘事盡可不聞不問，物來交則應之，去則不復苦索，又何必終朝憂患得失，效婦人女子之所爲哉。弟生平所受磨折，十倍於兄。即現在亦無法可辦。家君年已六旬，猶博錙銖於肆。家母生平所蓄，盡爲弟耗。舍無應門之童，身處千里之外，既無親故，又無家室，故宅已爲蓬蒿，長物已歸袪篋，一身蓬轉，歸亦寄人。若他鄉無可託，則故鄉亦不能歸，但作流匄耳。身世如此，度足下不能詳也，即瑗仲石渠貞甫輩亦不能詳也。然弟亦僅以未如之何了之。我讀我書，我志可持而我力可能也。若機遇之來不來，是豈我力之所能爲哉。故我常樂天而任命，亦明知目下情形之不可久，而補救之權不在我，苟强爲之，徒滋紛擾而碍我本來面目矣。願足下亦能如我，稍曠其心胸，勿徒爲無益之憂以傷其身也。至學問方面，弟苟有微得，即復何秘？然自非聖賢，多言不能無病。前以足下求之過急，故嘗以寬嘽之説遥及。在京竊窺足下，雖變前習，而復受寬嘽之病，故歸津後所奉書，曾以爲言。今閲手書，其病愈甚，至云自認一身爲贅，其辭可悲，其志則可責。終不信足下自安卑鄙一至於此也！立志如此，雖欲終讀死書，其能得乎？前之求之過急，猶不失狂者之風，今者志已先卑，學復何有？久而久之，其不爲煙消火滅者幾希。此我所深爲足下懼，而自恨前言之過也。昔曾文正父借錢爲文正購二十四史，告之曰：「我借錢無妨也，但得汝讀一過足矣」。足下試推此慈父之心，祖遺産業能值幾何，而一身學業，當如何致力，可了然矣。前日居停來，談及讀書將以何爲，居停曰：「讀書將以明理，明理將以立志也」。弟言下頗有所悟。足下自謂於家事頗明瞭，弟則謂足下苟未明書中義理，即未明家事也。夫所謂明理者，綱目秩然，小大先後，皆所灼見，應付得宜，措置有方者也。如家中瑣屑米鹽之事，則苟非木梗土偶，又焉有不知者？又焉得謂明瞭哉？故足下目前第一、先要立志高，立志高雖有時近於妄，然時時仰躋，高山之上，更有高山，但無畏難之心，豈有不成就之理？第二、不可任感情用事。事事但明其理，感情自然屈伏。然後知今日之謂情愈摯者心愈苦，與夫明年或且無所不爲云云，爲小兒囈語，不足一笑也。曾子曰：「士不可以不宏毅。」自處當宏，貧賤可也，富貴亦可也；爲臣故當忠，爲子亦當孝也；善人宜愛也，惡人亦宜（當作「有可」二字）愛也；《詩》固當知，《易》《禮》《春秋》亦不可不知也；古固當師，今亦未可薄也。處處得其要，事事得其中之謂宏，推以齊家治國平天下亦當宏，宏則必毅，非毅亦不能宏也。願足下以此語爲宗旨，則更有何事之梗我志？《詩》云「維是褊衷，是以爲刺。」褊衷不能宏也。不能宏，則天地雖大，無容身之處矣。程子曾謂：「義理不明，惟有責志。」（其言大意如此）足下自謂聰明不如人云云，其實皆志不堅耳，志堅則人一己百，人十己千，雖愚必明，雖柔必強，又何問如人不如人邪？朱子深恨人悠悠忽忽。孔子曰：「不憤，不啟；不悱，不發。」而足下乃中道而畫，是不進而退也。願足下深思弟言。自後非足下更進一層，弟亦不復多言也。

薪水因有事故，前日始領得。而前日方創《史記音義》一稿，竟日無暇。昨又閱小說竟日。晚間曾出至廣隆泰購嘉應子，此生平希有事也。阮款今日下午准可寄出，惟遲延多日，罪甚！絳運佳，惜交運尚需四年以後，（後年可少好，正運則必二十）一交運殆非池中龍也。弟目前頗冀有機會每月至京一二次，惟有望與否不可定耳。捐啓以來，惟機會不好，弟亦束手，只得稍俟轉機再説矣。《白頭吟》末段或是送聲。《論語》人之生也節，可解爲「人之生也直」，不直則罔，小人罔，罔之生也幸而免，即易明矣。陳詩甚佳，學人之詩而非詩人之詩也。遇芷馨幸問其大作可見示否。專復即請近安。

十月六日夜九時出至天祥寺塲，在美麗購得雜書數種，並索得電影明星照片，將以遺絳也。旋至梅某處爲絳推命，據云命極佳，惟時未至耳。旋於大陸購得小説一帙。歸作致絳一函，即閱小説。七日十餘時許起，即閱小說，至夜完。即出赴廣隆泰購得嘉應子二匣，絳所囑也。旋至天祥取得《世界史綱》。

四

芸閣足下：

比者奉答一緘當達。本冀十一月當來京，別久頗思一晤面磬談爲樂，然今格於事不得行矣。足下又僻處西苑，書疏往復，動須六七日，回思如春間早發一簡，夕企踵而望復書，此境已不易得。人事變換亦何可常！今者足下有書可讀，固當勝也。弟來此方已四年，經歷不可謂少，然而於道未有絲毫長進，察於中而無所有焉，以是自媿！顧足下乃不棄之，辱時有反復，以此修學，其去古人也不遠矣。然爲學固非易，其蔽在多惑而崇僞，辨説紛紜，不足以解惑，博知閲覽，不能以去僞，凡爲學者多苦此二者。夫真僞者，君子小人之疆也。爲人而甘爲小人，修學而崇僞學，我不知其何心也。然而氣稟材質有以局之，世俗毀譽有以敺策之，陷入其中而不自知者亦多矣。苟非甘於暴棄，其夜氣之復，有時而悟其非，未有不思自振者，率不能振，則未得其方也。故陷愈久則愈深，愈深則愈無以自振，向之自悟其非者，久則自以爲是矣，雖欲不自暴自棄，不可能矣。於是安於僞而更率人以僞，至於相習成風，學問之道由是不明於世，而世亦由是多事矣。凡治世之學多真實，亂世之學多虚僞，此盛衰一大關鍵也。中材之士，與世爲盛衰，聖賢豪傑則不然，彼疾夫一世之虚僞而思有以矯之，則必有術矣。彼其氣稟材質固當越乎常人，然亦豈無始迷而終反者，故曰：堯舜性之也，湯武反之也。反之者何，誠之也。誠無僞，誠僞之間亦幾而已矣。故曰：「即鹿無虞，惟入于林中。君子即不如舍，往吝。」即鹿無虞，以從欲也。君子舍之，復歸於正也。君子之道去乎此則復于彼，知不仁之可惡，庶乎仁矣。故夫深知虚僞之當疾者，亦聖賢之徒也。雖然真僞亦難辨矣。理固有貌似而實非者，亦有似非而實是者，與夫是與非參雜者。蓋聖賢之道至衰世而益溷，不能辨，是惑也，辨之不能精，猶是惑也，曾惑之不解，則又何以能誠？故誠之者，必務解惑者焉。今之學者，大似醉人，扶之則左右倚，聽之則就地坐而眠耳。彼其心惽惽，目夢夢，本無志於行道，故坐眠於地。若心有一隙之明而有所依倚以行，謂其能行邪非也？故醉之與醒判然異矣。夫君子之於世，矯然獨立，一無所依倚，惟是之求，以斯而成者也。今夫爲學，將以解惑去僞，而反惑之滋僞之從，可乎不可乎？汶汶以同乎世俗，此斷非君子之所能矣。自清之季世，號爲學問者固已多途，近頃以來，愈益淆亂，世變日亟，安得一二真知學問者出，而一反之正邪。其人必剛健篤實，明敏足以有爲，要之斷非世所謂考據詞章及通西學者輩流，今者猶未有見，或有砥礪其身，而名掩於閭里，未可知也。然必此等人方可扶持此世界，使不墜耳。揚子云：「古者楊墨塞路，孟子辭而闢之，廓如也。」（法言二）蓋孟子之殁二千餘年，其足以繼其道者，僅僅數人而已。然道統寄於是，違是非道也。夫以一詩一文之微，而司馬遷、相如、揚雄、曹植、鮑照、謝靈運、以逮李、杜、韓、柳，衆翕然推爲大宗，蓋亦有所示試矣。過人者必多，夫豈虚得名哉。而今世之人方且駭其難學而卻步，訾毁因之生焉，然則聖賢之道不明於世，不亦宜乎。甚矣世之好聞怪而不欲由正路也！昔之人謂讀書不可不明訓詁，求善本，於是有小學，有校勘目録之學，今之人則以此爲讀書矣。治小學者，溯其源流，必證之古金石刻，而古金石刻闌入於小學矣。寖假而弃一器藏一石刻一書爲學者矣，而世亦共稱其爲學者矣，爲曾讀書者，彼亦自信爲爲曾讀書也，故施於國則潰敗決裂，施於身則顛倒悖錯，無一事能合理者，學非所學也。棄堯舜禹湯文武周孔程朱之道，而惟怪之欲聞也。何以至於斯也？不誠而已矣。傳曰：「不誠無物。」故不知治天下，則不能治天下。不知修身則無以爲君子。孟子曰：「如欲平治天下，當今之世舍我其誰也？」蓋孟子實見世之人無知治平之理者，獨己能知之。傳曰：有是德必有是位，豈過自稱譽哉，亦道其實耳。斯理也，雖不能施於其身，亦必行無由而治也。故君子之爲學也，何所倚哉？明聖賢之正道，實有諸己而已矣。然而先後輕重當務之急，亦不可不知也，不然則多惑而靡所從矣。弟始知前此悠悠，如未嘗讀書耳。以足下爲真有意於讀書者，不敢有所閟。此意雖曉口瘏舌，不能爲常人道矣。近讀《詩》如何？祈寒，惟自重。

五

手示敬悉。足下之病，殆亦人所多有。只自知病痛，就此克治，即有下手之方矣。惟弟有二義可以相發者，聊爲足下言之。一、爲學當切己也。無論如何爲學斷不可爲顧面子。蓋探索義理，力行聖賢之道，故爲爲己之學，即讀書考求一字半字之訓釋正誤，亦須要爲己。聖賢何嘗盡擯小事而不爲，特不爲人耳。即以弟愚言，近數月來功課宜安定，然間數日必作《史記音義》，此稿極瑣屑，無甚義理，（足下試思，朱子尚作《韓文考異》也。）而亦不得不作，蓋爲學必以大義理涵養，以小事磨礱也。弟之不欲至京，眷懷居停，亦其一因，然居停見地雖高，而未以小事磨礱，故懸空説理則可取者多，及切事情，反少斷割，弟亦深知其病也。足下目前要着，在看《詩經例》爲分内應做之事，非爲外交名譽，則此心自静。至於好壞，則由於學問功候，此寧能強求邪？且讀書樂境，在自得之，足下第不求耳。盼能常以義理沃其心，而以《詩經例》爲治事，（弟凡作詩文及《史記音義》等，日記中皆列入事業門。）當灑掃應對做去。豈足下當灑掃應對時亦常險難在前邪？人生固何嘗有險難者，只要志立得定耳。能立志讀書，則書中義理固供我探索不盡，若謂身家，則曾文正公曰：「不患門庭多故，而患我學不能去常人而入聖域」，已先我言之矣。二、致知當猛力也。足下根柢稍淺，故前後條理不甚清晰，此亦易致紛亂之一端，（紛亂原因不外二者，一不誠，一不明也。）目前若不猛火急煎，恐永無成熟之日矣。蓋人於三十歲前爲一關，此一關再不力進，四十五十便爲難矣。況足下目前有此好機會，將來未知如何，須知及此治好學問，明白大段義理，即出校後餓死仍有受用也。大概治知之法須謹照博學、審問、慎思、明辨做去。所謂博學者，非謂知人所不知，足以炫人也，乃不狹己之謂，凡當知之義理必知之，當讀之書必讀之也。而其中又自有先後輕重之等差，（此亦當用思辨之功，何書先，何書後。）如足下目前，《論語》《說文》固皆要書，而讀《詩》時間似乎太多，（足下未到涵養地步，則日讀三小時爲太多。）只每日讀一時足矣。古詩聊以遣興，不能視爲主要課，或間日一讀，或間兩三日一讀俱無妨。目下須抽出一兩點鐘看一《詩》疏，（還以孔正義爲好）逐段點之。（其有關例者隨處標記）其餘時間須分兩部分（或間日，或一日分兩邊做去）一部分看關於《詩》之著作，一部分看其餘要緊書。譬如周秦以前大書（如《孫卿子》《韓非子》《左》《國》《莊子》之類，如《鶡冠》《鬻子》之類，則小書不必看也。）而最要緊者須看一部理學書，程、張、朱均可，（周子高簡，不易入門）看此使人易知先後輕重也。凡學問，要在先知後行，盲撞瞎摸，斷無益處。孔子曰：「終日以思，無益，不如學也。」則惟有多看書而已矣。（除《詩》之外，一切不看，是大壞事。如廚子做菜，可只買一雞子，而不買油鹽醬醋乎。）至於審問云者，要在切己而近思，一書一章之中，必有要點，如《季氏將伐顓臾》一章，顓臾之國姓，蕭墻之訓詁，非要點也。若於此處一一質疑，則何日始得完？（如專治《論語》則又不同。此又小事磨礱之旨矣。）必於其要點再三思之，然亦僅就文理明白處，不必過求深者奥者也。若思之不能明白，即亦置之。其能明者，必反諸身，此我能行否邪？我有此病否邪？能則行之，病則改之。如此做去，理即日日明矣。故曰慎思之也。蓋思最易涉歧，今要在知分，如我讀《論語》以養心，以力行，則所思僅及乎此而止，斷不可踰此範圍，此所謂慎也。然聖賢之言義理，往往有言同而義異，或義同而言異，（如「温故而知新」，《論語》《中庸》異義之類。）則需用辨析之功。大抵用已知極熟之義，質難明之義理，則迎刃而解矣。夫在家則孝弟，在學舍則讀書交友，皆分内事也。讀書固當字字着實，（即考據亦須用力）若有一字之疑，既不必過求，須長往來於胸頭，此後看書能遇此時，即可隨時辨析，或古人先我解之，或自己靈性忽有所觸，亦即悟矣。故讀書不可不熟，看書不可不多者，此也。（凡考據義理之粗者，其用心處只要證據不差，然亦明辨之功也。）足下於理未甚明，目前於明理尤爲要着。且如來函言：「主敬非險難中所能爲」安得此無志之話？然則顛沛必於是，聖賢爲欺我矣。足下須知：本無險難，一也。古人臨死結纓，即在患難中尚需敬，二也。足下但實心讀書做事，（即做《詩例》）不計將來，不問成效多少，讀此書心在此書，寫此字心在此字，此即敬矣，更從何處討得敬來哉。凡此，皆不明之爲患也。克治固是要着，然終是退一步着想，所得終少。人亦要立志寬廣，向前幾步方可。好古敏以求之，足下安得謂不能敏而自退邪。亦要鼓勇向前，方得不倒，不然則如弟適才所説之醉人，倒地即眠耳。所謂敏者，亦不是貪多，患在不應多而多耳。（足下目前已是貪多嚼不碎毛病）另一方面，足下實太嬾，太頹唐，義理不能一日俱得明也，但我見此義理則必窮到底，（適才言思之不明可以置之者，所看之書也。此則言所讀之書，應拼命之書。）不令放過，一日得一條，十日便得十條矣，久而久之，自有貫通之望也。故讀書不可不求有得也。弟所以勸足下讀《詩經》一點已儘夠者，此一點鐘内卻一分鐘不可放過，閒了此心。餘時則優焉游焉可也。（貫通之道無它，惟要千言萬語中尋得一個綱領來，在一句一字中化得出千言萬語來，斯可矣。）凡此二端，想於足下不無小補，望留意焉。

弟在此間尚有一二年可居。足下所謂北京書多者，弟則正患書房中書多，而弟腹中書少，又安能來看北京之書邪？至以人物論，則以弟之志，恐行徧海内，同志不多。在此間猶有居停共晨夕，亦足樂也。弟於學問方面已有成規，刻下方盡力於日用常行之道，天津於弟環境適宜，故不欲易也。尊詩第六句稍劣，餘大有進步，非復阿蒙矣，一笑。

弟十年致力，得此一隙之明，然即聖賢告人，亦不過就此加密耳，此則可以自信。願足下勿等閒視之，千百遍閲之，或於窮理之功有所助也。

六

芸閣吾兄如晤：

得手示，敬悉。《詩例》一事，弟於《詩》素尠肄誦，自作尚不能，又何以告足下邪？凡弟所與足下言者，多偏於條理清楚一面，只得條理，何事不成乎。今且更爲足下析言之。第一、足下此時當力戒外騖。凡治學問，必死心塌地，作得實在工夫，始能有用，若存一計較功利之心，即非實地工夫矣。足下當自知於學問荒棄日久，決不能於一年半年驟獲若干進步也。若妄想之絶無益處，亦徒自擾耳。（此外騖之一）且足下前者窮困在部，久欲南歸，今雖在清華，而日後尚茫茫，此固可慮，然豈可長放在心。即家事紛俶，亦寧置之不問。昔范文正讀書，得母諭，只閲平安二字，（此胡安定讀書泰山時事，以爲范文正者，誤舉也。安定與孫明復石守道同學，攻苦食淡，終夜不寢。十年不歸，得家書，見上有平安二字，即投之澗中，不復展視，恐擾心也。以經術教授吴中，范文公愛而敬之，聘爲蘇州教授，諸子從學焉。）可效法也。要知即明年夏天仍無一籌可展，亦不過回南而已，初與今夏無異也。貧非病也，何必惻惻。（此外騖之二）凡治學問，所以爲己，己本不善，而欲掩飾，明者覩之，不過一哂，己所未足，而欲誇耀，情見勢絀，祇以包羞。君子之爲學，實有諸己也。言若訥而行有餘。分所當爲，舍身不顧。思出於位，棄之若遺。如此則同學中可去無謂之雜談，而加之以恭敬。雖不恥下問，而不必語稱己之所得。至於奔走諸事，則擇切己者爲之可也。（此外騖之三）外騖盡去，此心可定，定然後明，必然之理也。足下入學將半年矣，但聞紛擾，未成一事者，外騖爲之耳。苟再不去，恐終無成功之日，虚度日月，爲深可惜也。足下知學問進步匪易，則成績不能佳，乃本分事也。然所以欲成績佳者，果何心哉？若謂盡心求學，勿曠時日，此乃足下之本分，若爲考進時名列前茅，成績不佳，慮爲人笑，或更關慮以後餬口問題，則本不能佳而强欲使佳，終成自欺亦適以自禍而已。故弟勸足下凡此諸端宜擯絶。將作《詩例》一事只當本分功課，既不可潦草從事，亦不可急迫圖成，蓋潦草固是敷衍，急迫亦是敷衍，事事敷衍，讀書將何爲邪？此病養成，將來治國齊家處處敷衍，全無真心，世上何貴有此等人邪？作事必存誠意，成事之大小多少，卻全在工夫，工夫未到，雖有誠意無益也。然與其工夫盡到而滿腔都是假，轉不如一事無成而尚誠意之爲愈也。與其抄撮萬言而未明義理，不如但知義理而不成一字之爲愈也。足下如此則於成績之多少大小問題不必過慮，但論是非，不顧利害，此又去一外騖矣。（此外騖之四。以上去外騖而重實學。）其二，爲學當有先後輕重。凡人爲學自有規矩法度，旁人固無以助其巧也。而足下乃紛然不其中矩，此亦一病也。治學須有本有末，足下根柢不深，須先培其本，經史大書及宋儒之精者，均不能不涉其大概，凡併此不知，而欲專作一書而有成，是萬無此理也。夫治學貴專，固是也，然豈可一無輔之者。植樹木者固必資於灌溉雨露，行千里者固不可不具隔宿之糧而但恃足力也。蓋足下所以紛擾者，心無定見也。所以無定見者，見聞不廣也。然而不求擴其聞見者何也？亦曰蔽於外騖而已矣。足下殆以成績萬不可出醜，其心遂專在成績打算，而不爲真正學問着想，遂陷入狹己一途，日日營擾於一途而不計根本，是猶種樹者欲使其微末之枝開花結果，而於其根幹，則雖加之斧斤無悔焉，其可邪否邪？孟子曰：「引而不發，躍如也。」爲學之道，大概如此。聖賢之見於所言所行者，與其所學不過萬萬分之一耳，故能所發而必當，今欲種一因而得一果，則又安能必得哉。雖有巧者，無如之何矣。故我願足下抛去爲成績之心，而專爲學問計算，而成績即在其中矣。（以上言須博學）然博學非記僻典得異聞也，蓋凡庸言庸行之不可不知者耳，故先當擇書，次當審時。所謂擇書者，凡書之含義理多者先之，雖難讀，無畏也。書之涉義理少者緩之，雖間有極精之言，不顧也。如《論語》《荀子》二書，我先《論語》矣。《史記》《史通》二書，我先《史記》矣。人或考金石之佚文，我則讀《漢書》之列傳。人或索公孫龍之詭辯，我則讀《爾雅》之訓詁。凡此之法，皆以擇要爲先。勿使此身蔽於無益之學問，則有事來時，自有應付之方矣。勿使日力耗於涉獵，則學問有程序而進步可期矣。足下治《詩》至今，而陳奂等書尚未一讀，此真不可思議之事，陳奂等書固不可言盡善，然究是要書，今既治《詩》，除集傳外，自當首及，今足下致意於承培元等短書而不一顧及，豈非大惑哉。蓋足下之意不過畏其難耳。不知欲舉例盡在大書中，斷非東鱗西爪所能得者。憶弟曾有函告足下，謂欲得《詩例》必先取讀一大書，於其舉例處日日札記，積久漸多，乃可尋其綱領而類別之，不意足下不聽我言也。且凡大書中所包例不知幾千百條，足下不取而斤斤於短書中一二例，不亦傎乎。此後望一改舊癖而專從事大書，勿畏其難而有懈怠，則一書看畢，自可刮目相看矣。（以上言擇書）所謂審時者，明輕重先後，則舉措得宜也。凡看、讀、寫、作，缺一不可。而時間最生問題，不偏於此即偏於彼矣。足下近來只偏於讀寫兩門耳。此兩門皆非用心之事，又安能有所得邪？蓋讀之爲事，在專在熟，此固守之法，而非進取之事也。若進取則全恃於看，而足下所謂看者，但預備抄寫耳，故弟謂足下無看之功而但有寫也。雖看十年何益？凡看之法，每遇一書必定其價值，窺其本意，挈其精華，初無用之之心也，而一旦倉卒使用，無不如指，此真如國家養士與君子交友也，豈可但存抄纂之心哉。故看之時必多，而讀之時必少。所謂作者即作詩作文固無論矣，即足下之作《詩例》亦豈可無作之一事。然作則極難，只知讀則材料不充，只知看又了無新意，然看之一事爲尤要，蓋不博學多識，則所作者大抵不知而妄作耳。故看之時宜多，讀則稍少不妨。寫作兩門，則隨宜分有可也。弟前囑足下每日讀三小時《詩經》外，任閲何書，亦即此意。而足下除讀外即抄纂，則所讀者全不得益，徒使此心紛擾耳。且弟勸足下每日讀三小時者，仍言讀完一遍即看《毛傳》一遍，以後或看集傳，或看正文，屢變其方，足下恐亦未能照行，則不如且少減讀之時間，故前書弟主張只讀一小時也。此外每日大約閲屬於《詩》類者兩小時。閲訓詁書一小時。讀《論語》半小時。閲理學書一小時。其餘暇則古今重要書皆當涉其大概。其時間出入，則足下自定之矣。至成績方面，此時且勿過慮。有得必記，即作之事也。聞善必録，即寫之事也。至臨文卷前兩三月，再總計所得成績多少，稱其分量而編輯之，則自無畸重畸輕之弊。但成國風可也，即但成周南召南亦可也，惟要在具體而微，不可偏枯耳。若今日即亟亟於此，勢必遺本而務末，足下今兹之專事訓詁比興小節，而不顧史事風俗諸大端，乃其微也。（以上言審時）此外更有宜爲足下言者，則立志宜高大，而用功宜篤實。今日士志之卑污，真可痛哭。而一二高明者又相率入於僞學。彼以爲博，其實瑣屑。彼以爲奇，其實粃粺。讀聖賢書，曾不能變化其氣質，日日自欺而不自知，所謂惟聖罔念作狂，又安能與小人争哉。凡世之亂，皆由於此輩。君子而僞，不如小人之真，故其争也，善類空焉如唐明之末皆是。清之季年，潘文勤、張文襄之類亦是也。康有爲、章太炎、胡適之類皆是也。造成數十年僵仆變亂之局，皆一念之僞有以致之。故吾儕志學，必以力挽此風爲始。歸淳反樸，我於足下所深望也。前書曾發解惑去僞兩義，蓋非泛言也。願更察之。（以上言立志宜高大）若下手之處，非篤實不可。學問斷無能從討便宜得者，人一己百，人十己千，當終身行之。知以思爲要。行以忠爲要。思曰睿，凡思必如挖井，愈挖愈深，以得爲度。然猶未敢以爲是也，必質之古今之説而無疑也，然後本之而行，則絲毫不可敷衍勉強，所謂忠也。忠者盡心而已矣。盡心則誠實而無僞矣。以篤實之行，而濟以深睿之知，而德業不日長者，我未之聞也。此則又望足下勉之，切勿如飄風暴雨，徒貽後日之悔也。（以上言用功宜篤實）至於《詩例》之體裁，可取杜預《春秋釋例》爲法。其餘前後足下瑣聞，弟非專門，恕不能對。且皆不關緊要，目前須理會者不在此也。《易》曰：「觀其會通，以行其典禮。」所謂例者，即求其會通也。凡一類之物，必有一共同之點，譬若物皆有形，此一例也。凡動植皆有生，此又一例也。凡人皆有仁義禮智，此更一例也。故凡索例者必先求其大者要者，乃漸及於細微，以漸而密也。今足下乃先求其細者，愈分愈瑣碎，則顛倒矣。治學當如剖瓜，自一而四而八而十六，豈可抉取一寸二寸之皮以爲得計邪？望斟酌之。來書所舉馬氏毛説傳訓假借，其以正字釋經一例，弟意當入清儒讀若例，蓋西漢人質樸，故未顯言。其云調朝也，即爲調當爲朝耳。此段氏毛詩小學等未知有説否？可一檢之也。總之，凡作一事，首以創通爲貴，（既能發明之謂）次則周密，再次則大綱觕具，今欲識大綱則必廣見聞，欲有心得，則必多讀而深思，二者缺一不可也。（以上言《詩例》體裁）言之遂傷繁蕪，且多操切，以足下樂善，有古人之風，故敢援陳善塞邪之義，伏望諒其直戇，幸甚幸甚。

七

芸閣兄如晤：

連得二示，敬悉嫂夫人貴恙，想未必碍事，然亦以謁醫爲佳，試去信囑之也。芸圻來已二日，邑談殊樂，大概後日可謁京也。學問之道，力行爲要，苟能力行，知無不至，理無不明，若知有所未至，理有所未明者，總是行之未力耳。足下能看朱子書，大佳。惟當先立其誠，惟誠始能有恆，始能篤信，能如是方能有得也。擇善固執，譬之門也，自古及今，有志成就之士斷無不由於此者。上逮聖賢豪傑，一言一行爲天下萬事之樞機，下至醫師百工一技之微，要歸於能從其善，夫至於能充者，非知之甚深行之至熟不能也。足下試勉其深者熟者，勿躁進以求速效也。病躁由於柔，柔惡源於不明，不明本於不誠。足下果能誠之，即理日明而志日定矣。然亦須逐漸變化，斷無一日盡明之理，更不能於此外別得一法也。果能熟讀朱子書，思之無不精密，行之無不妥帖，是與親承朱子之教誨何異。積之既深，有以窺見聖賢之大道，然後知今之所慮，與夫隨世浮沉之議，俱爲不足道，而有循此以進，亹亹不能自已之樂。蓋惟篤信者庶幾得之，不然則疑於鶩惑耳。夫聖賢之道，天下所公也。信不信，一人之私也。人能宏道，非道宏人，固難強人人以從吾道也，吾亦自修吾身而已矣。悦我言者告之以所聞，拂我言者我寧嘿焉，蓋時位不可不自宲也。方當修業之時，處相等之位，其言未必皆所心得，而所告又爲狎熟非可勉強之人，則徒自外於道而取羞辱耳。衣錦尚絅，惡其文之著也。有言不信，而尚口乃窮也。道聽途説，德之害也。願足下勿復爾也。夫立志不可不高，而用力必自卑近，故志希於聖賢，而三人行必有吾師焉，蓋聖賢之道，未有可離世絶俗以行之者。朱子所謂背處工夫，正謂有時日足以從究問學，如足下今日。若彼操贏計絀，耕植牧畜之衆，雖或有天資卓絶，足以聞道，而不得問學之時，則又安能有成哉。若足下之所處，固勝彼遠矣。倘不謝去不急之務，絶一切之欲，則猶爲鄉人耳。然小小交際，又正所以觀過知仁，要在處之得其宜，又安能避哉。此正足下力行所學之會，不可不用心也。弟材力弱，不能猛進，足下過稱，愧荷愧荷！然苟非身歷有所見，不敢輕以奉告。且苟非足下悦聞其言，亦不欲多陳也。惟勉之，勿爲群言所淆亂，斯道幸甚！

十一月十八日夕

弟擬十二月二十五六至京住半月，乞足下於望日前後囑悦來定一房間。如足下等亦欲入城，似以定兩間爲宜，如僅足下一人，則不必也。近詩一首録政。尊詩第四句甚佳，得義山法。餘並須洗刷，然較前已略進矣。

八

雲兄如晤：

兩示讀悉。兄進德勇猛，真可驚服！頃嘗思之，人非經困阨，鮮有能自拔於庸俗者。足下此數年來，人情險阻粗嘗之矣。反而求之於古聖賢之道而甘之如飴，非所謂困而後知者邪？古人有云：知之匪艱，行之惟艱。足下能就已知而力行之，俾真有所獲，然後爲負矣。若更終日孜孜以求，則所知自當不止於此，而能更有所獲，則必能樂之矣。由此以往，更無止期，上達天德，非虚言也。要在人立志何如耳。大氐高明之士，行之爲艱。駑下之材，則知又匪易。知而不能行，究之非真知也，是與務行而一無所知者何異？然苟能知之，猶或有行之之時，較之終其身而一無所知固勝之矣。況深知而篤行者邪？且吾輩所以讀書何爲哉？豈爲要名譽蘄爵禄求財貨思得宮室之奉邪？苟爲此，則術亦多矣，何必讀書？讀書而爲此抑亦術之至拙者也。今之鄙夫多能笑之，彼固不必讀書而能得名譽爵禄貨財與妻妾宮室之奉者也。號爲讀書之士而爲鄙夫所竊笑，又何足貴邪？故貴於讀書，必將避棄名譽爵禄不求貨財不慕妻妾宮室之奉，甘想從於寂寞之塲，此殆人情之所不能堪也，而古之君子能之，且又樂之，此其故何也？無他，所知與常人異也。所知與常人異，故其所求書者亦與常情異。蓋所載者已往之迹也，其人多爲朽骨矣，其骨多爲糞壤矣，獨其所言之理存耳。夫理之最初，至善而無可名言也，及其化一本而爲萬殊，乃有偏正善惡之異，譬若飯然，有久貯而滫者，亦有不變其色香者，渾渾噩噩之人，不辨其爲香也滫也，雜取而食之，則有致病者矣。有先知先覺者憫之，而告以孰者可食，孰者不可食，彼其辨之必先明其理不可，必知其何因而致其偏惡，然後能有治偏惡之道，故曰前事不忘後事之師也。凡書所載者皆前事也，君子之讀書，窮前事之理，將使後事不至於偏惡也。前此之先知先覺者既窮其理而得其道，或見諸行事，或垂諸空文，後世既不能見古人之言行，藉於書以見其事與文，因而求其理，理得而道存，故道永永無絶。然而知道者必不爲名譽爵禄財貨妻妾宮室累其心矣。彼以行道爲己任，能行之則安往而不樂，又何必名譽爵禄之類爲哉。是故知道爲難，知不深不能好，好不竺不能樂，常人不知道，徒見其棄名譽爵禄之類而不求，是以迂誕視之也。天下譏之，鄉黨薄之，親友嗤鄙之，其中不摇者寡。苟真無所動，獨立不懼，蓋非常之行爲者，斷非常士矣。陳子昂云：「前不見古人，後不見來者，念天地之悠悠，獨愴然而涕下。」可以喻也。彼之所知，考諸古人而無疑，傳諸後世而無惑，見諸行事而信，施諸一身而樂，則雖刀鋸鼎鑊列其前，其志不可奪矣。彼庸耳俗目，何足云也。詩曰：「日居月諸，胡佚而微？心之憂矣，如匪澣衣。靜言思之，不能奮飛。」心雖憂道之不振，而不能俯同於流俗明矣。故曰：「我思古人，實獲我心。」求之今人而不得，是以求於古也，則其必不曉曉然以求明於今之人，亦可明矣。夫以孔孟之聖，周程張朱之賢，尚未能見信於當世，況其知未及此邪？譬諸執仁義道德欲以驟化與我異言之氓，如蠻洞之類，則尠不危身取害也，知道者必不爲之矣。常人所行多有合於道者，而不自知，君子亦不能強其知也。故曰：「民可使由之，不可使知之。」非謂禁之，謂難能也。君子所樂告之者，必知道者乎。故曰：不屑教誨之者，是亦教誨之矣。以其人不知道也，有知道者來問焉，則就其所明者擴而充之，其所未明且不及也，況不知道者乎？強聒而語，鮮不取辱矣，焉有君子之道而自致羞辱者邪？中人以上可以語上也。中人以下不可以語上也。區而別之，君子之道也。故君子所重者行而已矣，行而有所得，則人自觀而化之。故曰：不言而信，存乎德行。又曰：行之難，言之得無訒乎，又安事於曉曉者哉？君子之道，但可與知者言也。雖終日言之而不懈，於進德若斷斷焉。與不知者辨，苟非成德之士，尠有不敗其所守者，以其有常人之見存焉。韓愈所謂一凡人譽之則自以爲有餘，一凡人沮之，則自以爲不足，苟自同於凡人，又安能望其入聖賢之域哉。足下方自勉於聖賢之道，願勿復爲此也。且夫君子之道闇然，而日章。小人之道，的然，而日亡。矜與爭，學者之所當戒也。君子之所行於朋友者，謙恭以接之，寬以容之，忠信以處之，仁以愛之，能此數者，朋友之道盡矣。若夫智有深淺，學有高下，親疏之别斯有之矣，然亦豈可使其人怨我哉。故曰：忠告善道，不可則止，親故者不失其爲親故，凡以謂此也。是以君子貴自反，人之怨我，是我有未善也，則必改之，勿以舊交親狎而忽之，此孔子所以稱於晏平仲也。夫以周公之才美，行以驕吝，且無足觀，故舜好問，好察邇言，禹聞善言則敗，今有人以善言告我而我不能以自反，徒以聲音顔色拒人於千里之外，是其才固勝於舜禹周公邪？此又願足下思之也。芷馨謂足下謂爲孤僻，爲狂傲，雖未至如是之甚，然亦必有因也。每謂來示，忿嫉之心輒流露於筆墨，想足下不自知耳。弟曾數言治學以宏爲貴，心宏然後燭理能周徧。則如芷馨之勇於勤，芸圻之惇竺，盼遂之專，皆我師也。與芷馨游則學芷馨，與芸圻游則學芸圻，與盼遂游則學盼遂，如此則將日見諸人之不可及而我亦稍具諸人之長矣。故曰：以友輔仁也。今以爲不能學而不之學，又或以爲無足學而不屑學，然則勤勇惇笁與專爲非美德邪？此不可不勉也。聖賢之道非徒空言也，亦非單事默坐沈思如釋老之爲也，必讀書以求義理，而求之日用尋常之間，使事事咸得其宜，則交友之道其可以不慎乎。有若無，實若虚，犯而不校，此宏其心以與人者也。亡而爲有，虚而爲盈，約而爲泰，此狹己而自欺者也。狹己而自欺，其於道日益遠矣。故君子必自處於無知，而後天下之知皆歸焉。足下而誦法聖言，則望勿忘斯言也。凡弟之與足下言者，正以爲治《詩》也。昔人有云：味道之腴。旨哉言也！凡讀書論事，當先取其大者要者，禹之治水，先導九河，豈能用其心於斷港絶潢哉。至芸圻所謂理學已過去者，實爲繆説。凡人皆謂近世海禁開而新學盛行，爲前世未有，不知魏晉以至陳隋之際，老佛代興，聖人之道不絶如綫。觀《洛陽伽藍記》西域人之居京師者萬餘家，佛寺千數百區，今日所見當時造像又何止數萬？又顔之推言，當時競學鮮卑語，《世説》載郝隆知蠻語，其他知胡語者不可勝數，及唐而音樂醫藥聲韻等文字藝術咸被西域所同化，可謂聖矣！（波斯教祆教之經典迄今尚有留者，則當時之廣被可知。）而王通韓愈倡之於前，周程張朱道之於後，使聖經賢傳復顯於當世，故後學者得已有述也。假使王韓周程張朱皆以經傳爲已過去，無足輕重，而爲鳩摩羅什玄奘之業以投時好，尚足稱乎？即以歐洲言，其中古史幾無文化可言，自培根牛頓數人出，而後希臘思想之火復燃，史家稱之爲文藝復興，苟培根牛頓而蘄合一世之好惡，則亦惟有辨耶教宗派，作拉丁短詩而已矣。則其近世文化何自而來乎？故學者之所務，正在振一世之頹風，若餔糟啜醨以自誤，而並誤一世之人，是亦不可以已乎？昨遇川中一老輩，言及廖平尚康健，近已棄其今文之學，而箸作仍不少，言如靈樞素問爲孔子所作，其可笑至如此。然其素王改制之説，康長素因之以亂國，風起於青蘋之末，不其然乎！丁此亂世而言學問，稍一不慎，便爲亂階，應爲之深懼也。惟望我輩同志以潛晦自養，不圖速成，庶幾免乎此也。

歲杪擬至京，恐無資斧則不能成行矣。

十一月廿六日

九

芸圻兄如晤：

到京平安否？近來進學何似哉？何無一字相抵，念之甚也。

芷馨兄如晤：

芸圻入京，託致一椷，諒達。近忙如何？弟和仰苕二詞，託芸閣轉示，曾見之否？前在村酒香，足下謂久不作詞，如蘭有作，既當見和，可當息壤否邪？以久不見消息，故特奉問。足下得得勿以爲結習未捐哉？一笑。昨有人以彝器拓本三十二巨册求售，乃簠齋舊藏，拓工極精，索價二百金，可謂極廉，無錢可惜。

即請近安。

十一月廿八日

一〇

芸閣兄如晤：

手書敬誦，知以拙書疏少爲疑，然弟每作一書輒須一二日，所定功課常受影響至有所變異，而足下猶嫌其少，難矣。雖間二函而只一復，而所言可謂傾筐倒篋矣。承告近所得者，依此行去亦好，惟不可偏滯。涵養須用敬，進學則在致知。又曰敬義夾持，上達天德自此，望更體之也。芷馨過多出於無心，我輩素交自當諒之。惟恐非處世之道，前來津時曾婉言之。大拂其意，亦不能竟其説也。讀書且就古人已言處用心，久之自有得。若尊論《商頌》之説，弟未敢同也。歲杪不論如何必爲京行，惟屋小只可住二人，若三人則再添一屋也。又褥子足下最好多帶一分，弟擬只帶一被矣。尊詩殊佳，爲易一二字更覺生動。（四句裁改書，五句愴改懷，七句添改多。）敬和一首，奉承哂政。前二詞本非佳，聊前言之以爲戲耳。承勸致函唐師，深感。昨已裁書矣，旋以所述近於自衒，竟未發，但函石渠轉述近況而已。至貴院事，憶方大曾有聯贈吴孚威云（集《古文觀止》語）苟全性命於亂世，不求聞達於諸侯，請看今日之域中，竟是誰家之天下。正是可移贈耳，一笑。

入京時日期當再奉聞。即頌爐安。

弟蘭　十二月初五

一一

芸閣仁兄如晤：

昨書想達。弟擬二十三入京，足下如能早日至京最好。芸圻未知能至京否？如有事阻隔，勿勉強也。若有三人則必定兩屋，以屋太小，去年曾受此窘，既逼仄，不能觀書，遂致群居，終日言不及義，此大患也。（三四人佔兩屋，可以一屋爲寢室，一屋爲起居室，則稍舒暢矣。）

弟頃舊冬日記，見彼時頗有志向學，積之久豈無入處，自爲京行，荒疏月餘，其後遂横潰決裂，都不可止，蟻穴江河，可不慎邪！此次入都，當懲前失，用功與聚談須各立規矩始好。足下頃亦志持守，不可不勉防之於初。兩屋之説必須實行，萬勿惜小費也。足下近看《朱子語類》如何？弟已草草看過百餘卷，自知極疏略，惟以書太大，若看太慢恐日就嬾散耳。然此理略能見得後自是鼓動人不容不着力去做，獨怪世人或看過而不曾深入，反爲事務所汩，未知何故？或心粗未曾身體力行，或以本意只在抄纂，未曾窮究，未可知也？足下看此書，當力祛此病爲要。大凡看一書，當先平心氣，一書之中難易互見，決不可舍難不觀。亦不可專心於難而忽易者，一書説理精粗具備，既不可懵然無所别擇，又不可取精而遺其粗。難易精粗，隨分用力，則心自平。同一事也，而有異同之説，即不可偏主一説，又不可強爲折衷，必各求其理之是非，苟具是矣，然後觀其會通處，苟不能辨别，則且暫置之，不可求之過深也。看一書其中必有平淺易知易行者，即就此先竺實行去，勿但以此爲話頭，亦不可但拘於一事一物，當旋行旋致知，旋知旋力行，若如此，一年半年方能站着脚跟，有向上處也。靜坐於初學最宜，此心苟不虚靜，終難有進，未知吾兄工夫如何？亦不宜閉目，閉目反多思慮矣。大致須是耳目口鼻心意專於一處，久久則放心自收也。然亦不可過偏於此，日用閒事亦當處處理會，理會得恰好，即便是靜，非置身心於寂寞乃爲靜也。又《詩例》近來未知如何？當初亦未思便認此一科，如今思之亦是大難，今欲略通《詩》之大意已非易事，何況欲通其例？非全經浹洽，千條萬目照著於眼前，安能取其會通而著爲例也。然既已認定又不能不做，作之又不能苟且，此正如滕薛小國欲行王政，而力有不足，然亦惟有盡其力之所能，其成敗利鈍則不能計矣。目前且以熟讀深思爲第一義，有所得即爲札記，將來即就札記整比之以交成績，亦務實之一道也。爲學太難，日日用力猶難深造，況乎一向弛緩，驟無頭腦如弟輩者邪？尚望努力。如能於《語類》熟看得有疑竇，俾至京時得相研討，或亦一樂也。

芷馨南歸何日？芸圻等併乞致意。

此請近安。

弟蘭

十二月初九日

附詩詞：

京游零拾

戊辰元夕

鳳城重見柳如絲。愛説芳期未有期。已斷欲連雲起勢。忍寒垂曉月圓時。愁多悵望春衫薄。思極紆迴玉漏遲。
惆悵無端聽啼鴂。更無熱淚染花枝。

疏星三四月如霜。宛轉深更亦未忘。天上久離有牛女。夢中幽怨屬滄桑。也知劫見情依舊。轉覺無緣恨更狂。
駘蕩春風還好事。故將香篆作鴛鴦。

和看菊後見示之作　用太夷韻

戰馬嘶風又晚秋。愁看宿雁過南樓。鬥寒飽看籬邊菊。傲霜甘爲物外遊。
百草晚花寧有比。一生盡醉豈多謀。因君新句蠲凡眼。白日清光幸未收。

遊圓明園遺址有村婦年七十餘矣自云於萬壽節曾入園縱觀得睹兩宫御容明年園遂被焚頗有今昔之感

叢葦梢梢一水環。更無鴛鷺聽潺潺。捧青曾集千秋節。積翠遥臨萬壽山。

遂有楚郊侵夜火。更無桂窟駐雲顏。頭白親及前朝盛。太息穨基已再攀。

更懷　丁巳

寒日麗遊絲。黄花獨後時。多君瑩似玉。空館數相思。

御河與芸閣同遊

城闕沈暮景。朱碧泛中流。依依柔柳色。隱隱文鱗遊。玉闌剥苔迹。幽禽啄苹漚。
静聳對叢柏。微暄生晚秋。何時更攜手。勿吝竟日留。

清華園與芸閣等遊矚

世慮絶營擾。佳時感蕭索。緬懷心所親。來踐山水約。
花落值暮秋。園曠偏芳蘂。池河謝翠蓋。壁蘿垂珠絡。
舊苑餘感嘆。新知助攻錯。延佇明月上。敢齊賢者樂。
胡畫不成字。寧不自羞縮。感懷寂寞心。忼慨無與説。

午夜無憀次仰茗韻成二首即寄仰茗并邀芷馨芸閣同作

蜨戀花

門掩重陰花滿樹。欲見時難。見又渾無語。苦到春來容易去。
問君知否春來處？
花底閑愁千種聚。遊騎相逢。各各歸何許。自恨多情情更露。
數來馬跡都成五。

浪淘沙　香山歸路作

衣袖染嵐光。歸思茫茫。西風古道送殘陽。鞭影蹄聲山背面，低拂垂楊。

蓬鬢暗驚霜。又到秋深。暮笳哀怨曲何長？漢苑風煙還似舊，一笑難忘。

整理説明：

二〇一五年九月二十五日郝本性先生將《立厂丁卯論學札拾存》一册的複印本交付《唐蘭全集》編輯整理小組，云爲其子郝鶯雷先生於雍和嘉誠春拍會中購得，囑排印出版。該册毛筆工楷書於復旦大學五百字稿紙，共三十六頁，一萬八千字，收存唐蘭致吴芸閣書十通，致芸圻、芷馨書一通，并附其京游詩詞八首。致芸閣信上有芸閣眉批「喻未的當」「此有所爲而言」「同化一詞未妥」「舉例未安」四句。此册係唐復年舊藏，鈐有「唐復年印」「唐復年藏書印」和「無懌齋唐氏吉金」印章三種。

信札中重要人物簡注如下：

吴寶淩，字芸閣（雲閣），江蘇寶應人，爲唐蘭一九二〇年考入無錫國學專修館時同届同學，一九二七年八月考入清華大學國學院，致力於《中國詩史》研究。後因故逝於清華求學期間。

侯堮，字芸圻（雲圻），安徽無爲人，爲唐蘭一九二〇年考入無錫國學專修館時同届同學，一九二六年考入清華大學國學院，畢業後曾執教安徽大學，抗日戰爭時期在重慶國民政府教育部供職。一九四九年後，曾在北京市文物工作隊工作。

吴其昌，字之馨，即芷馨，（一九〇四—一九四四），海寧硤石人。爲唐蘭一九二〇年考入無錫國學專修館時同届同學。一九二五年考入清華大學國學研究院，一九二八年任南開大學、清華大學講師，一九三二年任武漢大學歷史系教授。抗日戰爭時期，隨校遷至四川樂山，兼任歷史系主任。

蔣庭曜，字石渠（一八九八—一九七九），爲唐蘭一九二〇年考入無錫國學專修館時同届同學，畢業後在上海交通大學、無錫國立師專任講師、教授。一九四九年後歷任無錫文教學院、江南大學、蘇州高級工業專科學校、無錫師範專科學校、徐州師範學院等校教授。

劉盼遂，名銘志，字盼遂（一八九六—一九六六）河南信陽人。一九二五年考入清華大學國學研究院。一九二八年執教於北京女師、清華大學、燕京大學、輔仁大學等。一九四六年起任北京師范大學教授，一九六六年八月被迫害致死。

（楊　安）

致容庚

一

希伯兄如晤，手示讀悉。一是矢彝弟亦有考釋，載《周刊》第九期，請一賜讀，並有以教正爲感。氽字弟見所影拓本，確是如此，非小牛也。羅公未釋，弟釋爲銷之省，銷從肖聲，肖從小聲也。許叔重《淮南注》：「銷，生鐵也」，是其義矣。弟此文於「京宮」一釋，自以爲尚好，以全據《詩經》本文，絲毫不加穿鑿，而可發見兩問題：（一）周本居京，故本名京，至太王始建周，其後「京」之爲名，演爲二名詞：（甲）都邑之名。（乙）宗廟之名。（廟中享成王以上）（二）京師之訓詁，後世以爲「京大」「師衆」者，乃望文生義。傳太王以上則即京師，蓋自周始於京，而以京爲都邑之名，乃演成此名耳。（羅公釋爲鎬京，大誤。豈有上日在成周，而下日在鎬京乎？）凡此均懇吾兄更爲斟酌之，如尊見不同，尤所樂聞也。上次兄作一文，釋簋當作𣪘，敦當作簋者，弟閱之而大佩，以此本夙所主張也。曾以語羅公，渠甚不謂然，蓋頗囿成見也。顧頡剛君仍在京否？其通訊地址能否見示？以擬寄《副刊》往也。弟近治哲學，非語體文不能暢所欲言，非驟易素志也，對胡先生，在學問立場上仍不能合。此復，即請著安！

弟唐蘭啓事　十六下午

李昭碑或是昔人以殘本重刻，亦未可知，其人則信而有徵也。兄謂何如？

二

希白兄：

《考古》兩册收到，弟曾介紹孫作雲君一文，似可再賞幾册也乎。羅氏金文弟擬預約一部，其款擬於二月底前先交百元，想荷允許也。又馬叔平先生亦欲留一部，祈代留爲荷。前由弟處取去姜亮夫先生一文，前途來信催要，祈擲還爲感。（如能登《燕京》更好）此頌

近安

弟唐蘭頓首

三

希白兄鑒：頃文奎堂來，得尊示，敬悉。考古學社交費者爲嚴學宭君，弟於月前已托思泊兄轉交矣，恐渠未晤兄，故未能交去也。拙著《古文字學導論》以時局故，提前出版，特價二元。一月二十日止，社友可八折，惟限於向社中接洽，或徑寄至弟處耳。（因首批已發完，二批未印出也）。奉呈兄及子植兄各一部，容三數日内寄上請政。專此，敬請

近安

弟蘭頓首

四

希白兄：手示敬悉，金文一函亦收到。書款承代墊，甚感。弟頃移居米糧庫六號，遷移所耗甚多，又值節關，一時恐不能籌措奉趙，惟至遲下月初，必可繳上也。《考古》通訊處如能一改最好。此請

近安

弟蘭頓首　六日

妄人孫作舟在《歷史與考古》上評武梁祠畫像，兄見之否？可發一箭也。

五

希白：

北來如得批准，是大好事。但故宫客舍緊張，新近所訂規章制度，十分繁瑣，（因現在各處來學習訪問的人太多，並且曾出了一些事。）尤其吾兄來住，恐更不方便。務望在未來之前，先由學校來信接洽妥當爲盼。如臨時安排，萬一無地可住，豈非大窘。弟不在其位，無發言權，當爲兄所諒解。前寄帖目，可能重出兩册，而另有兩册，卻未寄來耳。

徐藏兩册尚未到，此爲巨憝所據，弟前爲米帖作跋時尚未知。商務曾印一本，北圖亦藏一册，不知能出其外否？致

敬禮

唐蘭

六

希白我兄：

前復一函，想已達。

昨見吴仲超，説印刷方面今年排不上隊，《文化大革命中新收書畫集》七三年不能列入計劃。我兄捐贈之件，如允推遲出版，當派人去選取。目前情形，書店架上不能久空，出版業還不能進入常軌。《文物》已脱四期，去年十二期聞已有清樣，尚未出來，遑論其它。文物部門已佔先籌，别的方面還比較差。

我想捐贈問題，如果雙方訂一規約，或者叫做合同，載明這些贈件必須於某年以前出版，並標出爲誰所贈，似可不必拘於七三年出版，但不知尊意如何耳。

帖目中印注一項是否應收，畫像圖像一類亦復可商，大著惜不能快讀，僅僅一帖名而無内容，過屠門而未見刀砧，何論膏肉，又如何得大嚼邪？《惠秋韶帖目》我有抄本，鳴野山房未見過。張伯英提要已借到，是爲東方騙稿費的，盛名之下，其實難副，體例龐雜，説論亦無甚可取。林宰平見聞雖窄，較此尚略勝一籌耳。近世帖學當推寐叟，惜古人不可再起

也。致

敬禮

弟蘭　三、十八

七

希白：廿七日函遲遲未復，爲期待《叢帖考》寄來，但至今杳無消息，不知何故。一月爲期，可以遵約。本想録副，可改爲複印或晒藍（我院只有一架複印機，是原檔案館的。）當可快辦。

弟對身外之物，無所留戀。未發表的手稿近百萬言，據説已送造紙廠，有些已無法重作（如《切韻》校定本，没有幾年時間是搞不出來的），只得任之而已。「貪夫徇財，烈士徇名，夸者死權，衆庶馮生」，頗有道理。弟目前只想把所曾留意過的，自認爲能解決一些問題的東西，儘快寫出來，免得帶到骨灰罈中去，但正如蠟屐一樣，此生不知尚能寫多少東西耳。

日本講壇社要印故宫博物院畫册兩大本，這是一個任務。但我們有一個原則，没有發表過是不能供給的。上級曾有指示，要自己編一個圖録，略多幾件，所以想編四小册，但經與高履芳研究後，即此也辦不到。所以足下要出版藏品，恐幾年内是毫無希望的。

足下前欲借拓本，非弟私有，公家也僅有此一份，非弟不慨然相諾，實係院内制度定得太死。如在七八年前兄來時要資料，就容易辦。今天則已有許多莫明其妙的隔閡了。弟現在研究室，手下並無一兵一卒，銅器材料是由業務部下的金石組掌握的。即如兄要借師克盨拓本，幾經轉折，據説現無拓本，器已裝箱，只得待將來的機會，開箱時再説了。

中昌君簠，弟仍覺得可疑，將來有機會去西安時當再審視一下。實實虛虛，鑒定自非易事。即如兄撰《西清彝器拾遺》二十件，新近重去鑒定一次，又發掘三四十件，其中有些確是無上珍品。兄原書中一豆，已爲配得一蓋，遂成完器。而另一戰國鼎的蓋，卻發現是後配的，僞作之精，確可嘆服。老眼昏花的話，恐怕很難做到的。

鄧叔存逝世，追悼會中見到的有許德珩、馮友蘭、金岳霖等。致

敬禮

唐蘭　五、十一

稚雛見時乞代致意，他曾來一信，因循未復爲歉。

八

希白我兄：

手書奉悉。捐贈書畫事，仍在商洽中，待有定局後再奉聞。

邦達處目録已交去。承惠尊藏《叢帖目録》，因太簡單，無法窺測内容，即以閣帖一項而説，究有多少種？《澄清堂別本》三卷也不知所指，如羅家舊藏日本影印的帖，祖堂本則是廣東翻刻本了。張效彬的一卷，又不知如何處理。羅氏所印廬山陳氏甲秀堂帖，雖未必能追其本原，但董其昌等所見已有此種了。越州石民所刻，根本没有提到。寶鴨齋所集蘭亭入録，而游相蘭亭，據我所知，可找出三十來種，卻未道及。（可惜我所作目録，在大革命中失去了。）明周王所刻蘭亭五種也極有名。看來這個目録是不容易做的，即使不下大工夫，但如已有刻本印本的東西，總得搜集一下吧！也得鑒定一下吧！如梁任公所藏游相閣帖，實即蕭藩本僞裝之類。畢士安本不知何去，但故宫還存有雙鈎底本，也是可貴的。

我的工作，承感情督促，甚感。但群衆的事情，要由群衆來辦，個人已無能爲力。好些事空喊半天，無人支持，無人插刀相助，只能託之空言而已。銅器館我認爲已是半成品，只要加工就行了。而别人卻要從頭再做起，那也只好聽其自然。上海已經開放，已經宣傳，這種魄力，是令人羡慕的。我雖定了計劃，但絶半難於立即見諸實施。只有關起門來，寫些文章，還可以辦到。但能刊出與否，權操編者。一文問世，動經半年以上，也是性急不得的。

班簋拓本可以奉贈，永盂拓本像陝西一青年送給我的，擬留此紀念，用畢還請擲還。

前幾日曾去看頡剛，又值臥病在床，老年機器已壞，無可奈何。你説頡剛曾有一聯，我問他，他也不復記憶。弟憶似説「學如不及，猶恐失之」，卻忘其偶句，請便中見告爲盼。足下體力尚强，甚可艷羡，不知我八年後正復何如，也可能早下人世了。致

敬禮

唐蘭

弟曾提議作一碑帖目録彙編，但未必有支持者。

九

希白吾兄：

手稿收到後即照相，現已完畢寄還。其餘拾五册希陸續寄下，以成全璧。在目前條件下，出版不太容易，多留下一副本，總是有好處的。將來如有機會出版，或再加修訂，總不會抹殺原作者的姓名和其貢獻的。

許多事不好辦，銅器館尚且難産，遑論圖録。弟的計劃盡管定了：1. 院藏青銅器目録（三寸版）。2. 青銅器圖録（精印本，約三百幅）。3. 青銅器銘集（未著録拓本），都還毫無影子，庫房銅器也還未徹底審定。足下責人過嚴，不知形格勢禁，有些事情是力不從心的。只有寫些文章還可以權操在我，但目前的編輯先生，也有不同表現，有時也使人啼笑皆非。

您的手腕想已全愈，是否有機會再來北京一次？我想沿京漢路，到安陽、新鄉、鄭州，再去洛陽、西安、寶雞，不知何日能成行耳。致問近祺。

唐蘭　六、四

一〇

希白兄：

《叢帖目》十九册，早已照齊，因弟欲略知梗概，擱而未寄。（主事者圖省事省錢，只照袖珍本，非閲讀機不能讀，懶散之人非必需，即懶於就機閲讀，所以暫留原稿耳。）足下用工甚勤，但體例尚可商榷：

（一）叢帖從何時開始，僅舉《淳化》恐非確論。弘文館十七帖一卷，不知究竟何時所刊，無論如何，也在《淳化》之前。足下只列於個人，似是埋没。（所謂南唐諸帖，固可存而不論耳。）閣帖中翻刻十七帖，就較惡劣，弟意十七帖整卷付刻，實爲帖刻之祖，也是帖刻之標準，閣帖蕪穢，望塵莫及耳。

（二）帖目即以目稱，每帖幾行是比較重要的。帖名分歧最多，最好能都注出。舊帖往往殘缺，帖賈任意剪裁粘連，如果不列行數，即無從稽考。 商務印紹興米帖一卷，與《南邨帖考》所載即出入很多，如《南邨帖考》不載行數，就無從發現問題了。

（三）帝王之名悉改本名，似可不必，（加注自無不可）帖目本以備查，原稱唐高宗，今稱李△，對不上號，於讀者無補。

（四）近代影印不乏善本，如文明書局楷帖百種（四十種，續和再續各三十種）也不能不算叢帖吧！ 此目似有掛一漏百的情況。

這些是作此函時臨時想到的，叢帖著作六種中對澄清堂帖問題前後似不一致。 在評林宰平時，已知爲南宋刻，而在前一五評中，卻仍認爲南唐刻。

尊藏叢帖如能歸故宮是一好事，派人整理也不難。 但來宮之後的安排，弟也力不從心，目前不能作很大計劃，作也不能行，只有收藏條件比較好些罷了。

故宮藏《真絳帖》之外，又有馮銓所藏二十卷全部，如有機緣，足下可來一看，大足補尊目耳。

北圖所藏紹興米帖，即南邨所采行書第二，似是明拓。 商務影印的即趙晉齋《彙目》中的，而有些出入。 尊藏草書卷殆未見著録的。 徐郙閣兩卷尚未見到，不知如何。 篆書第九是我寫的跋，尚未印出。

《鳴野山房目》未見過，如承寄來照相，後當奉趙耳。 北京旅舍緊張，市場附近的清華園浴堂，二樓已改旅館，大廳足可容一百多個床位，只能夜間一宿而已。 八九月間亞非拉乒乓球賽，蓬皮杜來訪，十大，四届人大，國慶，繼續不斷，十月以後，也許少緩。 新北京飯店十八層，要明年五一才能交工。 外事頻繁，矛盾不少，僅一住處問題，也非咄嗟立辦也。

伯英提要尊目大概已擷其英華矣。 其他蕪穢甚多，前借來想抄，後因其後人有病已還去，將來如再借來，當除尊抄外，再選採一些可耳。 盛名之下，責之自屬過嚴，但爲稿費着筆，無通盤計劃，即卑之無甚高論矣。 致

敬禮

弟蘭　八、十五

一

希白：

前函早收到，因忙，稽覆爲歉。

尊稿已託人寄出，想已收到。林賊處米帖尚未取來，但已確知即程帖考中的兩卷，（除篆隸第九外）是宋拓已得三卷。足下所藏草書一卷，雖非宋拓，亦屬可貴，不審能否照相。將來如能補印行書兩卷，並印草書，也是一件好事。二十卷絳帖也希望印出。

錫永聞已去南京，北京頻有人問訊，但未見足音，不知何故。

批判孔子是目前任務，我前論有誤，擬重寫一文，但非易事耳。致

敬禮

弟唐蘭　九、二一

二

希白吾兄：

三四年不通信了吧，批孔時人言藉藉，不敢貿然通訊。弟亦被人指爲「唯生産力論」者，無奈何也。

頃得稚雛函，略識近況，新出材料太多，增補《金文編》殊非易事，索一拓本，難於登珠穆朗瑪峰。很多重器，求一見而不可能。洛陽曾出一哀成叔鼎，其銘文詞典雅，可與「一命而傴」之辭媲美，被錮五六年矣，迄未得見。弟在京尚如此，況南國邪？弟近在寫西周金文，大要似鼎堂《大系》，但資料將整兩倍，擬分十三朝：武、周公、成、康、昭爲上編，穆、共、懿、孝爲中編，夷、厲、宣、幽爲下編。其體例爲每朝先綜合文獻資料與地下新史料，概述歷史背景，然後略作時代先後，編次彝銘，每器收列釋文，次爲譯意，更次爲注釋，更次爲説明，有些器還加附録，如：1. 同一人所作之器而銘只數字者；

2. 同坑所出確爲同時之器，而銘只數字者。每編之後，還想附録可定爲初期中期或晚期之器，而不能斷定其朝代者。此事工程極大，惜無能助我者，目前第一編初稿將完成，希望春節前可告一段落，更希望兩三年内全部脱稿。近來鍵户寫書，每月只去機關三四次而已。如能年壽與兄相匹，或可如愿。希望我兄有以見教。

思泊曾在京住很久，地震後始回去，《駢枝》已改稿，中華將爲付印。

並問尊夫人好。頌文祺

弟蘭頓首 一、二九

整理説明：

此書信十二通未刊，乃容先生弟子曾憲通先生提供。

致胡適之

一

適之先生：

上次您要我寫的樣子，我寫了「一」、「打」、「蟋蟀」和「螳螂」四條，請您指正。「一」和「打」兩字代表較麻煩的字，「蟋蟀」和「螳螂」代表容易解釋的字。

我所以選擇「一」、「打」兩字，是因王雲五先生有一字長編，收了五千四百多條，劉半農先生做《打雅》，據説曾收到八千多條，我以爲這種編辭書的方法是一種可笑的錯誤。照這樣搜集，即使有八千多條也完不了，而且這樣一部大書，是没有人能把他做完的。

我現在所想做的，只是字典，不是辭書，只收字word，不收仂語Phrare。我認爲一個方塊字形，不一定是一個字（如「蟋」不能單用），兩個方塊字形，不一定都是辭（如「蟋蟀」是字，不是辭）。所以我想像中的字典，雖也有兩個方塊字形的字，可没有「一元」、「一本」、「一路哭」、「一蟹不如一蟹」等，因爲這一類的辭是收不完的，收一些，不收一些，就没有體例了。每本字典，應該有牠自己的體例，有牠特別長處，字典不是萬寶全書，不能希望人人滿意的。

我所計畫的，雖是小字典，（大字典不是獨力可成的）從有些字看，如「一」、「打」之類，目前任何字書没有這麼詳盡。我所注意的是每個字的全部歷史，也從没有人這樣做過。但這個工作並不是太繁重的，雖則有些字狠傷腦筋，需要特別討論研究，普通的字只要體例一定，材料搜集，一天就可寫一二十條。這件事我研究了多少年了，在昆明時，曾有私人願出資讓我主持編一個較大的字典，當時毛子水先生也曾參預過討論，可惜此人病死了。接着就是復員忙碌，所以一直到現在再提起。我估計過，如能不做一事，關起門來寫，就沒有人幫助，也不過三年工夫可以寫成。不過有許多搜輯鈔寫的工作，犧牲時間太多，狠覺可惜。

編一本字典，並不是一件太困難的事情，這幾年來日本人編了許多漢文辭典，我覺得狠有在《辭源》、《辭海》之上的。近時王了一先生也在編一本字典，我看過，也注意字義的時代性，不過我們的體例不大同。字典的本身在體例，其次在主編的人，只要編者不致於荒謬不通，而能認真每個字動過筆，這本字典就不會壞。

關於長編不是一下能做好的，我的計畫是把編小字典和編長編同時進行，小字典可以期望在短時期內完成，長編是百年大計，要逐漸擴充的。但是長編裡已編的部分，小字典已可利用。我希望把小字典先編出來，有些成績，可以向外多募些款來擴充這個事業，將來能再編一本大字典。

上次我向您請求助教二人、助理四人的支配如下：

助教　幫助編輯小字典。

助教　幫助搜集古文字材料。這是長編的一部分，將來可以利用來做專門辭彙。

助理　幫助搜集小字典材料，剪貼抄寫等工作。

助理　幫助搜集每個字在古書裡的用法。這也是長編的一部分，第一步擬先把已做引得的古書，彙成卡片。

助理　幫助搜集各小學書和箋注、音義、類書裏的聲音訓詁。這也是長編的一部分，這可以分類剪貼，一部書一部書做去。擬先做《一切經音義》、《經典釋文》、《原本玉篇》等。

助理　幫助搜集古今關於文字的各種說法。這也是長編的一部分，擬先輯近人論文。

這是一個基礎，照這樣慢慢地做去，即使我所編的小字典不好，將來總會有好字典產生的。至於經費一層，我上次所請求的，已是最節省的，有些書籍是圖書館可以供給的，經常的文具等也是要學校另外供給的。

我這個計畫曾告訴過沈兼士先生，沈先生很贊成，並曾和黎劭西先生談過。沈先生說劭西想約我合作，我說他編大字典，我只想編小字典，至少在目前一些基礎沒有，我是決不敢編大字典的（因爲編大字典，非把所有材料彙集不可，這至少在一二十年裡是做不到的）。您上回說想等元任先生商量，不過我所注意的是歷史，也許和元任先生看法不狠一樣。因爲詁訓學和語言學究竟是有些不同的。

「自古成功在嘗試」，我希望能嘗試一下，因爲體例一定，有人幫忙，就只有好不好的問題，決不會做不成的。

後學唐蘭
四月十一

二

適之先生：

大文已讀畢上册，問題這樣重大，而先生的文章寫得這樣地好，都使我非常興奮。我並不想一氣讀完，而狠樂意慢慢地咀嚼一下。

關於《多方》上所説的「四國」，似乎和《漢書》所説不同。商人常説「東土、南土、西土、北土」，或云「東方、南方、西方、北方」（並見卜辭），而不稱國，國似乎是周民族的語言。而周人所稱四國者，多承商世四方或四土之舊。周公居東之東國爲奄。毛班彝（穆王時）亦有東國。《詩》有《周南》、《召南》南國。南宮中鼎（成康時）亦有南國，即楚。其銘云：「先省南國，執楚应。」「《詩》有邶，而銅器中之北子鼎實出河北。《書》於周自稱，亦云「西土」。然則「四國」猶云「四土」。

又按：四國與多方實不同，四國爲東國、南國、西國、北國，猶後世之言東方諸侯南方諸侯也。多方者殷人稱國曰方，猶云多國耳。漢人不明此義，故於「大降爾四國天命」必求其國以實之。其實「四國」爲周人習語。如宗周鐘「畯保四國」，鐘爲周王𫹳伐南國𠬝孳而作，可知「四國」決非指商奄等國也。《多方》所説，似是糅合周商二民族語言，故既説「四國」，又説「多方」。不知先生以爲如何？

先生所説齊、魯都封在成王時一説，和蘭舊説全和（舊著《匽侯旨鼎跋》未發表），不但齊、魯，燕也是這樣。在武王時候，山東的亳姑、奄，山西的唐都未滅，那能封河北的燕呢？而且還有一個重要的證據，齊國的始封君是丁公伋，魯國的始封君是伯禽，燕國的始封君是匽侯旨（此據蘭所考），唐國的始封君唐叔虞，這都是小輩英雄了。像吕望吕伋，可知他們本封吕，周公本封周，召公本封召，在周室都是世襲，並未遠出就國。那末這一班小英雄（或小貴族）都封在成王時無疑。

關於奴隸傳播文化一節，我想可以幫助先生找一個證明。孔子説「文獻不足故也」，獻是鬲字之誤，獻古多借用甗字，甗的象形文字是[illegible]，而周人多寫爲[illegible]，和鬲之作[illegible]差不多，所以致誤。「武王伐商，遷殷獻民於畢」。「民獻有十夫」，「獻」皆「鬲」字之誤。盂鼎説賞盂「人鬲」，夨簋也説賞夨「鬲」，「人鬲」即是「民獻」。「鬲」《説文》重文作「歷」，故《周書・世俘解》記馘磿俘磿。可知「鬲」即「獻」，亦即周所俘殷之奴隸也。「世俘」所記俘「磿」億有七萬餘人，而盂鼎作於康王時，所賜「鬲」尚千七百餘人，則俘虜之衆可知。「鬲」本奴隸，而孔子徵夏殷之禮，歎其不足，可見古禮都是他們所保存下來了。

盂鼎記「人鬲自馭至於庶人」則知鬲之中亦有貴賤。

關於《易經》，我想請先生注意到「見《易象》與《春秋》」而説「周禮盡在魯」的故事，又《周易》常由周太史占的，或者這真是周民族的玩意吧？

想到的四處，先寫請教，餘俟閲畢全文後再陳。此頌

撰安

傅先生的大作，得窺一斑，非凡佩服。

後學唐蘭頓首

三

適之先生：

一别九年，時深懷仰。蘭自廿八年南來，幾無述作，不僅身家饉饑，即學術亦鬧饑荒矣，容庚入僞北大，曾有公開信致孟真，謂如尚志則當用相從患難之唐蘭，如尚功則著述之勇，經驗之富，苟有量才之玉尺，未易斷定云云，甚傳誦一時，好事者至爲油印流布，述之以發一笑。

公何時可在美起程，甚盼從速。聯大結束在五月，惟最近有人提議提早四星期，以期在雨季前搬家，惟此間向以辦事遲緩著名，恐未必有辦法，大致雙十節必可在平開學耳。蘭近日或須先赴平，因教部派爲清理戰時文物損失會平津區副代表也。（正代表爲沈兼士）公回國想必逕至南京北平，或可得先晤也。

將來復校後，蘭有志集合同志，編一北大字典。蘭意字典不須大，只須常用字三四千，主要目的是在每字解釋是活

的。由本意而引申，必使其前後繫聯，凡文法上或修辭上的意義，必盡量指出，即每釋一字，如作一篇小論文。當然，此類新型字典，一時是做不好的。不過我想先不希望牠好，而是希望牠有，有了以後，才可慢慢地求好。此間友人多贊此説。不知左右以爲如何？

相見不遠，餘俟面罄。此頌　道安

後學唐蘭
卅五年一月廿五

載《胡適遺稿及秘藏書信》第三十一册第四二四頁至四三五頁黄山書社一九九四年。

致外交部

敬啓者　前承

函囑，再赴天津審查觀音銅像一事，蘭於十一日去津與外交部季特派員接洽，十二、十三兩度與丹麥領事館接洽，當於十三日訪獲此像，確在草廠庵佛教居士林内。惟該丹僑所稱觀音騎牛銅像，實係地藏王菩薩銅像，所騎者爲犼，非觀音騎牛也。像身連犼高約市尺一丈，犼廣約六尺，像廣約三尺。該林已將其裝金，本來面目完全無存，又裝在龕内，不能近前鑒定，大略估計當是宋以前古物。據該居士林當事人聲稱，原物主雖有所有權，該林已取得供奉權，該丹僑不能擅自移動。

丹麥領事館方面無其他表示，且該像重量約有二噸，故無法取出剥離新裝金飾，作精確之鑒定，然一望即知爲數百年前工藝精品也。此復

國立故宫博物院

唐蘭　三月十五日

整理説明：

該信毛筆書於「國立北京大學文學院用箋」紙上，共四頁。以用紙推測，可能寫於一九四六年至一九四九年在北大中文系任教時。

致陳寅恪

寅恪先生道鑒：從羅莘田先生處，得讀大著《從史實論切韻》一文，原原本本，殫見洽聞，詳而扼要，博而能精，敬佩，敬備。

尊意謂《切韻》寫定之標準，用洛陽之舊音；又謂「不僅謂昔日洛陽通用之語音，亦兼指謝安以前洛生詠之音讀。特綜集各地方音以成此複合體之雅音者，非陸法言及顏蕭諸賢，而是數百年前之太學博士耳」。蘭近作一文曰《論唐末以前韻學家所謂輕重和清濁》，已託人送上求教。其間論陸氏《切韻》處，以爲顏之推、蕭該、陸法言所用之語言，乃當時士族間之通語，而《切韻》又斟酌古今南北，捃選精切，除削疏緩，爲韻學家嚴格審定之標準語言。此説雖與尊説未爲全同，然有相似處，蓋當時士族間之通語，實多沿用漢魏六朝以來之舊音也。高本漢氏以《切韻》爲長安方言，先生則以爲洛陽舊音，然其意義則仍是齊隋之間之士族通語耳。淺薄推測，得以尊説印證之，欣忭何似。

尊作於《南史・沈峻傳》「音革楚夏」下有案語云：

《魏書玖壹・江式傳》「音讀楚夏，時有不同」，《顔氏家訓・音辭篇》「箸述之人，楚夏各異」，皆以楚夏對擧，並同此例。其楚字蓋據《孟子・滕文公篇》許行章之古典，以楚爲夷，即非正統之意，與本文所論之楚言，實不相關也。

此於尊文，本非要旨，惟以蘭管窺所及，則楚夏不同，亦即楚言夏言之不同。蓋先生所論，只由史實以論《切韻》音之來源，故不復厝意於此耳。案左思《魏都賦》云：

蓋音有楚夏者，土風之乖也。

李善注云：

孫卿子曰：「人居楚而楚，居夏而夏，非天性也，積靡使然也。」《史記》曰：「淮北、陳、汝南、南郡，此西楚也。潁川、南陽，夏人之居，故至今謂之夏人。」

準此則音別楚夏，本謂方言，不關尊攘。特其語較古，陸機入洛，思方撰賦，李登《聲類》，方爾施行，而陸氏《切韻》等書所用之反語承於吕静《韻集》者，即假定時代相接，度左氏亦未必見之。故曰楚夏者，周末秦漢之故言也，分漢吴者，晉以後之新界也。箸述之人，喜述舊典，遂以楚夏別南北方言之不同。《南史》謂：「音革楚夏」，革者隔也，蓋謂音隔南北耳。抑方音之別南北，自周以前不可知，自周以來，見於載籍，屢有争論。陸德明《經典釋文·序録》所謂：

方言差別，固自不同，河北江南，最爲鉅異。

陸法言《切韻序》亦謂：

江東取韻，與河北復殊。

顔之推以金陵洛下爲標準，蓋於南北各擇帝都，以爲折中耳。其結論則謂：

南染吴越，北雜夷虜，皆有深弊，不可具論

故陸法言等欲討論「南北是非，古今通塞」也。然學者審定之標準語言不能達於庶俗，年代既久，紛争復起，遂有秦音、吴音之論矣。方春秋之時，楚人謂乳爲穀，謂虎爲於菟。見於《左傳》。與《説文》所謂：「楚謂之聿，吴謂之不律，燕謂之弗，秦謂之筆」，事實相類，聲音雖異，語實同源，足證其爲華夏别支，非苗蠻異族也。故二南之詩，稱述江漢，孔子所論，亦述南人，而孟子之斥許行爲「南蠻鴂舌之人」，殆以學術之異，而横及語言矣。《滕文公篇》云：

> 有楚大夫於此，欲其子之齊語也，則使齊人傅諸，使楚人傅諸？曰「使齊人傅之」。曰：「一齊人傅之，衆楚人咻之，雖日撻而求其齊也，不可得矣。引而置之莊嶽之間數年，雖日撻而求其楚，亦不可得矣。」

於此可見齊楚語言之異，雖習之累歲而不易通，南方語言切詣，其聲韻較繁，故屬於齊語系統之孟子，遂詆之爲鴂舌耳。然成周之時，當有雅言。《論語》稱：「子所雅言，詩書執禮，皆雅言也。」劉台拱《論語駢枝》云：

> 雅言正言也，鄭注謂：正言其音者得之……夫子生長於魯，不能不魯語，惟誦詩讀書執禮三者必正其音……《詩》之有風雅也亦然，王都之音最正，故以雅名，列國之音不盡正，故以風名……雅之爲言夏也。荀卿《榮辱篇》云：「越人安越，楚人安楚，君子安雅，是非知能材性然也，是注錯習俗之節異也。」又《儒效篇》云「居楚而楚，居越而越，居夏而夏，是非天性也，積靡使然也」，然則雅夏古字通。

阮元與郝蘭皐户部論《爾雅》書云：

> 古人字從音出，喉舌之間，音之所通者簡，天下之大，音之所異者繁。《爾雅》者，近正也，正者虞夏商周建都之地之正言也，近正者，各國近於王都之正言也。予姻家劉台拱之言曰：「子所雅言，詩書執禮，雅言者，誦詩讀書，從周之正言，不爲魯之方言也，執禮者，詔相禮儀，亦以周音説禮儀也。《小雅》、《大雅》，皆周詩之正言也。」劉氏此説足發千古之蒙矣。然則，《爾雅》一書，皆引古今天下之異言以近於正言，夫曰近者，明乎其有異也。正言猶今官話也，近

正者，各省土音近於官話者也。

阮氏以官話譬雅言，孔子以魯人而操雅言，是亦猶今日之藍青官話矣。然劉氏雅夏古通之説，蓋引而未申。竊謂周人代殷，自謂夏後，故《多方》云：

天惟五年須夏之子孫，誕作民主，罔可念聽。

而在《康誥》曰：

用肇造我區夏。

《君奭》曰：

惟文王尚克修和我有夏。

《立政》曰：

乃伻我有夏，式商受命，奄甸萬姓。

《周頌·時邁》曰：

明昭有周，式序在位。載戢干戈，載櫜弓矢。我求懿德，肆于時夏，允王保之。

《思文》曰

思文后稷，克配彼天。立我烝民，莫匪爾極。貽我來牟，帝命率育，無此疆爾界，陳常于時夏。

均即自命爲夏。故《周禮》雖列六代之樂，而《明堂位》曰：

升歌清廟，下管象，朱干玉戚，冕而舞大武，皮弁素積，裼而舞大夏。

《祭統》曰：

夫大嘗禘，升歌清廟，下而管象，朱干玉戚，以舞大武，八佾以舞大夏，此天子之樂也。

尤重於大武大夏二樂。且《周禮》别有九夏之名，肆夏、陔夏之屬，其用至廣，《左傳》謂叔孫穆叔不敢當肆夏之三。《郊特牲》謂大夫之奏肆夏，由趙文子始，而其他古樂，若「卷」、若「咸」、若「韶」、若「濩」無是也。按《内則》云：

十有三年學樂，誦詩，舞勺。成童，舞象，學躲御。二十而冠，始學禮，可以衣裘帛，舞大夏。

則「勺」與「象」爲易學之舞，而「大夏」較難，可知也。又《仲尼閒居》云：

兩君相見，揖讓而入門，入門而縣興，揖讓而升堂，升堂而樂闋。下管象，武、夏、籥序興，陳其薦俎，序其禮樂，備其百官，如此而後，君子知仁焉。

「籥」即《内則》之「勺」，而較《内則》所載，又多「大武」，依《樂記》所示，「大武」之舞當較「大夏」爲尤難，故非初學所及耳。若《左傳・襄公二十九年》載季札論樂而云：「見舞象箾南籥者」，杜預注謂「象箾舞所執，南籥以籥舞也」。蓋以其次復有「大武」、「韶濩」、「大夏」、「韶箾」諸舞，而「象箾」與「韶箾」之名相類，故以「象箾」與「南籥」爲二舞，然則「南籥」即「舞勺」，亦即「籥舞」也。季札所觀，序在大武之前，而曰「美哉猶有憾」，得非兒童所習之小舞，非六代之樂之大舞可比與？及《鼓鐘》之詩曰：

> 鼓鐘欽欽，鼓瑟鼓琴，笙磬同音。以雅以南，以籥不僭。

毛傳云：

> 爲雅爲南也。舞四夷之樂，大德廣所及也。東夷之樂曰韎，南夷之樂曰南，西夷之樂曰朱離，北夷之樂曰禁，以爲籥舞。

鄭箋則謂：

> 雅萬舞也。雅也，南也，籥也，三舞不僭。周樂尚武，故謂萬舞爲雅。雅正也。籥舞文樂也。

近郭沫若氏則以爲「雅」、「南」均樂器名，蓋《樂記》有「迅疾以雅」之文，《周禮・笙師》有「舂牘應雅，以教祴樂」之語，而《文王世子》又言「胥鼓南」，均其證也。然詩人言鼓鐘，言琴瑟，言「笙磬同音」，所叙樂器，蓋已畢矣。「雅」者，鄭氏謂：「狀如漆桶，中有椎」，則即「柷」也，以聲論之，與「敔」爲近。若「南」則書傳無聞，卜辭壳與南爲一字，壳者殼也，殆擊瓦器也。今以笙磬之後，次以柷敔與瓦缶，而復次以管籥，得無不倫乎？《賓之初筵》云「籥舞笙鼓，樂既和奏」；《簡兮》云「簡兮簡兮，方將萬舞」；又云「左手執籥，右手秉翟」；《春秋・宣公八年》「辛巳，有事于太廟，仲遂卒于垂。壬午，猶繹，萬入去籥」；

《公羊傳》曰「萬者何？干舞也。籥者何？籥舞也」；《周禮・籥師》「掌教國子舞羽吹籥，祭祀則鼓羽籥之舞」；凡此均足證「以籥」者，籥舞也。且《左傳》明言「舞象箾南籥者」，南籥蓋籥舞之一，猶象箾、韶箾各箾舞之一也。《籥師》謂「鼓羽籥之舞」，《易》曰「鼓之舞之以盡神」，舞必以鼓，則《文王世子》所謂「胥鼓南」，謂鼓南舞耳，非樂器也。按《文王世子》首言「春夏學干戈，秋冬學羽籥，皆於東序」，而次言「小樂正學干，大胥贊之，籥師學戈，籥師丞贊之」，初不及羽籥之事，蓋即於「胥鼓南」一語括之，南即南籥之舞，於《文王世子》爲胥所鼓，而《周禮》祭祀則籥師鼓之，足徵鼓南之南，絕非荒古失傳之樂器而爲舞名也。然則「以雅，以南，以籥，不僭」者，三舞之名，殆無可疑也。然「雅」爲舞名，不傳於古，鄭説爲萬，亦失附會。宋儒如蘇轍、鄭樵、程大昌、朱子等則徑謂「雅」爲二雅，「南」爲二南，又不以爲舞名矣。竊謂「雅」即「夏」也，以舞名則曰「大夏」、曰「肆夏」、曰「陔夏」、曰「九夏」。以詩名則曰「大雅」、曰「小雅」，其實一也。《鼓鐘》之詩所言者，自爲夏舞，南舞，籥舞，既非樂器，亦異詩篇矣。蓋殷人自謂舜後（禘舜出《國語》，《祭法》作禘嚳，誤也），故其樂曰「韶濩」，與舜樂之「韶箾」相同，若周人則自謂夏後，故「大武」與「大夏」並重，而尤多夏舞與夏聲也（其後秦人襲周故地，故亦爲夏聲）。若「象」、「南」與「籥」蓋皆承周初民俗土風之舞耳。其以籥者，本當爲葦籥，猶今之苗蠻，吹蘆笙而起舞也。抑升歌清廟而下管象，《詩序》「維清，奏象舞也」。均周頌也。《大武》七章，亦周頌也。而肆夏之詩無聞，豈非「夏」字通「雅」，即《國語》所謂《文王》、《大明》、《緜》與《鄉飲酒》所謂《鹿鳴》、《四牡》、《皇皇者華》之類與？若然，則鄉飲酒燕射禮合樂所奏《周南》：《關雎》、《葛覃》、《卷耳》。《召南》：《鵲巢》、《采蘩》、《采蘋》，亦即南樂之詩也。其間籥舞蓋非一種，故《周禮》別有籥章，掌土鼓豳籥，故與南籥當有別矣。然則樂舞有夏南，猶詩之有雅南，蘇、鄭、程、朱遂以當二雅二南，要亦未爲大誤耳。古者行以采茨，趨以肆夏，（或作行以肆夏，趨以采齊）。謂步趨之中節也。今謂「夏」即「雅」字，則知閒雅、都雅諸美稱，均有趨蹌之美而演成者也。

蓋周之初世，風教先行於南國，所謂分郟而治者也。故有豳籥，有南籥，此土風之異也。若象箾與南籥，則王國與南國之別矣。若其承襲夏聲，則有大雅小雅，以與象與大武之爲周頌相較，足見西北文化，初不及中原之盛也。及作都成周，爲天下之中，遂更以夏自命。孔子曰「夷狄之有君，不如諸夏之亡也」，可見以「夏」爲中國，其來遠矣。然則「子所雅言，詩書執禮，皆雅言也」，亦即夏言而已，此爲中國共同之言語，而非鄉土之習語也。春秋以後，楚勢日彊，儼與華夏爲敵，故《左傳・襄公二十六年》聲子謂子木曰：

楚失華夏，則析公之爲也。

楚夏之别，兆於此矣。其後楚日益彊，稱爲三楚，而夏亦有「東夏」、「南夏」、「中夏」等名，所謂諸夏者也。故荀子謂：「居楚而楚，居越而越，居夏而夏」，雖猶以君子居雅歸之中原，而以南方「楚」、「越」與北方之「夏」對稱，已異於「蠻夷猾夏」矣。自屈宋以後，楚之文辭，流布中原，取風雅而代之，則楚之勝夏者也。楚漢之争，楚歌聞於垓下，雞鳴之歌，其遺聲也。漢高祖使戚夫人楚舞，自爲楚歌，蓋豐沛之邑，亦屬楚也。《史記·高祖本紀》「其以沛爲朕湯沐邑」，集解曰：

《風俗通義》曰：沛人語，初發聲皆言其者楚言也。高祖始登帝位，教令言其後以爲常耳。

可見，由於豐沛故人，多爲王侯，楚言必嘗盛行。又楚元王及淮南小山等，頗接文士，《楚辭》盛行，故許慎注《淮南子》，亦常以楚語爲訓也。《史記·貨殖列傳》言：「陳在楚夏之交」，「楚夏」連稱，蓋起於此時。然漢室既建兩都，四百餘年，京洛貴豪久忘其本，下及東漢之末，魏晉之際，中朝士族，諒已不行楚語矣。故《陸雲集·與平原書》曰：「音楚，願兄便定之」。又曰：張公語雲云：「兄文故自楚」。《文心雕龍·聲律篇》云：

詩人綜韻，率多清切，《楚辭》辭楚，故訛韻寔繁。及張華論韻，謂士衡多楚，《文賦》亦稱知楚不易，可謂銜靈均之聲餘，失黄鐘之正響也。

則知機、雲入洛，雖復以才俊見賞，亦以音楚取譏，二陸雖吴人，而北人猶沿舊俗，通謂之楚也。然以南人論之，楚與吴越，亦故有殊。《漢書·賈誼傳》注引晉灼曰「吴人罵楚人曰傖」，慧琳《一切經音義》卷六十五「俗又總謂江淮閒雜楚爲傖」，《廣韻》曰「傖，楚人别種也」，則傖者，楚之轉語也。《齊書·王融傳》「招集江西傖楚數百人」，《南史·始安王傳》「并諸傖楚」，《北史·王昕傳》「僞賞賓郎之味，好詠輕薄之篇。自謂模擬傖楚，曲盡風制」，以傖楚爲南人，乃其舊誼。及晉人平吴，南北混一，北人併稱吴楚爲楚，南人亦併詈北人爲傖，故陸機《與弟雲書》曰「此間有傖父欲作《三都賦》」，則以齊人而被稱

「傖」也。又《晉書·陸玩傳》：

> 玩嘗詣王導食酪，因而得疾，與導箋云：「僕雖吴人，幾爲傖鬼」。

食酪蓋北方之俗，故稱「傖」。《宋史·王彦德傳》：

> 宋孝武狎侮群臣，各有稱目，柳元景、桓護之雖並北人，而彦德獨受老傖之目。

此由北人而稱傖也。《晉書·王獻之傳》：

> 嘗經吴郡，聞顧辟彊有名園……辟彊勃然數之曰：「傲主人，非禮也。以貴驕士，非道也。失此二者，不足齒之傖耳。」

亦以獻之北音未改，遂詈爲傖也。故《世説新語》卷三注引《晉陽秋》曰：「吴人以中州人爲傖」，《玉篇》引作「吴人謂中國人爲傖」。《史通》十七言「南呼北人爲傖，西謂東胡爲虜」，則自晉以後，語義之有變轉者也。且魏晉之交，文化重心，猶在河洛，故謂機、雲爲音楚，蓋北方之人，自居正音，則以楚爲訛音矣。所以《世説》謂王大將軍「語音亦楚」，《宋書》謂長沙王道憐「言音亦楚」，皆爲語音不正耳。《方言》卷五：

> 薄，宋、魏、陳、楚、江、淮之間謂之苗，或謂之麴。

郭璞注：「此直語楚聲轉也。」又卷七：

竘，貌治也。吴越飾貌爲竘，或謂之巧。

郭璞注：「語楚聲轉耳。」此言語楚猶語訛也。然晉室渡江以後，文化中心，漸移吴會，故《史通・言語篇》云：

自晉咸洛不守，龜鼎南遷，江左爲禮樂之鄉，金陵實圖書之府，故其俗猶能語存規檢，言喜風流，顛沛造次，不忘經籍，而史臣修飾，無所費功。其於中國則不然，何者，于斯時也，先王桑梓，翦爲蠻貊，被髮左衽，充滿神州，其中辨若駒支，學如郯子，有時而遇，不可多得。

蓋衣冠名士，並集江東故也。然斯時朝士，當摻北音，故王導之學吴音，孔季恭、孔靈符、丘淵之、顧琛等吴音不變，均爲談資。吴人自命風流，《齊書・丘靈鞠傳》：

永明二年，領驍騎將軍靈鞠不樂武位，謂人曰：「我應還東，掘顧榮冢。江東地方數千里，士子風流，皆出其中，顧榮忽引諸傖渡，妨我輩塗轍。」

則以晉元中興，榮爲南州望士，討滅陳敏實爲之基。靈鞠憎疾北人，故發此言耳。《宋書》卷五十二：

史臣曰：「高祖雖累葉江南，楚言未變，雅道風流，無聞焉爾。」

則以劉裕爲彭城人，其所摻語言爲江北，楚言者以中州視之爲南，以吴越視之，則亦北音。史臣譏其雖累葉江南，而未染其風流也。逮齊梁以後，文風漸扇，《史通》卷十八云：

自梁室云季，雕蟲道長，平頭上尾，尤忌于時，對語儷辭，盛行於俗，始自江外，被於洛中。

則南方文化，實佔優勢，故北齊王昕，文宣謂其摹擬傖楚也。於時南方士族，雖猶用中原舊音，然水土習染，蓋較清切，故李業興使梁，孫騰誚其爲吴兒所笑，則以家世農夫，舊音不改也。崔靈恩、孫詳、蔣顯等入南，史稱其音辭鄙拙，惟盧廣言論清雅，不類北人。（《沈峻傳》所謂「音革楚夏」，亦指孫詳、蔣顯，則猶謂音隔南北耳）。周鉄虎梁世南渡，語音傖重。然則語言雖略同，而音有清濁之分可知也。北方士族，鄉音較多，故《北齊書·裴讓之傳》：

> 楊愔每稱嘆曰：「河東士族官不少，唯此家兄弟，全無鄉音。」

謂讓之及其弟諏之讞之等也。讞之與隴西辛術、趙郡李繪、頓丘李構、清河崔瞻爲忘年交。《顏氏家訓·音辭篇》云：

> 至鄴已來，唯見崔子約崔瞻叔姪、李祖仁李蔚兄弟，頗事言詞，少爲切正。

崔瞻即讞之之友，李祖仁名岳，岳弟庶及蔚，亦即李構從父弟，見《北齊書·李構傳》。蔚弟若，又即與顏之推等詣陸法言論音韻者也。之推又言：「李季節著《音譜決疑》，時有錯失。」

然亦歎其知「莒矩必不同呼」爲知音。李季節者名槩，公緒之弟，而李繪族兄籍之子也。季節與崔瞻，亦爲知友，見《北史》。然則氣類相求，裴崔二李，均北方士族之留意語音者也。顏之推雖家世琅邪，然九世祖含從晉元東渡，已成南族。少從蕭繹，梁陳之際，始奔北齊。故曰：

> 冠冕君子，南方爲優，閭里小人，北方爲愈。

其推重南方士族，可以概見，足見北方士族之注意語言者不多，故雖推許崔李，亦僅「少爲切正」，而督正兒女，「一言訛替，以爲己罪」也。夫音辭有別，顏氏謂南方之音，清舉而切詣，北方之音，沈濁而訛鈍，以切詣分南北，其意在重南而輕北，顯然易見。惟云南方辭多鄙俗，北方辭多古語，則有取於北方。其時北方士族，方嚮慕南朝，故後來陸法言作《切韻》，以南北士族語言爲標準，而顔之推、蕭該多所決定，二人並南方士族也。故知分别訛切，多有取於南音矣。及隋唐繼起，宅都北方，京洛冠蓋，復追漢魏，時代既久，則以秦音爲重，而競詆《切韻》系統之本諸南方士族語言者爲吴音，雖或誤認陸法言爲吴人，有如《因話録》所譏，要亦不能無因也。且當南北朝之際，各有土風，遞相非笑，固不盡語言始然。《世説新語・政事篇》云：

賀太傅（邵）作吴郡，初不出門，吴中諸彊族輕之，乃題府門云：「會稽雞，不能啼」。賀聞，故出行，至門反顧，索筆足之，曰：「不可啼，殺吴兒。」

此吴越之相輕也。《太平廣記》卷二百四十七引《談藪》云：

北齊盧思道聘陳，陳主令朝貴設酒食，與思道宴會，聯句作詩。有一人先唱，方便譏刺北人，云「榆生欲飽漢，草長正肥驢」，爲北人食榆，兼吴地無驢，故有此句。思道援筆即續之，曰「共甑分炊水，同鐺各煮魚」，爲南人無情義，同炊異饌也，故思道有此句，吴人甚愧之。

此吴漢之相輕也。蓋吴人之稱吴兒，遠在孫皓之世，及晉室東遷，吴人之名更顯，而北土淪於夷虜，魏晉歷世未久，人猶以漢爲名，故《史通》十七云：

中州名漢，關外稱羌。

以是南人之於北人，多稱爲「漢」，而北人之於南人，多稱爲「吴人」，或曰「吴兒」，楚夏之别，已爲故實矣。然六朝文化，以南方爲盛，如《太平廣記》卷二百四十六引《談藪》云：

齊太祖之爲齊王也，置酒爲樂。清河崔思祖侍宴，謂侍中沈文季曰「羹膾爲南北所推」。文季答曰「羹膾中乃是吴食，非卿所知」。思祖曰「炰鱉膾鯉，似非句吴之詩」，文季曰「千里蓴羹，豈關魯衛之士」。帝稱美曰「蓴羹頗須歸沈」。

此本於陸機所謂「千里蓴羹，未下鹽豉」，雖以飲食之微，猶以南方爲勝也。《隋唐嘉話》卷上云：

薛道衡聘陳，爲人日詩云「入春纔七日，離家已二年」，南人嗤之曰「是底言，誰謂此虜解作詩」。及云「人歸落雁後，思發在花前」。乃喜曰「名下固無虚士」。

又卷下云：

梁常侍徐陵聘於齊，時魏收文學，北朝之秀，收録其文集以遺陵，令傳之江左，陵速濟江而沈之。從者以問，曰：「吾爲魏公藏拙。」

又《朝野僉載》卷六云：

梁庾信從南朝初至北方，文士多輕之，信將《枯樹賦》以示之，於後無敢言者。時温子昇作韓陵山寺碑，信讀而寫其本。南人問信曰「北方文士何如」？信曰：「唯有韓陵山一片石堪共語，薛道衡、盧思道少解把筆，自餘驢鳴犬吠，聒耳而已。」

此則南朝文士輕視北人之證也。惟《洛陽伽藍記》卷二記張景仁事則云：

時朝廷方欲招懷荒服，待吴兒甚厚。褰裳渡江者皆居不次之位。景仁無汗馬之勞，高官通顯。永安二年，蕭衍遣主書陳慶之送北海入洛陽……遂設酒引邀慶之過宅，司農卿蕭彪、尚書右丞張嵩，並在其座。彪亦是南人，唯有中大夫楊元慎、給事中大夫王眴是中原士族。慶之因醉，謂蕭張等曰：「魏朝甚盛，猶曰五胡，正朔相承，當在江左。秦皇玉璽，今在梁朝。」元慎正色曰：「江左假息，僻居一隅。地多濕蟄，攢育蟲蟻，壃土瘴癘，蛙黽同穴，人鳥同群。短髮之君，無杼首之貌，文身之民，稟叢陋之質。浮于三江，棹於五湖，禮樂所不沾，憲章弗能革。雖復秦餘漢罪，雜以華音，復閩楚難言，不可變改……」慶之等見元慎清辭雅句，縱横奔發，杜口流汗，含聲不言。於後數日，慶之遇病，心上急痛，訪人解治。元慎自云能解，慶之遂憑元慎。元慎即口含水噀慶之，曰：「吴人之鬼，住居建康。小作冠帽，短製衣裳，自呼阿儂，語則阿傍。菰稗爲飯，茗飲作漿。呷啜鱒羹，唼嗍蟹黄。手把豆蔻，口嚼檳榔。乍至中土，思憶本鄉，急手速去，還爾丹陽……」慶之伏枕曰：「楊君見辱深矣。」自此後吴兒更不敢解語。」北海尋伏誅。其慶之還奔蕭衍，用爲司州刺史，欽重北人，特異於常。朱異怪而問之曰：「自晉宋以來，號洛陽爲荒土。此中謂長江以北，盡是夷狄。昨至洛陽，始知衣冠士族，並在中原……北人安可不重。」慶之因此羽儀服式，悉如魏法，江表士庶，競相模楷，褒衣博帶，被及秣陵。

又於卷三記王肅事，謂茗飲爲酪奴，爲水厄，頗爲北人張目，則以衒之北人，立言宜爾耳。然北方淪於夷虜，其統治階級，雖接受中國文化，亦終輕視漢族。如：《北史·斛律金傳》：

金性質直，不識文字。神武重其古質，每誡文襄曰：「爾所使多漢，有讒此人者，勿信之。」

又《刑劭傳》

邵舊鄙暹無學術，言論之際，遂云「暹無所知解」。宣武還以邵言告暹，并道「此漢不可親近」。暹頗啣之。

《老學庵筆記》卷三云：

今人謂賤丈夫曰漢子，蓋始于五胡亂華時。北齊魏愷自散騎常侍遷青州長史，固辭之。宣帝大怒，曰「何物漢子，與官不就」，此其證也。

按此事見《北史》卷五十六（《北齊書》二十三小異），下記帝謂楊愔曰「何慮無人，苦用此漢」，則「漢子」即「漢」也。故《朝野僉載》卷四云：

唐鄭愔曾駡選人爲癡漢。選人曰：「僕是吴，癡漢即是公」。愔令詠癡。吴人曰：「榆兒復榆婦，造屋兼造車。十七八九夜，還書復借書。」

猶重吴而輕漢也。及隋唐相繼，復以關洛爲文化中心，而吴人吴音遂往往被狎侮矣。《開元傳信記》言賀知章辭歸，唐玄宗爲其子定名爲「孚」，知章久而謂人曰：

上何謔我耶？我實（今本脱此二字）吴人，孚乃瓜下爲子，豈非呼我爲瓜子耶？

「瓜子」疑當作「爪子」，然亦不知何義，要是以謔吴人者。《太平廣記》卷二百四十九長孫無忌條引《啓顔録》：

其倉曹是吴人，言音多帶其聲，唤粉粥爲糞粥。時餚饌畢陳，蒸炙俱下，倉曹曰「何不先將糞粥來」，舉坐咸笑之。

「粉」是上聲，「糞」是去聲，此正「吴人上聲似去」之明證，乃因方言而被嘲者也。《云谿友議》卷下《雜嘲戲》條：

賀秘監、顧著作，吴越人也。朝英慕其機捷，競嘲之，乃謂南金復生中土也。每在班行，不妄言笑。賀知章曰：「鈒鏤銀盤盛蛤蜊，鏡湖蓴菜亂如絲。鄉曲近來佳此味，遮渠不道是胡兒。」顧況和曰：「鈒鏤銀盤盛炒蝦，鏡湖蓴菜亂如麻。漢兒女嫁吴兒婦，吴兒盡是漢兒爺。」

又《吴門秀》條：

昔張茂先謂陸機曰「君家兄弟，龍躍雲津，顧彦先鳳鳴朝陽，謂東南之寶已盡，不意又見褚生」，故知吴門之德不孤，川瀆之珍不匱矣。予以宋齊已降，朱張顧陸，時有奇藻者歟。陸郎中暢早耀才名，輦轂不改於鄉音，自賀秘書知章、賈相躭、顧著作況，譏調秦人，至於陸君者矣……及登蘭省，遇雲陽公主下降劉都尉，百僚舉爲儐相……内人以陸君吴音，才思敏捷，凡所調戲，應對如流，復以詩嘲之，陸亦酬和，六宫大咍。凡十餘篇，嬪娥皆諷誦之。例物之外，别賜宫錦五十段、楞伽瓶及唾盂各一枚，以賞吻翰之端也。内人詩云：「十二層樓倚翠空，鳳鸞相對立梧桐，雙成走報監門衛，莫使吴歈入漢宫。」……陸君酬曰：「粉面仙郎選聖朝，偶逢秦女學吹簫。須教翡翠聞王母，不奈烏鳶噪鵲橋。」

此由南人言之耳。若段成式《酉陽雜俎續集·貶誤篇》云：

予門吏陸暢，江東人，語多差誤，輕薄者多加諸以爲劇語。予爲兒時，常聽人説：陸暢初娶童溪女，每旦，群婢捧匜，以銀奩盛藻豆，陸不識，輒沃水服之。其友生問君爲貴門女婿，幾多樂事，陸云：「貴門禮法，甚有苦者，日俾予食辣麨，殆不可過。」

則由北人視之，不變鄉音之陸暢，乃正是「語多差誤」者也。蓋唐自中葉以後，北方偏重之勢已成，如《太平廣記》卷三百七十六湯氏子條，記「其父爲樂平尉，令李氏，隴西望族，素輕易，恒以吴人狎侮」，皆常見之事，故李涪《刊誤》，極詆吴語，曰：

> 夫吴民之言，如病瘖風而噤，每啓其口，則語戾喎吶，隨筆作聲，下筆竟不自悟。

然其言「吴音乖舛，不亦甚乎」，亦不過「上聲爲去，去聲爲上，又有字同一聲，分爲兩韻」而已。按六朝以來，語言大別，只有南北，並以都邑爲之折衷，顔之推所謂「獨金陵與洛下耳」。然南方士族語言與北方初無大異，唐張籍詩集卷二《永嘉行》所謂：「北人避胡皆在南，南人至今能晉語」者也。其閒「南染吴越，北雜夷虜」，又兼各有土風，本難齊一。楊愔謂裴氏弟兄全無鄉音，則河東士族，多有鄉音可知也。《南史·胡諧之傳》「以諧之家人語傒音不正」，則江西語言，亦被譏誚也。故陸法言《切韻》序云「吴越則時傷輕淺，燕趙則多傷重濁，秦隴則去聲爲入，梁益則平聲似去」，此言四方之聲調不同也。又言「江東取韻，與河北復殊」。此則韻之分合不同，所謂「南北是非」也。其時著述之士，如顔師古《匡謬正俗》及玄應《一切經音義》多並稱河北、江南、關中、山東諸地之方言，博諮周訪，不囿一隅。而方俗不同，别爲吴漢，故其語言之播入於日本者，遂有吴音漢音之殊。其時北方人士，猶傾向江南，經學之用王杜而黜鄭服，是其顯證。其於語言亦然，《顔氏家訓》：

> 璵璠，魯之寶玉，當音餘煩，江南皆音藩屏之藩。岐山當音爲奇，江南皆呼爲神祇之祇。江陵陷没，此音被於關中，不知二者何所承案。以吾淺學，未之前聞也。

又《匡謬正俗》卷五云：

> 隄防之隄字，並音丁奚反，江南末俗，往往讀爲大奚反，以爲風流，恥作低音，不知何所憑據，轉相仿習，此弊漸行於關中。

又卷八云：

愈，勝也，故病差者言愈……江南近俗讀愈皆變爲踰，關内學者，遞相放習，亦爲難解。

均謂江南語音，被於關中，慕其風流，轉相放效。故《朝野僉載》卷二記冀州參軍麴崇裕之惡詩，繼之曰：

司功曰：「大才士，先生其誰？」曰：「吴兒博士，教此聲韻。」司功曰：「師明弟子哲。」

雖爲笑柄，亦足證彼時多以吴人爲師也。及關中建都稍久，漸重秦音，京洛相近，復號中州，江南語音，遂受排斥，陸氏之系統《切韻》，遂被目爲吴音矣。蓋晉既南渡，北方幾如荒土，新興士族，不尚言詞，音多訛鈍，顔氏所見，崔李等族，屈指可數。故其初慕江南之風流，效吴兒之聲韻，其後則誇中華之音切，哂吴音之乖舛，而《韻詮》、《韻英》、《考聲切韻》與慧琳《一切經音義》等書之主秦音，李涪之主東都，紛紛出矣。夫四聲起於江左，平上去入其調值本未必與北人盡同，特由當時多效江南，士族語言，尚能相近，故未顯箸耳。及陸法言當隋仁壽元年（西元六〇一）箸《切韻》，言「秦隴則去聲爲入，梁益則平聲似去」，則知雖各具四聲，而調值不相當也。及顧齊之爲慧琳《音義》序，時爲開成五年（西元八四〇）則云「秦人去聲似上，吴人上聲似去」，豈二百餘年之間，秦人聲調已有變革，向之去聲爲入者，今乃似上乎？抑或陸氏以標準語言爲據，謂秦人讀去聲爲入聲，此標準語言者，正後來所認爲吴音者也，則吴音之上聲，略當於秦人之去聲，吴音之去聲略當於秦人之入聲矣。二者雖未知孰是，然於調值之不相當，蓋無疑焉。夫調值無客觀之標準，以金陵洛下爲主，則以秦隴梁益爲異，及以秦音爲主，則自以吴音爲非。則嚮日之嚮慕江南聲韻以爲風流者，寖假而復其本初之鄉音，嗤薄吴音，更進而謂嚮日之韻書系統爲吴音，而誤謂陸法言爲吴人，更誤謂《切韻》系統爲沈約所作，皆事勢之必然者也。陸法言作《切韻》，本折衷於「南北是非，古今通塞」之間，然如顔之推所謂「南切詣而北訛鈍」，則既曰《切韻》，所采自以南方爲多。故如顧野王之《玉篇》，陸德明之《經典釋文》，其反語校之《切韻》，實無大異同，二人者固皆吴人也。其後秦音既興，謂《切韻》爲吴音，雖未盡是，然《切韻》系統之語言保存於吴語中者，實較他處爲多。故《切韻》系統本不僅代表吴音，而唐末之吴音，實尚足以代表《切韻》，此種種誤會之所由起也。《切韻》系統一修正於王仁昫，再修正於孫愐，以至於李舟，以至於《廣韻》，雖大致不變，而《韻詮》、《韻英》、《考聲切韻》之屬所謂秦音系統者，並不傳於世，然在實際語言中，秦音實佔優勢，李涪雖稱洛陽爲天下之中，實則已受秦音之影響，非復六朝舊音。及守温之作字母，以秦音爲根據，（余考守温爲興元人），其後《切韻指南》、《四聲等子》之類，盛行於北宋，等韻之學取《切韻》而代之，亦即秦音取吴音而代之也。按慧琳《一切經音義》所指斥吴楚及江外諸音，僅寥寥數事，蓋以上去聲調之異，不由反切也。其繫於反語者，如「浮」、「枹」、「阜」、「覆」諸唇音字，《切韻》入尤、有、宥，而《韻英》入虞、麌、遇。李涪亦言之曰：

《尚書》曰「嘉謀嘉猷」，法言曰「嘉矛嘉猷」，《詩》曰「載沉載浮」，法言曰「載沉載浮（伏矛反）」。

而痛斥「如病瘖風而噤者也」。至若「貓」莫包反，慧琳謂「吴音以爲苗字」，又「打」字德梗反，慧琳謂「江外音丁挺反」，（又云「德耿反，陸法言云：都挺反，吴音」。蓋由慧琳梗耿不分之故），則《切韻》並箸兩音。且「打」字至北宋時，四方並讀爲丁雅反，惟吴地猶讀舊音，曰丁梗反，見於沈括《夢溪續筆談》卷上，曰滴耿反，見於葉夢得《避暑録話》卷下。自宋至今，又數百年，其音未變也。蓋吴音號爲難變，鄉音不改，屢見經傳，故方秦音用德梗爲音，吴地猶存都挺之舊語，及中原變爲丁雅，吴地亦尚獨存德冷之切矣。其他慧琳所及尚有「皺」、「儜」等三四字，亦無關大體。按景審《一切經音義序》云：「吴音與秦音莫辯，清韻與濁韻難明，至如武與綿爲雙聲，企以智爲疊韻」，所謂清濁，實指企智之屬。然則吴秦之辯，除上去之異外，武與綿爲雙聲之屬，蓋其皎然者與？按舌頭變爲舌上，重唇變爲輕唇，出於近世，陸氏《切韻》之讀武字，猶存古音，故切綿爲武延切。而秦音「武」字已變輕唇，景氏据秦音爲言，故非之也。考宋末《相臺書塾刊正九經三傳沿革例》云：

有音重複而徒亂人意者，如《堯典》「光被四表」，被，皮寄反。而徐又音扶義反，以扶字切之則爲音吠，蓋徐以吴音爲字母，遂以扶爲蒲，以蒲切之，無異於皮寄反，法當刪。又如《曲禮》「負劍辟咡詔之」。辟，匹亦反，是音僻矣。而徐氏又音芳益反，沈氏又音扶赤反，以芳與扶切之，實不成字。蓋吴音以芳爲滂，以扶爲蒲，二切皆音僻，又何必再三音此一字爲哉？（蘭按：芳扶實不同，此説小誤。）

有用吴音爲字母而反切難者，沈氏、徐氏、陸氏皆吴人，故多用吴音，如以丁丈切長字，丁仲切中字，是切作吴音也。以至蒲之爲扶，補之爲甫，邦之爲方，旁之爲房，征之爲丁，鋪之爲孚，步之爲布，惕之爲飭，領之爲冷，茫之爲亡，姥之爲武，敵之爲直，是以吴音爲切也。此類不可勝記，但欲知此，則以吴音切之可也。

又云：

凡此皆可見舊反切中之屬於類隔者，在宋末時，吴音尚存其舊。故被可讀扶義反，以扶讀似蒲也，長可讀丁丈反，以長讀似黨也。相臺岳氏前人誤謂爲岳珂，珂爲南宋初期人，今此沿革例，明明云校刊廖氏世綵堂本，廖爲賈似道門客，則此岳氏當在宋元之際矣。又云「舊友摠例，存以爲證」，則此即廖氏刊本之摠例耳。廖氏刊書見《癸辛雜識後集》，當在西元一二五〇年以後，距今約七百年，然今日之吴語，舌上輕唇，亦幾與四方無别，惟俗音尚略存重唇耳。（如紹興人謂扶梯爲蒲推，一般謂物事爲没事之類。）夫韻類分合非常人所能詳知，至若調異上去，聲有類隔，至爲易辯，吴音既多存古讀，與《切韻》較近，故《切韻》系統遂被目爲吴音矣。且自唐迄宋，都於京洛，五百餘年，謂洛陽爲天下之中，固已衆口一詞。陸游《老學庵筆記》卷六云：

四方之音有訛者，則一韻盡訛。如：閩人訛高字，則謂高爲歌，謂勞爲羅。秦人訛青字，則謂青爲萋，謂經爲稽。蜀人訛登字，則一韻皆合口。吴人訛魚字，則一韻皆開口，他仿此。中原惟洛陽得天地之中，語音最正，然謂絃爲玄，謂玄爲絃，謂犬爲遣，謂遣爲犬之類，亦自不少。

（整理者按：此下缺一頁）

> 北方聲音端正，謂之中原雅音，今汴洛中山等處是也。南方風氣不同，聲音亦異，至於讀書字樣皆訛，輕重開合亦不辨，所謂不及中原遠矣，此南方之不得其正也。

明初都南京僅三十餘年，永樂以後重奠燕京，迄於清末，五百餘年矣。雖戲劇文學南北代興，而政治環境不變，語言趨勢遂浸重京話，即中州音韻亦漸失其優勢矣。民國以來，遂以北平語爲標準國音，以迄於今。然自民十七以後，國都復奠於南京，若太平有象，都會不遷，數十百年後，殆又將重南而輕北，此揆之自周以來之史蹟，固可預卜也。

整理説明：

本稿係唐蘭先生爲討論《切韻》性質致陳寅恪先生信的手稿，保存基本完整，僅缺文末前一頁，鋼筆書寫於二百一十字稿紙上，共五十六頁。

信中提到唐先生一九四八年發表的《守温韻学残卷所题「南梁」考》、《論唐末以前韻學家所謂輕重和清濁》兩文，和陳先生一九四九年發表的《從史實論切韻》一文，因此可能該信寫成於一九四八年前後。

（孫　順）

致常任俠

任俠兄：兹介紹居瀛棣同志前往學習資料室經驗，請加以指導。此致

敬禮

我兄前需要之照片，彼時因玉舞人尚未買到，未能攝奉。如尚有需要，請另寫一函給我院，如何？

唐蘭即刻

（該信寫於一九五三年）

載《冰廬錦箋：常任俠珍藏友朋書信選》國家圖書館出版社二〇〇八年十二月。

致劉大年

大年同志：

中國文字學是一個冷門，大家已經注意到了，但如果只從別的科學的需要着想來提是不夠的。中國文字學是中國獨有的一門科學，有兩千多年歷史，並且在過去得到大規模發展的一門科學。解放以後，被某些人認爲不需要而在大學中國語文系裏被排斥了。在日本，這項學科還占重要地位。在東德還有很多漢學家研究，東方學院正在編中國古文字字典。但在中國的文字學家幾乎全部都改行了。因此，這一門科學行將落後于世界的水平。

這一門科學的範圍是很廣泛的，如：文字學（一般性的）、古文字學、甲骨文研究、金文研究、戰國文字研究、篆書研究、隸楷書研究、行草書研究、簡體字研究、文字學史等，在專書方面，過去關於《説文解字》的著作，不下一兩千種。郭忠恕的《汗簡》也是需要研究的重要著作。

顯然，這一門科學是不應該聽它消滅的。如何規劃，提供考慮。此致

敬禮

唐蘭

二月二十九日

附：

劉雨先生您好！

唐先生的信函發去，請查收。一九五六年中國科學院開始制定「全國科學十二年遠景規劃」，向各方面徵求意見。我

父親當時是中科院哲學社會科學規劃辦公室主任。唐先生由此給我父此函。

順頌

秋祺

劉潞

二零一一年九月二十四日

整理說明：

此信由劉潞先生提供，唐先生信寫於一九五六年二月二十九日。

致沙孟海

孟海先生：

奉尊教數月，事冗未復爲歉。

尊作《叀各盂考釋》拜讀一過，叀字所釋極精確，至佩。各字似仍以釋君爲妥，金文此類字變化極多，似未可一概論也。若然則「要君盂」當作「叀君盂」矣。此器業已修復，但因器口殘損，從藝術欣賞角度來看，不易得到欣賞耳。目前關於考釋文字，不容易發表。將有機會論及此器時，當以高見介諸世。敬復並頌

著祺

弟唐蘭一、三十一

弟爲庚子生，不識於足下同年，或小一歲邪。又及。

致劉彬徽

彬徽同志：

鐵符同志回來，帶來尊函及商老二號墓竹簡釋文，前些時我曾略看過二號墓遣册，似也還可以綴合復原，容俟有暇再研究。

這一時我又整理一號墓殘簡，已復合出約七八十條簡，長的有十幾條，估計全長約六十厘米，舉例如：

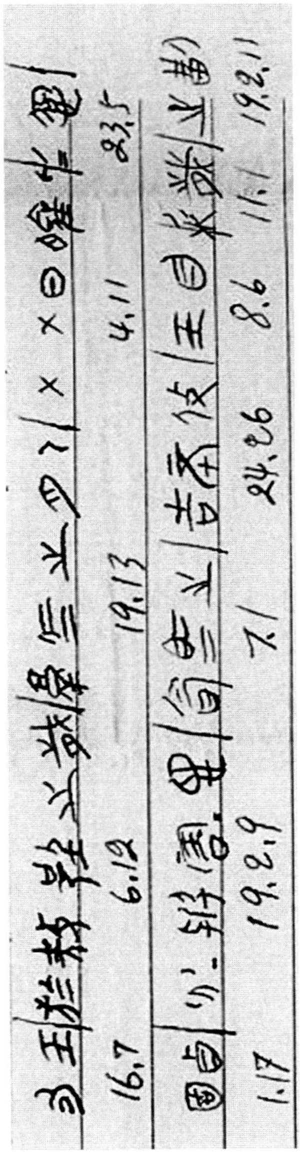

是由十個斷片綴成的，其中還缺兩個字。現在下邊所附號碼是我根據照片編的，不知你們那裡有没有發掘編號。如有，希望告訴我，因爲我的編號是靠不住的，照片裡還有重複，更難作爲根據。

這份竹簡的首要工作是綴合復原，這工作没做好，是無法作考釋的，做了也等於白做。我現在做的已有十分之六七，剩下還有幾十個斷片，恐怕是最困難的了。也復合了一些無文字的簡，有些可能是原有文字而漫漶了，也有的可能是照的不清楚，有些重複的，可以看出。如果照得太黑了，就更看不清了。

這份竹簡恐怕有一百來根簡，很重要，可惜有些太殘缺了。詳細情況，現在還不能説，很多問題還待研究，但不單是爲病而禱是肯定的。朱德熙同志等的研究，不知有没有成果。商老一號墓簡釋文如蒙寄來參考更好。

致

敬禮

唐蘭　九、七(一九七三年)

整理説明：

此信由劉彬徽先生提供。

致沈之瑜

一

之瑜同志：

説明書收到了很久了，遲遲未答爲歉。一則我想讓金石組同志們廣泛地提提意見。另一個原因是我在寫一篇《孔子批判》，也實在騰不出手來。

説明書確實開創了一個先例，用新的觀點，並用新的資料來説明青銅器的發展，這是很好的開端。

一般認爲第一部分長了一些，歷史背景講得多了，就似乎有些離題了。當然歷史背景不能不講，最好是聯繫着銅器來講。比如説某一件銅器上有了干支，就可以講到干支的起源和它對農業的關係。某一件銅器提供了早期文字（象形字）就可以聯繫到文字起源等，而概括性地説时代背景可以簡單一些。

關於耒的問題，我還不太清楚，等看到你館同志寫的文章後再研究。（是否馬承源同志寫的？）

第二段很重要，不過有的同志覺得太專門了。是否在對工農群衆講時只談些成果，專門問題留在專題論文中去發表。

菱紋劍的紋飾，根據X光衍射分析法知道有錫鐵合金的存在。紋飾無疑是鑄劍之後附加上去的，這裏存在的問題是（一）錫鐵的合金。是否作爲一種化合物呢，還是不是一道工序的遺留物。（二）這種紋飾的工藝是怎樣加工的？問題很複雜，需要深入研究。説明中「這劍上的花紋是錫鐵合金鑄成的」一句話，似乎説得早了一些。如果在鑄劍時同時也鑄這樣的花紋是不可想像的，如果鑄成劍體以後，再加鑄錫鐵合金的花紋，同樣也是不可想像的。這個問題很重要，如果兩千幾百年前，我國確已有了錫鐵合金，這在科學發明史上是十分重要的。希望慎重一些，搞得仔細一些，確實一些。過去中國鑄鋁問題，搞得草率了，影響很不好。

第三部分似乎不必拘於育成、鼎盛、轉變、更新等説法。青銅器的發展歷史，是隨着社會的發展與變化而發展變化的。青銅貨幣、鉨印、符節等的出現和發展，青銅彝器的衰退與日用品的發展，不全是青銅器本身的問題。所以我的意見，不必拘束在青銅器本身的發展道路上，可以按照時代和社會經濟結合起來講，似乎更方便一些。

第四部分最重要，因爲這裏講的都是一些邊疆，也特别要慎重。如北方民族，是否要講到肅慎、東胡、鮮卑等等呢？從次序來説，恐怕把北方放在首要位置恐怕好一些。新疆康藏的東西能否搞到一些呢？是北方青銅器影響了中國呢，還是北方受中國的影響，這個問題太大，現在只好含糊其辭。但北方總應放在第一位，是無疑的。

以上一些意見，很不成熟，供參考。

貴館續印銅器，是否已開始。致

敬禮　並祝

春節愉快

唐蘭一、二十一（一九七四年）

二

之瑜同志：

好久不見了。我從香港回來，得了半身不遂，針治後略好，但血壓不穩定，殊以爲慮。前數日馬承源同志等來此，藉悉尊馆情況，您赴西歐考察之行，所獲想必豐富。友人蔣天樞教授因其弟天格被迫害致死，不知貴館已爲昭雪否，前託我介紹奉訪，請惠賜會晤商談爲荷。致

敬禮

唐蘭十一、七（一九七八年）

附：

劉雨先生：

一九九零年父親去世後，留下信劄中有唐先生寫給父親的兩封信，日前我通過電話與前上海博物館副館長李俊傑先生進行了回憶，其中第一封信的背景是：一九七三年三月家父結束政治審查，開始任上海博物館革委會副主任，遂籌備上博的青銅器、書畫、陶瓷等專題展覽。經上博專家組討論，提出了一個初步展覽方案，這封信是父親在展覽籌備期間，寫信並附展覽説明，向唐先生徵求意見。一九七四年一月二十一日唐先生給家父寫了長達四頁的回信，主要是對青銅器的育成、鼎盛、轉變、更新四個時期的問題提出看法。在信的最後，唐先生提出應該重視「北方青銅器」對我國青銅器的影響。近年隨着許多海外考古的新發現，證明中國青銅器的發展曾受到來自歐亞大陸草原的不少影響，從而打破了長期以來對中國青銅器的發展考察僅限於中原地區的觀念。文革期間，由於資料封閉和民族主義情緒作怪，考古學界不敢正面提出這個觀點，而四十一年前，唐先生卻能夠大膽提出中國青銅「北方放在第一位」的觀點，顯示了唐先生的治學風範和學術視野。

第二封信經查看郵戳，寫於一九七八年十一月，當時文革結束，父親已出任上海博物館館長。蔣天格先生是上博廣受人們尊敬的前輩學者，著名的古典文學、古典文獻學專家，原爲同濟大學教授，一九五二年上海博物館建館，抽調至上博參與籌建，上博建館後，留任群工部主任，負責對上博員工進行基礎知識輔導，在「文革」中受迫害致死。唐先生這封信，是爲介紹上海復旦大學蔣天樞教授與父親會晤，商討爲其胞弟蔣天格先生平反之事而寫的。以上情況供參考。致

敬禮

清華大學出土文獻研究與保護中心　沈建華

二零一五年七月十九日

整理説明：

此兩信由沈之瑜先生之女沈建華研究員提供。

致若愚

若愚先生：

大作拜讀一過，甚佩。僅提供一些意見，備參考，也提出一些問題，希不吝指教。

一、文獻資料方面：

1.《禹貢》材料很重要，儘管這不是夏代的第一手資料，但至少是西周初年根據簡册轉寫的。在兖州下説「桑土即蠶，是降丘宅土」。禹治洪水，這是重點區域，治了十三年，水才退盡，又恢復了蠶桑。這和下面所説「厥貢漆絲，厥篚織文」，可以聯繫起來看，這裡土産既有絲，又有「織文」。青州的貢則有「岱畎絲枲」，但萊夷地區則「厥篚檿絲」，檿是山桑，那是野蠶絲大概是不成問題的。徐州淮夷是「厥篚玄纖縞」，揚州是「厥篚織貝」，荆州是「厥篚玄纁璣組」，豫州是「厥篚織纊」，這些都和蠶絲有關。而冀州的「島夷皮服」揚州的「島夷卉服」，梁州的「織皮：西傾，因桓是來」，雍州的「織皮：昆侖、析支、渠搜，西戎即敘」，都可以説明和中原地區的絲麻之鄉是不同的。

2.《咎繇謨》也很重要。「予欲觀古人之象，日月星辰山龍華蟲作會宗彝，藻火粉米黼黻絺絹」，即所謂十二章，過去解釋都錯誤。其實這是兩部分：(1) 日(2) 月(3) 星辰(4) 山(5) 龍(6) 華蟲等，都是畫在旗上或在彝器上的；而(7) 藻(8) 火(9) 粉(10) 米(11) 黼(12) 黻，是繡的。這種刺繡顯然是在絲織品上的，而且刺繡總是要用絲線吧！

3.《山海經》這本書也很重要。《海外北經》「歐絲之野……一女子跪，據樹吐絲。三桑無枝，在歐絲東，其木長百仞，無枝」。這是早期的神話，把蠶人化了。《荀子・蠶賦》「身女好而頭馬首者」，所以後世把蠶叫做馬頭娘，而有高辛氏的傳説。

4.《穆天子傳》記穆王西征，用絲織品來交換玉璧等，顯然，中國的絲路不是從漢代才開始的。

二、考古方面：

1. 記得西陰村曾發現新石器時代的一個蠶繭，請查。

2. 尊説「網墜」可能是撚綫所用，甚佩。我疑惑這是「紡專」，而「紡輪」則是「瓦」。（弄瓦的瓦）

3. 骨匕問題，恐怕不能一概而論。故宫舊藏宰丰骨匕，（現在歷博）一面雕刻精美，一面有長篇銘文。另外還有一骨匕，已流國外，則連文字也嵌緑松石。兩者都記王賞賜，都有獲兕的記載。其形狀與青銅匕和漆匕類似。它是匙子的前身，可以有大有小。「不喪匕鬯」，是用以扱鬯酒，主要是鬯。這個問題，還可繼續研究。

三、古文字方面：

問題很多，很複雜。我覺得要從多方面考慮，因爲社會生活是多方面的。有些人把若干文字都解釋成專爲龜卜而造的，顯然是錯誤的，因爲龜卜只是古人生活中很狹窄的一個方面，不可能爲它專造許多圖畫文字。

用古文字來説明古代文化是十分重要的，但需要慎重，要有很多條件：首先，要把文字認識得正確無誤。例如有些人所釋蠶字作□□等形，似乎只應釋巳（□），因爲蠶只應爲□，不可能虬曲。其次，要把每個文字的字族搞得很清楚，才能正確地認識圖畫象形，象的是什麽。例如：「壬」字，我覺得還是解釋爲扁擔較好。「我任我輦」，作爲扁擔，作爲行李的史料非常多，「任重而道遠」，本來是負荷，引申爲責任。□（□）字就是把扁擔上了肩，□（□）字就是用扁擔挑柴禾，賃字就是用貨幣來僱勞動力。挑扁擔是勞動中最常見的事，所以在文字中首先得到反映。任字解爲機縷，恐怕是後起字，至於軠車的軠，《説文》是没有的，《説文》有軖字，也可以寫爲軠，讀爲匡，解爲「方車也，一曰一輪車」。玄應《一切經音義》卷十二引《通俗文》「繅車曰軠」，也音渠王反。從《集韻》才有軠字，尼心切，才把從王的字，誤從壬。第三，在字族上没有聯繫，在訓詁上没有歷史根據，在字形上還搞不清楚，最好少作推測。還需要很好研究。如：

1. □□□等是幺（幺）字，也是玄字，到底是代表合股的絲呢？還是一束絲，扭轉成這個樣子。如果從幺微玄妙，以及「糸微絲也」，「幺微也」等意義來説，可能代表合股的絲。但從□字來看，又好像是聯繫的兩絞絲，不知尊意如何。

2. 幼字作□，孫字作□，均從幺，不知爲什麽？

3. 己字好像是理絲工具，《説文》：「紀別絲也」。如故這個解釋能成立的話，那就理絲工具在干支二十二字創造之前已經存在了，也就是虞夏之前（有文字歷史，有年月記載）已經存在了。這是很重要的，散盤的□字從丝從己。

4. 甲骨文常見的□，在聯起來的兩絞絲，中間加三條綫，是什麽意思，是不是就是理絲的「紀」。金文涇字從此，好像跟散盤的□是同字。

5. 巠是否就是經這個工具，如是，巛好解釋，下面的工，是什麽意思？

6. 系字作□□等形（不是𤔔字），是否把絲都聯繫起來而手可以提挈了？

7. □（率）可否解釋爲從鑊中繭抽出絲縷，兩旁是水點之意。如果這樣，那就□代表兩股合成的絲了。但可惜這還沒有找到歷史根據，只是胡思亂想罷了。

8. 𤔔字金文作□，或作□。（詳1959版《金文編》）𤔲（司）字作□□，也變爲□等極常見，𤔲音與治相當，所以在古代訓詁中，亂和治是對立的統一。但這些字裡面上下兩個手，恐怕不是繅車上的情形，因爲在繅絲的時候，用籆來收絲（即索絲器，恐怕不是絡絲器），並不用手，收了絲就絡在緯車（繅車）上，怎麽用得上上下兩個手呢？所以𤔔和𤔲（治）的關係還需要探討。

此類問題很多，將來有暇再談。

四、科學技術方面：我對此一竅不通，只是請教罷了！

1. 編織是否早於機織，編草編竹如繩子、筐子、席子，網、罟、編織帶子和綸組之類，總比絲綢麻布容易些吧！布帛是否必需機織？如果沒有布帛，那就只好「皮服」和「卉服」，那末衣服之制總是有了布帛以後之事了。看來遠在夏以前就有布帛所製衣服了，也就是説，早已有織布機、織綢机了，不知最早這種機器應該是怎樣簡單，但是又能成爲布帛的？

2. 麻布和絲綢，究竟孰先孰後？從漚麻、析麻、績麻而成麻布（似乎還有葛之類），也並不比絲綢簡單，但總該是中國自己發明的吧！至於毛織品則恐怕是西方傳來的，《禹貢》記載是可信的。還有《逸周書》也有記載。

3. 「麻冕禮也，今也純，儉」，似乎絲織品比麻布還便宜，可能的嗎？

4. 有針就有線，用骨針的時代用什麽綫，最早可能用過皮綫吧！「韋編三絶」的韋總不該是皮條吧！至於刺綉，恐怕總是用絲線而且已經有五色綫了吧！

5. 奴隸社會的分工，紡織恐怕只是女工吧，是女奴隸吧！

6. 機器發展史大可研究，戰國時封建制度已經很發展，有很複雜的機器是完全可能的。問題是西周末年以前，究竟進步到什麽程度。「貝錦」見於《詩經》，如果《禹貢》的「織文」和「織貝」，即是「文錦」和「貝錦」，而是夏代已經有了的話，那不是太驚人了嗎？錦這個名稱可能當時還没有，但「織文」和「織貝」，是不是可以用最簡單的工具織成呢？

拉雜寫來，供參考，並請指教。

唐蘭　七四、六、二十

致愚老

愚老想從古文字中探討古代絲織技術，這一點確很重要。我國文字有六千年以上的歷史，古代意符文字等於是我國古代文化發展史，確有待於我們去努力發掘，但是這個工作是十分繁重的。古代文字主要反映四個方面：

一、象自然物體，如：日、月、山、水、草、木、蟲、魚、鳥、牛、羊、虎、象等；

二、象人體，如：大、人、子、女、耳、目、手、足等；

三、象工具，如：刀、斤、戈、矛、弓、矢、午、力、網、舟、車、田、井，以及一、二等；

四、象用具，如：皿、豆、壺、酉、鼎、爵、帚、其、囟、衣、巾、宀、門、聿、冊、聲、壴、玉、幺、革、肉、幸等。

其中獨立的象形文字，約有二百個左右。由這些象形文字發展變化而成的意符文字，約有一千多個。對於這部分史料，必須全面地綜合地加以整理與研究，必須在文獻上或地下資料中有確實的證據，而不應任意地作片面地主觀的推測。例如《爾雅》所説「魚枕謂之丁，魚腸謂之乙，魚尾謂之丙」。僅僅是戰國以後人從魚的象形文字中看到其部分形象，類似某些字而取的别名，等於我們説：十字街、工字樓，決不能説十字和工字就由街和樓的形象而造成的字。乙字在古代象河流，丙字象𤏶石（用石塊下呈穴形者，下面燃火以煮食物），丁字象銅餅，均與魚形全無干涉。每一個文字都有它自己發展的歷史，等於每一種植物動物都有它自己的歷史，絶不可以用别一種類來改變它的歷史。不錯，我國是生産蠶絲的祖國，關於用蠶絲來織成帛，可能在文字産生時期已經出現了，但是由於圖畫表現手段的局限，並沒有出現屬於帛一類的織品的象形字（也沒有布一類的象形字）。小篆蠶字顯然不是象形字。甲骨文的蝨字，可能就是蠶字的前身，因爲蠶的形象，和古文目字類似，所以相混，蜀字的象形字就畫成目形而有絲（有人以爲□形是蠶，非，蠶不曲尾），可以爲證。絲字本只作□□□□，作絲只是重疊象形罷了。□形究象束絲，抑另有所象，尚待進一步研究。如謂是蠶吐絲時膠液之形象，恐古代人尚未觀察到如此微細。即如繅成的生絲，由六七粒繭絲至二十粒以上合併而成，如沒有見過繅絲這段工序的人，也不會知道的。但繅絲似未把繭絲絞起來，而只是乘熱把纖微合併，因此[illegible]字恐亦非繅絲時的形象。依常識來判斷，文字形成時期的圖畫文字應是當時最常見的，人人一見就能辨别是什麽形象的。所以我的初步意見，[illegible]就像絞起來的一小束絲，後來曲牌名所謂銀絞絲，就是用銀做成絞絲的形象。這種絞絲一直到現在還如此，就是紗線、絨線等也是這樣，是爲了防止混亂的。但是[illegible]卻也包含合股的意思，這就是索字，作[illegible]，那就是用工作爲工具，把三股纖微或草麻之類合成繩索的。因此，有可能是索字最在前，而有了蠶絲之後，借用這個形象。至於關於絲織工具方面，我想經的聲符巠，可能是經絲的工具，紀的聲符己，也可能是。柅的本字个或[illegible]，又作[illegible]，所謂絡絲柅也是可信的。叀字是否紡專，尚不敢確定，𤔔字似本只作[illegible]，在古文字裡，上下兩只手，一般是代表兩個人，究竟當作何講，尚待研究。𤔔字與辭字是一个字，則應是形聲字了。𢇍字是轡字，與絲織似無關係。

辛字最複雜，依訓詁，辛當是薪的本字，《詩》：「析薪如之何，匪(非)斧不克。」新新一字，正像用斤析薪之形。辛和䇂字混，辛或䇂字似是兵器，蔑字從芇從戈，或從䇂可證。辛字又與丵字混，丵當是一種工具，對字業(撲)字均從此。至於童字妾字等所從[illegible]，則是一種平頂的帽子，爲奴隸們所載的。辛字又爲言字和音字所從，其故未詳。作爲絲織工具，從形象上，從訓詁上，似無確實根據。至於癸字《説文》解爲水流形與象人足，固然都是錯的，但訓爲揆度則是對的。作[illegible]形是畫圖的工具，即規。《詩・定之方中》説「揆之以日」，是説揆度日景。《考工記・匠人》則説「爲規，識日出之景與日入之景」，可證。矩爲方形，古文字作[illegible]，是人持工，[illegible]則是兩工相交，以術規心。規矩方圓，是工匠最重要的工具。此與絡車和篗的歷史上似無任何關係。

壬字解爲紝，是有語源的根據的。《説文》：「紝，機縷也」，「綜，機縷也」。似紝與綜同，所謂「推而往引而來」的機織工具。但與[illegible]決非一字。幸是刑具桎梏之類，執字作[illegible]，十分明白，與絲織完全無關。壬字還可能有另一義，金文有[illegible]字，卜辭有秝字，任訓擔荷，則壬也可能是像扁擔。古文字中常有此類現象，即同一象形字反映兩個或兩個以上的語源，則需要研究那一語源在前，那一語源是後起的。

以上略述愚見，未必有當，請　指教。

唐蘭　四月廿七晚

整理説明：

「若愚」、「愚老」即著名的紡織學家王若愚先生，王先生二十世紀二十年代初畢業於清華大學，後赴美國麻省理工學院攻讀紡織學。一九四九年後，任教于天津大學。二十世紀五十年代，清華大學副校長劉仙洲教授受國家委託，組織相關專家編寫中國科學技術史，曾邀請王若愚先生主持中國紡織史的編寫。王先生于一九七九年十一月逝世。

《致若愚》寫於一九七四年六月二十日，《致愚老》因稿紙邊框有「北京市電車公司印刷廠出品 七七・三」字樣，估計寫於一九七七年四月二十七日。

（楊　安）

致李白鳳

一

李逢先生：

北京昨地震，想已見報。餘震猶未已。

手書讀悉。𢐗讀爲弘聲，理由：① 出土諸銘文中即有從弘之例。② 金文彊字從弘聲，但多省從弓，它字亦有之。③ 從魚弘聲，與彊同音，當即鱷字，爲鯨字異體。但𢐗似只是氏族，而非姓。

關於族徽，鼎堂、一多諸公喜言之，孫君作云頗衍一多之緒，愚頗驚其汗漫。私意以爲中華古史當在六千年以上，太昊、少昊、炎帝、黄帝均是歷史而非神話。奴隸社會須分初中晚三期，虞、夏、商、周，已是奴隸制社會末期，已由爛漫而到衰落時期了。黄帝已是一夫多妻的父系社會。二十五子其得姓者十四人者，子以母貴耳。其母爲貴族有姓之女，其子可承其姓；母如爲賤妾，子即爲庶子而無姓矣。此姓也，至于氏，則是由家庭發展到部落□至國家所共有，不係其人之貴賤也。太昊氏者太昊之部落或國家之人耳。早在家長制家庭中，即已包括自由人與非自由人（奴隸或奴隸身份）矣。我國歷史決不晚于埃及，大汶口陶器文字在五千八百年左右而已爲極進步之文字其證也。二十世紀史學家拘于殷虚，又爲文字畫之說所惑，把我國歷史縮得太短了，夏殷以前，便成洪荒，奇説蠭起，不可究詰，地下新資料的發現，此類迷霧將一掃而空矣。

……

致

敬禮

唐蘭

一九七六年七月三十日

二

白鳳先生：

大作《古銅韻語》快讀，與數十篇巨制無殊。最近扶風出銅器二百餘件（一窖），其中一盤二百六十餘字，列舉文、武、成、康、昭、穆六王功績，其中唯昭王贊其征楚荆與南行，可見成王未嘗伐楚也。惜此器迄今未能發表耳。

……

入春極忙，爲討論度量衡圖録，去西郊開會十日。歸來後又有人屬寫《中國古代的奴隸制國家》一文，屬稿兩周，稿亦兩易，今始寫定。拙論我國有史年代，當有六千年，大汶口遺址是少昊文化。我國的奴隸制時代，遠較封建社會爲長，當有三千餘年，分三期，太昊、炎帝、黄帝，少昊屬初期，從帝顓頊至帝舜爲中期，從夏王朝至西周末年爲晚期。我國文明，決不晚于埃及，黄河下游，決不遜于尼羅耳。拙文以考古資料定其時代，以文獻證實之，而以古文字圖像指述其社會情況。此文如能發表，亦一快事。致

敬禮

唐蘭

一九七七年三月二十四日

三

白鳳先生：

來示悉，所寄各件均收到。承代惠贄存先生金石百詠，并謝。容緩細讀。

王獻唐先生遺著，關於曩器，有一小册子，惜不知擱在何處，并其書名亦已忘卻矣*。

匆復，即致

敬禮

唐蘭

四月十五日（一九七七年）

載《東夷雜考》所附唐蘭函，作者李白鳳，河南大學出版社二〇〇八年四月一日出版。

致袁曉園

曉園先生：

領袖崩殂，悲痛無已。十一日晚瞻仰遺容，此最後一面，深切悼念，誓竭餘生，傾筐倒篋，爲祖國文化盡一份力量。來示敬悉，將來港講學，極喜慰。見問諸事，謹覆如下：

1. 半坡陶器文字，尚是符號性質，嚴格說：不是我國現行文字的嫡系遠祖。

2. 中國文字的三大特點：

(1) 它有綿遠的歷史，新近發現的大汶口陶器文字是我國文字的嫡系遠祖，它們至少在五千五百年以前，但已經是極爲發達的文字。我有一篇文章已付印，出版後當寄上請教。

(2) 它還活着，還在爲八億人民服務。

(3) 我國古代文字，是一部保存最好的最完整的古代社會文化史，可以對馬列主義的社會發展理論，提供很多重要證據。

3. 已發現的甲骨文資料，除去重複，約十萬餘片，歷史研究所已經編成全集，將由中華書局印行，預計今年出第一册。

4. 中國古代文字，主要是意符文字，形聲文字是後起的，但在商代，形聲文字已經很發達了。漢儒「六書説」於文字起源尚多誤解。我有「三書説」，即象形、象意、形聲。轉注、假借，只是文字發展的過程而不是文字。

5. 王國維的話，没有看到過。

6. 文字改革問題，一時恐怕還來不及展開討論。

7. 您擬辦的雜誌，我覺得範圍較廣泛一些爲好。

8. 王力先生短期内恐難見到。

並頌

健康幸福　並問

葉南先生好

唐蘭　九月廿四日

整理說明：

毛主席逝世於一九七六年九月九日，此信應寫於同年。

致賈峨、郝本性

賈峨
本性　同志

從鄭州回來兩個多月了，忙忙亂亂一直没有向你們道謝，很抱歉。迺松同志曾去一信，我就躲懶了。

大汶口文章發表後，香港各報即轉載，日本學者也有反應，因此就有要我再寫者，已經寫了兩篇，一篇是給《光明日報》的，一篇是給《人民中國》的。各方反應很多，也不很齊。投稿到《光明》的，我看到一篇是歷史所年青同志彭昭（邦）炯寫的，主要還是主張大汶口是過渡時期的，文章寫得乾浄利落，我向報社推薦，報社也同意了，大概將先發此篇，然後再發我的第二篇稿子，但我寫的不是直接回答的，只是再補充前文未盡之意吧了。另外有一篇是河南一位工人寫的，他好像同意這是少昊文化，但又認爲是夷族，不大願認爲我們的古老文化似的，文章寫得也較差。人民出版社要我寫一本書，我也答應了寫一本《中國古代的奴隸制國家》，已經寫了一半了，全文六萬字左右，希望再有一兩個月可以寫完。

本性的兵器寫得怎樣了，很念。《考古學報》明年將出四期，《文物》也準備出《文物資料》，似乎第一期已發稿了。

聽説登封發掘很有新發展，在龍山文化層下有了城牆。還聽説在龍山遺址中發現了鑄銅作坊遺址，這些消息不知是否確實，如果屬實，希望二位告我詳情，這又是非同小可的新發現啊！京郊琉璃河西周遺址下也壓着城牆，平谷縣發現一墓有商銅器十數件，鼎爲尖足，有銘一字者兩三器，是龜族，至少爲殷墟前期同時，但出有金簪與釧，是商民族而受東胡影響呢，還是東胡族而夏化呢？

平山的中山王墓尚有一個鼎，有六百多字的銘文，可惜因銹還没拓出，他們那裡運動聞將結束，如能早日清理出來，亦一快事。方壺文極美，但必需待鼎銘讀過後，才能了解全貌。

歐陽館長和趙青雲同志均乞代爲致意。館中其他同志亦代候，不一一。致

敬禮

唐蘭

國慶之夕

整理説明：

此信由郝本性先生提供，並云寫於一九七八年十月。

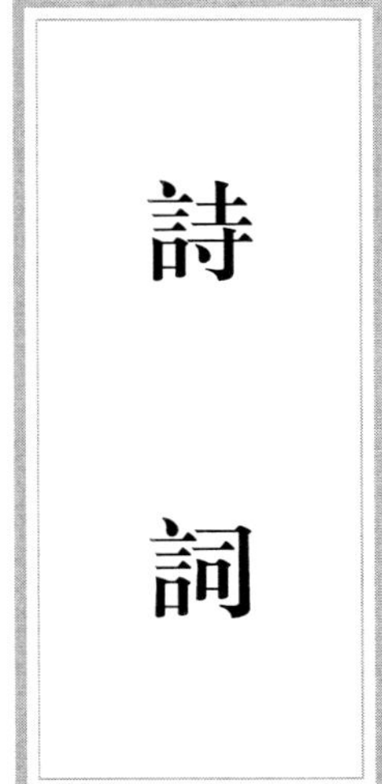

詩詞

中華人民共和國建立前

菩薩蠻

天桃弱柳空如許，留春不住春辭去。火急奏東皇，乞春護海棠。
夜深花自唾，露浸相思淚。更到花落時，寧知我是誰？

載《國聞周報·采風録》第四卷第三十九期一九二七年十月九日。

九月十九日蟄園久病新起約爲展重九之會分韻得我字

昔賢登高云免禍，吾欲遊山時輒左。脂車秣馬意復惰，幸及佳會忘其癉。
主人病起行傂傂，筵前立出新詩夥。兩三粲者嬌無那，籬菊晚開得幾朵。
談諧不覺月將墮，自笑年來百坎坷。將欲出門心惴惴，倘有醉尉呵曰叵。
安能閉門不問人，與我拍浮酒中任袒裸。

載《國聞周報·采風録》第四卷第四十四期一九二七年十一月十三日。

白塔山

烽燧前朝迹已陳，我來負手是閑人。
山門四望松楸合，白日微暄恰似春。

載《國聞周報·采風録》第四卷第四十九期一九二七年十二月十八日。

祝英臺近 詠苔

傍陶籬。沿蔣徑。生趣尚如許。苒苒綿綿。舊雨更新雨。別留一段芳暉。逃虚寄寂。早多謝。尋花來去。
戀香土。怪他絮影萍踪。漂零竟無主。井揚臺傾。獨自費支拄。賦心擬仿江郎。行吟倦矣。待分付。涼秋蛩語。

載《煙沽漁唱》第一卷第二集(第一册四葉上)一九二八年七月。

摸魚兒 戊辰七夕和石帚韻

又金飈。悄捎秋恨。葉聲飄過梧井。玉繩斜後涼如水。瞥眼銀雲千頃。愁暗省。奈零亂。蛛塵幽緒憑誰整。湘屏夜静。正靈鵲飛回。流鶯撲罷。冷夢倦欹枕。
鍼樓畔。斜月疏星炯炯。伶俜應駐仙影。幾回便欲乘槎去。卻恐絳河飄梗。同心詠。算輸於。牽牛歲歲雲幬並。江湖夢醒。儘碧海青天。離情何限。未許舊盟證。

載《煙沽漁唱》第一卷第五集(第一册九葉上)一九二八年八月二十一日。

南樓令 待月用龍洲韻

涼露浸菱洲。暗星縈碧流。正誰家。倚偏南樓。莫道夜深無箇伴。有圓月。近中秋。

對鏡强擡頭。能如天上不。算姮娥。應也多愁。碧海來時思問訊。只難得。廣寒游。

載《煙沽漁唱》第一卷第八集（第一册十四葉下）一九二八年九月。

永遇樂 呈龍州先生

三十年間，世情反復，喜公長健。重訪蓬萊，試看滄海，是否今清淺？荷香早謝，桂包未展，萬里縱游堪羡。想應見，羲和浴日，曉霞五色斑斕。

詩人老矣，壯節難銷，接坐有時長嘆。得意推敲，從心揮灑，山斧新柯爛。異時邊上，人驚老子，胸有甲兵十萬。算而今，離筵易感，一樽擬勸。

載《國聞周報·采風録》第五卷第三十八期一九二八年九月三十日。

瑞鶴仙

戊辰重九，會於李園，嘯麓、侗伯二公約同作，用夢窗韻。

夕陽迷遠嶠。甚醉插黄花，匆匆歸早。壺觴幾班草。對西風霜葉，頓成孤抱。前番倚眺。記天角，孤鴻飄渺。問今年，健否何如，短鬢也曾吹帽。

休道。閒園重訪，覓句支筇，杜陵將老。垂楊猶裊。輕攀折誤年少。但萸囊，愁佩淒涼誰訴，洞口秋深徑窈。又黄昏，流水無情，悔將影照。

載《國聞周報·采風録》第五卷第四十三期一九二八年十一月四日。又《湮沽漁唱》第七卷集外集（第四册三十四葉下—三十五葉上）。

定風波 詠夕陽

每到愁時早閉門。一聲畫角日西曛。肯向花間留返照。剛好。可憐已是近黄昏。微注小窗流碧瓦。堪畫。因思江上晚歸人。散抹餘霞還似綺。誰會。澹煙衰草儘銷魂。

載《煙沽漁唱》第一卷第十四集（第一册二十三葉下）一九二八年十一月。

東風第一枝 詠唐花用梅溪韻

瑞雪飄棉。輕綃翦綵。託根終恨無土。恁時密焙金爐。頃刻徧開綺户。春工巧奪。看簾幕。生香隨處。料有人。欲覓寒梅。空疊亂愁千縷。索共笑。漫搜秀句。防易落。更牽悲緒。莫思前度芳時。忍憶舊游俊侶。名園千樹。怎禁得一春風雨。願此生長住華堂。不似御溝流去。

載《煙沽漁唱》第一卷第十九集（第一册三十二葉上—下）一九二八年十二月。

驀山溪 寒食 二闋

雨絲煙柳。又近清明候。牆畔野棠風。小花鈿。墜時知否。蹋歌搥鼓。不見賣春餳。思往舊。悲輕負。馬上空回首。遥憐纖手。折盡青青後。剩得小桃紅。儘飄謝。杏花盈袖。朦朧樓閣。斜塔畫鞦韆。難獨守。輕寒透。猶自臨窗牖。征帆乍卸。便去尋游屐。小樹約重過。柳絲旁。秋千摇碧。雙飛蜂蝶。荏苒戀殘芳。還剩得。一分春。莫道無蹤跡。桃花目笑。往事難追憶。永晝任迢迢。且惜取。眼前寒食。閑庭芳草。也自欲芊芊。聽隔院。築球聲。腸斷他鄉客。

載《煙沽漁唱》第二卷第二十七集(第二册十三葉上)一九二九年四月。

贈小隱

沽上相逢半歲餘,時驚朝臥扣幽居。君多暇日觀科斗,我獨窮年老蠹魚。盆草寸長溢生意,案書尺許憚鈔胥。莫言斯世無容足,即此情懷得暫攄。

作者原注：君齋中畜科斗一盂,恒指以爲談謔。

載《北洋畫報》一九二九年五月十八日。

小隱武越約群一社諸君遊管園兼督作詩

首夏泛南塘,語笑銜輕舟。微風解初熏,擊槳激中流。城市寡野趣,及兹景色幽。士女咸欣忭,緑林可稽留。終焉至管園,主人勤酢酬。復有善歌侶,適同園之陬。吹氣競四上,皓齒兼明眸。鄰家有少女,殆亦未知愁。弄舟新漲波,狎習孰與儔。興極日亦落,相與歸是謀。歸來復擾擾,何當更暢遊。

載《北洋畫報》一九二九年六月十三日。

一斛珠 詠荔支用李後主韻

黄梅雨過。嶺南枝上雙雙箇。翠釵先取懸枝顆。氷雪肌膚。乍見龍綃破。

萬里寄將情自可。囊盛莫把紅鹽涴。定知一笑嬌無那。醉後情懷。玉液生香唾。

載《煙沽漁唱》第二卷 第卅七集(第二册二十三葉下) 一九二九年七月。

人月圓 七夕

鵲橋欲渡先愁別，別久會還難。恁堪經歲，相望脉脉，稍得團欒。兩邊惆悵，一般憔悴，些子清歡。不知今夕，銀河漲後，多少波瀾。

載《北洋畫報》一九二九年九月二十日。

惜黄花慢

羅園藝菊，爲津門冠。十月五日泛棹往觀，無角翁囑以惜黄花慢賦之。此調平韻者極澀，惟夢窗有兩首，余一依其譜，校萬氏詞律爲更謹嚴矣。

幾夕清霜，正鬭妍素月，繪出秋光。傍籬無數，就看漸遍，堆牀萬品，舊賞難忘。試尋詩句來偏晚，似蜂老，還負寒芳，映澹妝，暗羞帽側，重念春陽。

何時染得梔黄，更蒨桃翠柳，細與評量。繡將金線，結成蛺蝶，添來鳳羽，留伴鴛鴦。自憐遲暮空多感，且頻趁佳景徜徉，夢異香，夢中載滿歸航。

載《北洋畫報》一九二九年十一月十六日。

虞美人

冬至後與侗伯、立之兩公市樓望雪，戲用彊村翁擬小山二詞韻並效其體。

一

玉鸞飛舞臨粧鏡，似絮渾無定。薄寒簾觔晚風開，俯見瑶林瓊樹似曾來。
阿誰夢憶越溪上，月底艤孤槳。謝娘消息舊書箋，欲待春塘水漲寄時難。

二

瑶臺誰説如天遠，剛是天心轉。玉妃舞困倚銀牀，道是薄施鉛粉不成粧。
清時只愛無能味，愁也何須避。但教不似水東流，拚得驀時堆上萬千愁。

載《國聞周報·采風録》第六卷第三期一九二九年。

菩薩蠻

郭則澐嘯麓

正月二十五日偕息庵、立庵二君中原露臺看雪

千家簾幙珠塵散，梨雲夢淺東風懶，煙外獨憑欄，樓臺高下山。
爲誰迴無袖？膩粉春妝瘦。半日便愁殘，還饒走馬看。

又同作　周學淵息庵

塵清屋瓦千家浄，横飛玉蝶風難定。渾不似楊花，穿簾態自斜。
春冰河上裂，塔影煙中滅；火速一來看，高樓增暮寒。

又同作　　唐　蘭立庵

長空繪出匀煙翠，千街鋪徧瓊瑶碎；誰識剪裁難，推窗又暮寒。春流容易去，混忘花枝處，欲舞定遂伊，濕衣方是歸。

又又戲作禁體　　郭則澐嘯麓

瓦稜碎疊清無影，飛光明滅飄燈冷；高館望中迷，輕煙十二梯。回看天盡處，日上河橋樹，小坐忍春寒，冥冥待鳥還。

又同作　　周學淵息庵

樓臺暗羃輕紗影，春燈萬點繁星冷，樹上漸鴉棲，望中煙盡迷。隨風輕易散，待曉應難見。欲霽倚欄干，還添一寸寒。

載《商報・文學周刊》第二十期　一九三〇年二月二十五日。

百字令題栩樓詞集寫影

閑庭芳晝。倚東風又到。小桃時節。花下客來應不俗。勸飲金尊休怯。戲婕争新。游蜂欺故。忍放韶光别。直須狂醉。賸教他日追説。　閱徧遠緑高紅。詞人漸老。争恁耽風月。枝上流鶯簾底燕。也識芳愁重疊。况是筵前。柔條萬縷。相送還須折。畫圖難貌。近來添了秋髮。

載《煙沽漁唱》第四卷 第六十三集（第三册五葉上）一九三〇年四月。

緑意詠緑蔭

臨池閒竹。喜結成翠蔭。還展新幄。擢本交柯。蹊徑沈沈。密意尚憐幽獨。徘徊鵲倦星稀夜。但自有。繁枝堪宿。又暗愁。挾彈王孫。也向此時追逐。　猶記何人手種。碧雲幾。萬疊長伴芳躅。漆枕藤床。高卧風前。更與揀將濃縟。蔚然莫起凋疏歎。待一醉。渾忘南北。怕醒來。日影參差。轉恨亂紅飛速。

載《煙沽漁唱》第四卷第六十五集（第三冊九葉上）一九三〇年四月。

送小隱遼右之行 次原韻

不堪送別又傾尊，涴袖還憐舊酒痕。排日爲歡誰可繼，異鄉相憶夢難温。倘經故壘應垂涕，莫忘音書數見存。客裏芳時好珍惜，且將逸興傲朱門。

載《北洋畫報》一九三〇年五月二十七日。

鷓鴣天 花下作

剪錦裁綃未足奇，那堪辜負正芳時。記曾月下深深愿，贏得天涯黯黯思。花且謝，月須虧，青蟲吐遍斷腸絲。休言身在情常在，縱使心灰意未灰。

載《北洋畫報》一九三〇年六月十九日。

踏莎行四首 次小山韻

輕絮飄殘，好春過盡，繞枝鶯蝶悲芳信。不妨尊酒泛千愁，愁來蹤跡寧堪問。按拍歌長，凭欄月近，此時處處縈方寸。狂歡未惜換朱顔，墜紅更與殷勤認。

驟雨翻空，流雲逗暝，窺窗殘電明無定。長情短恨有誰知？秋千院落沉沉静。柳眼窺衣，杏腮融鏡，少年未負尋春興。新教夢也斷難成，歌筵白髮愁還醒。

小院園花，危樓依水，雨絲似織濛濛地。香泥乍污惜脣脂，淡煙欲洗憐眉翠。彈淚難圓，斟愁易醉，怨歌恁便傳心事。

待書花葉與朝雲，夢中才盡那成字。入破淒涼，添寒珍重，清歡剩許金樽共。夜闌相對已魂消，畫樓況又鐘聲動。枝上啼鵑，絃中悲鳳，當前已覺真如夢。雨餘愁絶路傍塵，悄然自把流光送。

載《北洋畫報》一九三〇年六月三十日。

鷓鴣天 自和原韻

咫尺天涯亦未奇，人生強半别離時。只堪獨處應無恨，豈謂平居尚有思。情久暫，意盈虧，春蠶重自縛愁絲。明知抵死愁難盡，又怕芳心寸寸灰。

載《北洋畫報》一九三〇年七月一日。

鷓鴣天 新曆七夕再疊新韻

乍見相憐暗自奇，無端一顧酒闌時。心枯剩結千條恨，淚盡難量萬斛思。歡是苦，滿須虧，恁勞乞巧與蛛絲。人間桑海朝朝變，留待胡僧話劫灰。

載《北洋畫報》一九三〇年七月十五日。

鷓鴣天 一雨如秋意有所觸三疊前韻

男子當爲天下奇，年年愁見素秋時。若爲明月追前夢，便恐西風繫永思。君且莫，論成虧，簷間細雨鬢間絲。不知幾費傷春淚，點檢爐香未許灰。

載《北洋畫報》一九三〇年七月十五日。

鷓鴣天 露臺晚眺感舊傷懷四疊前韻

排日登臨一賞奇，陰晴萬景惜佳時。歡娱迹往人俱老，空倚危欄望所思。芳與澤，縱無虧，争教天棘蔓青絲。西風莫曳催斜照，方寸如今已久灰。

載《北洋畫報》一九三〇年七月二二日。

鷓鴣天 中原露臺夜坐

仰看飛雲欲往還，好風微漾夕陽閒。倚天燈火星沉海，向晚樓臺霧隱山。傷逝景，怯危欄，此身能得幾宵閒。身前身後思空遍，無限悲涼有限歡。

載《北洋畫報》一九三〇年七月二四日。

虞美人 八里臺泛舟

垂楊深處菰蒲岸，暗引荷香遠。一雙艇子恨來遲，已是夕陽紅盡落花時。多情且莫頻頻采，留得殘花在。花時猶可足清歡，只恐少年容易换朱顔。

載《北洋畫報》一九三〇年七月三一日。

鷓鴣天

悵望橋成鵲已遲，一年一度慰相思。雲軿欲去無纖淚，應是金風曉後吹。

憐暫聚，恨將離，有期終見勝無期。且看世上期無定，幾處停機歛翠眉。

載《北洋畫報》一九三〇年九月九日。

蘇幕遮 詠冬柳

惹愁腸。縈別恨。霜霰無情。寸寸催難盡。壩上客歸休苦問。還是霏霏。雪絮飄成陣。臘將舒。春已近。欲與寒梅。共作東風信。長笛誰招留怨引。暗惜年光。莫待相思損。

載《煙沽漁唱》第五卷第八十五集（第三册四十二葉上）一九三〇年十一月。

又《北洋畫報》一九三〇年十二月九日。

奉和纕公移居詩次韻寄懷

移居尚是禁城東，煙柳斜陽一望中。愛好漁陽工律絶，憂時祭酒數咸同。①

煙台客久心猶健，蜀道歌難夢未空。驟和陳王無好語，欲將故俗訪文翁。

載《國聞周報·采風録》第七卷第二十一期一九三〇年。

郭郎兒近柏 賦稻孫時蟄雲得長孫讌集索賦

弱葉。重繁想見秋成。田父掀髯應一笑。圍繞。穰穰還早。定知雲子龍睛。湛露清流休草草。宜老。試效題樓。

---

① 公藏名賢手札甚多，有伯羲祭酒數册，頗可資考證。

隴畝素志堪了。健筆能扛。襄陽有繼。競看雛鳳小。祝他年。億萬倉箱。粒我蒼生咸得飽。

載《煙沽漁唱》第五卷 第九十三集（第三冊五十四葉上—下）一九三一年二月。

重晤立厂述懷奉呈 （蟄　雲）

衝寒關塞遠，相望幾登樓。才盡羞焚研，身衰怯卸裘。
餘生亦枯槁，有託且淹留。跬步混成懈，多慙説壯遊。

次韻 （息　庵）

憶我元龍氣，曾登百尺樓。才高隨馬磨，酒薄換貂裘。
返璧終存趙，封侯豈願留。壯吟達夫在，幕府話前游。

次韻奉答二公。 （唐　蘭）

客情今已慣，懷土漫登樓。不用慚長策，將歸怯敝裘。
三年鳴未易，十日飲還留。轉羨幽棲者，終輸馬少游。

載《北洋畫報》一九三一年三月二四日。

又《國聞周報・采園録》第八卷第十三期一九三一年三月六日題目改作《歸作遼左蟄園息庵又塵枉詩次均奉懷》。

度遼雜詩

昭陵松柏自爲營，風起從聞告武成。一治豈所弭一亂，紛紛天下尚論兵。
佳辰上巳未看花，流轉經年苦憶家。自是老夫心緒惡，一宵風雨亂如麻。

載《北洋畫報》一九三一年四月二八日。

傷逝

力學深思早不群，偶因問字愧多聞。也知冰雪能同潔，卻爲芳香轉自焚。
明月不長圓似畫，好花總易散如雲。女娃銜恨三閭怨，更積幽憂滿水濆。

原編者按：靳雲鶚氏之女公子懷瑛女士服毒自殺於舟中，女士曾受教於唐君，此詩或因此有感而作歟？

載《北洋畫報》一九三一年六月二四日。

鷓鴣天 七月初三夜

靈鵲填河尚未成，相看脈脈水盈盈。世間第一人難見，天上初三月又生。
離聚恨，古今情，倘教有淚似泉傾。瓊樓久擬乘風去，瘦骨新堪一把輕。

載《北洋畫報》一九三一年九月五日。

次息翁見示詩韻 適聞龍塞失守之耗

漫託詩人怨式微，塵封空夢舊漁磯。蟲沙且恐同淪溺，楊墨何勞問是非。
絶塞旌旂悰易色，邊關士卒泣無衣。丈夫尚有盈腔血，不灑沙場誓不歸。

載《北洋畫報》一九三一年十二月三日。

探春慢 用石帚韻寄懷臣厂塞上

凍雪催融。晴煙布暖。青青新換原野。斷壘沈冤。橫江遺恨。應見胡兒牧馬。爲想危絃淚。但淒絶。國殤難寫。不知甚日歸來。高齋還共清話。書到渾如一面。笑瀲灩尊酒。蠻姬能把。耿耿嚴城。遲遲冷月。最憶盛時遊冶。飛將今安在。又誰念。白頭燈下。更展新詞。遥遥愁繼長夜。

載《煙沽漁唱》第七卷集外詞(第四册五十一葉下)。

又《國專校友會集刊》第一集《文苑詞録》五八至五九頁　民國廿年(一九三一年)私立無錫國學專修學校校友會編輯　私立無錫國學專修學校發行

題序云：答郭侗老塞上來書用白石韻同息庵蟄雲二公作。

經改字句如下：危絃淚——添孤憤　難寫——難寫游　蠻姬——蠻娘。

浣溪沙

悵惘前期未有期，鬢垂霜雪幾殘絲，春花秋月可禁欺。

情到深時原只怨，骨成灰後尚相思，此心贏得夢魂知。

載《北洋畫報》一九三二年一月十九日。

水龍吟 詠楊花用東坡韻

小園桃李都殘。濛濛暗見飛花墜。風流性格。飄摇誰主。最縈春思。舞影婆娑。綺愁撩亂。錦帷休閉。待寶環纖手。捧來窗下。又還恐。因風起。便是陌頭飛徧。問何能。碧梢重綴。乍驚雪散。寧堪泥污。妖紅俱碎。自誤疏狂。

夢回細雨。春隨流水。算天涯只有。孤蓬無定。灑同情淚。

載《煙沽漁唱》第六卷(第四册十二葉下)。

春光好 折縈園酴醾數枝供瓶吟賞倚聲寫之

花事了。午晴初。駐香車。妃子嬌酣一笑扶。曳霞裾。素手誰簪羅髻。芳蕤漫浸春酤。留著玉缾窺豔影。似當罏。

載《煙沽漁唱》第六卷(第四册十三葉下)。

花心動 賦牽牛花和子年

銷盡鉛華。只濃黛。誰家掃成眉嫵。籬落半開。星月初沈。素態似窺荆布。百花輕謝驚寒蝶。殿芳景。肯簪釵股。料應悔。朱樓倦起。雨收朝圃。可要金風玉露。相望澹妝人。每移更鼓。脉脉綺情。黯黯秋光。寂寞向誰堪語。待求玉杵和仙藥。還笑倒。月中蟾。兔恐零。落金鈴爲伊繫住。

原作子年

涼訊星河。乍娟娟。離魂被秋扶起。泫碧露華。破暝晨光。水樣砑羅新試。玉蕤長結雙星約。奈樓畔。穿鍼人去。幾多恨。秋棠説與。斷腸無語。翠袖中宵自倚。算天上人間。衹花憔悴。一晌竝頭。瑣細紅心。拚與漏聲催。碎放歌扣角情都。倦鎮贏。得寒叢飄。淚冐愁。蔓相思替誰寫寄。

載《煙沽漁唱》第六卷(第四册十九葉下)。

隔溪梅令 雨後飲西湖别墅寫意

柳絲梳日晚天晴。試香軿。夾岸朱樓歸路。月含燈。有人樓上層。靚妝窺影兩娉婷。弄瑶箏。怪道重逢嬌樹。尚亭亭。隔花聞笑聲。

載《煙沽漁唱》第六卷（第四册二十葉上）。

鎖陽堂 涼臺夜眺

遠樹籠煙。涼笳催晚。夕陽還戀層臺。斷霞如染。酒力透香腮。人向高樓縱笛。微颸引。襟袖徐開。低頭見。萬家燈火。星斗在塵埃。家園。何處是。危欄倚徧。渺渺予懷。只歌筵紅粉。同是天涯。舞困暗垂羅扇。欹側甚。欲墜金釵。絃絲迸。暮蟬一曲。清露咽新哀。

載《煙沽漁唱》第六卷（第四册二十一葉下）。

風入松 湖墅即事

暮天雨過潤花蹊。芳影淒迷。多情不管羅衣薄。惜蜻蜓。絆住游絲。掠鬢輕舒香腕。聞歌偷蹙長眉。問誰陌上緩歌回。車走輕雷。關心況是黄昏後。更難辭。百罰深杯。虚遣柔條牽别。風薻先已離披。

載《煙沽漁唱》第六卷（第四册二十二葉上）。

雙雙燕 送燕

瑣窗佇立。雙雙燕來時。記窺朱户。落花（作平）寂寂。春色等閑輕度。抛繡曾憐舊伴。畫樓在。佳人何處。梁間已落新泥。怎得韶光長住。輕舉。空迴紫羽。又萬水千巖。楚天多雨。明年將社。肯否翠帷重舞。紅縷還傳愁緒。只銜淚。春風誰訴。飄零何向定巢。莫但茆檐喧語。

載《煙沽漁唱》第六卷（第四册二十四葉上——下）。

戚氏

正初春。寂寞門巷少行人。翠柳嬌垂。絳桃慵吐佇香輪。良辰。恨難申。池塘嫩緑又粼粼。東風幾度催雨。繡出芳草已如茵。海燕來晚。流鶯啼斷。畏寒蜂蝶逡巡。只餘霞欲散。夕陽雖好。還近黄昏。眉黛鎮日長顰。音訊遠隔。擬問總無因。誰知我。怕拈鍼指。懶啓歌脣。淚沾巾。且待織與迴文。爲道褪了羅裙。料知别後。陌上城邊。自有游女如雲。記否臨歧語。看襟袖底。尚灑斑痕。悔覓封侯萬里。嘆人生甚事苦離群。況堪皓月難圓。好花易落。潮信長無準。對鏡中。惟有飛蓬恨。愁漏永。粲枕空陳。再幾孤。佳夕芳晨。更新覺。夢也不能温。又殘更裏。愁腸萬結。輾轉思君。

載《煙沽漁唱》第六卷（第四册二十四葉上—下）。

一枝春 瑩園秋集海棠桃梅各放數枝依聲賦之用草窗韻

臨水妍枝，照殘妝，似是飄零經雨。秋期暗數，乍見頓牽芳緒。涼蟾鏡底，問因甚，細描眉嫵。終不比，如繡園林，試憶蝶圍蜂聚。無言漢宫深處。只嬌柔，懶對衰楊千縷。誰扶醉態，夜起自翻新譜。西風繫恨，算應有，斷蓬相妒。一任把，羌管頻吹，慣聞愁語。

載《煙沽漁唱》第七卷集外詞（第四册二十九葉上）。

又葉恭綽《廣篋中詞》卷四、四六八頁人民文學出版社二〇一一年十二月出版葉書該詞選自《詞學季刊》第二卷第四號一九三五年七月十六日出版。

小重山 和叵厂病中感懷

露冷庭梧減舊陰。小窗方倚枕。思愔愔。殘星明滅遠笳沈。西風緊。應有繞枝禽。蛩響和淒音。病來無箇事。愛低吟。侵簾秋氣伴愁深。煙茶歇。燈影是知心。

原作叵厂

瘦蒻牆蘿澹羃陰。短檠摇不定。夜愔愔。鐘聲和夢兩銷沈。風枝勁。涼警墜巢禽。箏雁疊幽音。茂陵秋臥病。黯孤吟。藥爐星火隔窗深。江籬晚。誰寫此時心。

載《煙沽漁唱》第七卷集外詞(第四册三十葉上)。

滿庭芳 中秋前一夕忉盦集新居飛翠軒賞月

燕賀新梁。鶯遷喬木。共聞背郭堂成。地閑心静。樂事揖詩朋。佳節相將宴衎。笑塵世。甯用浮名。東籬菊。何時細采。自把一壺傾。璇題。追舊賜。市朝頓改。猶憶書楹。剩五湖歸泛。閑話魚經。聞説田園好在。問天下。何日澄清。姑安此。吟風嘯月。爲我主詩盟。

載《煙沽漁唱》第七卷集外詞(第四册三十二葉上)。

聲聲慢 賦秋柳和蟄雲

吴錦飄盡。金縷歌殘。依依忍見殘枝。愁倚長亭西風。也怨輕離。從今更休攀折。漸澹黄。秋静霜霏。賸纖影。恨空留。溪水征雁還飛。追憶前時月下。替輕修。眉譜花霧徐披。薄鬌籠雲。誰知此日分攜。新來沈郎腰減。任垂煙。拂水淒迷。對尊酒。更牽情。金勒暗歸。

載《煙沽漁唱》第七卷集外詞(第四册三十八葉上)。

清平樂夏夜

暗蛩如話。暑浄憐中夜。一片荷香殘月下。似有幽人臨畫。祇宜坐著天明。步虚聲雜鸞笙。卻又濛濛細雨。冰綃暗覺涼生。

載《煙沽漁唱》第七卷集外詞（第四册四十三葉下）。

鷓鴣天庚午元夕

燈月天街憶盛時。華年暗老更誰知。香車寶馬喧闐夜。處處狂游未掩扉。銀漏永。碧雲低。酒醒剩祝紫姑詞。鬧蛾空自風前轉。尚有紅蓮照影歸。

載《煙沽漁唱》第七卷集外詞（第四册五十葉上）。

鷓鴣天露臺夜坐

仰看飛雲自往還。好風徐漾夕陽間。倚天燈火星沈海。向晚樓臺霧隱山。傷逝景。怯危欄。此身能得幾宵閑。身前身後思空徧。無限悲涼有限歡。

載《煙沽漁唱》第七卷集外詞（第四册五十四葉上）。

哀桂柳難民

敵騎昨南侵，桂柳將陷落。民衆先疏散，閉城聞大索。

千室既一空，必有盈囊索。大言與城盡，望風已退縮。
宜山與河池，但見敵進速。幾日迫都匀，何止百里蹙。
哀哉我民衆，反向敵後撲。交通工具盡，徒步日躑躅。
大雪尚單衣，空腹無薄粥。綿延幾百里，都向街頭宿。
幼兒棄敝筐，翼誰能收育。一車忽馳過，塵土委血肉。
憶昔助儲胥，小民空杼柚。今始聞戰敗，卵碎巢亦覆。
大軍遠馳救，狂敵乃駐足。後方復歌舞，誰恤此慘酷。
我聞難民言，歷歷如在目。恨無屋萬椽，恨無米萬斛。
諸公誠衮衮，此際何碌碌。坐令黔桂間，萬民轉溝壑。
守土誰効命，救災誰匍匐。事壞但飾非，病深猶蘊毒。
臨難各規避，見利競追逐。廉士難自活，貪夫滿阬谷。
幾人蒙懋賞，幾人蒙顯戮。明時有是非，亂世無清濁。
凡中華人民，同聲當一哭。

載《公論周報》一九四五年二月九日。

整理說明：

1.《國聞周報》是民國時期發行量較大的綜合性時事周報。一九二四年八月三日在上海創刊，胡政之主辦，國聞通訊社編輯。一九三七年十二月終刊。一九二七年七月，《國聞周報》開始按期刊載「采風録」欄目，其中收入唐蘭先生詩詞七首。

2.《北洋畫報》於一九二六年七月在天津創刊，獨資經營，由週刊、三日刊到隔日刊，至一九三七年七月停刊，十一年間出版一千五百餘期，是民國時期北方影響較大的刊物之一。其中發表唐先生詩詞二十首。

3.「須社」系民國時期以詞結社的文學團體，一九二八年至一九三一年活動於天津，社址設在當時日租界的張園。社友有周蟄雲、管洛聲、周學淵、查濟猛、唐蘭等二十餘人，社友每月拈題限調，雅聚三集，三年間社課盈百集，遂請朱彊村、夏閏枝删定，二十集一卷，編集詞五卷，集外詞二卷，共七卷。於一九三三年刊爲《煙沽漁唱》付梓印行，詞集中共收録唐蘭詞三十一闋。原書中並無標點，爲方便讀者閲讀，加「。」斷句。

《煙沽漁唱》前五卷諸詞都標明爲第幾集所收，故每闋詞的寫作時間可以確定，集外詞的時間難以推定，故皆以《煙沽漁唱》出版發行的一九三三年爲准。

（楊　安）

中華人民共和國建立後

囊中措

贈下放同志們。

農村建設待英雄，盼爾立奇功。
鍛煉首須勞動，要專還要先紅。
國家，社會，
一分力量，一份光榮。
只我雄心未老，更看活虎生龍！

載《光明日報》一九五八年一月二十九日。

大會堂

讀《人民日報》後，用郭老詩原韻。

六億人民大會堂，五星赤幟遍飄揚。

巨龍跨海驚無象，旭日升天照未央。
躍進頌歌美輪奐，革新史册邁羲黄。
金門玉柱西風怯，勞動光芒射斗綱。①

君向超山

君向超山辨宋唐，河郎東閣憶維揚。
雪欺鐵榦混忘老，春放繁花分外香。

水調歌頭

一九六三年參加中國科學院哲學社會科學部委員會擴大會議，十一月十六日蒙毛主席劉主席等領導人接見全體人員，歸後喜賦。用毛主席《游泳》原韻。

深山定藏寶，大澤定多魚。六億人民起舞，今日氣全舒。只爲水深火熱，豈怕鑠金銷骨，塵穢盪無餘。振古所稀有，真爲大丈夫。

山河美，人物盛，論雄圖。百慮同歸一致，新岸闢窮途。正喜後生可畏，更望大千世界，雲雨遍江湖。馬列光芒遠，誰云時已殊。

載《古文字研究》第二輯（唐蘭專號）一九八一年一月中華書局出版。

① 《漢書・律曆志》「斗綱之端連貫營室」。斗綱指北斗營室，是古代用以定營造宫室時間的星。

讀秉南①寄來寅恪先生遺稿《論再生緣》竟感賦

盲翁遺興論盲詞，兒女英雄一例之。
獨喜再生酣暢筆，陳陳終恨如郎詩。
博聞自昔羨旁通，論學從來敢苟同。
猶憶相隨靛花巷②，卅年我亦太龍鐘。③
派衍江西屬事新，深憐餘事作詩人。
墓頭宿草今如許，遺稿新編欲與論。

唐蘭　一九七三十一月

聽十大報告後喜賦

路綫鬥爭新勝利，輝煌十大慶成功。
人民鼓舞歡忻日，齊仰東方分外紅。
國賊元凶自滅亡，眈眈虎視有沙皇。
喜看馬列真團結，詭計陰謀總不長。
老與中青三結合，於今無數接班人。
忠於革命忠於黨，薪火相傳萬萬春。

---

① 蔣天樞字秉南，早年就學無錫國學專修館，後曾任東北大學和復旦大學教授。
② 抗戰時在昆明北京大學文科研究所。
③ 抗日戰爭時期西南聯大北京大學文科研究所曾借住昆明靛花巷三號青園學舍樓。（楊安）

整理説明：

一九七三年粉碎林彪反黨集團後，召開中共十大。

詠史十六首

一九七六年四月四日夕，兒子從天安門廣場回來，盛述花圈似海洋，詩歌如叢林，群衆如怒濤。五日晨余去廣場，花圈已盡撤，僅見碑下有清華大學一小花圈而已，遍地皆水，碑下尚餘少許未撕去的詩歌，也有新貼下的，民兵到處圍繞。尋路至碑下，尚有人抄録詩歌。回首人民大會堂前，則萬人似海，有反動者挑釁，即被反擊。隨後數日，心緒惡劣，則寫短詩，自恨怯懦，不敢示人。今幸英明領導爲天安門冤案平反，從故紙堆中檢出，以投《詩刊》。

一九七八年十二月

昨日弛弓今又張，相依脣齒豈參商。是非身後今須定，莫遣盲翁更作場①。

江河萬古自湯湯，不信人琴遂俱亡。樹欲安寧風不息，十年三倒本先傷。

一論經濟便成修，仰屋司空莫展籌。洪水湯湯須掩耳，新聞報喜不增憂。

鎮壓從嚴對抗多，新生矛盾更如何？怠工搶米争槍械，豈盡凶頑觸網羅。

報道分明衆有辭，混淆黑白孰爲之。不憑説服憑威攝，須念防川有決時。

無端觸怒執金吾，碑下丹墀有血塗。爾擁權威休濫用，我含熱淚哭無辜。

一棒當頭恐效尤，此風正長不堪憂。勸伊慎莫興羅織，將被人民論一丘。

金水橋頭御路邊，歡騰猶憶十年前。高牆深苑千重柳，豈有呼聲徹九天。

天下英雄誰最賢，只聞唯諾恐遮天。若求良藥利於病，附子烏頭亦所先。

聞説姑娘辮子多，轟天霹靂奈聾何。墜淵加膝隨時便，萬惡均歸一臼科。

① 陸游詩「身後是非誰管得，滿村聽唱蔡中郎」。

積薪後進常居上，投鼠前車謫老成。但得一言能聳聽，布衣自可獵公卿。

白求恩與張思德，更憶雷鋒七字題。今日萬方悲逝水，想緣哀絶更無辭。

真假原從冷熱來，紅樓影事費深猜。榜書自有千秋業，禁網終留一世才。

楮葉如何當得真，枉勞無益費精神。曇花亦自矜芳艷，豈有金剛不壞身。

萬事都從實踐來，誰能摇筆即天才。裝腔作勢君休笑，提綫須知有後臺。

杞國群憂天墜時，敢將詩議敢言之。言之無罪聞之戒，未必而今忌疾醫。

一九七六年初夏

載《詩刊》一九七九年四月號第三二至三三頁。

附：詠史三十二首

膠漆相投馬與恩，巴黎公社記猶新。爲何十月成功後，粗暴新傳斯大林。

科學須從實踐求，列斯遺蹟已成修。拔苗助長頻多事，曲突徙薪未識憂。

趨利争名復搶權，群魔克里姆林宫。十年超美豪言在，唯見航行入太空。

人代天工緣衆力，天功已有孰能貪。秦皇衡石量書日，多難貽謀恐未堪①。

萬里長征舉步時，畢工一役欲何之。留侯每事從容遇②，爛額焦頭異日思。

昨日弛弓今又張，相依唇齒豈參商。是非身後今須定③，莫遺盲翁更作場。

江河萬古自湯湯，不信人琴遂俱亡。樹欲安寧風不息，十年三倒本先傷。

物質性終論第一，卻將作用托精神。太羹玄酒今偏重，馬恩列斯亦古人。

一論經濟便成修，仰屋司空莫展籌。洪水湯湯須掩耳，新聞報喜不增憂。

① 《詩・小毖》「未堪家多難，予又集於蓼」。

② 張良爲漢高祖畫策，處處從容，見《史記・留侯世家》。

③ 陸游詩「身後是非誰管得，滿村聽唱蔡中郎」。

鎮壓從嚴對抗多，新生矛盾更如何？怠工搶米爭槍械，豈盡凶頑觸網羅。

報道分明衆有辭，混淆黑白孰爲之。不憑説服憑威攝，須念防川有決時。

自發群情已激昂，沸騰物議要思量。善爲利導增威信，莫使奸人乘隙狂。

無端觸怒執金吾，碑下丹墀有血塗。爾擁權威休濫用，我含熱淚哭無辜。

一棒當頭恐效尤，此風正長不堪憂。勸伊慎莫興羅織，將被人民論一丘。

金水橋頭御路邊，歡騰猶憶十年前。高牆深苑千重柳，豈有呼聲徹九天。

天下英雄誰最賢，只聞唯諾恐遮天。若求良藥利於病，附子烏頭亦所先。

夸者從來每死權，高官晚節幾能完。逆鱗誤犯韓公子，空讀遺書信説難。

聞説姑娘辮子多，轟天霹靂奈聾何。墜淵加膝隨時便，萬惡均歸一臼科。

積薪後進常居上，投鼠前車謫老成。但得一言能聳聽，布衣自可獵公卿。

霸業商君第一功，穰侯白起盡英雄。王稽棄市安平叛，范叔封侯實未公①。

白求恩與張思德，更憶雷鋒七字題。今日萬方悲逝水，想緣哀絶更無辭。

曾頭銜恨話天王，西討東征盡宋江。火併王倫空聚義，卻聞吴李反投降。

九天還道是耶非，一夢梁山待發檄。打舍奪州終草寇，自稱忠義太蹺蹊。

世界原由奴隸制，漂流誰待魯賓森。太阿在握誰能問，等級森嚴認莫真。

一代文人高爾基，阿誰苛論亦求疵。易牙調味知甘苦，剩有癡兒解弄飴。

真假原從冷熱來，紅樓影事費深猜。榜書自有千秋業，禁網終留一世才。

楮葉如何當得真，枉勞無益費精神。曇花亦自矜芳艷，豈有金剛不壞身。

從來工賊亦工人，馬列何嘗論出身。革命灌輸新理論，莫教自發誤迷津。

萬事都從實踐來，誰能搖筆即天才。裝腔作勢君休笑，提綫須知有後臺。

① 詳《史記·范雎傳》。

汗牛充棟盡雷同，想是黔驢技已窮。生意昂然言有物，休教八股濫成風。
電馳風掣不平鳴，雨霽雲收喜暫晴。反映須知連鎖在，可能隱患已叢生。
杞國群憂天墜時，敢將詩議敢言之。言之無罪聞之戒，未必而今忌疾醫。

一九七六年初夏

志强同志：

頃抄上拙詩三十二首，其中第五首漏抄一句，兹補上：萬里長征舉步時，畢工一役欲何之。留侯每事從容遇，爛額焦頭異日思。最後一句因加注而忘抄了。

我的詩在當時都是隨手寫下的，你們如覺得有不合適的地方，可以删去。致

敬禮

唐蘭

詩不好，由於想表示當時人心所嚮，可用則用之。如爲篇幅所限，不能發表，亦無妨。

「四人幫」打倒後，曾寫八絶，香港大公報已發表。毛主席逝世後，曾寫讀《毛選》二百首，將來有機會，當整理發表。

又及　十二、二十

主席活在我心中 毛澤東思想贊歌二百八十六首

八億人民大救星，巨星驟隕若天傾。山崩地坼曾無畏，舉國號咷痛失聲。
中國出了毛澤東，太陽升起滿天紅。誓爲解放全人類，萬世昭垂不朽功。
赤縣沉淪恨睡獅，百年苦難醒何時。生經甲午與庚子，大地蒼茫日夜思。
一聲炮響以俄師，舉棹南湖創建時。能救中國唯馬列，湘江評論發雄辭。
農民廣大是同盟，革命還看領路清。自昔鬥争成效少，總緣敵友未分明。

束縛農民是四權，千年宗法絶根源。由來矯枉須過正，革命高潮要改觀。

暴風驟雨勢難當，幾億農民上戰場。走向前頭能領導，旁觀敵對各分張。

井岡山下炮聲隆，白色包圍小塊紅。只有堅持能發展，巋然成竹在胸中。

覺悟提高階級分，朝爲俘虜暮紅軍。鬥争艱苦從無怨，似此兵員世未聞。

武裝革命爲群衆，軍事單純要肅清。政治原歸第一性，古田決議早分明。

革命高潮快到來，宛如母腹躁嬰孩。不看實質疑星火，多久紅旗尚費猜。

進退從容應敵人，才分即合動如神。古今中外誰曾見，游擊戰争待細論。

慣從弱小贏强大，圍剿三年險化夷。以少勝多多勝少，突然襲擊故難知。

革命戰争須勝利，工農生活應改良。動員群衆□經濟，任務中心本不妨。

全局皆緣一着輸，堅强黨性早忘軀。左傾冒險今逃跑，革命焉能讀死書。

遵義名城一月開，九州倏地起風雷。中央已有迴天手，勝利還從失敗來。

黑了南方有北方，雪山草地破鴻荒。長征二萬五千里，好漢英雄今更强。

立三路線與王明，黨内鬥争左右傾。獨秀國燾都背叛，完成勝利是長征。

日帝西侵包禍心，中華民族滅亡臨。關門只爲叢驅雀，統戰方針慮遠深。

聯盟基礎是工農，民族工商得附庸。建立人民共和國，規模早定指揮中。

還憶驪山捉蔣亭，西安事變費調停。救亡抗日言雖在，聯共方針亦暫寧。

繼往開來仰導師，風流人物數今時。秦皇漢武休相擬，書寫豪情詠雪詞。

知行統一求真理，發展推移無盡時。改造客觀還自我，教條經驗各深思。

相反相成古語傳，又相排斥又關聯。一分爲二矛與盾，改造先從世界觀。

自由主義無原則，腐蝕從中助敵人。思想鬥争須積極，認真徹底掃灰塵。

民主無妨更集中，自由紀律亦聯宗。堅持原則能靈活，對立還須有共同。

救星民族世皆聞，抗戰新欽八路軍。須反投降須主動，莫因統戰被侵分。

游擊戰與運動戰，每從側面采迂迴。保存自己在殲敵，直搗後方更顯威。

官兵一致民團結，瓦解敵軍寬敵俘。革命精神新氣象，紅軍生活似熔爐。

右傾危險又滋生，誰領導誰須鬥争。八路本身還擴大，新軍建設此先行。

敵軍深犯暫猖狂，革命戰争無後方。建立堅牢根據地，從無到有弱成强。

自覺發揚能動性，敵强我弱貴争先。全民抗日唯持久，形勢終當有變遷。

中華民族將解放，預見英明十載前。革命戰争排毒液，滌除污濁換人間。

同仇敵愾反侵略，抗日國民革命軍。共産黨員應愛國，爲求解放爲人民。

要爲模範與先鋒，積極無私秉大公。民衆教師兼學習，黨員作用最高崇。

深研馬列與恩斯，學習還須應用之。中國作風存特性，教條抽象只聆癡。

統一方針兼獨立，莫將合作當投降。如何一切都經過，積極還須自主張。

槍杆子中出政權，焉能革命奮空拳。鄉村紅遍包城市，馬列新添戰略篇。

正規分散成遊擊，遊擊提高復正規。情況特殊需轉變，上升發展及時爲。

革命工農是本根，青年方向要重論。實行結合與群衆，真假還從最後分。

戰局相持已到來，反攻階段待安排。投降分裂真危險，反動平江必制裁。

陰謀反共更高潮，磨擦專家磨了刀。人若犯吾吾必犯，針鋒相對不能饒。

堅持抗戰真團結，進步前途是復興，自力更生聽號召，實行民主選賢能。

建黨工程首迫忙，突然事變要先防。認清革命三宗寶，統戰還應重武裝。

中共黨經十八年，兩重任務在雙肩。完成革命新民主，無産階級將向前。

反封反帝新文化，億萬人民實踐中。真理從來只一個，是誰真實助農工。

封建洋奴是弟兄，結成反動兩聯盟。不能打倒焉能立，生死攸關此鬥争。

人民大衆最知音，民族作風科學深。吸取精華棄糟粕，洋爲中用古爲今。

每月薪津五圤錢，邊區廉潔史無前。堅持統一反分裂，頑固騙人要辨奸。

搬起石頭打自己，損人利己害循回。頑而不固還須變，變作路旁狗屎堆。

進步勢力須發展，孤立頑固争中間。堅持有理兼有利，還應有節暫相安。

擴充敵後根據地，發動群衆建政權。發展方針須放手，鬥争堅決抗凶頑。

政策須從兩面看，嚴加區別防極端。堅持抗戰與團結，民族興旺責更艱。

有事做還有飯吃，人人得所黨無私。救亡抗日眞無愧，治國安民事可師。

眼睛向下始能明，恭謹勤勞小學生。真正英雄是群衆，我曹幼稚每堪驚。

單純學習腹中空，瞎子摸魚壞作風。理論原應聯實際，不加改造害無窮。

主觀宗派煽歪風，八股害人無内容，革命黨人須整頓，獨立思考莫盲從。

但憑書本最無知，理論爲何實際離。馬列精通能應用，立場觀點定堅持。

成事終須老實人，關心全體不謀身。時時密切聯群衆，學習虚心不染塵。

作風不正應批判，思想時時在鬥争。治病救人爲團結，懲前毖後莫留情。

文藝對象工農兵，熟悉他們在感情。深入鬥争聯實際，轉移立足受歡迎。

文藝提高要基礎，首先普及到工農。提高仍是爲群衆，不斷提高指導中。

服從政治不能分，文藝原同一齒輪。影響反加殊偉大，長爲革命建功勳。

任何階級辨媸妍，標準終歸政治先。反動内容愈完美，愈應排斥毒蛟涎。

從無人性超階級，實踐方能辨愛憎。歌頌光明胡不可，只愁拙筆力難勝。

俯首甘爲孺子牛，自應百計達要求。鞠躬盡瘁死方已，痛苦艱難敢怨尤。

物質困難更兩年，精兵簡政策須堅。良工把舵有預見，繞過暗礁還向前。

兼顧公私減負擔，取民務不使疲殫。發展經濟保供給，組織生産渡困難。

一般號召遍群衆，突破一點取典型。領導核心建骨幹，鬥争經過漸形成。

集中意見加提鍊，不是閉門獨造車。群衆中來群衆去，循環實踐水成渠。

工作須將秩序尋，不應件件是中心。統籌全局忘淩亂，緩急分明事可任。

簡單絶對囫圇吞，複雜事物要細論。具體情況作分析，馬列主義活靈魂。

弄清思想還團結，錯誤由來可改圖。處理問題更慎重，不傷同志不含糊。

城市工作須學習，管理經濟與交通。解放全國將在望，必先準備乃從容。

放下包袱開机器，精神負担先解除。群众繫联错誤少，善于思索破拘虛。

改革休從形式流，客觀需要可商謀。決心自願待群衆，覺悟未高莫强求。

模範帶頭多創造，形成骨幹與橋樑。還須努力尊群衆，謹慎虛心莫暫忘。

農村人口變城市，軍服農民是士兵。工業市場惟主體，不能依靠事無成。

自由獨立新民主，富强統一相關聯。中國人民有希望，政治條件應最先。

自我批評最認真，不常洗臉滿灰塵。户樞不蠹抗侵蝕，難道犧牲惜個人。

國際主義白求恩，毫不利己專利人。工作極端負責任，滿腔熱忱對人民。

能爲人民勤服務，完全徹底每忘艱。人終有死殊輕重，思德忠誠重太山。

要使人民覺悟深，宣傳路線廣如今。排除萬難争勝利，不怕犧牲下決心。

壓住人民兩座山，決心挖掉不愁難。愚公早識山能盡，子子孫孫没有完。

日寇投降要下山，忘恩蔣賊最凶頑。人民果實他休搶，寸土必争往必還。

無天無法向人民，清醒休教騙我們。果實力争能取得，小中城市并農村。

反動東西打才倒，還防頭腦滿灰塵。肅清影響非無産，寸寸掃除日夜勤。

八年苦戰救沉淪，袖手旁觀手又伸。内戰陰謀重發動，人民公敵是何人？

和平民主求團結，内戰陰謀且暫藏。讓步可容應有限，人民利益莫教傷。

吃苦在前享受輕，困難解決每新生。拈輕怕重終成錯，工作由來是鬥争。

世界年年更進步，前途終竟是光明。須知道路多曲折，承認困難要鬥争。

反動派均紙老虎，張牙舞爪嚇人民。看來樣子雖可怕，力量何曾有幾斤。

集中優勢我兵力，各個全殲滅敵人。戰法必須能速決，莫因輕敵誤平分。

三月已殲廿五旅，我將戰勝決無疑。果能今後還如此，形式變更關鍵時。
日暮途窮開國大，宣佈破裂打延安。絲毫不表强有力，統治危機中已乾。
中央繼續駐邊區，戰鬥精神動四隅。誰識蘑菇新戰術，指揮若定在征途。
全民爲敵蔣政府，發現他們已被圍。形式轉移估計錯，欲圖逃脱與心違。
兩條戰線已形成，尖鋭鬥争更學生。争取自由伸正義，要能吃飯要和平。
發展快還出預期，人民前進戰披靡。便須建立新中國，條件應先準備齊。
解放戰争第二年，反攻向外厲無前。有生力量須殲滅，每戰都應準備先。
中國人民解放軍，反攻倒蔣爲人民。宣言解放全中國，政策八條令已申。
嚴格執行三紀律，一切行動聽指揮。不拿群衆一針綫，繳獲歸公不可違。
買賣公平説話和，賠償損壞借須還。不行打罵護莊稼，不戲婦女對俘寬。
革命車輪推向前，戰争形勢轉移間。企圖對付終無益，美帝蔣幫各惘然。
人心向背真因素，天際烏雲只暫時。已見曙光在前面，豈能退讓誤先機。
實行耕者有其田，土地問題解決堅。剥削永除反封建，整編隊伍更應先。
國營企業需控制，資本官僚定没收。民族工商還保護，繁榮經濟可存留。
聯合工農兵學商，必須領導更堅强。無能軟弱終抛棄，蔣記王朝且滅亡。
及時報告新情況，民主原來要集中。革命高潮嚴紀律，不良習慣豈能容。
集中全力求勝利，藐視敵人懷信心。傾向要常防錯誤，必依情況定方針。
領導同盟戰敵人，取來勝利振精神。更應福利謀群衆，教育加强與日新。
左傾錯誤須糾正，整黨爲從成份看。群衆尾巴急性病，宣傳貧顧坐江山。
任何行動係政策，須在人民實踐中。經驗證明正與否，莫因盲動棄全功。
訴苦三查新整軍，捷聲西北已先聞。行將無敵於天下，群膽群威掃毒氛。
總路線和總政策，時時記住不應忘。如何盲目迷方向，具體執行要細量。

泠泠清清依靠誰，認真辦事要深思。共同目的齊心做，政策須教群衆知。

弓弦太緊防將斷，糾正偏差要兩分。過去不能全否定，認清缺點更深論。

觀點從來不隱瞞，鈍刀割肉事爲難。發揮戰鬥新風格，旗幟鮮明衆愛看。

洛陽再克屬人民，頭緒紛繁計劃勤。一切長期作打算，不同策略更須分。

突擊錦州決策良，瀋遼戰役最輝煌。盡殲四十七萬敵，關外從今是後方。

個人包辦須改變，重要問題必討論。領導健全黨委制，分歧意見得留存。

主力先殲黄伯韜，更看淮海著勳勞。只消兩月完攻擊，指日還將搗賊巢。

平津戰役運籌中，要引驚弓鳥入籠。防敵脱逃圍莫打，出其不意奏全功。

敵人不會自消亡，革命陣營要謹防。内部若容反對派，坐教殘孽更猖狂。

革命進行須到底，半途而廢叛人民。惡狼養得創傷好，重撲上來扼死人。

盤踞中原大小蛇，化成美女露凶牙。放將胸口輕憐惜，惡報應來空自嗟。

戰争已過兩年半，談判和平定八條。誠意首須懲戰犯，認清騙局破花招。

軍隊變爲工作隊，要先城市後鄉村。更應一切從頭學，全部負擔在自身。

拼死鬥争處處來，也從蔭蔽也公開。不拿槍敵依然在，輕視他們是禍胎。

城市鬥争誰最親，全心全意靠工人。誰應團結誰争取，慎莫糊塗擬不倫。

建設事業是中心，盲目亂抓不可任。生活首應有改善，政權鞏固感恩深。

國營經濟爲領導，政策須防左右傾。限制私資統外貿，兩條政策要分明。

不愧英雄在戰場，未曾征服被拿槍。可能糖彈來攻擊，敗仗難禁受重創。

劇才序幕未高潮，萬里長征路正遥。革命向前更艱苦，要能勝利不能驕。

書記如同班有長，全班動作必須齊。互通情報求一致，桌面常能擺問題。

工作中心要抓緊，各方配合學彈琴。抓而不緊還無用，節奏和調有好音。

延安應與西安别，界限兩條務劃清。成績幾分錯有幾，何方爲主也須明。

太陽升起在東方，盪滌污泥治好傷。命運一操民衆手，光華自發更輝煌。
人民民主還專政，壓迫敵人要獨裁。內部實行民主制，互相結合兩方該。
老虎終歸要吃人，武松打虎爲存身。不論刺激他與否，滅敵威風志氣伸。
紀律森嚴馬列真，批評自我不離群。再加統戰與軍隊，經驗三條異昔人。
建黨已經廿八年，長途曲折鬥争堅。每緣錯誤經挫折，改正重新迅向前。
五評美國白皮書，侵略重重友誼虛。準備鬥争丟幻想，煢煢獨立走司徒。
階級鬥争貫後先，文明歷史幾千年。此間勝利彼消滅，解釋須依唯物觀。
休言吃飯問題難，破産唯心歷史觀。人口衆多生産盛，試看華北與延安。
客觀存在有需要，實踐鬥争常繫聯。中國人民今掌握，光輝馬列展新篇。
中國人民站起來，都城閶闔九天開。大山三座俱推倒，億萬騰歡起巨雷。
摧枯拉朽掃殘寇，因地制宜組織忙。統一從今無割據，國家權力屬中央。
公職舊軍包下來，人人得所妥安排。而今有飯大家吃，兼顧統籌絶亂階。
戰争將了衆開顔，第二須過土改關。歷史時期新考驗，整齊步伐共除殘。
國內困難未盡消，起來抗美更援朝。出入意料反侵略，打到邊疆豈肯饒。
妄稱服務爲人民，婢膝奴顔歌頌頻。共産黨員何所學，宣傳混亂要重論。
浪費貪污真大敵，官僚主義是温床。資金节约須嚴格，三反鬥争一戰場。
五毒猖狂敢進攻，保持領導反歪風。工商城市休違法，綱領原來有共同。
財經統一與平衡，好轉還須努力争。建國三年已恢復，五年計劃更長征。
建設中心工業化，兩邊改造待完成。已經結束新民主，不懂變更是右傾。
新東西代舊東西，矛盾鬥争日夕追。過渡時期總路線，各方工作要遵依。
勞動者兼私有者，兩重性質是農民。要將自發舊趨向，引入同心合作新。
新東西自小人物，觸忤權威受阻攔。容忍唯心作俘虜，必須批判助風瀾。

毒害青年胡適流，妄將家史附紅樓。賈王史薛俱豪霸，階級鬥爭筆下收。

一個籬笆三個樁，一人錯誤衆人幫。先看覺悟與進步，改正還求日月將。

進行反共逞猖狂，除卻公開有暗藏。忍受一時求再起，必須警惕假投降。

萬紫千紅故國春，同歸一律有輿論。常如媳婦怕挨打，專政原須「壓迫人」。

剝削階級滅亡時，尚在欺人亦自欺。除此不能過日子，實難承認已輸棋。

農村改革起高潮，小脚女人長擺摇。戒律清規數不盡，轉看群衆在前跑。

健康運動長新芽，五億農民聚散沙。積極熱情來領導，不難糾正有偏差。

黨能領導制宜今，廣大農民懷信心。不看主流和本質，失迷方向任浮沉。

上下馬才一字差，兩條路線正和斜。農村貧富還分化，鞏固聯盟願總賒。

社會主義今到來，葉公好龍反驚癱。拿刀砍掉合作社，省卻麻煩説困難。

計劃完全在可行，沖昏頭腦要清醒。實難辦到經研究，盲目還須防左傾。

真理而今已變遷，破除迷信在當年。三條驢腿窮棒子，誰説雞毛不上天。

貧下中農佔優勢，必應掌握這方針。提高覺悟加改造，骨幹堅强力可任。

一切工作生命線，社經制度變更中。農村合作新運動，政治鬥争休放鬆。

廢墟清理建崇臺，制度嶄新立起來。思想殘餘頭腦裡，污泥濁水幾能埋。

農村廣闊新天地，大有作爲在此間。知識分子去工作，應當高興莫遲延。

回看四十五年前，辛亥成功孫逸仙。事物向前還發展，中華舊貌變新顔。

展望二〇〇一年，社會主義更無前。變成强大工業國，六億人民理勢然。

應於人類有貢獻，微薄長期每自慚。但要謙虚永如此，自封大國必全殲。

首先發展重工業，忽視農輕意未賅。積累資金足生活，此中關係要重推。

從來工業偏沿海，内地而今建設多。利用原來還發展，不加注重吃虧何。

國家集體有積累，必要利益給個人。統一性還兼獨立，不能只顧一頭奔。

統一也應有特殊，地方辦事尚能多。可有兩個積極性，利益還從整體圖。
無矛盾便無世界，太過天真非客觀。內部人民殊敵我，不同性質兩般看。
歷史時期得弄清，人民概念更分明。國家建設新階段，擁護參加並贊成。
敵我之間常對抗，人民內部要區分。利益基本相一致，差別分歧百事紛。
民主原來只手段，教育説服與批評。無情打擊還殘酷，錯誤方針是左傾。
首先出發從團結，經過批評或鬥争。矛盾此時能解決，重新團結是非清。
對立鬥争無盡期，暫時統一又分披。縱然規律人多識，處理須看新問題。
矛盾時時有鬥争，平衡還又不平衡。要知發展有規律，解決糾紛更産生。
先進工人是典型，隨時改造未曾停。革新社會還自己，階級自然兩鬥争。
如何適應新社會，轉變須從世界觀。長與工農成一片，不應倒退向前看。
正確觀點是靈魂，思想常須進步循。雙手創成富强國，要能實現靠辛勤。
團結可能團結人，統籌兼顧協商頻。能將消極變積極，六億人民出發遵。
百花齊放百家鳴，促進方針欣向榮。正確東西需考驗，莫輕壓抑礙新生。
變更私有已完成，暴雨急風今放晴。階級鬥争未結束，意識形態更顛傾。
鬥争永遠無完結，事事推陳更出新。假惡醜與真善美，常相比較始能存。
豈能真理怕批評，風雨頻經作鬥争。温室長成無活力，增强免疫百家鳴。
資産階級要表現，展開辯論與批評。不容錯誤得泛濫，有毒草應有鬥争。
毒草香花經鑑別，六條標準是非明。要奔社會主義路，黨的領導須共聽。
矛盾互相能轉化，一定條件尚須經。壞事變成爲好事，正反兩面當認清。
馬恩全集讀來勤，博學多聞亦自尊。階級感情仍舊貌，總緣頭腦未生根。
曖昧動摇風浪中，尾巴莫翹到天空。立場堅定與明朗，比起工農大不同。
群衆中去作調查，熟悉工農細看花。如可長期住下去，不妨落户與安家。

只有兩家世界觀，漫從學術論多端。立場觀點非無產，要與工農結合難。
思想工作要整風，主觀主義害無窮。官僚宗派均錯誤，嚴肅批評莫放鬆。
偉大光榮正確黨，不妨缺點自批評。看來主要還成績，威信增加可證明。
徹底唯物無所畏，不怕挫折與議論。敢把皇帝拉下馬，鬥争須有這精神。
肯定一切或否定，都是片面看問題。對事原須有分析，要求克服不應低。
放手讓人提意見，敢於争論敢批評。不行壓服要説服，一棍打死心豈平。
社會主義將建立，改造所有近完成。誰戰勝誰未解決，意識形態還鬥争。
牛鬼蛇神休害怕，應該批判與鬥争。自由泛濫須防止，粗暴教條莫進行。
教條修正違真理，馬列主義要向前。停滯不前便僵死，違背原則害居先。
功過重評斯大林，混淆矛盾要推尋。七分成績三分錯，不讓批評暮景侵。
大田穀盛草偏多，草要滋生可若何。唯有年年與草鬥，翻成肥料養嘉禾。
開會談心又幾番，弄通思想是麻煩。雪山草地都經過，百計千方度困難。

（五七年一月）

利令智昏廿大開，逼人形勢暫徘徊。求同存異皮還扯，幫助應須慢慢來。
不應單調辨琴音，知識還須到處尋。錯誤東西批判學，常經世面比高深。
誰曾正確百分百，錯誤常從事後尋。慎莫只談難免論，力求少犯定方針。
統治地位是香花，毒草雖生不怕它。主次分明經鍛煉，種來免疫痘成痂。
天下人人願太平，鬧些亂子莫心驚。長從極壞來準備，風浪打頭積極迎。
資產階級謀專政，放到群衆與辯論。争取大家大民主，分清香臭悸孤魂。
分清辯證形而上，唯物唯心總鬥争。否定還須重否定，主觀主義未曾明。
民主同時要集中，批評本是整歪風。須防涣散與混亂，希望休教與敵同。
橋牌撲克近成風，拚命精神漸落空。意志衰頹成廢物，熱情洋溢主人翁。
敵人統治已推翻，社會制度將改完。階級鬥争依舊在，内部矛盾更頻繁。

民盟組織更農工，右派章羅敢進攻。不可調和唯路線，東風畢竟壓西風。

聚齊力量待時機，毒草狂生明是非。階級鬥争永存在，人們意志不能移。

牛鬼蛇神大放鳴，批評容許反批評。不稱反動稱右派，寬大爲懷免判刑。

毛將焉附不存皮，吃飯拿薪更靠誰。只有跟隨公有制，掃清思想舊東西。

燒身放火是難堪，右派百分一二三。相信人民大多數，天昏地黑也能擔。

改造須經整作風，置身群衆語言同。孰能無過常捱打，要似游魚在水中。

四大民主大放鳴，大字報還辯論并。革命創造新形式，鞏固集中長鬥争。

多快好省新口號，互相制約不應分。只提好省少而慢，錯誤還由促退頻。

農業綱要四十條，糧食生産要提高。黄河超越長江跨，憲法新傳八字標。

思想領先紅又專，對立統一每年年。失迷方向真危險，政治空頭亦可憐。

不平衡暫得平衡，質變常由量變經。往復螺旋向前進，平衡每復不平衡。

經濟基礎得相應，制度規章屬上層。修改廢除不合理，群衆創舉破堅冰。

區別支流與主流，幾分缺點幾分優。攻其一點空誇大，多數還須看指頭。

文章三性首準確，概念明確判斷清。推理要求邏輯性，筆頭生動色鮮明。

領導作風速改變，普遍推廣試驗田，突破一點推全面，抓緊兩頭帶中間。

新加任務要鑽研，不斷革命敢息肩。飽滿熱情少驕傲，才完勝仗又攻堅。

制度規章每硬搬，繁文縟節事多端。何當束縛生産力，正確須從比較看。

個人崇拜要分清，馬列權威不可争。盲目服從豈真理，破除迷信氣從横。

社會主義新建設，鼓足幹勁争上游。既多且快好而省，烈烈轟轟不暫休。

矛盾鬥争日萬回，空談團結豈無猜。一潭死水終枯竭，不盡長江滚滚來。

高屋建瓴瀉水新，提高風格振精神。笑他賈桂彎腰慣，真理由來不讓人。

好大喜功志氣伸，急功近利爲人民。推翻既往須鄙視，迷信將來世界新。

標新立異插紅旗，實踐今超馬克思。真理從來須發展，破除迷信見雄姿。

人間天上是耶非，中外古今一例推。對立還應看統一，以彼度此此論彼。

緊張太久要鬆弛，勞動須留睡覺時。昨日三軍方苦戰，也應休整再行師。

小常勝大弱勝强，天際烏雲豈久長。形式從來都是好，要從遠見莫迷惶。

馬列基礎永忠貞，青出於藍藍逐青。敢想敢説還敢做，學生超越過先生。

階級鬥争無已時，扎根群衆萬民威。和平改革空恩賜，貽禍無窮路線違。

又要跟隨又不隨，誰持真理就跟誰。對與不對須思考，慎莫糊塗逐浪推。

官氣從今要破除，丢開架子更謙虚。長作普通勞動者，天下第一休自居。

提高嗅覺辨風向，才學俱全識莫遲。領導故應有預見，快來到處插紅旗。

有福有災本自然，人生必死豈空言。怕談亡滅形而上，代謝新陳億萬年。

反冒進還大躍進，三年情況馬鞍形。經過曲折總路線，實踐還須作證明。

六億工農國尚新，杜卿眼底似無人。你如來了我招待，争取他們找上門。

人民公社社兼鄉，綜合工農兵學商。一大二公新創造，農林牧副并魚塘。

資産階級法權存，勞力勞心等級分。打成一片能平等，争説回來八路軍。

應當推廣辦民兵，軍事組織勞動并。帝國主義若侵略，教它寸步也難行。

一步一步莫逡巡，引向全民集體新。道路還存兩面性，農民總尚是農民。

片面發展重工業，農業輕工落後何。走路要須兩條腿，蘇聯經驗有偏頗。

紙老虎原真老虎，由真變紙有過程。善論本質還輕視，尚在吃人要認清。

頭腦要熱還要冷，統一性中對立存。幹勁沖天更分析，科學根據待重論。

抓生産也抓生活，大集體包小自由。結合土洋還辯證，多方並舉出新猷。

盲目性終没自由，必然規律未嘗搜。客觀世界多奴隸，克服還從認識求。

人民公社世無儔，缺點才爲一指頭。認識漸深矛盾少，觀潮算帳莫擔憂。

一平二調三提款，錯誤刮成共産風。小集體成大集體，須知尚在過程中。
敢講真話不爲華，作假弄虛事總賒。一害人民二害己，只争顔面搞浮夸。
多謀善斷貴能謀，計劃長將餘地留。前進更須波浪式，實事求是運良籌。
善觀形勢斷當機，醖釀商量論是非。上下四方通氣息，解除封鎖破重圍。
大會開來盡贊成，個别意見要傾聽。有時敢反潮流者，真理在他手内擎。
右派分裂繼高饒，群衆革命涌怒濤。鬼怪妖魔盡沖走，廬山江西自岧嶢。
錯誤應當嚴肅批，及時糾正效能期。熱情保護新事物，幹勁沖天可厚非。
連珠重砲不曾休，批判左時右冒頭。正確還看對群衆，暫時同路不同舟。
總結十年經驗時，必然王國未深知。有些錯誤須難免，真理完成認識遲。
工作要求情况明，調查研究必先行。方針正確決心大，認識完全方法靈。
半工半讀農林牧，不要國家一個錢。吸取江西好經驗，勞動大學史無前。
發揚群衆積極性，民主集中要實行。馬列焉能怕群衆，讓人講話與批評。
又有民主又集中，紀律嚴守自由崇。人人意志都統一，舒暢心情活潑風。
集中統一基民主，意見要從群衆來。路綫方針與政策，加工原料待量裁。

一九七六年九月毛主席逝世後，通讀四卷，遂寫毛澤東思想讚歌，已成二百八十六首，迄於一九六二年。荏苒兩月餘，因材料都未公佈，遂暫中輟。五卷將出，來日當再重寫耳。

四卷雄文耀萬春，比肩馬列渡迷津。火傳薪盡燈猶在，革命今看後繼人。
無比恩情滄海深，六洲兆庶盡酸心。小生濡筆銘勳績，未盡涓埃淚滿襟。
時時刻刻憶音容，重讀遺書千萬通。還似諄諄聆教誨，主席活在我心中。

讀《四皓新咏》

戲和

貞元世訓闡三書，元老丘明學譴儒。耳畔璆然環珮響，招摇過市如同車。
盲目詩人辱愛羅，少年輕薄記曾呵。濯纓濯足須重論，山鬼能知事幾多。
司寇重新論孔丘，尚須含蓄隱機謀。提刀儘爾翻雲雨，學舌鸚哥豈識羞。
獺祭魚蟲老玉谿，巫山滄海總無題。鄭箋昨日翻新樣，前度劉郎漫比齊。

續和

論道談玄應帝王，則天承運篡皇唐。椒蘭得志靈均逝，未熟黃粱晝日長。
侍講牢騷詩首功，野雞半夜降隆中。誠惶誠恐徵文獻，可惜冰山一旦融。
北門學士效才良，短尾含沙擅中傷。聞説上庠工勸進，唐書宋史續新章。
朝投相國暮將軍，記室樊南漫論文。長吉長庚愧三李，夕陽無奈已黃昏。

整理説明：

一九七六年十月粉碎「四人幫」，方重禹（舒蕪）用「商山四皓」典，作《四皓新咏》，諷「梁效」四教授，一時民間廣爲傳誦，唐蘭先生和詩兩首，以續其諷。

華國鋒同志任中共中央主席中央軍委主席粉碎「四人幫」反黨集團誌喜八首

一

繼主中央華國鋒，人心所向四方同。

我黨我民有希望，太陽照舊滿天紅。

二

跳蚤臭蟲世共憎，傳播菌毒恨蚊蠅。
盡除四害真無敵，主席貽謀用法繩。

三

妄圖分裂黨中央，詭計陰謀總不長。
早識走資還在走，右傾修正莫猖狂。

四

英明決策已前知，路線鬥争無止期。
斬盡妖魔真果斷，當場抓住不延遲。

五

要「照過去方針辦」，後繼有人教誨深。
指示不容私篡改，陰謀暴露浄妖雰。

六

神姦巨蠹「四人幫」，篡黨奪權終滅亡。
八億人民同振臂，一起擁護黨中央。

七

繼承遺志幹到底，革命事業長進行。
形勢目前真大好，紅旗林立更鮮明。

八

一心團結黨周圍，一切行動聽指揮。
中國人民有志氣，主席思想永光輝。

整理説明：

一九七六年九月華國鋒任中共中央主席中央軍委主席，同年十月六日粉碎「四人幫」反黨集團。

儒法鬥争雜詠

始自蚩尤作五兵，皐陶爲士已明刑。惠人子産刑書在，儒法何須説鬥争。

國家本是階級鬥争的工具，有國家就有法律。《尚書・堯典》與《吕刑》是我國法學史上的最早文獻，本是儒家的經典，孔子推重子産，子産曾鑄刑書，可見儒家也主張法治。四人幫違法亂紀，妄圖以儒法鬥争偷換階級鬥争的歷史，把法家與儒家作爲對立面，好像我國的法學是在春秋以後才興起的。顧問們承寵趨炎，把我國歷史學糟蹋得不成樣子，餘毒甚廣，病中不能讀書，漫成俳句，以代討伐。

批孔須從實事求，寓言詆罵託莊周。秦邦跖蹻横行日，紀事何曾有左丘。

《盗跖篇》是莊子之徒的仿作，是戰國末期文字。李奇注《莊子》，以盗跖爲秦之大盗，盗跖之名，始見於戰國文獻，爲《左傳》《國語》所未及。柳下惠即展禽，是孔子的前輩，前人早有定論，「四人幫」杜譔柳下跖之名，以謊言爲事實，是其慣技。一時甚囂塵上，可笑可鄙。

太原也説柳將軍，曾見摩崖一篆文。戟有三叉建旗處，豈緣秦晉亂聯婚。

太原有柳子峪，被附會爲盗跖起義處，有摩崖一字，爲小篆「屮」字，被説成是三叉戟，即起義時建旗處，不值一笑。然其字確似秦篆，訪金石者可以調查。

顔回克己不違仁，復禮居然復辟論。陋巷曲肱一瓢飲，笑他平步致青雲。

《論語》所説「非禮勿視」等等，不過當時奴隸主貴族階級在社會生活習慣中的一套禮儀，即所謂「曲禮三千」之類。「克己」只是一種修身慎獨工夫，把「克己復禮」説成是復辟，只是「四人幫」的無限上綱罷了。像顔淵這樣居陋巷的人，怎麽能是復辟主義者呢？「四人幫」只是照他們那種坐直升飛機的模型去推測的。

新探《論語》棗梨勤，貴族稱人奴隸民。可是仲尼與馬處，廄焚朝退問傷人。

叛徒教授把人和民對立起來，自以爲是一大發現。一九六二年在曲阜討論會上，我曾提出《論語》「廄焚」一章的「傷人乎」，人是貴族還是奴隸？他吞吞吐吐地説，大概貴族就住在馬廄旁邊。

少正原須兩觀誅，荀論强國本宗儒。趙高能指馬爲鹿，也讀韓非五蠹書。

荀卿從來都列於儒家，韓非所説「有孫氏之儒」，《荀子》裡有《儒效篇》更是明證。但「四人幫」硬要把他算成法家，宋代的王安石也是儒家而列於法家的。《荀子》記孔子殺少正卯，是他所贊揚的。但「四人幫」卻把這作爲批儒的一大款。趙高善於稱引韓非，「四人幫」卻深諱之。

高談正誼休謀利，明道還須不計功。自是迂儒傳道統，宋襄論戰敗於泓。

宋襄公欲做君子而敗於泓水，傷股而卒，人譏其愚，而《公羊傳》卻大爲美化。董仲舒是公羊家，所説「正其誼不謀其利，明其道不計其功」，就是這種論點。「四人幫」評法批儒，説什麽「寧要社會主義的低産，不要修正主義的高産」云云，與此種論點如出一轍。

創造發明盡聖人，栖栖孔氏論惟仁，，羲農黄昊混忘卻，湯武奄奄一息存。

孔子思想是可以批判而且應該批判的，他只推崇三代，尤其是夏商周禮樂，而不知這時奴隸制文明儘管很發達，但作爲一種社會制度已經在走下坡路，奄奄一息了。他所主張的仁，是想用唯心主義的愛人觀點來維持摇摇欲墜的貴族統治。因此周遊列國而終於嘆鳳傷麟，窮困而没。墨翟撇開商周禮樂而推崇夏禹，戰國時期神農黄帝之言盛行，儒家也受其影響，在《周易·繫辭》裡盛稱庖犧、神農、黄帝、堯、舜時代的許多發明創造，只要有所發明，有所創造，便稱爲聖人，已遠遠超出孔子思想的本身了。

孔荀俱云法後王，只看周發於商湯。儒家三尺羞齊晉，封建誰知祖管商。

荀子所謂法後王，只指唐虞三代而不道唐虞以上，春秋時代，王者之蹟已息，孔門羞道齊桓晉文之事，而不知桓文霸業，已入封建時代，奴隸制經濟已隨着西周王朝的覆滅而覆滅，小農經濟，代替了大規模的奴隸耕種制，庶人即農民已經與戰士、工、商並列爲四民，郡縣制也已經開始，管、商之法是後來封建制度之祖，是當時孔子和其門徒們所不知道的。

禮樂詩書四術通，射侯貍首創萇弘。周官三百分明在，爭奈王風不向東。

孔子曾問樂於萇弘，萇弘企圖復興周王朝。孔子說：「我其爲東周乎」，當是受其影響。春秋時代，奴隸制的農業經濟已經滅亡，只有畜牧業經濟還存在，齊景公有馬千駟，是當時奴隸主貴族的經濟基礎，奴隸主還擁有大量的家庭奴隸，是奴隸制轉向封建制的過渡階段。現存的《周禮》一書，當是萇弘和其門徒們妄想復周王朝的一個藍圖，它的背景是春秋時代，而想構成一個以奴隸制爲基礎的烏托邦王朝。漢以後人誤以爲周公所制的禮，王安石想假借它來做變法的基礎，都上了大當了。禮樂詩書稱爲四術，本是周代奴隸主貴族的教育制度，孔子與其門徒們，加上了《周易》與《春秋》，即所謂六經與六藝。但一直到戰國末年，所謂儒生，還都是萇弘之類，兼通方術的，秦始皇所坑的儒是這一類人。以通六藝爲儒家則是漢武帝以後的事了。

黃帝相傳有四經，申韓道術此初型。軑侯少子曾抄得，倉卒誰能草創成。

老子繼孔墨之後，舉仁義與禮而廓清之，黃帝之學繼興，掃除詩書舊說，是我國哲學史上的一個新的轉折。馬王堆帛書中發現黃帝四經，計有經法、十大經、稱、道原四篇，冠老子道德兩篇之上，漢人所說黃老，前人不能解釋，現已真相大白了。司馬遷說申不害、韓非、慎到、田駢、接子、環淵，都學黃老，所以許多古書與黃帝四經語句雷同，這是我國考古學上的重要收穫之一。「四人幫」的筆桿子卻硬說這是漢初人爲了鞏固當時的封建統治，臨時拼湊出來的大雜燴，在他們看來，一種哲學新體系，只是副食商店裏的一堆油鹽醬醋罷了。

柏廬錯認作朱熹，家訓還將哲學題。日讀格言無益處，瘋狂只爲得便宜。

林彪搞陰謀詭計，常恐暴露，日以格言自儆，克己復禮之類皆是。梁效群醜批林，卻不知朱子爲崑山朱用純，不學無術，一至於此。

參加五屆政協喜賦七律一首

曾經風雨戰玄黃，活潑今朝亦緊張。
建設廿年籌共運，征途萬里道方長。

夜鳴鴞鳥非無益①，春放梅花且更香。
繼往開來欣盛業，神州九億浴陽光。

整理説明：

載《光明日報》一九七八年三月十二日。原題《聽華主席報告後》，現改用《古文字研究》題。又《古文字研究》第二輯一九八一年一月中華書局出版。

與朱瘦竹唱和詩兩首

一

七十八年一瞬間，休嗟無術駐童顔。
鴛湖放棹春常在，雀墓尋陶步未艱。
茗飲南鄉尚有詩，筆耕北國未曾閑。
平生險處看來慣，且説高峰尚可攀。

（一九七七年九月）

二　病榻默占（自香港返滬後作）

生與老病死相隨，忘我虛誇讀五車。
槁木死灰讀似易，心猿意馬幾能拘。
刑天志在將干戚，倉頡獨傳號作書。

① 鴞即貓頭鷹，益鳥。

華族終將邁現代，食芹常欲獻區區。

（一九七八年五月）

録自《南湖晚報》二〇〇九年七月廿六日徐建明文。

整理説明：

一、朱瘦竹，嘉興人，郁達夫的姻親。一九一二年與唐蘭一起就讀於浙江省嘉興乙種商業學校，一九一五年畢業，兩人都是十五歲，因爲是同鄉同學又同年，相交甚歡，時常一起擺渡到南湖湖心島暢遊，還興致勃勃到雀墓橋尋找陶朱公的遺跡。二、《列子·楊朱》：「昔人有美戎菽，甘枲莖芹萍子者，對鄉豪稱之。鄉豪取而嘗之，蜇於口，慘於腹。衆哂而怨之。」後以「食芹」爲謙詞，表示自己位卑識淺，雖效忠君上，但貢獻微薄，不足當意。

（劉雨）

附録

裴務齊正字本刊謬補缺切韻
秀水唐蘭仿寫
行款字體一依原本

此後廿七葉

刊謬補缺切韻

前序刊謬者謂刊正訛謬 補缺者加字及訓

秀水唐蘭仿寫行款字體一依原本

朝議郎行衢州信安縣尉王仁昫撰

前德州司户叅軍長孫訥言注　承奉郎行江夏縣主薄裴務齊正字

右四聲五卷大韻惣有一百九十五　小韻三千六百七十一（二千一百廿韻舊　一千五百五十一韻新）　已上都加二百六十五韻

凡六万四千四百廿三言（舊二万二千七百廿三言　新加二万八千九百言）

王仁昫序

大唐龍興廣問寓縣有江東南道巡察黜陟大使侍御史平侯嗣先者燕國鼎族京兆冠蓋博識多才智周鑒遠觀風俗政先肅令清持斧理輸而鶚逐隼擊古雖銓異今也何殊爰屆衢州精加採訪昫馳務守職絶私奉公每因以退食餘閑莫不以脩書自悦所撰字樣音注律等謬承清白之譽叨眷註撰之能家索書看曲垂幽旨遂頋謂昫曰陸法言切韻時俗共重以為典規然若字少復闕字義可為刊謬補缺切韻削舊濫俗添新正典并各加訓啓導愚蒙救俗切韻斯便要省既字該樣式乃備應危疑韻以韻居分別清切舊本墨寫新加朱書兼本闕訓亦用朱寫其字有疑亦略注所從以

長孫序

凌疑謬使各區析不相雜廁則家家競寫人人習傳濟俗救凡莫過斯甚晌沐承高旨課率下愚謹依切韻增加亦各隨韻注訓仍於韻目具數云尔訥言謂陸生曰此製酌古沿今榷而言之無以加也然若傳之已久多失本源差之一點詎唯千里弱冠常覽顏公字樣見炙從肉莫究厥由輙意形聲固當從夕及其悟矣彼乃乖斯若靡踳焉他皆倣此須以佩經之隙沐雨之餘揩其紕繆疇茲得失銀鉤殷閱晉豕成羣盪櫛行披魯魚盈貫遂乃廣徵金篆遐泝石渠略題會意之詞仍記所由之典亦有一文兩體不復備陳數字同歸惟其擇善勿謂有增有減便慮不同一點撇咸資別據又加六百字用補闕遺其有類雜並為訓解但稱按者俱非舊說傳之弗謬庶埒箋云于時歲次丁丑大唐儀鳳二年也

丶竹夕柱丶忝冫筆凌丨公本乚式軌夕所咸夂相俞乚古外巜古犬巛若昆川昌緣巛祖才州職鵂丿以支厂呼旱又古旦反广牛坎反因巖為屋又魚儉反

疒女厄又士疾丞丑咯辵上同辶以忍辶此正上同刀丿𠂉广職廉今之忍仌此正上同夊以丞丁分桑度迟卦又迟刀反詹㙴上正下通冋空武永又古鼎反

丿普結 乀餘制反分物 冂莫武歷連 冂古螢 冃莫報 曰牛語求 牙在羊 肙居羊 十居丸 巢巢臬丘蓮反上正中通下俗 外雷 口 斧斧宜戟

平他勞 支攴發卜上古下今 亻如隣 彳五益 亍丑尼 歹才昌 孑竹 罔言建如雪反 皿通上器也 乙烏點反 乙於居偉反筆 屮丑列 艸艹大神反上古下今

丱子禾 非北古宦下通 十是執反一是東西丨爲南北也 廿亦執 卅丗先丘 半屮上正下通 巾居隣 口王非 吅況表反吽宮 品力輯 吕郎吅丁 品丕飲 品阻立

厶息脂 网文紡切三天网地 从力弥 叺𠂆鼎 毋武夫 毋古段 毌莫厚 毌楚江 爪擧六 爪公手 爪古華 爪側絞 才昨來 才書久 日人質 曰正 白王代

嵩士角 嵩苦角反又口江 舟 殳 𤕫三字騶冬反又居弱反龍 … 手也 冋 网 冈上正中篆下石經亡杜反 冈女滅又女滅女蟄反 囧女台 囧徒側 凸徒結 右泉本宋一葉

卩起五 凵烏浴 弓 卩 卩瑞信也子結反上古中今下俗 罒莫多嘯反 而 𦉼帝 爾正 殳正 殳上正徒亂反 幺於堯 丝於求 糸𠮷狄反胡計反 子即里

孑居月 孓了 丂苦老 亽子入反秦入反 匕卑履 匕霸 勹布交 刂餅制 曰居玉反又居六手捧也 疋上所魚反下五下反 匚上正 匸普必 刀都勞

刀都聊 辶之 辵尔小上正下通 白 臼 白他勞上正中通下俗 山去魚又丘泥反 言丘 言語 言七涉 西而 西呼嫁反又於嫁又火下反下俗 貝 頁

粵胡結下正 柬古限 甾 叏 𡋽五聊 垚 垚力竹上古下今 阜 阜 阜上正中今下通 又莫六反 叉下滴 𠬞市朱 共 共古下今 𣬉餘利上 冎陀骨 凡魚欣

几市朱 几居析 朋奇子 貝於命 商之亦 商書羊 叕丁劣又陟衛反 叕而灼 臬丘達 辰牛今 冃如竹又作六 肉月非下通 覀必遲上今下正 穴而勇

兟子心下通 㐅姊列 夕𠂇乙又力析下通 之以老 𠂆匹蜀 丂魚陵 㐅他勞 米匹刃 耑多官 茻莫元 夫薄旱 畐普城 甾 革士兵反又子木 壬池鼎

王于方 壬如林 不 衣於機 㞋 㐫於謹下通 夊補求 𣏟闍激 凡 瓦 瓦吴寡反上正中通下俗 𠬞胡拜 廾上通 算 算 𣏟芳吠 木 牛

上陟駕反下古凡反 乏 歪古形下通 丞餘釗 丞 灸餘招下俗 戌辛律 戍王伐 戊莫候 反孫危行思唯反詩曰雖孫反 豸池尔 豕竹足 豖宅 戹 声

房久反又莫反反凡在

荒鳥上正下俗 卞字左為阜字右為邑 丰數容 夅胡江 夆普恭 廾以具 叚胡加反又古雅反又徒玩反 巳居似 己詳里 巳羊止 丂古大反

嶲相俞 巂戶圭反子巂鳥名一名望帝蜀王杜宇奠婬其妻化為子巂之鳥辟帝因呼為望帝爲佳即鳥出山以像其冠冏音廟下冏聲首之也

切韻平聲一

一德紅東 二都宗冬無上聲陽與鍾江同呂夏侯別今依呂夏侯 三職容鍾 四古雙江 五與章陽

六徒當唐 七章移支 八旨夷脂呂夏侯與微韻大亂雜陽李杜別今依陽李 九止而之 十無非微 十一語居魚 十二語俱虞

十三莫胡模 十四徂嵇齊 十五古諧皆 十六呼恢灰 十七徒來臺 十八職鄰真呂與文同夏侯陽杜別今依夏陽杜

十九側詵臻無上聲呂陽杜與真同韻夏別今依夏 廿武分文 廿一舉斤斤 廿二都滕登 廿三戶安寒 廿四戶昆魂 廿五戶恩痕

一

東按說文春主東方也万物生動也從木從日又云日在水中德紅反二加二 涷水也又多貢反 鶇獸似羊角在目後又徒弄㐌隣二反 凍瀧涷水名 詞和也徒紅反十六加六 天大同人也 童古作僮今為童子未冠之稱也按說文從辛從重省辛辛丂山反辛非辛字也男子有罪曰奴奴曰童女子曰妾從辛重省聲也

僮古作童子今為僕也 銅赤金也 鐵也 桐木名又人姓 峒崆峒山名在上郡又徒弄反 狪獸名似豕出泰山 硐磨 艟船 烔烔熱氣 瞳明又他孔反 朣朧日欲明

筒竹名業又徒弄反 瞳目 瞳子 䡴凡 罿罦上網又尺容反 犝無角牛 潼水名關名又他紅反昌容二反業潼關在華陰上東 橦木名其花可績為布出永昌 犝羊無角 衕通街又徒弄反 鼕鼓聲 筩竹筩

業竹名長丈節可以為射筩因名之出穴人阯 中陟隆反和也當也又陟仲反三加一 忠貞也誠也 衷善也按說文裹衣又陟仲反 芎草名見尔疋 蟲直隆反三加四有足曰蟲作虫非 沖和也虛也 种人姓又稚 盅老子曰道盅而用之盅虛器也

鼛鼓聲 忡憂心 爞旱氣又徒冬反 終職隆反十加二妹絲也今為終字 眾多也又之仲反 洜水名在襄陽又之中反 潀小水入大水又在冬反 螽螽斯 蠡螽螽蟲名又作蠓 㲴小雨 鼨豹文鼠今謂之鼨

氣也 蔠⺀葵蘩蘵蕗郭注亦正云露草也大葉小葉花紫黃色也 柊木名 虥虎文 䶱龜名又徒冬反 㚇古文○ 忡勅中反一加一憂也 盅虛器又直隆反 •崇鉏隆反四高也充也案又作崈 [illegible]鍾屬也

•嵩息隆反四高也又山名又作崧 娀又真隆反有娀帝毋 菘菜名 崧山名 •戎如隆反四丘也西戎牧羊人 絨木名 駥馬八尺 茙蜀葵 •弓居隆反四易曰弦木為弧即弓也 躳謹敬也又作躬 宮室

[illegible]泉名在酒泉 •融餘隆反二安和也長也安說文炊氣上出也 肜祭名又勅林反案殷祭 •雄羽隆反二雄雌 熊〔獸名犬〕黑色山居冬蟄 •瞢莫中反三加二目不明 夢又武仲反 𧁾邑名在魯 𡟶寐言 𡓳澤水

•穹去隆反二加二天也又穹窿 芎⺀藭藥名司馬彪云似藁本苗曰蘼蕪根曰芎藭 悹憂 𥫗窮又渠弓反 •窮渠隆反三又作竆 藭芎⺀ 竆○所封邑 •馮扶隆反三加一姓也邑也從水作非 汎浮又孚劒反又作渢 芃

草木盛皃詩曰芃芃其麦也 風方隆反二加一案說文伏羲姓 楓木名似白楊葉員如岐有脂而香今楓香是也 瘋病 •豐敷隆反六豆之滿者俗作豊 灃水名在咸陽案灃水在鄠縣南山豊○北入渭 寷大屋 麷煑麦 •充處隆反三加二 珫⺀耳 茺⺀蔚草名

𪏰黃色 㤝心動 •隆力中反三加一高也豊大也 癃病 𪔵鼓聲 漨水○ •空苦紅反七加二 箜⺀篌 崆⺀峒 硿青色 䅝稻稈 涳⺀濛 埪⺀土 [illegible]

鼓聲 悾⺀女 •公古紅反八加一爵也君也正也 攻陷也擊也又古冬反 功勲也案王功曰勲從力 工⺀巧善其事又 疘○病 蚣蜈 玒玉 釭車釭又古雙反 愩慣 •蒙莫紅反十二加五文藤草又女蘿草又兔絲草 濛水名又記曰入虞又小雨密

雲之皃 矇⺀鼓案有眸而不見曰矇 艨⺀艟戰船也又武亘反 [illegible]盛色 [illegible]滿皃 [illegible]馬鬃 [illegible]驢子 朦 檬似槐 [illegible]麴生衣細屑也 冡覆 霿寒雨 幪衣盖又作 懞暗

鸏水鳥 [illegible]泃酒 •籠盧紅反十五加七又 豅谷 櫳房室案說文 曨日欲 [illegible]大聲 [illegible]馬頭籠 瀧⺀涷霑漬 聾無聞 襱⺀ 轆軸頭 瓏玲瓏玉聲

礱斲又盧貢反 巃⺀嵸山高皃 龔木 櫳檻也養禽獸所 嚨喉⺀ 襱音嚨又作𧝓袴又力董反 鸗鳥名 [illegible]礫 蘢草名又音龍 蠪⺀蛭水蟲名 壠

•洪胡籠反十二加二大也 訌潰諠 鉷弩牙 紅茜色 虹又古巷反 鴻鶴案陽鳥 洚水不遵其道案說文降下出又戶冬反 葓水草 𦇔草名 仜大腹 谼大壑 [illegible]赤米 羾飛聲 䢼

以上原本第二葉

案從阦坑出銅在室南也 •叢徂紅反二加一聚也古作菆 藂草叢生 潨水會 •翁烏紅反三加二案說文鳥頸毛也又尊老之稱 螉蠮⺀ [illegible]魚名 蓊⺀欝草木盛又烏孔反 [illegible]頭下毛 •忩倉紅反八加四古作恖正作怱 葱

三

蜚屬 樬＝檧 䡯艦車載內 聰＝明 繱青色黃又細絹 璁石似王 驄馬色 [广悤]屋階中會說文囪出 蟌蜻蛉 鏓大鑿 熜煴又子公反 ·通他紅反四達也 蓪草＝藥名 侗

大也壯也謹也 恫痛 葼子紅反十四加六木細枝葉充 莫語 椶＝誠 嵸＝巃 緵案一曰江東呼為魚網曰緵 騣馬又騘 椶栟櫚 鬉鬆亂又鬉 㚇飛而斂足又則頁反 鬷釜屬 嵕九嵕山在馮翊

猣犬生三子 豵豕生三子案毛萇云豕一歲也鄭云豕生三日也又作䝋字 鯼石首魚案頭有石也 磫石 翪飛案尔疋竦翅上下 蝬案蛤屬甲上有三角 艐船著砂不行 㙶種也一曰穴中 稯十莒 㚇數 逢

薄功反四加四 蓬織竹編若葉以覆蓋船車 篷車＝ 芃草名又扶風反 [夅禾]草名見爾雅作 韸鼓聲 蠭蟲名 鬔髮亂 ·烘呼同反二火皃 魟河魚似鱉 ·樬蘇公反一小籠又先孔反新加

二

冬都宗反二終四時也反二 苳草名 ·彤徒冬反一五加十 疼痛 佟姓 炵火盛又他冬反 鴤鳥名出山海經 鼕鼓聲 𧇾又徒登反黑虎也 爞案尔疋爞＝熏也又除中反 𣪘擊 赨赤色

鉵大鉏 [豸虫]子 痋動病 [忄蟲]憂皃見尔疋 鼨鼨見字書又之戎反 [忄冬]性也又悏惺遽也 ·賨在宗反五加三西戎稅也又賨 琮玉 悰慮一曰樂 慒謀又似冬反 潀小水入大水又職隆反 淙水聲

鬃大高 [夆几]梵 ·農奴冬反三加一園業田也俗作農 膿血 儂我 𩆼露多 ·㤨駒冬反四加三案字從心作㤨 供具也奉也給也又居用反 龔案人姓又給也与恭同 珙璧又勇反 共

＝工官名見尚書又渠用反 𤲅畽畦 廾竦手又渠容居勇二反古作廾 ·蜙先恭反二加三蜙蝑蟲名又蜙 淞水名出吳郡 凇凍落又詳容反 倯＝㤨法也見方言 鬆＝鬇髮亂見 ·樅七恭反二加二木名柏葉松身 鏦短矛案又楚江反 從＝容動也又疾容反 樅

橦也又楚江反 攻古冬反一加二伐也又古紅反 釭燈又古雙反 玒玉 ·酆敷隆反二邑名在長安西北又在杜陵西南周文王所封 豐蕪菁又作葑又敷容反 ·硿戶冬反一加三硿隆石落聲 [口動] 洚 夅 [隆石]

力宗反一加二硿隆石落聲 鼕鼓聲 ·宗作琮反一尊也大也 ·銎曲恭反二矛𣪘 [穴殳]矛刃之下穴處受之所也

三

鐘職容反九加三酒器 蚣蜙蝑案即蚣蝑也又古紅反 忪心動 𥫱竹長節 彸征彸行皃 衳小褌 䈺案䈺籠竹名竦節柔弱 橦木＝ 妐夫兄 蝩＝蟓 伀說文志及衆也 ·龍力鍾反四加四

鱗蟲又八尺馬也 壟＝見博疋 瓏案說文為龍文以禱旱 躘＝踵小兒行皃 鸗鳥名 蘢草名見尔疋又盧紅反 籠案竹籠竹名又盧紅反 竜古文 ·舂書容反五加二 惷愚也

又丑江反又丑用反樁樁〻踳踳蹋鵧〻鷸螉虫名鼨案鼨鼩鼠名●松詳容反二加二木名凇涑落又先恭反訟詳訟又徐用反㝏古文●衝尺容反五加四通道也又衝罿

納又徒紅反憧往來皃轒陷車艟戰船𠜾判也兵器穜矛穜榕潼關名又徒紅反●容餘封反十四加八寬也皃也受也滽水名出宜蘇山又水溝見山海經庸中也用也墉

垣犝似牛領有肉案犝牛獸名今犎牛也出郊州又犝鎔鑄器案鎔之範皆曰鎔鏞大鐘鄘國名見毛詩案殷畿內之地名自紂城而北曰邶南曰鄘東曰衛也傭傭賃又丑凶反鷛鳥名案鷛鳥似鶖而黑尖口鶏足顏師古今之水鳥也䆲凡閃屬鱅魚名

又鎔又蜀容反蓉芙蓉蛹案山海經云儵蛹狀如黃蛇魚翼出入水有光見則大旱搈動㣑不安鎔鈞褣〻襦犝牛胅槦木容䇯古文頌刑又似用反溶水皃●封府容

反二加一大也土也封閉也又方用反犎野牛出西域見山海經峑古文●凶許容反八加一禍也多也胷心上銎柄孔洶水勢恟懼兇惡徒訩衆語匈奴●顒魚容反三大也頭皃顒〻君德也見尒疋

鰫魚名案張揖云鰫魚狀如犎牛其音如彘鳴又案南異物志以為牛魚方頭三文兩髀延帝尾長五尺皮甫黄白斑駮有文章郭璞云鱅魚有文采者也喁噞喁〻●邕於容反十一加一和也又鳥聲雝姓也睦也又於用反噰鳥鳴䢌〻穠多皃灉水名在宋又以佳反

㙲玉器㼿汲器饔熟食按說文又雝食廱辟廱又天子之學名又廱癰癰疽又鶅〻鶅鳥名案雀〻鶅也謂即領者青色飛則鳴行則搖壅塞又於隴反●醲女容反四厚酒也繷〻穠穠花多皃又

襛華字又而容反禯案林孚衣又而容反●重直容反三又直隴反又直用反種晚熟案前種後熟又之隴之用二反緟增益●從疾容反一加二〻疾用鏦案方言挂林謂鷄也刅古文●蹱蹤蹱丑凶反二䧡均直又作塳又余封反

●逢符容反三加三遇也縫紩稃稍予䗬被上漨案水漨池在滎陽開封縣或曰永之逢深夆又施恭反●峯敷容反九加一巖也鋒兵刃端丰〻茸又伏風反草木盛皃妦好案燕代之閒語也

蜂蚩又蠭蘴菜又作葑又敷隆反桻〻木名一云木上夆牚夆掣曳又符容反又普經反漨又又作烽葑菜名●從〻揔即容反又即用反三加二又縱蹤〻迹䡨車迹𣯶氄罽樅

木名見尒疋●茸而容反五加二草茸草木盛鞲毴飾又馬鬣飾髶鬆多亂皃𦱳竹頭有文又竹名穠花皃又女容反搑推擣犝矛也●蛩渠容反六加五張揖云蛩〻青獸狀如馬前足鹿後足兔前高不得食而善走距虛

似蠃而小孫炎云蛩〻即距虛也負蟨鼠而走也邛臨邛縣名䑼小船案䑼小而深曰䑼又作舼笻竹名軵軸所以支䂬水邊石出說文蕻萁英實舉支曰兩也篕籠柳〻柜拱案大代又居勇反

四

·鱅 蜀容反二加一魚名 慵 嬾 鏞 不廉 鍪 丑凶反一鑿也又丑恭反

四 江 古雙反五加二瀆之一水又作泊 杠 旌旗飾竿一曰牀頭橫木案聚石水中擬渡彴謂之石杠也 扛 橫關舉鼎又舡 茳 ミ蘺安張揖云茳蘺草藥對又蘺蕪郭璞云似水薺張毅吳錄云茳蘺出臨海水中正青似乱髮是也 釭 燈又車轂口鐵又古紅反 玒 玉名又古紅反 ·庬 莫江反六加五厚大 駹 黑馬白面 狵 犬名 䵨 深黑 浝 水名 哤 語雜 牻 牛白黑雜 蛖 案尔足蛖蟲名似蠖姑也 鴕 案鴕鴗鳥似鴈而白又武項反 娏 神女 㟌 案五㟌山在蜀又云恭羌也 ·膿 女江反二加二耳聲 𩬕 髮多

以上原本第三葉

鬞 亂髮 饢 強食 ·窻 楚江反三加二案窻牖也又𥦗窓𥦗窗同 𥟕 矛 䆹 種又楚降反 樅 打鍾聲又七恭反 鏦 案撞也又七恭反 ·邦 博江反二大曰邦小曰國 峀 古文 ·梓 下江反四加一栙雙帆也 跭 ミ䂵胡豆 降 伏又古巷反 缸 罌類又瓨 洚 消又古巷反 ·胮 匹江反二加一胮脹又薄江反 韸 鼓聲又薄紅反 艂 艭ミ吳舟 ·瀧 呂江反一南人名湍 雙 所江反四加一手持二雔從又者手也亦霻非 艭 帆 𨇅 ミ

㥴 左傳曰駜氏㥴 艭 艂艭吳舟 ·龐 高屋也姓也薄江反二 胮 ミ肛大脹又匹江反 ·肛 許江反一加一胮肛脹皃 啌 嗽 ·腔 苦江反五羊腔也 椌 打也又苦貢反 悾 信皃 涳 直流 崆 案崆高皃又苦紅反

·幢 幡幢宅江反三 橦 木名花可為布又徒東反 憧 ミ意 ·惷 愚丑江反二又書容丑用二反 䚒 直視目下明 ·椿 都江反一橛也

五 陽 与章反日氣廿七 暘 日出處亦暘 煬 釋金 鍚 兵名 楊 木名又姓 禓 道士祭 蝪 蛈蝪虫又太堂反 洋 ミ滿耳善也 昜 曲昜縣名 羊 ミ豕 瘍 頭瘡 颺 風颺又餘亮反

痒 病又似姜反 鰑 赤鱴 崵 首崵山名 蛘 虫名 徉 徜徉 𩋑 馬額口鞮 𢪓 掘也又子郎反 鸉 似鷹 䍴 多 敭 明ミ 詳 似羊反又狂ミ亦佯 眻 美目又餘尚反 𥁕 杯 芊 藥草名 𩋀 鞋 ·詳 似羊反審也又以章反七 翔 翱ミ 洋 水流皃 祥 福ミ 痒 病 𣧜 女鬼 庠 養老宮 ·良 呂張反十六 梁 棟

涼 ミ冷 粱 米ミ 蜋 蜣ミ又音郎 䬆 北風又力向反 量 稱量又力向反 粮 ミ食又作糧 踉 跳ミ 輬 轀輬車又作輬 椋 木名 䣼 薄又力向反 綡 纓ミ 䣼 漿 㹁 牛又力向反

䝶 賦 ·香 許良反四 薌 穀氣 鄉 里ミ 膷 牛羹 ·商 書羊反十四又度也 殤 死 蔏 ミ陸 觴 酒器 禓 道士祭 鸘 鷫ミ鳥 場 耕ミ

傷哀 饟〻饋又式尚反 瘍憂思 湯水勢 鬺煑 洵水名 鍚傷又且羊反 ·房符方反室也四 防守 魴魚名 鴋澤虞鳥又敷因府亡二反

·章諸良反十二 漳水名 樟木名 慞〻惶 璋大珪 彰彩 墇雍又止讓反 麞〻鹿亦獐 暲明 蔁草名 鄣邑名

障又之上反 ·昌處良反日盛七 裮衣被不帶也 倡優 猖〻狂 閶〻闔閶門 菖〻蒲 鯧敹魚 ·羌去良反似苗三 蜣〻蜋虫 𤞣西戎 ·薑

居良反又茉十二 疆〻界 ⿰牛畺牛長脊 彊弓有力又渠兩反 僵〻仆也又蹶又渠良反 畺田 韁馬紲亦繮 殭死不朽 礓〻石 橿一名檍万年木 姜姓 ⿰虫畺蠶白生

·長直良反又直亮反陟兩反七 萇〻楚似桃生 ⿰足長〻跳 腸 祭處 塲道 ⿰長凡餅又除向反 ⿰虫長〻蠰 ·張陟良反開也三 餦〻餭食 粻食米 ·攘汝羊反十五自來而取曰攘又以手御又而亮反

𨟚縣名 ⿰襄欠良內又女良反 鑲鉤鑲兵名 孃又女良反 ⿰襄攴因盜 躟疾行 蘘〻荷 瀼露瀼白亦雲襄 穰禾莖 獽戎屬 禳除災祭 ⿱竹襄奠

勷劻勷迫皃 鬤髮亂皃又女行反 ·方府良反法也道也十一 坊〻巷 肪〻脂 蚄虸蚄食苗虫也 邡什邡縣名 牥牛 匚受物器 鴋鷎鴋鳥名 ⿰禾方禾名 枋

蘇枋木又偓象木名 鈁鏃屬 ·襄息良反上邑十二 廂夾室 相木名又息亮反 湘水名在零陵 箱竹器 緗淺黃絹 儴〻佯 蠰螳蜋別名 瓖玉 欀大樹也皮中有白如米屑

纕馬腹帶 驤馬躍 ·將即良反大也行也又即亮反六 漿〻水 鱂〻魚 𥂝〻寒 牂扶也亦擶 ·瘡楚良反疾也二 刅刀傷 ·亡武方反佑亡十二 望看又武訪反 朢〻弦

莣草名 芒草端亦杧 鋩劍端 忘相忘又武訪反 硭〻硝 謽相責又謽武亮反 杗屋梁 朚恐又莫郎呼光反 邙縣名 ·孃女良反又如羊反老稱也四 瓤瓜內實 娘

女子之稱 鑲兵名 ·牀仕莊反俗作床二 疒病又女厄也 ·莊側良反四 裝理也又側亮反 粧〻粉 妝飾 常時羊反恒也七 裳衣〻 嘗曾也口味 鋿車輪僥鐵

鱨魚名 ·鸘鷫鸘鳥名 尚〻書官名又食亮反 ·霜所良反凝露四 孀寡婦 鸘鷫鸘鳥名 驦驌驦馬名 五 ·牆疾良反垣也亦墻七 嬙婦官 檣船柱 奘妄強犬也又在郎反

六

蘠蘠薇戕他國臣來殺君牂牂羊鏘七良反鏗也十二牄⺀⺀高皃閶門聲和鍚傷又尸羊反瑲玉聲鶬鳥獸⺀⺀槍拒⺀蹌⺀⺀和鳴蹡行皃斨斧⺀

蹩趨皃爿又爿古人名匡去王反正也十二筐籠⿰虫匡海中大蝦邼邑名框棺礼云⺀不稟桎眶目軭車戾⿱髟匡鬤洭水名恇怯劻⺀勷迫皃

王雨方反又于放反蚟⺀蟋一名促織也央於良反中也七鴦鴛鴦又烏郎反殃咎鉠鈴聲秧⺀稻又於大反泱水流皃胦⺀膟強巨良反又[illegible]四僵偃身又己羊反彊弓有力

⿰魚畺鯨魚別名薚褚羊反草名三倀失道皃⿰鼓長鼓聲又[illegible]郎反芳敷方反芬芳三妨⺀礙汸水名狂渠王反三軖紡車一曰輪車鵟鶬鴞鳥一曰佐鳥五色有冠

唐徒郎反國名古[illegible]世煻⺀煨火灰糖飴堂親⺀⿰鼠唐⺀鼠一曰易腸棠⺀杜木名榶⺀穄又[illegible]蓎⺀蒙女蘿瑭玉餹⺀餳膏篖符篖笣也犃⺀牛螗蜩

螳⺀蜋塘陂亦隄闛盛皃又吐郎反閬門高又力盎反樘隚[illegible]鄌地名䉎罩榶棣⺀⿸唐風⺀[illegible]鶶⺀鷞鳥名蝪蛈蝪似蜘蛛在穴中⿸唐毛

肔踼跌又杜良反又逷鎕⺀銻溏池⿰車堂⺀[illegible]軞輪郎魯唐反廿四稂莠桹桄桹句桹並木名廊步⺀榔檳⺀駺馬白尾筤籃鋃⺀鐺鎖頭硠

⺀礚⿰良鳥⺀鶬鳥又盧宕反浪滄浪又盧宕反⿰骨良⺀骯蜋螳⺀⿰魚良魚名琅琅⺀玉名又琅邪⿱宀良康⺀空皃又盧黨反⿰矛良短矛艆海中舡狼虎⺀欴⺀欴貪皃蓈⺀毒藥草踉[以上原本第四葉]

⺀蹡蓢童粱又作蘠崀峻崀山冬月所出當都郎反九鐺鋃⺀簹竹名襠襦⺀蟷⺀蠰⿰當瓜⺀瓤瓜中⿱當虫⺀蜋璫珠檔車⺀倉七良反穀藏也五

蒼白色鶬鳥名滄⺀海鶬鶬鴰剛古郎反強也亦[illegible]十一岡山脊曰岡㭎舉笐樂器鋼⺀鐵魧魚名又胡郎反⿰亢風⺀風綱⺀紀亢

星名又縣名犅特牛堈甕亦坻桑息郎反三喪亡也又息浪反亦喪騻馬色又[illegible]康苦郎反安也古[illegible]十穅穀皮亦糠⿰康欠穀不升謂之⺀㝩⺀㝩⿰虫康⺀螂蜻蛉也漮泉空⿸康風

[illegible]亦[illegible]槺⺀梁躴長皃邟⺀城荒呼光反十三慌又莫郎反[illegible][illegible]⿱巟巾幭巟水廣大⿰禾荒草蕪不熟謊夢言䀮遽又武方莫郎二反⿰巟鳥

馬奔 緢 絲迒 䀮 狼䀮南國夜市夷全 肓 心膈上 盁 血 黃 胡光反又蔡州亦 媓 母 皇 王 璜 璧 遑 急遽也亦偟 惶 悚 潢 積水池也又胡光反 堭 堂 煌

二灼又水狀 鍠 餦鍠錫 騜 黃白色馬 艎 艅艎吳船 鄓 地名 𩿨 榮 翌 羽舞 程 穆程㮴也 蝗 虫又胡盲反二 簧 笙 隍 城〻 癀

病 鄺 古國名 湟 水名在安定 徨 彷〻 鱑 魚名 葟 草木盛 篁 竹叢 蟥 虫 僙 武白 穬 野味似穀 光 古黃反又明也充九 垙 陌 茪

英䍿羊躅 驜 馬旋毛在背 桄 〻榔木名 胱 膀〻 輄 車下橫又光輄 橫 長安門名 㤮 武白又趪 鴦 烏郎反又鴛鴦於良反六 侊 體不中 㹧 〻狅 𪓿 水盤 映 臍

姎 女人自稱又烏黨反 炕 呼郎反煮肢二 𣢼 〻歐 航 胡郎反舟也十五 笐 〻簹竹又戶庚反 桁 欄 行 伍 迒 獸迹 頏 頡〻 斻 飛高下 魧 貝名又古郎反 閌 胜 邟 餘邟

縣名亦杭 杭 〻州又口浪反 苀 草名 蚢 蠶類食蔦菜 吭 烏咽 笐 竹名 茫 莫郎反滄茫十二 忼 帛也又呼光反 㟐 山 吂 不知 盳 目不明 浝 谷名 恾 怖

岗 又武光反亦二 寤 眠言 蘉 勉 杗 大梁 邙 縣名 臧 則郎反五 牂 〻牁郡名 贓 賄〻 羘 羊名 様 又餘章反 囊 奴當反二

蠰 〻瑺 傍 步光反又邊側八 彷 〻徨 旁 側又亭名 膀 蹡跟又行急膀胱 騯 馬盛 篣 〻箕 穬 〻程穰 趽 脚曲脛 卬 五剛反高也六 䭹 千里駒又五浪反二 枊

俸馬柱又五浪反 昂 舉 茚 菖蒲 鞆 履 藏 昨郎反又徂浪反二 骯 苦光反骯髒 湯 吐郎反水七 鏜 鼓聲 簜 水名 薚 蓫薚馬尾蕩 盪 突又直浪反

趪 走 蝪 蛈〻 滂 普郎反滂沱六 雱 雪狀 鎊 削 霶 〻霈 榜 校又薄郎反又博庚反二 斛 〻量益又薄庚反 汪 烏光反深廣也五 𩿥 雄鳴 尪

弱 洸 水名又音光 尤 曲脛

七

支 章移反十一加八持也勝也舉也又計也說文去竹之枝又持半竹無點 巵 圓酒器以玉為之受二升狀如雞頭一名觛所以節飲也出說文 只 語云又諸氏反 枝 柯 疧 病 秖 適也從禾 衼 〻衹 觶 本音眞今作奉觶字 胑 體又肢

六

栀 子木蘭案桒樹〻平有栀亦謂之栀無 禔 福又辰支反 駛 馬強 鳷 案鳷鳥名漢有鳷鵲觀 疧 痛也漢書音義云以杖毆擊人則其皮膚起青黑無瘡瘢者律謂之疧痏 ⿱艹泣 揄莢 楮 柱 姼 方言南楚謂妻之父母爲姼 ·移 弋支反十

加十六說文遷也禾名也又作迻 暆 東暆縣名在樂浪 迆 〻逶 ⿰犭多 獸名以犬見則有兵 栘 扶栘木名 袲 地名 揶 〻揄手相弄又以遮反 酏 酒汁 匜 似杯匜又羊氏反 ⿱艹移 案說文萋移草 椸 案說文衣架又箷 袘

衣袖 詑 言〻又諓意也 拸 加又離 杝 木名似白楊 螔 案螔蝓蝸牛也 鉹 案梁州呼甑又音侈 忯 愛又渠支反 傂 〻偷 簃 閣邊小屋 謻 外室明名又音池 ⿰忄虒 不責事又餘秋反

虵 案螣虵似虵大如車又作蛇 ⿰火多 又作⿰火秋案字書燫炒火不絕燫音廉 箷 似杖 ·爲 施也薳支反二加二又薳僞反俗作爲 潙 水名在新陽 鰞 大魚 ⿰阝爲 鄭地坂 ·嬀 姓也居爲反一加一 鄬 地名 ·麾 揮也許爲反三

噅 口不正 撝 說文裂也一曰手指 ·逶 於爲反五加五逶迤又作蟡 倭 慎皃詩曰周道倭遟 婑 枯死 萎 說文牛馬食又草木萎又一賜反 ⿰木委 田器 覣 好視 蜲 案蜲蛇虫 餧 稻 蟡 水精名 痿 病

糜 靡爲反四加五糜粥又作𪏮 縻 〻爾討案說文牛轡又作⿰糸麻 穈 穄 蘼 薔蘼案本草云天門冬也一名滿冬秦名羊韭齊名爰韭楚名馬韭越名羊蓍見山海經也 醾 酴醾酒名 爢 〻爛 ⿸麻耳 乘輿金耳又文彼反

⿸麻分 分也易曰我爵吾与汝⿸麻分之 䊳 碎 ·隓 毀也許規反三加三又陊 睢 仰目出說文又許葵反 眭 〻盱健只盱旭俱反 觿 角錐童子所佩案以象骨爲之用以解結也 蘳 果實〻之皃 隓 相毀 ·鬌 髮落直

垂反二加一又鬌 錘 八兩又馳僞反又稱鎚字 甀 罌又馳累反 ·垂 是爲反三加四邊也無〻 陲 邊也又危 ⿰垂隹 小口罌 倕 重也又神農時巧人名 ⿰垂隹 雅又時惴反 篅 筐又市緣反 ⿱垂了 草木花懸 羸

力爲反一廋也 ·吹 昌爲反二加一又尺僞反 龡 說文〻理管之樂 炊 爨也古作龡 ·鈹 敷羈反五加三大鍼也一曰劒而刀裝也 帔 又芳髲反衣不帶又巾也 [illegible] 〻彖 披 開也又捴 ⿰田皮 耕 旇 旗 ⿰止皮 又皮破又義反

被 阻水 ·陂 彼爲反四加五地不平 詖 辭治 碑 銘立石爲人之碑古跡 羆 案爾雅羆如熊黃白色頭高腳長猛憨多力能拔樹木關西謂之貑羆 犤 牛名 ⿰金罷 拾 襬 關西記褶也 ⿰阝金 鉖 藣 草〻又

碎又賜反 ·隨 逐也旬爲反一加三俗作隨 隋 案左傳漢東之國隋爲也 隋 案碎肉 ⿰王有 琟 ·虧 去爲反一加一氣損也 ⿰土虧 案聲類又毀也又許宜反 闚 去隨反一案闚覦也又作窺 奇 異也渠羈反六加五又居宜反 攲

木削生 ⿱奇虫 虫行 琦 玉名 騎 騎又渠寄反 鵸 似烏三首六尾可以禦凶 ⿱奇鬼 小兒鬼又渠寄反 碕 曲山岸又巨掛反 岐 山名又巨支反 錡 釜又魚倚反 弜 強 ·祇 巨支反十加九地神也

大也從示衹 衹〻 岐 山名又渠羈反 鼓 鞁弓 歧 路〻 郊 邑名在扶風周太王所居 䮕 勁 疧 病詩曰俾我疧 軝 靷 軝 案朝楚車輪詩曰約軝錯衡長轂之軝 翄 案左太沖魏都賦翄〻精衛又是支反 廿上宋本第五葉

跂 案行不謂足跟不著地者 汥 水都也 𧺆 說文緣木一曰行皃 芪 〻母 𡵕 古文岐与同 蚔 蟲蠆 忯 愛又弋支反 犧 許羈反八加六牲也 觝 角上 羲 氣也又帝号 㗒 〻貪食者見食皃 桸

杓 巇 險〻 羛 地名在魏郡 瀐 水名在新豐 虛 器 曦 赫 壞 毀 㩇 擊 吹 欬 巇 蝨 敧 去奇反四加七不正又鼓字 觭 角一俯一仰又居倚反 踦 腳䠊

崎 嶇〻 敧 器〻 踦 案棄世又九奇九䖥反 㤦 大 恨又去倚反 犄 武才 郼 地名 碕 石橋 ⿰虫奇 案長蜘蛛長腳者 宜 案爾及五加一當也善也便也又作宜祭社也 儀 容也義也迓也 䣡 地名在徐

鵗 案許慎云鵗雞也爾雅云似鷩鵔鸃五色鮮而小也 轙 車上繫轡所貫又作钀 議 古文 庋 符羈反三加二草也 疲 倦 郫 〻氏縣名在蜀 椑 木下交 㞙 古文 禔 是支反又第泥反六加六飛也又作趧字

匙 〻 堤 〻封項又丁礼反 是 草安也 柢 桃 芪 藥草 眂 目〻 柢 碓衡 禔 安 篁 簣屬 忯 愛也又渠支反 兒 汝移反一俗兒 離 呂移反十四加十四別也

籬 藩〻 醨 酒薄 罹 心〻憂 璃 瑠〻 驪 陳馬 劙 分割 鼶 小鼠相銜行 樆 山梨 蘺 草木附地生皃 鸝 黃〻鳥又黐鳥 縭 婦人香纓以采介履

蘺 〻莚 褵 婦人內衣 羅 罘罳 䍦 勾䍦東夷 謧 欺謧之言 鸝 鵹 䴤 又力脂反 蠡 蚰蜒又山奇反 穲 朿〻把 灕 淋灕秋雨 䅻 黍生 孋

〻姐晉獻公姬 漓 水入地 㰚 多端 攡 張 𤸻 疾移反三加七病也 骴 鳥鼠殘骨 玼 玉病 餈 嚌食 茈 〻姕不媚 胔 人腸 柴 古文 𪇈

鳥名又即移反 貲 即移反七加九貲財也布也 髭 口上毛 鴜 水鳥又疾移反 訾 思又訾城在河南偃師 䖪 〻名 鄑 〻城在北海 㠿 巾〻 㰣 〻樨木名 𧶈 鼠〻鳥狀如雞而鼠尾又出山海經 䂣

𧟥 婣 婦人皃 鸄 萊 郿 谷名在郿西 嫶 星明又子及 嫡 西方宿名 鍪 釜屬又千又反 𩣡 居宜反五加二馬絡 畸 殘田 𩖥 奇 掎 角〻 攲 〻取物 奇

不偶又渠羈反 婍 姕 卑 必移反六加五小也下 鵯 〻鶋鳥名 椑 木名 箄 取魚具 裨 衣裨益 鞞 牛鞞縣在蜀 鉀 鍪鉀釜也 顊 須髮半白 蜱 蟷〻蜱卵也 庳 安北

七

鵯曰庳 萆 萆薢草名 •裨 頻移反五加二 副將也 助也 陴 城上女墻 脾 心脾水藏 郫 縣名又姓也 𪍿 麴餅 埤 附又婢音 䴡 䴡𪍿麴 •絁 式支反三加三 繒似布 施 布也張也 葹

卷葹草名拔心不死 鼅 說文䵹鼅蜘蛛也 許曰得此䵹鼅言其行鼅鼅 鷉 案鷉也似鴨而小見尔疋 𧢄 諸又面柔 乜 古文 •斯 息移反十三加十二 按說文此析也 虒 似虎有角能入水行 𩅿 小雨 榹 桃榹 似桃而小不解核 㴲

又小涯出道 廝 廝養 凘 凌凘 磃 館名 燍 焦臭 㽄 瘦㽄疼痛又斯齊反 傂 傂祁地名在平陽 𤭛 破器 㒋 㒋侵 𩕊 顣顣 謕 謕譟 蘄 菜名出水中花可食

蟴 郭璞云青州呼載為蟴 樵材數云八角蟴螽 鐁 平木器 鼶 案鼠穴居 螔 案方言海岱為螔蝓 磃 磨 蟖 案蟖蟖蚣螽 縒 經緯不同又尺移反 菥 案草木張揖云似燕麥 徐廣云草生水花可食 禠 按福

•差 楚宜反一又楚佳反楚皆楚解三反 •摛 丑知反五加二 文也 舒也 螭 螭無角龍 誺 不知 魑 魑魅 黐 所以黏鳥 㷰 火 离 案許慎云山神也 •彌 武移反八加四 益也又弥 鸍 鸍鳥 檷 檷枸山名 獼

獼猴 麊 縣名在交阯 罙 深入 鑈 青州云鑈 㜷 齊人呼母 麑 鹿兒 䏿 合肥 瓕 玉名 篣 竹器又篰 •雌 七移反二加二 雄雌 胔 小腸 𦍩 羊皮蹄 鈭

錍又于離反 •知 陟移反二加二 蜘 蜘蛛 䝷 質 𨡙 酒 漪 於離反五加五 水波文也 猗 美 椅 木名 禕 美又王非反 陭 陭氏縣名在河東也 稦 禾茂 㾨 身蒻病 旖

旖旗舒 敧 欹䧢 𩓞 美容也 •馳 直知反六加六 速也 池 小沼 簃 閣 速 箎 說文作䶵篪 管七孔 褫 衣縟 𧽯 輕薄 傂 此 趍 走 𪗁 齒斷 踟 踟躕 𪚲

古樂名 誃 離訣 •眭 息為反一 人姓 •危 魚為反三加一 從人厄 㕒 厜㕒又牛規反 洈 水名在南郡 𨚗 邑名 㞑 古文 •詑 香支反一加一 自多皃 㕧 貪哏 •眵 叱支反一 目汁凝 釃 所宜反二加三 下酒 又山尔反

簁 下物 㯕 案析也 詩曰斧以斯之 澌 流澌 籭 盝 巂 山垂反一 華嶲 日垂皃 •痿 於垂反一加一 溫病一曰兩足不能相及 又於僞反 䬐 案風緩皃 •厜 姉規反三加二 厜㕒山峯頭狀 觜 星 纗 紉纗 嫢 又兊反

盈姿 惢 善又桑果反 •槻 居隨反四加二 木名堪作弓 規 規矩從夫 鬹 三足釜有柄 䳏 鷤鴂別名 槼 小頭 槻 案方言梁益閒裂帛曰槻 •劑 觜隨反一加二 黍也又在細反 𪚲 星 䳄 地 又先反

衰 楚危反一 熱也降也 減也 姓也 甀 竹垂反一加一 瓶 箠 節 㥞 近累反一 惡性也 新加 •蠵 與規反二加一 案蠵大如龜甲有文似瑇瑁 䔅 草名 欈 木名 •隋 弋垂反一 隋也 出說文新加 •騅 子垂反一 馬小皃 又子累反

八

脂旨夷反四加五 案說文戴角曰脂無角曰膏 祗敬又作祗 砥石 泜水 鴟小青雀 蕵ɔ菹 指木 湒水名 𥁂古文 ·姨以脂反十四加九 母族也 彝ɔ倫常 器象形 糸綦也

宗廟常器中也周礼有六彝雞彝鳥彝斝彝黄彝虎彝蜼彝以待祼將之礼也 寅平旦又以秦反 夷平也傷也說也滅也又東方人名字從弓從大 痍瘢 恞悦樂 陙ɔ陙 荑ɔ荎 胰ɔ豬 桋木 蛦ɔ螻

腴夫肉 跠跠案 𡰥古文 肩有 潘𡰥 洟ɔ鼻 咦ɔ聲 侇尸多 徺行平易也 睇視竆 圯橋 𣐀善 没水器也 䧅羊名 櫄木名

鍞兵器 ·師疎脂反二加四 篩蘺 鰤老魚 駟野馬 鳾鳥名 獅犬生三子 ·毗房脂反十四加七 和也 濡也 厚也 輔也 比又必履 婢四 扶必 三反 近也 琵ɔ琶 桿又 郍奚反 膍

牛百葉 蚍ɔ蜉 枇ɔ杷 仳ɔ催 醜女 芘蔾芘 荊藩 阰山名 貔獸名 笓取蝦具 沘水名在楚 麮麥 䖩草名 似蒿 見尔疋 篦筥 魮案魚名 頭魚似鳥 如磬

肶比 腰膍 魾案魚名 似鮎 鵧案小異 色鳥以鳴相呼 躰比ɔ膞 咨即脂反八加二 嗟也 資取也 用也 粢祭飯 杜預云黍稷曰粢 郭璞云江東呼粟為粢也 諮謀 齋緝也 縗也 姿儀也 態也

以上京本第六葉

齍黍稷在器 与粢同 澬水名 在邵陵 齎持又子奚反 䨥雨雲 ·飢居脂反二加二 餓也 又作饑 肌ɔ膚 虮虫名 机木 似榆 又音己 ·鴲處脂反二加二 鳥名 又作䳲 胵ɔ膍 鮍魚名

請 恕 ·絺丑脂反三加二 細葛也 辴笑皃 又勑辰反 勑忍二反 郗人姓 又地名 [illegible] 誄不知 ·郪次私反三加三 縣名 在廣陵 趑趑趄 趦趄 遲 趀說文 倉卒 [illegible] 郪車 郪階 屖比 [illegible]

視 ·茨疾脂反六加五 案茅覆屋 薋蒺藜 詩曰牆有薋 又草名 穦積 𧀍蠐螬 瓷器 凡 餈餅餌 蠀蝍 虫 絧補 垐以土增道 [illegible] 次 又士諧 士佳二反 澬

水名在常山 ·尼女脂反三加四 女也 柅木名 怩ɔ忸 蚭案方言 北燕謂蚍蜉為蚳蛆 [illegible] 告 呢吚呢 言訥 𡰥古 宇 ·墀直尼反六加七 庭塗 坻小渚 說文 秦謂陵阜曰坻 泜水名 在常山 陳餘死處 諀

山 案說文語諄謘 蚳案蟻卵 周礼有蚳醢 遲徐也 又直利反 岻山 阺坂 貾水蚧虫 一名貝 見尓疋 荎著味 𢓨迴旋 䏔黄質白點 厶古文 ·私息脂反二加三 昵也 𥝢案說文 芧秀

鍨平木器 玈石似玉 厶姦又与之反 ·尸式脂反四主 陳也 鳲ɔ鳩 穫穀 屍死礼曰 在牀曰屍 在棺曰柩 蓍蒿屬 可以筮 ·鬐渠脂反六加五 馬鬣上鬐 耆老 鍺鐵衝 鰭魚背上骨

八

鮨 鮓〻案說文魚脂醬一曰魚名見山海經 祁 盛皃又縣在太原又市支反 麎 牝麇 覼 視 諸 訶怒 愭 恩敬皃見說文 稽 麦下種 ·伊 於脂反三加一誰也發語辭 咿 喔咿承顏 黟 黑木又縣在丹陽

蛜 蛜〻蝛 ·梨 力脂反七加九菓也 鑗 直破〻 𥝢 禾二把長沙云 秜 稻死來年更生 蜊 蛤〻 蔾 蒺〻 犁 牛駮 鵹 案鵹黃楚雀又作鸝又呂移反 ⿱黎心 案說文恨也一曰怠 ⿰魚癸 魚名

⿱黎皮 斂盡 ⿱黎攴 引 ⿱黎金 比〻 黧 黑 鑗 金屬 ⿱黎貝 魚名 ⿱黎麥 麩〻麴也 ·葵 渠隹反三加四菜也 鄈 〻丘地在陳又在河東祭后土處 揆 於〻

⿰癸鳥 案秦漢謂小鳩爲鶏鳩 ⿰忄癸 悸又祇癸反 ⿰月癸 曜 ·追 陟隹反二加二逐也 ⿱雷追 雷出韓詩 娺 疾悍 ·龜 居追反二加二案說文舊也又亦足龜有十名一曰神二曰靈三曰攝四曰寶五曰文六曰筮七曰山八曰謂九曰水十曰火 跰 脚曲 螝 案尒雅螝蛹 騩 馬淺黑色

·蕤 儒隹反三加四律管名案說文草木華貌 緌 纓〻 ⿰木叟 染也沾也 桵 白桵木名 挼 推又而專反 涹 水皃又作潍 葰 薰蔓 ·衰 所追反三減也 榱 屋椽案說文秦爲榱周爲椽齊爲桷 痽 病

·惟 以隹反八加一想也 ⿰方畾 旗 壝 埒 維 繫也又維綱 琟 石似玉 遺 忘也失也 唯 獨 濰 水名在瑯琊 ⿰虫遺 肥〻虵名一首二身六足四翼見則大旱出山海經 灅 力追反七加十水名 纍 〻索

蘽 〻葛 樏 山行乘〻 ⿰牛累 求子牛 嫘 嫘〻祖黃帝妻 ⿰山畾 限〻又力罪反 絫 案十黍爲一絫 耒 手耕 瓃 玉器 傫 乘也又力罪反 ⿰目累 視 蔂 盛土草器 蠝 鼺鼠

鸓 飛聲 誰 就又十佳反 縲 落 ·綏 息遺反六加五安也 錐 語辭又假 荾 胡〻香菜又荽 浽 浽〻小雨 濉 水名在梁又許葵反 䅗 禾四把長沙云 ⿰禾夋 薑屬可香口 ⿰阝衰 水白

夊 狐兔行皃詩曰雄狐夊〻 奞 鳥張羽毛 蜼 虫 ·逵 渠追反五加十一道也 夔 〻龍案山海經大荒東海中有流波入海七千里其中有獸如牛蒼身一足出入水中見必風雨其光如日月其音如雷電其名曰夔是也 騤 馬行皃 馗 首 戣 兵亦鍨 頯 案尒足中央馬兩頭鋭曰頯蓋水虫

⿰亻癸 左右而視 睽 離 弅 持 ⿰足䍃 曲胘 ⿰阜見 大也又飢位反 歸 使 ⿱隹其 顧 犪 案野牛見山海經 頄 顴 艽 遠 ·眉 武悲反九加六[illegible]上又壽老也

湄 水涯案水草交曰湄 楣 户楣又案說文秦名屋連綿周謂之𢉄楚謂之梠 瑂 石似玉 ⿰目微 伺視 𥳕 竹名又無非反 薇 〻菜似藿又無非肯二反 麋 鹿 蘪 蘪蕪〻 溦 水名 ⿰木麋

羨之别名 郿 地名在扶風 葿 葿蔠草名見本草 ⿸麻見 金郿馬 鶥 鳥名一名鶅鵋 ·悲 府眉反一傷也 ·錐 職追反六加二鑽也 隹 案說文鳥之短尾總名 ⿸鹿隹 鹿一歲 騅 馬色

椎木名似桂 鼲案究野鼠也謂 ·誰視隹反二訶也 雎鷹 ·帷侑悲反一帷幄也 ·邳符悲反三加四下邳縣名 岯山名 鴀山海經飲鵰化為大 鮍大魚 頯頭髮皃 魾鳥名 許

錍齊斧名 丕大也敷悲反五加六 鴀大又苻悲反大鴀也 伾有力 秠黑黍 頄大面 駓桃花馬色 狉案尔足狸別名 髬 怌憂 岯山 髬髬髵毛亂 俷誹雉

紕反二加一似准 剺匹夷反加二繒壞 睢仰視又息衰反又雖 鎚直追反三加一 槌打又持累反 椎杸桫 頯頭頯 ·椎尺隹反二加一排也又他雷反 蓷案茺蔚草也 誰說說 ·胝丁私反二加一皮厚 秖禾穜再

𣪗破屋 跛器破 ·嗺醉䋘反二高也 ·嶲以木有所捕者春秋敗越于携李 ·巋丘追反二又丘誄反山小而衆也 䕫似葵草名 ·䨜聚惟反一細而有容 ·䝰牛肌反二代郡又巨貨反 𧸘識又所追反 𡰪虛伊反呻吟也一

九 ·之止而反三加一語助說文出也 芝 垤對又如一反 虫古文 ·飴與之反十二加九餳之別名 怡悅樂 頤面下又養 圯橋橋名水有日圯 貽遺也既也 詒美言 瑤玉名五色 宧

窒案東南隅 洍水名 胹煑肉 鮞魚名 栭船斗 姬王女別又居之反 沶水名在鳥陰一曰江有沶 眙盱眙縣名 枱銘柄 鉹戟類 台我也又吐來反 飴長沙云小 异已也又餘吏反

鯠魚 ·時市之反三加二是也 塒鑿垣栖雞 鰣鼠 榯落榯持偃者也尔足去制扉户木持者 告古文 ·疑語其反二加二猜 嶷九疑山 雉鳥名 𦸉又五角反 息力反茲息反

九又作恩 思ミ 絲吐蠶 伺候ミ 楒相ミ木名 緦ミ麻 葸竹有毒傷人即死 司 禗神不安欲去意 齝牛食又齝 ·輜楚治反二輧車衣又側治反 颸風 ·其

渠之反十七加七 旗旗 期契 萁 騏騏之典又鳥名白騏 琪玉 綦 綦飾嫁服 基 ·𩐳 麒麒雄曰麒雌曰麟 淇水衛名 鵋鳥又去其反 藄紫藄

鎮似蕨 錤鎡錤鋤之別名 朞 璂弁飾 鯕魚鯿 祺福祥 綦白倉色 朞古文 ·詩書之反二加二言志也 邿地名在濟北平陰 詘古 呞牛哨 ·而

如之反十三加二語助也 栭木名子似栗而細一曰梁上拄 檽木耳 陑地名又峻阪在安邑 輀說文柩車 胹煑熟又作𦠆同 鮞魚子又魚之美者 咡吻 洏九屬 誀誘 髵髵鬃毛亂 𩖐風之遙

以上本第七葉下缺

卌四

聲又口啜口的二反 聯 側叉反耳中聲四 嘐 牢林小兒又狂由反 巢 抄内又楚質楚翔二反 抓 搯 謿 張交反亦嘲又嘐四 趙 趙跳竹躍又趙字盲反 鵰 鶻鳥ミ 鵃 ミ鵃黃鳥 •謀 楚交反代人說 杪 略又初教反亦鈔 訬 輕海之稱

魑 猴 樔 取ミ 庖 蒲交反食廚也十三 咆 熊虎聲 匏 瓠 炮 合毛炙肉一曰裹物燒 䎂 赤黑色 尥 脛相交 嘐 不ミ實ミ事 狍 獸ミ人面羊身 鴞異 䶌 似鷹飲器 麃 似麃 鉋

三刨又白教反 桮 ミ手 捊 引取亦抱也 䫜 頭曲也於交反 咬 ミ咋多聲 窅 深目皃 䁂 ミ瞭不平又於糾反 梘 梢棡 坳 地不平亦窊 •䫿 五交反 一

豪 明刀反十ミ 俠 猇 哭亦嗁 毫 六毛 嘷 熊虎聲俗作嗥 濠 城ミ壕亦隍 獒 ミ又俊強 犭 嶅 山名又胡交反 郩 鄉名在南陽 椃 木名 獋 犬聲 •高 古勞反俗髙十九 膏 脂ミ

羔 羊兒 皐 九ミ俗皋 餻 ミ糜 嵲 古亭 ミ峰作嶂 草 草名似蘭 倃 毀 䚽 見 柃 知 櫜 上大囊一曰車弢亦櫜 卻 錄 ミ 嵪 不食之飢 鼛 長丈二一曰大鼓 侵事鼓

鶾 鵠ミ 槔 桔槔ミ 麔 牝麕 鄗 鄉名在范陽 篙 竿棹 •勞 盧刀反勞ミ八十 澇 水名在京兆又力到二反 牢 春馬又牢固也 嫪 姏又 嫪 聊 耳鳴又力彫反 哰 嘮ミ 嘈 諸 簝

龍 内ミ又洛蕭反 椰 木名 簩 竹名 䕣 野豆 醪 酒 橯 玉名 硠 山名 磱 高簩 蟧 蛤屬 嘮 嘈ミ聲 山 峷 山名 •嵩 呼高反又五 也 撓 攪又奴巧反

甍 死人里 蒿 嫪 云亦作嫽 鵅 ミ 毛 莫袍反九 軞 車ミ公之官 髦 ミ俊又髮 芼 菜又莫報反 旄 ミ鉞 㹠 水名 㪍 冬桃亦作旄 氂 ミ牛又莫交反 犛 •丘 名 餐

高土食五反貝 洮 水名 䬞 藏也 從臼 滔 流皃 謟 叨 ミ濫 桃 ミ達相見 又土刀反 弢 弓衣 騊 馬行皃 犒 牛羊無子又昌朱先牢二反 牧 牛行 遲 槄 ミ棺 慆 悅樂 絛 編絲為之 亦縚

槄 今之山楸 韜 謟 謂藏也 䄻 目 亦晚 岁 滑 詨 謞 㕮 古 器 本 進取也 從大十也 •刀 都勞反五 魛 魚名 忉 憂心皃 裯 襌被又逐由反 舠 小船 •騷 蘇遭反十 慅 愁

桚 爬 刮 繅 繅絲亦作繰 臊 腥ミ亦作鱢 鰠 魚名 慅 ミ愁 颾 高風 傜 ミ行緩皃 溞 淅米 艘 船又音蕭俗作艘 •袍 薄褒反二 軳 戾 褒 博毛反又亦二 郇 地名

陶 徒刀反又餘昭反 器也廿二 詢 言多 咷 ミ號 桃 果木 綯 又直留反 裯 禍 錭 鈍 犒 牛羊無子又土刀反 綢 似帳又草 燾 ミ覆 逃 ミ亡 蜪 蝗子未有翅者又勅高反 匋

十

徭ㄷ騑馬四歲又徒洛反 鼗鼓 掏大波搯出 濤大波 檮扒ㄷ 騊騊駼似馬 匋瓦器 翺羽憍又吐高反 檮折木 槽作曹反又九 殭終又祀于反 棘日出 槽棧又才

勞ㄷ及 慒 藉 遭遇 燤火餘 檀木檍 葉花實相 傮 迎 遨五勞反姓也遊遨廿一也俗 翶自羿 翺ㄷ 聱不聽又五交反 謷不省語也一曰哭不止也又五交反 鷔駿馬 獒犬高四尺

磟宣又許驕反 戩戈鋒 鏊夭夭 鏊釜 螯 熬煎 嶅山多小石 鬔髮長 激水小 贅蟹ㄷ 嗷叫又鷔 鷔名鳥 鼇海中 鼇又 鼇

曹屬 蘩ㄷ繁縷菓生細葉也 顙高ㄷ顙皃 爊於刀反埋火中二 鏖銅溫器 曹昨勞反又九 槽木 憑ㄷ 螬蠐ㄷ 嘈聲 䎭耳鳴又在宵反 曹草名 褿祭名豕先 艚船ㄷ

[illegible]脃 猱奴刀反獿猴也亦猱四 獿多毛犬又之大又乃交反 嶩山名又仙猱 璈玉名 髝苦勞反髝髇一也 橐普勞反橐大皃一 橾七刀反又七到反也赤槃二 慅可以裹七又七遝反

卅五

庚古行反四 鶊ㄷ鶊 更古孟反又ㄷ代亦受又 迒菟徑 秔稻又作粳 埂秦謂坑爲埂 浭水名出北平 羹從羔亦簡又羹 坑客庚反坑也亦硎五 欱 砊砊硠 阬又磬口盍反 亢道亦陘

盲武庚反又武八無目 蝱蟲 鄳縣名在江夏 鋂ㄷ鋂 䈟竹名 䁅ㄷ視直視 甍具母 䣚縣名 橫胡盲反又五十縱也 黌學ㄷ名 蝗虫又又戶光反 鐄大鍾 瑝玉聲

喤泣聲 鍠鍾聲 鐄鐵 籐 鄺糺 忪ㄷ憕 颸ㄷ颸風皃 韹聲 彋起皃 潢方舟 舟人呼渡津航曰潢 楻榜ㄷ祭名 閎巷門一曰宮中門道 劥大 枋廟門祭

嗙聲 諻語聲 𪄻虎橫反語聲四 翃ㄷㄷ飛皃 嚝喑ㄷ聲 喤聲 觥古橫反兕角爲酒器三 宏滿 侊小皃 彭薄庚反又姓十六 膨ㄷ脝脹皃 澎地名 憉ㄷ悙自強 蟚益

騯書即彭反 蟚ㄷ蜞似蟹而小 鬡鬤ㄷ髮亂 棚ㄷ閣又步崩反 搒笞打又捕孟反 祊ㄷ祭 䒍草名懆悲 篣 䭴馬盛 軿車音 榜輔又音ㄷ部郎反 瞕許庚反又

四ㄷ 悙 憉ㄷ 湞水名又直耕反 亨通 瞠丑庚反直視亦瞪三 䁈正視 橖ㄷ撥 鎗楚庚反俗鎗非二 槍欃槍妖星 傖助庚反ㄷ楚四 衡角長皃亦作楠 崢ㄷ嶸 鬇

鬤鬡髮亂又 霙於驚反雨雪雜七 鍈鈴聲 韺六ㄷ高陽氏樂名 楧梅崔 鶧鳥名 渶水名出清丘山 英ㄷ俊智又於香反稻初生 瑛玉光 碤撫庚反小石聲五 怦 砰滿 木芽

亨英又許兩庚許二反　澎水聲又薄庚反　平符兵反亦笄七　評量　苹萍一曰藾白　胼牛胼羊胎　枰仲木名　泙谷名　蚲蛢　驚舉卿反六　鼇魚名　京

荆華　麖獸名亦麠　鶁南方有鳥名曰鶁鶁頭五色也　明武兵反亦朙四　盟約　鵬似鸚　鳴鳥聲　棖直庚反門傍木七　瞪直視　桯　憕失志皃

盯䁐　澄水清又直陵反　棖䩞　趟趟趟跳又　皃二　飄狂風　禜永兵反又華美六　禜祈晴祭又城門詠音　蠑蠑螈蜥蜴別名　瑩玉色又烏定反　榿　嶸崢嶸又戶明反　兵補榮反一

兄許榮反一　卿去京反官名一　生所京反進也出也象草木從中土亦笄七　甍如兕而小　笙竽　牲牛羊等　猩猩猩獸　鉎鐵衣又音生　甥外甥　擎渠京反舉八　勍強力　黥黑刑亦劓　鯨魚名大

檠以正弓　檺桐　勍山雞又渠征反　頳頳　迎語京反一　行戶庚反又下孟又下網反九　衡衡扼　筕竹筕篖　珩上珮玉　蘅杜蘅　洐水行濱　䐁肉熟　桁　䳅鸇黃鸇

以上孚本第八葉

·鬡乃庚反髶鬡四　髶毛多犬　儜弱惡　鬤可作　鬤

卅六耕古莖反亦笄卅一　鏗口莖反亦鏗鏘十三　鏗一曰車聲　䳕車鶁鳥亦鸑又枯堅反　誙如莊子　牼牛骨宋有司空牼　鋞餅堅也又口耕口閒二反　羥羊名　殸　硜小兒皃　樫橦　梈琴聲亦鏗

輎　䡩谷　·甍莫耕反九　萌　䕢苔　䓴在　甍　䓴竹　瞢　瞯視皃　萌芽　氓民　㟧亦吔吉　嫇嫇嫇　·宏戶萌反十二　宖　竑大屋深響

金聲　紘冠紘秦　嵘崢嶸又作崢又永兵反　峪谷中響一曰谷名　耾耳語　硼　䨚　閎巷門　彋揚雄甘泉賦彋彋其相　鷇鳥羽鷇　竑輪輻廣　紭納網　莖戶耕反草木幹　甇罌名　鈃似鍾長頸

牼牛膝下　·朾中莖反伐木聲三　玎玲玎　宏宏閈大　·䆪烏宏反空也亦宖弘九　罃中冷聲　蠑衣鬼　䳟　䳟桃　嫈鸚女乙於新婦也四又於營二反　鸚鸚鵡　罌小聲　䳟

鸚鳴鳥　·崢士耕反六崢嶸山峻皃亦峭崝三　箏箏筝　鬇鬇鬡　·琤楚耕反玉聲四　䆪　䆪吟　鎗金聲　·儜女耕反困也六急　䚒亂　鬡　䆪也

諍小聲　鬡鬡　箏　·怦普耕反心急皃九　姘女人与人交一曰女人四　閛門扇聲　栟　彋　姘　䚒使也又必耕反十一　繃　繃　㶆　棚　抨　砰如雷聲亦硑　砰

廿七

轟呼宏反車聲亦䡕輷九　栒擊又叮縣反　䎕羣鳥翅弄　礐石落聲　𤞑飛〻聲　揈擊聲　訇水石聲　鍧鍠鍧鐘聲亦鈜　㤯好怒〻　•繃逋萌反束兒衣也三　拼使又普耕反　絣

振繩墨　•橙直耕反柚類八　楟撞〻亦敦　瞪盯〻直視　湞水名又豬耕反　虰〻蠑又音丁　䁎安〻窗　窗響　穻窔　•泓烏宏反深三水　䚾訡〻　宖室響　•輣扶萌反兵車五　弸

朋鳥兒　㥊〻悩好貌　棚棧〻又蒲崩反　庄平　•娙五莖反身長好兒漢武夫人名娙娥二　侄急又牛燕反　•爭側莖反競也六　箏　竽〻　埩埋　綪〻縈　猙獸名似豹　䴟長頸獸名　菁〻蕪　旍旗〻亦旌

清七精反天氣又水清三　圊廁　鯖魚名又諸盈反刪二　•情疾盈反五　䝼受賜　晴日色　請又在性七性反三并　夝雨夜除星見　•精子情反十二　氐狘〻縣名

鶄鵁〻　蜻〻蛚虫　睛目〻　聙聽〻　濪水名　晶光　鼱〻鼩小鼠　婧姝又性立又慈　•盈以成反滿也九加一　嬴姓　𡣍好女　瀛大海　籯籠

楹柱〻　櫾頌宋陳桂負　溋魯大夫名　贏財長也亦嬴　𤠥似狐黃尾　營余傾反四　瑩又烏鐵反空　塋墓域　䁝惑耳目　嬰於盈反六兒〻嚶　纓冠〻　瓔〻珞

賏頸飾　櫻　鄸地名又一井反　•貞陟盈反正也七　禎祥　楨〻幹又女〻陵名樹　湞水名　鄭地名又直貞反　偵候又勅貞反　隕丘名　•檉勅貞反木名七　偵候又陟盈反　赬

赤也　𧿒跉〻行不正　竀正視　酲病酒又直貞反　虰　成蠪〻亦蟶　成市征反七　城郭〻　盛在器物又食正反　誠信　宬屋深　郕地名在東平　筬〻筐織具　呈直貞反平也亦六　程〻期又姓

筳　裎倪滯又卯頸反　醒病酒又勅貞反　珵玉名　•聲書盈反二　韾無形而響　•征諸盈反行也亦征六　鉦〻鐃　正〻朔又之盛反　怔〻懼兒　征〻遑松行兒　鯖於形反又曰五侯煎魚

•輕去盈反三　𨎮〻車聲　䡖一足跳　•名武并反二　洺水名　•跉呂貞反〻盯二　令使人又呂鄭反　•缾府盈反三　栟〻櫚木名　箳〻篂車　•傾去營反一又〻也　餳徐盈反一飴亦

•縈於營反繞五　嫈小心態又烏莖反　謍聲　𢃇覆　褮鬼衣又胡瑩反　•瓊渠營反玉名十二　煢獨孤又䓑　睘驚視　惸無兄弟　𣘲〻子一名桹　嬛好亦　惸

藑〻茅䔰名　𨋲車也一輪車賴輗　嬛負女色　㷀侍　赹獨行無所依　䓑草旋白　•騂息營反馬赤色四　垶赤土　觲角弓　𤛓赤　•頸巨成反又居郢反三　鮏

魚名 勁鼠尾草又居成反

卅八冥

冥莫經反暗 [illegible] 榠~樝 銘名記 鄍晉邑 溟~濛小雨又亡冷反 䫤眉目閒 嫇乾嫇 瞑目~合眠 嫇~奵 覭小見又亡狄反 蓂木 螟~蛉食桑蟲 [illegible]小豕

蓂~莢瑞草 ·青蒼經反東方色也三 鯖魚名 綪深碧 ·經古靈反常也三 涇水名 鵛鶄 ·形户經反成也十二 刑戮 邢地名 桯牀前長机又音汀 鉶炊器 [illegible]

酒器亦瓶缾 [illegible]小派 郱郡名在密 型鑄鐵 陘連山中絕 侀成 娙長好又五丁反 ·庭特丁反直十九 停住 鼮似鼠 莛草莖 艇舡 鯙魚名 [illegible]

息定 葶~藶 筳竹~ 亭~館 聤耳出汁 霆雷~ 梃縣名 渟澄~ 廷朝~又音定 㹶猛獸名 蜓蝘~又眠 娗好皃 楟木名 丁當經反五

釘鐵~ 叮~嚀 虰~蛵 町丘名 ·馨呼形反香三 [illegible]小言聲 蛵虰~ ·星桑經反晶光也亦十 腥豕肉又先定反 胜犬膏臭亦鮏 鯹魚名 程稱 鮏魚名 醒

~酒又息定反 櫺際欄又櫺 鉎鐵生又所庚反 狌犬吠聲 箵笭~別駕車 ·竮普丁反~~行不正亦竛俜六 甹掣曳又匹丁反 艵美色又普迥反 頩色又普丁反 娉男女合會 俜使 ·靈郎丁反神~善也卅六 柃檻

淥酒 蕶草名 怜了~ 泠~江澣陽~柒也 舲舟有窗亦艋 齡年~ 囹~圄 鴒鶺~ 麢~羊 笭竹名 蛉小青~蟲 鈴似鐘而小 零~落沉 醽~醁酒

亦醽 伶樂人~俜 翎鳥翮 㾉病 呤語聲 䑲船 霝雨~容 苓茯~ 駖~~車聲 岭深~ 𩵖車行又渠中反 㲒毛~ 𩚡餅 紷綒絲百廿

䨩空 櫺窗~子亦櫺 泠清~水名 [illegible]似葵可茹 瓴~甋似甖有耳 玲玉聲 酃地名在湘東又力鼎反 䤆似鉼有耳 𩕹瘦 聆以耳取聲 [illegible]鳥 [illegible]龍 龗山神亦靈 孁女

以上原本第九葉

[illegible]~~行不端正 䶓鼠~ 蘦菜名 笭~箵小籠 軨車闌亦輘 ·寧奴丁反又靖六 寍安 嚀叮~ 鸋~鴂 [illegible]蟡姑 聹又力之反 ·汀他丁反水際平亦汀十 評平又訂

桯雉~又音刑 綎絲綬帶亦綎 [illegible]亦縕 頲又他頂反人名 聽耳~又他定反 廳~屋 艼~熒又冷反 町田處丁□頂反 十二 ·鯖魚青色有枕頭有骨倉經反一亦作鯖又音征清二音 ·缾薄經反又甁十二 蛢似翼又丁令鼠 屏

〻風又 荓 雨〻師翳名 軿 輜〻車 蓱 〻是水上浮草亦萍 𡍬 〻埒 洴 馬帚草名瓬着 郱 〻城在東莞 畊 竹器亦䈂 鯆 昊 䶄 子〻毛 熒 星名六丸又孝反 褮 衣開孔 螢

音必郢反 光蚕亦蝾蝾 䔊 戍雀井反 䝔 貨 荥 小水 扃 古螢反戶外閉門十 駉 駿馬 坰 邑外林郊 冋 象遠界 絅 引急 熲 光又古迥反 檾 枲屬禾屬有藥〻 䮐 馬肥 濴 水名在陽武以沃𡿐水可以爲錦也

卅九 歌 古俄反古作哥五柯 柯 枝也亦柄亦持 㗊 法近 哿 女師 渮 澤名在山陽 哥 古作歌今謂兄亦爲哥也 牁 所以繫舟又牂牁郡名亦柯也 滒 多汁 盉 調味又胡戈反六 和 又胡過反 鈳 〻鉧 牱 洛過反瓵頭䦟身馬

禾 五穀 龢 諧合亦和 過 古禾反又古臥反十 戈 戟勾子 渦 水名在淮陽亦過 䯨 〻士 蝸 別名又古臥反蝸之 鍋 溫器 輠 車盛膏器亦楇 緺 綬 檛 疽 鴰 鳥名 䯞 洛過反身馬

巢 理 𥝩 三 贏 〻是亦驘 𧖲 飛桑 𥡝 木名堪作荆芥 鸁 草名出中水 䯨 亦穀積亦稞 嬴 水虫亦螺 鏍 〻鏍又公禾反 䯨 〻縷委曲 膼 手中文 萬 盛土器又誰力反

秙 禾秙又草名丁 髮 髮鬈長也又囊卧反 䰈 鬼名 𥠣 〻稜 怤 〻頭在縣𣵠郡 䠥 疾〻 蓑 織草爲雨衣 梭 亦𥟖〻 詿 〻佐 唆 小八相應 痤 昨禾反瘽〻五 矬 〻短 鏊 〻小

䏂 小目 䅝 秀〻 訛 五禾反謬也又化六 譌 動 䥅 〻 㓥 節〻木 蔿 草又于彼反 囮 網鳥又以媒鳥又餘舒 科 苦禾反〻十一 窠 〻窟 𧀍 草名 稞 青稞麥亦䅟 𥞭

〻三 滕 生海邊 蝌 〻蚪虫 課 〻〻又苦卧反 䈂 竹名 䈔 〻軸 瘃 秃 牠 牛無角亦作犓 倭 東海中女王國 過 水〻迴 渦 水〻又人姓又古禾反 涹 濁〻 蹉 七何反〻跌五 䯭 亦䯭美 𤨏

于王色 槎 〻碎 磋 理象牙 多 得何反古作𡖋三 㚊 南楚謂婦妣曰母姊婦父妣曰妐 䢮 漢書云群盜䢮宗 娑 素何反〻娑三 挱 〻摩 傞 不齊正又七何反 婆 薄波反四 鄱 〻陽縣名 皤 白頭亦鬌 𦄡 人姓又𦀟 䅝 〻𦀟又

〻 摩 莫何反〻七 磨 尼 盤 杯叉又蓖加反 魔 鬼 𩑶 〻 䃺 〻髓 磨 〻研 駞 駱駝〻又何反亦 鼧 馬尾 羅 〻神 䶒 鼠名 䡡 疾白 驒 連錢驄又丁年反

罷 〻又佐罷頰反古作䶒䫀 𨊻 〻 佗 〻大昔名夫 跎 蹉〻 紽 絲〻亦作䋋 鮀 魚名又作鱓 陁 不平〻亦陀 羊 耳四尾似羊九 䵃 〻 𩑳 〻又連何反 酡 醉 沱 〻滂 醝 昨何反白酒十四

暛 〻 痤 〻病 𥈩 又咨〻 艖 小舭 䗲 虎不信又才都反 酇 縣名在沛郡 酇 縣名又子旦子管二反 䢒 䢒䢒 蹉 〻亦躦 嵯 小瘥病 鹺 酸亦別名鹺 嵯 〻峨 蒫

蘀實又子祁反 莪五哥反草名似蒿十 蛾蠶 涐水出蜀 誐善言 睋視 俄頃 䫢頭 哦吟 峨嵯 娥美好 鵝鴨 佗託何反非三 拕

兜羅盧何反從网 蘿 蘿蔔 籮 籮篩 儸 欏桫欏木 邏遮邏又盧箇反 灑泊水名在房陵 那諾何反又奴箇反七 難 獸名 䎃多 儺驅疫亦作儺

儺驅疫 犴似牛白尾 椰 挓 何胡哥反姓六 河水名 荷芙蓉 苛煩 虎政 魺魚 蚵 蚭蚵 訶責虎何反正也 亦作 頇 頇顢 妸女字人姓何反 柯 摶

丆丁氣 已舒 波博何反 皤白老人又薄何反 鄱 番 鄱陽 嶓山在隴西 頗滂何反不正又滂可反三 坡 坂 陂 不正 珂 苦何反石次玉三 軻 轗軻又苦賀反 哥 蓒 骨

阿烏何反曲也大山 娿女衣 女字又於 䋾 阿不決 婀女字又虎何反 鉚 鉚鉚 綱 細繒 痾病亦作痾 詑吐禾反四 涹水名在西河 諉又吐禾反 謧 諉又谷反 讀 接奴禾反一 挼 捼 莝 稅徒禾反

䒩角牛二亦樂 埵 飛 䐑 䐑䐑 亦 捶 耩 耩鞋 靴二 作 批 際丁戈反又小堆 果反亦 埵 㙐一 茄巨佉反又子二 枷 杖 佉口反二 坎 去 迦居佉反仙名又音加一 蚢吐何反又二反 蝦 伽

卅

過古禾反 丁戈反十 侳 又坐 倉禾反一 矬 又子禾反一 痤 子過反一 安

佳古膎反美也二 街道 膎脯也 户佳反 五 鞋 鞵 扶 鞵 桕 韃 又鞵 𢞫 心 不平 牌 佳反 五 䴊 㢸 鹿 大梓也 木 郫 縣名在蜀又扶羅反 擺 撤

媧姑柴反女氏 媧 六 緺青 緺綬 蝸 蝸 䋧 䯄 𩨷 馬 色 歇 蛙 娃 蝦 蟆 廎 罵 烏蝸反正蠶三 呙 苦蛙反 亦 唱 絓 絲 恶 紫 士佳反 柴 薪也 姓也 七 柴 祭天 齒 齒 不正 齜 柴

積 攀 連 槃 車 撫 蔬 菜 敘 楚佳反 婦人政 䇬 七 艖 南楚人謂 小船 䑩 蝦 㓹 劉 飄 䫻 剝 𩆐 差 楚 㺋 二 又楚宜 三反 竵 口 偏 張 嬎 姉 雜

靚 姊佳反 魌 胡 羊反 謑 言不正 崖 五佳反 岸 也 六 啀 犬 闘 厓 山 邊 涯 水 際 䨙 雨 聲 齷 齒 娃 於佳反 美女 四 哇 淫聲 又烏 瓜反 洼 水名 又烏 瓜反 哯 崽 山佳反 呼彼之 稱又山

皆二反 簏 盪 懈 又山 反 譬 大佳 反 笑 也 二 吙 欵 建 氣 扠 丑佳反 以拳加 人 亦 㧙 一 瞶 莫佳 反 視 二 蕒 䕎 菜 謉 所柴 反 語 也 一

十三

卌一

麻莫霞反象属五 犘牛ミ 䵦榼又莫柯反 蟇蝦ミ 䗫水虫似龜大如車盖出沙上生三百子肉多膏可食 車昌遮反又音居二 硨ミ磲玉 奢式車反侈ミ三 賒不交 畬田ミ 邪以遮反琅邪郡名又似嗟反九

斜谷名在褒中又以嗟反亦 釾鏌ミ 祁名 茾菜 蔛菜属蘇又胡反 椰木名在交州 𦻱竹名在臨海 揶ミ揄相弄亦作字又以朱反 遮止也正奢反三 奓吳人呼父 傞ミ 嗟子邪反又亦作謩

宜鉏加反亦作 苴茶衺 䔿薺實 譇詠 嫭恒亦嬌 袓縣名又似与反 㽺瘦小 蛇食遮反亦作虵又吐何反何莫 茶茗賈 華戶花反亦作蕐六 驊ミ騮 鷨鳥名似雉 蕐

似地鋘亦鏵 銐西刃又茶 瓜古華反蓏属六 騧黃馬 媧女侍 緺青綬 蝸ミ牛螺十二 花呼瓜反又古華二 譁讙ミ 誇苦瓜反大言七 夸 胯ミ以赤人

跨吳生 荂榮敷 姱好也奢 髁骨髀ミ 拏女加反七 詉諸ミ語不正張加反 柯手攌 挐絲絮相牽又持也 笯烏籠又奴胡反 䋈衣 奴ミ 嘉古牙反十九

家舍宅 加增 葭蘆葦之未秀 笳ミ箛卷蘆葉吹之 麚ミ牛又北豕 痂瘡ミ 鴐鵞ミ 迦 枷ミ鎖又打穀具 袈ミ裟 瘕病 猳玃 豭牡牛力

蕸芙蕖又音遐 蚉木中黑虫 茄荷莖 迦釋迦又居去反 珈婦人首飾 遐胡加反遠十三 蝦ミ蟇又水中虫 鍜ミ鉧進得不 霞赤雲 瑕玉病 碬礪石 鞎履根亦假 𪕞曰朝赤ミ 騢

赤馬白雜色 鰕大鯢 跏脚下 顑懶ミ言語不節 葩普巴反草花白亦作䔤二 蚆水虫貝属又白加反 鵶烏加反烏之別名四 鐚鐚鍜 窊ミ亦作姿態宅加反 剄自刎 𢀳百加反又伯額六 鈀兵車 笆有刺竹名 豝豕

芭蕉ミ 𧉘属又普加反 叉初牙反又初交反二 杈把ミ 砂所加反石ミ七 沙ミ汰 桬木名在崑崙 魦鰋 紗ミ縠一曰蠶又作繺 裟袈ミ 鯊ミ鯊 牙五加反齒正十三 芽萌ミ

衙縣名在馮翊一曰衙府 枒杈枒不正 齖齒ミ不正 䶥 渣水名出義陽 葙苷 担把也取也 戲以指桒 齇鼻上亦作 䶩牙齒不正 滒汁渣 奈又十一 秅

瘥瘡瘕 蹉行ミ跨難 嵞內與 陼丘 梌刺木 荼苦菜又度胡反 涂塗汙 鄐亭名 椛一名作春 衺似嗟反不正亦斜二 邪ミ側 斜蒿ミ

闍視奢反闉又城上重門又德胡反三 佘姓 鉈短矛 窊烏瓜反二 洼深又於佳反 髽婦人喪莊華反一 檛陟瓜反打也二 簻菙 爬搔也蒲巴反亦把三 杷枇ミ木名 琶琵ミ樂器 楂水中浮木亦查鉏加反

以上原本第十葉

齇司二牙又音槎四 䃰砵破 𨜴地名 •侘勑加反侘傺失意二 𡰪傒口 •奓陟加反張七 䏧不臺 䶩齒聲 譇詉譇不正也 觰角上廣又都賈反 䛌譇拏詐

秅關張屋 •煆許加反火氣也又呼嫁反四 颬出氣 呵口兵 岈𡸣岈呀合反 •齖齖客加反四 楟杷唯 咤張加反出達 杔舒舒張皃 •𡤿而遮反羌國名一 •査市邪反大口一

卅二侵 •侵七林反漸進三 駸馬行 𧯢豆出 •尋徐林反逐也亦𡬶十二 鐔劍鼻又徐針反 潯水名又深 鱏魚名又餘針反 樳木名 䌌續 㶣大水名 橊木名

鄩古姓 撏小城 𦀾衣大又他感反 •林力尋反八 琳玉名 淋以水沃 臨大 箖竹名 㵲水出 霖三日雨 痳病 •琛丑林反八 棽木枝長又所林反 彡祭名又餘終反

彤船行 綝善 賝貢賝 覾私出頭視又丑林反 郴縣名 •斟職深反酙九 針亦鍼 鷀鷀名鳥 箴竹名 鱵魚名 𡊪古國 黮黑暫又居成反 瀸

酸𦮭草 䊪規誠 •沉除深反沒也亦式荏反六 㳬小水 芁草名 霃天陰 鈂鍪屬 祝示石 •碪知林反搗石俗砧三 椹披也析木質 枯又思廉反 •諶氏林反誠也亦堪說 忱信也亦悅

瘎瘦病又故痕 煁行竈 •任如林反堪也六 鵀鳥名 𢓭信 壬壬子 妊孕 紝織紝又上儀女林反 •深式針反二 水 𣴗蒲蒻 •淫余針反十二 婬邪 𥮾竹名

蟫白魚 鐔劍鼻又徐林反二 驔馬之別名 鄿地名 㶣貪 鱏魚名又徐林反 艾然 霪久雨 冘行皃亦以周反 •心息林反二 杺木名 愔於淫反二

窨地屋又摘葉反 祲日傍氣又子禁反 梫木名 䰼 䊌難雞 𩞁 鵗 𡑧 埐地名又才心反 鵗鳥名 皋自高 •𩽼昨淫反七 𩥇竹 鬵

棽木名 灊水名 埐地名又子心反 䲔 醦熱意 •誑女心反誑二 絍組 •琴渠今反一 檎亦捦 𪇸急持 黔黃黑 𢄸 紟 𥹿 㽹 𨚕亭名

禽鳥之總名 芩黃 檎 𣘿 懍林 寒狀又力𡛓反 吟石地 濝 鴒又渠矣反 䶒 欽 捦持 紟單被又渠禁反 𦊙竹甚 𥡂禾欲秀 黔

音又丑廉反 黚黃黑又渠炎反 •欽去音反四 敬 衾被亦衾 嶔嶔 崟 •歆許今反神食氣三 廞陳車服亦虛鎮反 戡 •金居音反七 今 黅黃色 衿小帶又琴禁反

十四

襟袍襦前袂 禁ゝ得又居蔭反 㥠心ゝ ·音於今反六 陰陽ゝ 霠雲覆日亦陰 暗於禁反又聲 瘖瘂 喑極啼無聲又於禁反 ·森所今反木長皃六 蔘人ゝ 參ゝ長亦蓡
槮樹長 梣木枝長又巳林反 穼突 ·岑山高五 涔ゝ陽地名又士盬反 霫雨聲 火入山深 梣青皮木亦橉棲 ·簪側今反七 瑨石似玉 潛 鐕水 笒魚
橬東 兂首筓 ·嵾楚今反一ゝ差不齊皃亦參 ·吟魚今反詠歌也亦訡五 黔熟 芩菜 霃霖雨又牛俗反 崟ゝ嶔 衣立 ·覎充針反一內視

卅三
蒸諸膺反衆也六 烝冬祭又熱氣 篜竹炬 脛 蒸菹 脅 凝 ·承署陵反次也奉二 丞佐 ·澄直陵反又直庚反五 憕又竹萌反 懲戒 瞪
直視皃又丑升反又直庚二反 淩歷又水名 ·陵力膺反大阜十三 蔆ゝ菁高皃 餕馬食穀又力鄧反 棱 薐ゝ去又居力反 蔆草 稜福 倰 淩冰 夌亦菱 㥄怜 綾
錂ゝ 鯪魚名 夌越 ·膺於陵反胷四 應當 鷹鳥名 蠅寒蜩 ·憑扶冰反五 凭依几 淜無舟渡水 凴ゝ陵 磳 䁝又ゝ磳子縢哥二反
凍五 棚所以覆舟 弸霞天又作棚 淜ゝ河 棚盛箭器 ·蠅餘陵反一 ·繩食陵反繫索九 譝 䋼 鱦魚名 憴譽 騬馬揺 乘駕 澠水名在齊 溗 浪 (?) 前夜反 溦
縢 睦也坿也亦滕陸 ·升識承反十合五 陞 昇 正升五 陵登 勝 又書證反亦勝 榺 栯 旌 旗 升上 昇日上 ·仍如承反五 扔引 艿 草陳 訒 就 扔木名 ·兢居陵反二 矜 懼
矜 㱳 恐 ·嶶 陵 陵反 五 也 嶷 腹病 鄦國名 䉛 桂皃 嵥 ·繒疾陵反五 帛 曾 山高皃 ·驓 驓 馬名 驓 馬名 橧 ㄙ 磳 所家
·凝魚陵反又水 一 ·興虛陵反又去聲 起也 三 興 地名 萁 菜 ゝ 藥 ·稱處陵反知輕重也二 偁 宣 揚 亦稱美事 ·砏 倚陵反又口 本反一 ·兢 其矜反 兢ゝ 死狀 三 兢 根可緣竹器 磳 騰ゝ 又子 皮冰反 ·兢 山 矜 反
以上 第十 原存 一葉
一ゝゝ ·僜 丑升反又都鄧反四 睖ゝ瞪直視又直陵反又丑二反 庱 亭名 絠 綠也亦 絡 也二 詒非

卅四
尤 羽求反 甚也 疑 乙 聲 八 杬 木名 膍 縣名亦 䏊 疣 ゝ結病 亦 肬 黙 沈 水名 肬 贅 訧 過 郵 境 上 舍 ·憂 於求反 十 七 優 ゝ 昌 饒 瀀 ゝ 渥 鄾 邑 名 鄾 氣 逵

獶 獿ゝ 麀 北鹿亦作𪋝又於虯反 穖 穜覆 呦 鳥鳴 嫪 卑閒恨 纋 中幷 優 ゝ遊 蒦 菜 擾 打𢬿 丝 小微 怮 怨念不言 嘎 歐歎 ·劉 力求反也卅二 鎦

鶹 犬ゝ雒鳥 少美長醜 畱 說文從卯 蒥 ゝ黃藥名 蚚 水虫亦作蟉 鐂 竹名又力九反 飀 飂ゝ風聲 勠 并力又力逐反同心 摎 縛殺亦𢷋 騮 赤馬黑腹 騮ゝ 驑 䮷 耕禾種 鶹 鳥名 麍

𦪆 麻ゝ角臭 遛 ゝ逗 硫 ゝ黃藥石名 瀏 水清 憀 賴又力彫反 𣐊 ゝ桴 未鐵 流 水行 蟉 蟉ゝ又力幽反紏二反 䋷 禲 視襱 懰 怨 蹓 豆 旒 旍ゝ 飂 高風 瘤

肉起病 榴 木名 鎏 美金玉飾 瑠 ゝ璃 鼦 食竹根鼠又作力九反 ·秋 七遊反ゝ熟也十二 鞧 車ゝ亦緧 鰌 鰼 蚿 鼃 虵 鶖 鳥ゝ 鶖 鼀 似蝦ゝ 䲡 鰍 魚名 篍 又蕭又火具燒反

萩 蕭似蒿 楸 木名 蝤 蛭ゝ 蜘蛛別名 䳁 鶖ゝ 雛離 𨠣 以周反 亦猶也 犹 悠 遠也憂 油 水名又麻汁 由 用亦言 猶 如也尚也 攸 所 猶 水中細草 浟 水流臭 𦳊 蕕 亦薰

郵 亭名 深見 鮋 魚名又丈流反 斿 旗ゝ 游 遊 ゝ戲 逌 ゝ攸 古行氣 歈 ゝ歈 相舉手弄帛 冘 ゝ預 不定 遙 輶 輕車又羊受易 蕕 草名 蚰 ゝ蜒 逌 草

𩑶 見 遊 遺王又餘九餘昭二反 游 浮 䍃 鮋 臭 泑 泑名亦泑 𤶊 臭氣 偤 待 蝣 蜉ゝ 櫾 木名 庮 久屋木又弋久又作庮 囮 五弋又 亦圝 鳥媒 鶔

鳥 𥨐 空 柚 木更生又臭 蚰 蝣 蜉ゝ又力周反 褶 櫾又以帚反 秞 禾盛 ·牛 語求又大武一 ·酋 即由又盡也又字由又亦迴 魷 魚化為鳥上有細毛 啾 小聲 湫 水名又子小反 雛 唯 又在

才笑反 𩯄 髻 䎻 耳鳴 蝤 ゝ蛑似蟹 楢 木名 揫 秋秋又禮云秋之言揫也又字 酋 酉秋又長也亦酋醳酒也十一 㥢 傲 緧 馬緧 蝤 蝎 熘 燎 鰌 雉射 叔 滫 淅

殧 人終于字反 揫 束也又即由反 嵧 ゝ峷山名 䲡 海魚 脩 息流又七也 羞 進也亦饈 修 ゝ理 䭫 音首又文 鏅 ゝ鏈 輶 輕車 櫾 木名 ·柚 勑鳩又亦 惆 ゝ悵

婤 人名又止由反 瘳 病瘥 疛 疾 妯 ゝ娌 𪇐 失意又他狄反 犨 白牛又赤周反 ·周 職鳩反忠信又姓十 洲 渚 淍 水名 雎 又居又時 賙 ゝ贍 婤 女字音柚 䳆 雞呼聲

輈 車 舟 船 州 縣ゝ ·讎 市州反又市止六 酬 ゝ酢亦醻 詶 以言答之又之由反 雔 雙鳥 𩠐 弃 鮋 魚名 ·柔 耳由反安也軟也十六 鍒 ゝ鐵 楺 ゝ木 蝚 蛄螻

十五

鵃 鵃鶔鳥鵃ヽ字音栢 鬃 馬鬃驄 睬 良田 騍 馬音騍 菜 香草 瓊 玉名 堥 前高後下丘又矣侯反 頖 面和 膆 肥 鄒 鄉名 鍒 皮ヽ又人九反 蹂 踐蹂穀 秋

式周反一取也俗作救 丘 去求反丘 蓲 ヽ鳥ヽ草名又火留反 蚯 蚯蚓ヽ 訄 迫也又渠鳩反 邱 地名 飆 迅尤反風吹八 秠 一稃二米又芳鄙反 𥦡 聲ヽ 坏 不凝又丘才反 㕻 孚一月又普才反 穀 坏穀 紑 不盛又良

孚正反 醅 醉飽 啾 子由反ヽ唧二ヽ 雚 雉 鳩 九求反五 芣 芣苢亦楔又居由反 句 黎 鬮 取 物 大力 不 南鴿反又南救南九三反二 鴀 楚鳩ヽ爪音失 捜 所鳩反取也俗作捜十五 餿 飯壞

颼 風ヽ良ヽ 溲 小便 醙 白酒 鎪 馬耳ヽ 廋 匿 犪 牛三歲 趥 不進 蕿 雞 𪏭 獸名似猿 蒐 春獵名 騙 乾臭 鄒 北方國 螋 蛷ヽ

搊 楚求反手ヽ亦搔三 篘 ヽ酒亦篘 糔 ヽ粉 鄒 側鳩反亦地名鄒十 騶 廄御一曰騶虞獸 齱 ヽ亦作齺又仕角反 齺 齒偏 萩 草名 楸 薪又姑 陬 鄉名一曰隅 緅 赤青色 趨 大走 廢

茎 ⿰舟周 般 愁 士求反憂也二 滺 水中 休 許尤反無點十 猴 ヽ猻 傌 馬名 貅 ヽ猻 痳 病下 瞍 面汗 鵂 鵂鶹ヽ鳥 髹 漆ヽ 庥 廕ヽ 脙 脊腹又渠尤反亦胳

惆 去愁反一也 囚 似由反二在周獄 泅 浮水上行 苬 草瑞ヽ 慒 又以愿 鮂 白鯈 儔 直由反ヽ躊 幬 帳 躊 ヽ躇 裯 被單 疇 田ヽ 紬 ヽ綸 綢 ヽ繆 稠

掫 薵 稠ヽ 檮 木名 鯈 魚子 籌 算 䳽 又冬南反方名雉 鮋 魚名又常州反 鄠 江在蜀 邑 咨 怞 朗 嚋 舌 ⿰齒壽 柚 草茶 㲉 又名斛 頯

妯 動也又直六反 懤 愁ヽ 音皂又靑 疇 ヽ詞 輈 張留反車轅五 盩 扶風縣ヽ在屋 啁 啁唯ヽ 譸 ヽ張誑 侜 擁蔽 裒 巨鳩反亦裘也 求 索 仇 怨 艽 地名在臨淮亦作仇又人九反 九 頯

銶 屬 鑿 求 賴亦姓 蛷 ヽ螋 逑 匹 球 玉名 賕 財 艽 地名 鼽 病寒鼻 梂 鑿首 肍 肉熱 紌 引 絿 急 訄 謀也 脙 ヽ又吁尤反亦胳

浗 索 梂 ヽ櫟 觓 ヽ谷 簝 龍ヽ 朹 木名子女奈 芁 白芷 媝 釚 弩ヽ 梵 荊 莍 樧實 惪 仇怨 訄 迫也又去求反 郱 地名 浮

父謀反泛也十六 呼 吹氣又佛謀反 桴 屋棟 桴 把 鋢 小盂 脬 肉鮓 雩 雨ヽ雹貌 艀 舟 邑 車轓 棓 捧 枹 鼓槌 䈏 竹育文 罦 車上網 琈 玉名 涪

桴ㄑ水名 桴柝 鵄鳩ㄑ 罘罝 䱐魚名 芣苢ㄑ 蜉蜉ㄑ 烰火氣 泭編木度水出說文 裒聚也又捊謂反 鉾多 鍪 謀莫浮反圖也廿 眸目童子 以上第十二葉本弟

雺天氣下地不應又莫侯反 牟牛聲 侔等 蝥蟹蝥 蛑ㄑ 蝤 緢絲十累 矛戟 鍪兜ㄑ 麰麦ㄑ又旋麦 劺 鴾鳩 鉾 鰅魚名

茅竿 䯾 酧ㄑ 堥 侔 鶔鳥 髳髮亦

卅五 侯胡溝反十九 猴猿ㄑ 猴 鶔 喉咽ㄑ 篌 睺目出方言半盲也又胡溝反 帿射布也 䂉 鍭 帿

頭 鍭 䥶大箭又胡 鯸 鮐ㄑ 餱 乾食 𧛾 褕ㄑ 鍭 𦛜 諏 摳 䥶 鏂 鏂 歐 嘔 謳 鏂 腒 驅 鰸 瞘

軀 樞 榅 甌 歐姓 嶇 區 剾 麀 蓲 鏂

䋖 髏 髑 摟 䁖 瞜 謱 樓 鞻 貗 蔞 慺 僂 褸 䙤 䝏 䁖 廔

小穿 陋 䉤 嘍 瞜 螻 蔞 僂 涑 樵 喉

軀 摳 剾 䥶 鉤 𧆂 䁖 鷇 耩 怐 瀫 䝁 鏉

三 𢷎 鯫 偷 鍮 婾 緰 頭 剾 剾 投 逗 鴎 𪍾

𥨋 緰 𩶤 歈 牏 齵 鈎 句 句 溝 褠 韝

䋤 笱 竹 龜 啁 鉤 鉤 鞫 茸 兜 㖾 言出

十六

竉食馬龍 䁚眵目汁凝睲 剅小裂 侸佔ㄑ垂下皃 剹亦剹二 緅鉤反細斷 鯫魚名又子溝七垢二反

卅六

幽於虯反隱也暗也六 泑澤在崑崙山下 呦鹿鳴 怮憂皃又於糾反 𢆶亦𥁕嶶也 䱂ㄑ螺又於糾反 虯渠幽反龍ㄑ又於幽反 觩角匕 蟉ㄑ蚴 林ㄑ角皃 璆玉名 觓角皃亦觓 觩角上曲

彪補休反虎文三 髟髮垂皃又所銜反 驫馬走 樛居虯反木下曲 朻木高 疛腹中急 𢎘相糾 芎草之相糾 鏐力幽反紫金又力幼反又姓二 蟉ㄑ蟉又力救反又渠糾反 滮扶彪反水流皃一 䨲子幽反

又楸木生名一 犙山幽反牛三歲一 聱語虯反又魚乳反ㄑ耴鳥聲 飍香幽反風又風一 繆武彪反又靡幼反綢ㄑ二 鷚天鷚鳥又力救反 休許彪反美也一 譙千侯反又鈔也千隹反一

卅七

鹽余廉反鹹味十二 檐木名 壛里中門 閻 𤺊病 阽危壁 櫩汙 簷屋開亦檐 閰門屋 佔行皃 餂遊食亦𩜹 鶼雞 廉力兼反

鐮刀ㄑ又鎌 䨬久雨 慊ㄑ恨 磏赤石 槏木名 簾ㄑ箔 薕ㄑ蔓 鐮ㄑ鎌 鬑ㄑ髮也又白長皃又 燫火不絕 蘞野生ㄑ又白ㄑ 奩

盛香亦奩 礦又磏 獫犬長喙又獫狁 籢ㄑ鏡 覝視察 䁠又竹陷反 蠊飛ㄑ 砭府廉反以石刺病又音窆一 籤七廉反也六 臉臛 鹼水和鹽又公斬反 槧又才敢反 憸削

僉咸 詹職廉反省多言亦四 占視兆 蟾蠩 瞻視 銛息廉反ㄑ利十二 嬐敏疾 彡毛飾又所銜反 暹進 枮木名 綅白經黑緯 韱山韭又音衫

亦諺ㄑ 襳小襦 纖細ㄑ 思疾利口 孅銳細 譫多言處屏也八 蛅蟖ㄑ輕薄皃 憸ㄑ利 襜小襦亦襜褕 㥈又徒頰反不和也 鉆 䤖 秥 僭

似韭細 出五原 汝鹽 鉗毛 稴? 霑 明唯皃 蚺地名 䶦毛 𦓎 耼 蛅蟖 詌多言 耼上服 冄時 冉毛ㄑ也亦 黏女廉反和也不 粘二 餂舌取 姑 冉毛 䑙 嬱 ...

霑張廉反 沾預ㄑ 覘丑廉反視二 𩑈 淹英廉反清也又於五 醃又於紺反 菴ㄑ閭 崦 䋈ㄑ 閹男無勢 懺 ㄑ 𩋒 嬐 ...

亦尖 鑯 𣓘 ... 殲 又子廉反 孅 滅 子廉反 上清 攕 纖 盡 瀸 水出又泉 鋟 啟 鑯 懺 ... 潛 昨鹽反水伏流也 涾 名 縣

凱螹 離 沾 潩 灡 南縣名在廬江 箝 巨淹反鉗 頸亦九 衿 小衣帶 紟 鈷 持鐵 黔 音其林反 黚 淺黑 鴒 鳥亦錐其林反 鍼 虎 柑 持 黡

於鹽五安也五 猒 飽 㱃 和靜 嬐 含又魚檢反 楕 美苗於驗反 熸 藍 山菜 襤 細葉林反 藫 中 探 視五感反似桑而酸 苦 實三 嫈 又尹兼反

卅八 添

痁 都又 妗 大夫反 美善一曰 黇 黃色 譫 舌出 髻 丁兼反 佔 詁 語 惉 衣領又丁頰反 貼 目垂又丁念反 战 量 貼 耳小垂又丁念反 甜 徒兼反甘也亦五 恬 靖 湉

他兼反 添益也俗添三 菾 菜名 甜 稻不黏 餂 奴兼反 兼名三 䭘 丁兼反 絶 火 溓 絶不 謙 苦兼反 蒹 古甜反 縑 絹 鶼 比翼鳥 稴 青稻白米 蒹 荻未秀 䉶

水 靖 網 嬚 戶兼反心不平 稴 黏 鬑 鬑 髮 鬐 䬼 醲 手取 䭘 許兼反 歉 色 欽 欽 欿 香 䨷 瘫 病

卅九 覃

趁 徒含反 鐔 劍鼻 鄲 南 燂 大熱 潭 深水 罎 雲布 篸 倉含反 蠶 驂 馬 䮄 僋 南 那含反 男 兒 枏 木名 亦楠 甔 墐 大

撢 遞 譚 大 醰 長味又徒紺反 罈 衣白中 蟫 木名 橝 水 覃 又 耽

耵 耳漫 又他甘反 柟 又生兼反 騂 絆 靻 諳 烏含反 記憶 鷂 鶴 馣 香 鞥 䳺 韽 又 暗 無聲 鐕 又 贊 盦 覆蓋 娨

庵 小草舍 䬼 腤 煑肉 含 胡男反 答 䖔 蜬 鎗 受 殼 䀁 䃁 似瓶有耳 涵 泳 菡 竹名 䎏 抙 頜

公南反 答 竹中實 莟 茵 亦 衔 䎏 蝴 排 又頭 䐄 䖔 頷 面黃又上 䨡 䫲 頭出 斐 盧含反 貪 爐 色 嵐 風 婪 嵐 颩 貪 他含反

二 䆴 探 取 簪 作含反 鈫 属 又 䦵 蓝 䒾 撼 䨷 䉦 䆴 䉨 又作 䄢 鮃 䣿 頜 鐕 䣝 䎏 䓐 昨含反 䵛 蹭 取

以上原第十三葉

十七

躭丁含反又淫䣱八　耽耳〻　媅淫色　眈視近而志遠　覘視力　𤝞多　妉〻樂亦媅　酖酒〻　龕口含反塔一曰龕皃　戡殺　頷醜白　堪任　歛

貪惏也又口含反　戡〻翦　䃣和又江談反　嵁〻崄又五男反　崟大含反又大谷六　酣面紅　稖小香　酷酒苦　䭲不耽冠亦䭲　欿貪貝又呼㤙反亦欿　毿毛藜含反七長三　鬖髮白皃

蔡〻綏又呼今反　弇古南反又那含反五　䶃鼠〻　蜬蠃屬　淦水入船又古暗公廣反　感特意又呼兼公廣反　儑不恣也又五男反三五紺反　㟔語䆲　嵁〻崿又口含反

五十談徒甘反八　郯國名　惔憂　㓩刮馬國　錟長鉾　淡水名又徒濫以舟反　㶠小熱手火𧝓衣物　痰胸上水病　甘古三反味也正曰六　笘竹〻　柑橘〻　苷

泔〻草米〻　媣嫚〻　擔都甘反負也五　𩑰凡　頕頰緩　儋國名　聸耳〻　三蘇甘反三　衫衣破　叁倉含反序音　藍盧甘反染草十　襤〻縷亦作襤

鬑鬑鬖髮垂皃亦鬑　礛〻礸　嚂　㦨貪　甔貪　籃〻大篝　擥持　籃筐　籃依　坩苦甘反〻颭一　甜他酣反吐舌六　突　〻𧆞

緂色絣　聃月漫無輪又老子名又那含反　坍水衝岸壞　蔪〻菼　慙昨甘反恧也四　鏨又去聲鑿　鷲鴉又士咸反　暫少時又作蹔　酣胡甘反又樂　邯〻鄲　虇

甝白虎亦含　𧌾上蚕　姏武酣反老女一　笘倉甘反竹又徒頰反　蹔暫作三　蚶大蚌屬出會稽三　婪貪姿　憨　欿又欲也又呼監反　戲〻䧳〻器四又乞人物

五十一咸胡讒反九　椷不達又古咸　䅌不作稻又胡數反　蠊海蟲食　鹹亦鹹　諴至〻誠神又五咸反　函〻谷關名又〻書　騑鹹騾名　鰔魚名亦鰔　緘封又〻五咸　瑊〻玏石次玉　椷杯又胡緘反

黬黑又小林反　轞車聲　懢　𢡃〻詖行不正又非好非惡　玪石似玉　櫼女牙皃丑咸反　櫼木名　毿長毛皃　㺂犬　霰雨　㮇木名亦杉　縿旌旗〻旒

黯乙咸反又於陷反三　黯深黑又上聲　淊水渡〻　喦五咸反〻山巖高八　顲長面皃又丘檻反　羬山羊大而小角亦𪏙　鹻鹵　䃸羊絕有力　諴和又音咸　碞僭老也又午金反　黬黑小淡　底

歛許咸反呿　蝛似蛤而小出海中　醎酢　妗善皃　詀又竹咸反〻諵語聲又尺涉反三　醶小頭　䳺鳥啄又苦咸反　讒士咸反譖也又士銜反十一　巉鼠黑身白　㹨又鉏銜反　鑱小鏨　鄬

穿地 饞不廉 欃~檀之別名 儳貪 劖劉 毚狡兔 䶣高鼻皃 ·鵮苦咸反鳥~啣物亦歁 又作咸反

五十二銜戶監反馬~三 譀調 䫲凡、屋 ·巉鋤銜反險九 嶄又士銜反~嵒 劖剌西京賦作此欃 艬合木船 鑱犁刃又士懺反 讒又士咸反~ 涔潛也又鉏簪反

獑~猢獸名又士咸反 儳~偯不齊出說文 ·巖五銜反三 礹山上有石 𡅖呻 ·欃楚銜反~槍妖星一 ·衫所銜反~衣亦䙈十 纔帛青色又昨來反

[illegible]~好所著又作孰字 𦢊[illegible]又格懺反 [illegible]微雨皃又子廉反 彡毛長皃 髟屋翼又長髮皃又比遥反南休二反 杉木名 摻覽持也又山斬反 芟伐草 ·監古銜反又口懺反從人臨字之類五 鑒~諸以取月生又大盆也 礛~礵青礪也 [illegible]視 𠛚細切 ·[illegible][illegible]銜反遲行二 嵌~巖山谷深遥皃又口銜反

五十三嚴語䶣反毅也肅也又射[illegible] ·[illegible]虛嚴反胡被三 杴~鏵古槍 莶辛 ·醃於嚴反醃漬魚一 ·𢽝丘嚴反敂歆下齊又丘广反一

五十四凡符芝反常也亦凡凡八 帆船上~又扶泛反 颿馬疾走出說文 𠈱相輕謂之𠈱方言扶劒反 汜姓又水名在襄城縣又汜劒詳里二反 舥舩 䒦船張亦颿 杋木皮可為索 ·芝迂凡反皆又浮 [illegible]二 沘水名

以上原本第十四葉

上聲卷第三　并卅五韻

一董多動　二腫之隴　三講古項　四養餘兩　五蕩徒朗　六紙諸氏　七旨職雉

八止諸市　九尾無匪　十語魚舉　十一麌虞矩　十二姥莫補　十三薺徂礼　十四駭諧楷

十五賄呼猥　十六待徒亥　十七軫之忍　十八吻武粉　十九隱於謹　廿等多肯　廿一旱胡滿

廿二混胡本　廿三很痕墾　廿四銑蘇典　廿五獮息淺　廿六潸數板　廿七產所簡　廿八阮虞遠

廿九篠烏皎　卅小私兆　卅一絞古巧　卅二晧胡老　卅三梗古杏　卅四耿古幸　卅五請七靜

卅六茗莫迥　卅七哿古我　卅八解佳買　卅九馬莫下　卌寑七稔　卌一極無韻　卌二有云久

卌三厚胡口　卌四黝於糾　卌五琰以冉　卌六忝他玷　卌七禫徒感　卌八淡徒敢　卌九減古斬

五十檻胡黤　五十一广虞掩　五十二范無反字取凡上聲

一董多動反三　蝀螮蝀　蕫蘋蕫又莫孔反　●蠓莫孔反四　蠛蠓　鸏水鳥　幪文皃　矇瞢矇日未明　●孔康董反甚也通也穴也一　●敂先揔反擊二　揔著捅又小籠也又蘇公反　●侗他孔反直一曰長大也三　桶木桶　曈曈曨欲明又音同　●惣作孔反聚九　嵸巃嵸山皃　㟅家㟅皃　鬆鬆鬆亂　熜煴熜又青公反　偬倥偬又且公反　輚輪　菶菶菶草皃　總聚束也

●澒胡孔反澒溶水皃又水銀滓一　●蓊阿孔反蓊欝五　滃水大皃　勜屈強皃　蓊竹盛　䨴氣盛　●䢵奴動反十九　●琫方孔反佩刀飾亦草和　俸俸俸　菶草盛又補蠓反　𧏝

小兒屬又縱履 •朧 力動反壠〻五 襱 袴又直隴反亦𧝓來公反 巃 〻嵸山皃 竉 〻孔 籠 竹器又盧紅反 •動 徒孔反搖五 酮 酒壞 姛 項直皃 眮 瞋目又大貢反 挏 推引 •唪 步孔反大聲二

菶 草盛又方孔反 •懵 莫孔反心亂皃一

二

腫 之隴反瘇四 種 穀也又之用反 不肯一 踵 足後 徸 相迹 •寵 丑隴反愛也二 埫 埫塕不安 •隴 力奉反大坂三 壟 〻 浝 丘塗 •擁 於隴反手〻三 𢸘 持 壅 〻塌又於隴反 •宂

而隴反散也從人遊俗亦冗八 ⿰內辱 曰偈〻亦貲 ⿰龍冗 鼠 械 栯亦稍 ⿰牛冗 水牛 ⿰木茸 椎檮 ⿰禾茸 稍禾 氄 鳥毛亦毴蕤衣又而尹反 •重 直隴反不〻輕也又直用直龍反三 鮦 魚名又直柳反 憧 遅 •冢 知隴反大也二

塚 墓 •奉 扶隴反進上一 捧 敷隴反掬也一 •勇 餘隴反健九 甬 花草欲蕟 涌 〻泉 溶 水皃 塎 埫〻不安 俑 木人送葬 蛹 老蠶蛹 傛 不安 踊 跳 •恐 墟隴反懼也一

•瘇 時冗反足腫病又瘇一 •拱 居悚反手抱十一 拲 兩手共械亦拲 ⿱巩石 水邊石 鞏 以皮束物又縣名在河南 蛬 蟋蟀亦蛩 珙 璧 拲 杷杼 ⿰忄共 悚 ⿰魚共 鰊子 𢪅 兩手 鞏 四 悚

息拱反怖九 竦 敬也柳〻善思 慫 敬 ⿰忄侯 懼 傱 〻走皃 駷 馬搖銜走又思口反 ⿱髟須 高 ⿰糹頁 絆前足 欆 執亦推 •洶 許勇反〻溶水又許恭反二 湩 冬恭反濁多從冬之上聲一 •⿰重隹 充隴反小鳥飛一

⿰忄松 且勇反⿰衤單亦慫⿰忄怱一 •⿰衤從 子冢反禪衣一 覂 方奉反覆也亦乏一 •⿰尨鳥 莫奉反鴎鳥二 ⿰肉尨 豐大

三

講 古項反數四 港 水派也 耩 〻地 傋 〻佬 •棒 步項反亦棓四 玤 邑地名 棓 大杖 蚌 蛤亦蜯 •⿰忄翁 烏項反很戾一 •項 胡講反頸後二 缿 受錢器

•⿰亻尨 莫項反〻倂不媚皃

四

養 餘兩反畜又作敎四 痒 皮〻 瀁 滉〻 勨 〻勤 •象 詳兩反獸六 像 大獸三歲一乳亦⿰豸象 蟓 桑上蠶 橡 木實 襐 飾 勨 勉 •奬 即兩反勸四 蔣

人姓 槳 楫屬亦⿰木將 ⿱⺮將 剖竹未去節又秦丈反 •兩 良奬反再也古㒳八 脼 〻脥 㭄 〻枝 緉 〻〻又力尚反 ⿰兩力 〻強 魎 魍〻 蜽 山之精物 裲 〻襠 •強 其兩反又人姓五 弜 弓力又渠浪反

諠覺言又大紺反 滰乾漬米 強勉亦彊 •鞅於兩反牛項羈十一 秧穰秧 柍木名 怏小光 紻纓 詇早知 眏無瞽 蚗氣流皃 鉠飽 岟山足 坱埃

•仰魚兩反俯仰一 •磢測兩反凡石洗物四 剩傷皮 搶頭搶地 漺淨 想自兩反念一 •掌職兩反守物二 爪ㄑ •爽踈兩反明也亦爽五 縔絞繩中 鸘鸘鳩 䬊

驋半破 騻驌騻良馬 •敞昌兩反露上敞四 惝惝怳 氅鳥毛 䟫蹈 •響許兩反聲也俗作響五 蠁舌 饗神食 嚮又許亮反亦向 享又普庚反 •繈居兩反絲有節四

鏹錢 襁襁褓 膙筋 •丈直兩反十尺四 杖笞杖 仗 疒丈病 •昶勑兩反通一 •壤如兩反八 攘 蘘 躟疾行又如羊反 孃又如羊反 瓖亂也

醸惡雉? 蘘蘘荷 𦢅肥 穰豐 •賞識兩反賞也 饟 •髣芳兩反髣髴古作仿佛三 紡紡績 鶭澤虞又符方反 •罔文兩反無六 網 輞車輞亦作䋄 㒺 誑

莔草 魍魍魎亦作蝄 •昉方兩反日初明三 倣學 舫 •枉紆往反屈也從木四 汪汪陶縣名在鴈門又烏光反 欿又音居 蚊曲 •往王兩反之一 •怳許昉反狂二 謊夢言 •上時掌反登進 㞷 誑

以上原本第十五紙

五

•長丁丈反生出一 •顙蘇朗反額 傸 •㯳渠往反乖也二 狂

•蕩堂朗反大七十 像 愓不憂 盪滌 璗玉名 暘 婸戲 簜竹 潒又水 簜大竹 •廣古晃反一 •灢

•顙蘇朗反三 𩕳 磉柱下石 •榜 㮄 髈 𦙦 耗 鬃 鎊 •駔子朗反又在古反會馬 •曩奴朗反久一 •沆胡朗反沆瀣 統 䁟

他朗反 六 不明日 •儻他朗反偶又丁朗反 曭目不明 傷長皃 篡竹器 帑帑 莽莫朗反又莫古反 蟒 䁟 䁟無光 艴艴無色 鏻又莫補反 蟒大蛇

•灢 漭 •黨德朗反五 欓木名又他朗反 讜直言 鄭鄉名 •朗盧朗反明也 亦 䁟 㝗空虛 坱 映 決 醠

烏朗反 妜女人自稱又烏朗反 笑笑皃 •慷苦朗反 慷慨三 廣大 又 軌 柳 •汪烏朗反大水一 •晃胡廣反二十五 愰 櫎 欀 滉 攩

吳郎反又都朗反㮛打也•髈髆骨朗反吳人云亦膀一•慌虎晃反慌四爌閒朗宂廣晄旱熱•[鹵亢]各朗反鹹鹽澤二吭ミ阳•奘在朗反大也一

六

紙諸氏反蔡倫所造十五只詞又諸移反坻隴ミ坂又當礼反四軹縣名在河南又車輪小穿秖秫咫尺抵ミ掌恀怙[illegible]曲泜枝禾芷止著坻ミ陽縣右坂䳅只鳥如鳥枳開

汦水名出枸扶山•是丞紙反實九跐積蹝諟審徥行皃禔衣服端狏ミ狠氏ミ族戱文無媞江淮閒呼母舐以舌食•靡文彼反無四[illegible]乘爲耳目又[illegible]䊳熟又糜

莫礼反徚遲ミ亦猶徚•彼甫彼反二犤相分解•被皮彼反又皮義反寢衣也二罷遣有罪人又平又薄解反•毀許委反壞也七燬火亦㷄[illegible]恶[illegible]擊墻檓樹名又若毇舂爲[illegible]鳥毛丸不如

委於詭反依也四骪骨曲[illegible]鷙鳥食吐毛蜲鼠婦•跪去委反拜也三郈山名[illegible]一刖足越ミ詭居委反詐也十垝ミ垣亦作垝院又攱杭又九偽五[illegible]康鉏[illegible]觤一獸角不齊亦

恑變蛫蟹祪毀廟之祖㧪短矛庪上懸•髓息委反骨中脂又髓骨四嶲郡名靃ミ靡草弱皃饐餹饐•累力委反三樏似小盤中有隔絫ミ以納法者

•技渠綺反俗伎通五妓女樂倚立錡釜屬螘蟜•倚於綺反依四輢車ミ陸本別出旑旗又阿我反椅ミ柅掎居綺反腳牽一六剞ミ劂亦刀庋閣食[illegible]

企又丘知反九奇反䟌一足亦跂敧去•綺䗁婍好[illegible]倚亦又去奇反碕礒[illegible]又丘奇反庪又於蟹反[illegible]居綺反只•蟻亦螘蚍蜉七錡又宜綺反三足釜ミ一曰蘭ミ兵藏

檥整舟向岸亦艤羛ミ陽鄉名在魏郡礒ミ齮齧敲亦敧釜•蔿爲委反又姓又于戈反九鄬名地[illegible]花[illegible]ロ尚闖[illegible]薳人姓又侯偽

[illegible]不安[illegible]白屋䧦地名在鄭又虚爲反蘂而髓反花心一•此雌氏反止此八佌舞皃亦作[illegible]跐蹈玼水清佌小皃[illegible]淺渡[illegible]大直馬䳅山名•豸池尔反又丈介反九

阤落[illegible]角觸下正傂ミ又直知反杝析薪又直可反褫奪衣舊禔黏廌解廌獸又作又子見反[illegible]陊山崩•紫即委反又[illegible]烏[illegible]適•徙斯氏反又移二璽王者印

•酏移尔反酒八迆ミ邐迤ミ袘衣袖中胣引腸莊子曰長[illegible]又加又離又弋支反[illegible]又餘支反施[illegible]沙崺•邐力氏反又二峛ミ崺•躧所綺反亦[illegible]又所解反

灑﹦掃　纚　舂𦊓　屣　不攝履屣又作𩌦同　矖　視　簁　簁　·俾　并弭反十　俾　使婢　捭　﹦力　箄　竹器　[illegible]　柔犀又平溪反　髀　股﹦　崥　山足　稗　彼

萆　鼠　萆　草　椑　容　紕　以肫司命　·爾　祠　記氏反汝也亦介二　邇　近也亦迩　·瀰　民婢反水七　弭　弓末亦號　濔　水流又平溪反亦泲貝　芈　羊鳴亦𦍒　侎　安撫亦敉𢾅　[illegible]　力福土刀弟反　葞

婢　春　萆　避爾反又女奴二　庳　下亦埤又音被　·侈　尺氏反奢十一　垑　恃土地　哆　口張　誃　離又直移反　[illegible]　音不知又呂屬反　㢁　廣　烙　戚　移　衣亦裒　豪　豕　姼

姑﹦　粳　洿共　鉹　·施　式氏反又施魔號三　豕　豬　褫　衣中褰　·紫　茈此反色七　訿　訿﹦亦訾　呰　弱漢書云呰﹦窳偷生又姊西祖礼反　泚　水名在長沙　茈　茈薑生　呰　口毀　梓　梓文子枲侧氏二反　·榌

之婁反　擧五　[illegible]　馬小又子垂反　沝　二水又資遺反　箠　又時蘂反　[illegible]　小危又之宛反　·揣　初委反亦丁果又尺閹二反一　·[illegible]　隨捋一膌婬　·舐　食紙反亦作䑛物郶二　弛　狖名似獸有兵紀則　·𣏕　人寄加氏反二　㱱　匹靡反披析三

披　開　帔　衣文又波錦又補竹反　·諀　匹婢反訾四　庀　具又匹几反　疕　瘡上甲　訛　具　·䔆　羊捶反五難頭　芛　華又惟葉反華木初　䧌　小䫌亦作䧌　㿰　瘡裂　蒍　華木花初生

·忑　才枲反一　·跬　丘弭反半步一又作趌二反　頍　舉　·跂　去智反舉一　跂　丘弭反　·䖘　女氏反䖘﹦䖘三　峗　䖘﹦　旎　旖﹦　·硊　魚毀反硊﹦石三　姽　好貌又才累反　鵗　市穀　·頠　又五罪反閑習一　·𧻧　求累反𧻧﹦一

·褫　勅豸反衣褫又偷又一　檥　陟侈反指二　襹　衿　·䙚　興倚反一去滯

七

·旨　職雉反直亦反一　指　手﹦　恉　意　砥　礪﹦　·視　承旨反亦塊一　·美　無鄙反精好三　䊶　獸似牛　媄　善　·鄙　八美反邑也二　啚　啬　·兕　徐姊反似牛四　兕　正　䆯

·雉　直几反亦作雉　又餘耳反　雉　雉鳥又直理反又塊計反　芖　蔦　·几　居履反扶曲八　机　木　麂　獸名亦麐　屼　山女﹦羽　㠯　地名　𠘿　獸似兔　㕦　亦寫　砄　石聲墜　·姊　將几反女兄二　秭　萬億　以上廿一行十六韋

·匕　﹦匙又平八反　妣　又母兩至反　秕　糠﹦又作粃　比　又脾志又房脂扶必反　𥘵　似祿祀司命　疕　頭禿　髀　股外又旁礼反　沘　水名出廬江灊縣又人方陂今謂之淠水出張掖反　·軌　居美反江八也　簋　簠﹦竹祭器　晷　日　氿

水崖水　䭲　小頭又姬巨反　㔶　匜　㞒　﹦泉亦漱　宄　内盜　·洧　榮美反水名在鄭四也　鮪　魚名　痏　瘡　蓶　黄色又天下悔反　·厎　式視反陳三也　笶　箭　屎　糞亦作屎字闕　·死　息姊反上一

二十一

雉直几反野雞王 滍水名在葉 䧳又徐姊反 ·牝朕忍反又扶履反 ·履力己反踐也 ·水式軌反準一 ·壘力軌反十 㒍 畾礧石 礧 雅 犯 鸓飛生鳥名且乳 藟葛藟 櫐藤

誄誄行 讄禱亦讄 瀷水名出鴈門 耒又盧對反 ·揆求癸反度五 楑木名 悸又其季反 嫢細又要惟反 湀泉出通水名 ·趡千水反走二 踓但壘反 ·椎 就 鄙反大

柅女履反絡絲柎易曰繫于金柅一 ·癸居履反一 ·否符鄙反又方久反 痞腹內結病 圮岸毀亦庀 仳又芳比反 仳離 殍草木枯落 𤫆 𦸣 醋 巋 嚭 嚭四

邸邑名 跛彼又尼支反 秠一稃二米又敷悲反 ·唯以水反諾二 䧹 蕾 崽 華 裂 鮨 蟹 嬪

棄 雎走 遺 ·歎 ·澤 嘷嗚 嵟山 敳刺 夂從後至 ·跽 ·矚

郋山名 跪墮軌反

八止

止諸市反已也五十九 時 畤祭地名又止反 洔小渚亦沚 茝香草又昌待反 趾足 阯交阯郡名 䛖許 㡨柱山 址基 ·市時止反市廛二 恃依 ·嶬陟里反一 ·喜虛里反忻一

·以羊止反用五 佁癡 攺大堅 已止 苡薏苡芣苡 ·似詳里反類七 ·祀年一祭祀 姒人嫂妯姒娣 巳辰 鈶 耜耒 汜江有汜又水名在河南城皋縣東又符嚴反在襄城書曰所度未處又南汜城周王出居

汜在滎陽中牟縣南汜是又在潁川襄城敷口南汜是汜流入河汜澤是晉伐鄭師于汜曰東汜是詩曰江有汜美滕也

·紀居似反經紀四 攺女字 巳 記 己身 ·史疎士反記言又姓三 使又疎事反 駛 ·耳而止反聽五 洱

水名在羅谷山又而志反 駬騄駬周穆王馬 鮞 䶗鼠 ·里良士反鄰九 裏內 鯉魚名 李又姓木名 瘇病 理直 娌妯娌 俚南人 鄸亭名在西鄂

·始詩止反初一 ·枲胥里反麻也六 葸一曰竹器急 葸胡葸亦葸 諰言且思之 屣利 ·峙直里反儲六 痔病 跱 踟 庤

偫看所望而往返具也亦時 畤儲 起墟里反興也六 杞木名又枸杞 屺山無草木亦峐 邔縣名在南郡又渠記反 玘佩玉 芑白苗嘉穀 ·士鉏里反命三 仕從宦 柹木名 ·俟 使 鉏 舍 置 館

九

及侍四 涘 水崖 汜 雷外 㲋 繩履 ·子 即里反姊七 釨 鈁〻 耔 擁苗亦耔 杍 木名 仔 克 朿 草木盛 杍 材〻 ·矣 于紀反詞也二 葸 葸 ·擬

奧紀及度五 儗 僭 㠯 盛 薿 黍稷盛 𦭓 草盛又魚力反 ·齒 昌里反牡牙一 ·恥 勅里反惡二 祉 福 ·剌 初紀反割聲二 𪗋 齧 ·滓 側里反𢿩三 笫

牀又几又校側及 胏 脯易乾曰胏食 譩 於擬反恨又於其反一 ·豈 氣里反有二 荳 萊 ·㞞 於豈反户閒五 愢 痛 偯 哭餘聲亦偯 㞞 藏 僾 〻稀見不了貌 ·蟣 居狶反蝨四

幾 〻又何既反 機 木〻 [illegible] 鬼俗

尾 無匪反後四 亹 正作亹俗亹美貝又音門又[illegible]反 浘 水流貌 [illegible] 𩞃 ·斐 妃尾反文五 菲 芳又芳非反 蜚 烏如泉又平刺反 ·啡 口〻 朏 月 ·匪 非尾反不七 棐 輔 篚

竹器 餥 餱一曰相謁食 蜚 亦蚤又斐狀沸反 棐 辨 榧 木名可食實 ·韙 是也亦韋鬼反偉九 煒 光 暐 〻曄 偉 大 瑋 玉 韡 〻 蘆 [illegible] 木名可為屈盃〻

椲 逆追 韡 盛貌 ·鬼 居葦反歸一 ·𡰪 許葦反〻地五 㞙 齊人呼火 娓 美又亡匪反 霼 震雷 虫 鱗甲總名 ·䪼 與豈反靖一 ·狶 虛豈反楚人呼猪五 俙 也

十

韡 〻又几反鼻屢反 磈 硊石〻山貌又於鬼反 嵬 山高下曲 ·膭 浮腫又鬼反多汁二 穖 不黏又紫差

語 實舉反對十度 𦼮 苑 圉 養馬人 敔 柷敔樂器 圄 囹圄獄 衙 行貌又楚衙 曰導衙飛廉 齬 齟齬又加反 禦 禁 鉏 〻鋤 𦽼 翳 ·呂 力舉反陰管也十二

旅 師眾 褣 祭名 𦳤 滑 𦲧 亦莒 穭 自生稻 梠 木端槐之 意 心不欲為 侶 伴〻 㾢 大脊夫名 梠 苐 絽 絆 ·佇 除呂反待也亦時同九

眝 張目貌 宔 器數亦盩 坾 塵 竚 織〻 宁 門屏又直呂反 紵 布 杼 機〻 羜 羊子 ·與 余舉反付也五 歟 歎 藇 〻菓 又余與反亦同 与 與

予 我也又余音 ·煑 諸与反亦熟三 陼 渚 沚 ·汝 如与反尔五 胺 不實 茹 菜熟又而恕反 𡛷 黏 寱 楚人呼寐又仁諸反二 ·暑 舒莒反熱五 鼠 穴虫

二十二

黍黏禾 臻蟲鑽 癙病 ·杵舂杵二 昌与反 𠒯居所反通俗作處 ·貯丁吕反居也八 䝼情或作詝亦 佇知 詝智 杼相又 衼衣 帉衣柠亦著 楮

裝衣 ·諝私吕反難 諝亦作四 稰熟穫 糈祭神米 醑露 ·女居宁反子女二 籹粔籹 ·楮丑吕反木名二 褚姓 ·許虛舉反然也一 ·巨其吕反大十六 拒杔 秬黑黍作䵊同

距雞距 炬大炬 虡虡狗 粔粔籹 鉅鉅澤名 苣胡麻苣 駏駏驉馬 蒙蒙告 詎詎 齟齟齬 岠岠章 虡虡費 虡又作䜼䢸

所踈舉反正作所處所五 糈祭神米又私吕反 齭齭傷醋 盨戴器 疋又山於記 ·楚初舉反國名五 濋水名 𪆫䣯 礎柱石 齼齒齼 ·阻側吕反八 俎礎石 俎人俎 以上原本第十七葉

豆 齟鉏齬又鋤吕反 咀咀嚼又慈吕反 跙行不進 趄趑趄出前 祖又子邪反 沮止也又七余反 ·柠於許反二 膂肩骨 ·舉居許反十二 莒 筥 簴器 蒙蠶

柜柳 郘亭名在汝 弆共舉 欅木名 㮦浦名在洞庭 醧美酒 㡿又履屬 䕏又以美 筥筐 ·敘徐舉反次也又順也述也六 序頭序 漵水浦

緒緒端又 杼杼水 嶼海中洲 齟又側吕反 ·去羌吕反除也又丘據反四 鱮魚名亦鰱 紓又緩所綰除 弆藏汁 ·墅時与反又 者 ·紓神与反又音舒二 杼杼 與與

·苴子与反又子余反履中草一

十一

麌虞矩反牝麌四 俁大 噳噳笑 喁口衆 ·羽于矩反十三 禹夏王 雨雲液 宇四垂 瑀玉 祤秋 栩 鄅地名在瑯琊

㺄顆孔子頭 㰲祖 蒟根名 鄅亭名在南陽 萬雨 ·聚慈庾反集也二 鄹新豐亭 甫方主反近也又作無 脯內乾 斧鉞 俯仰 黼

白与黑文形如斧 篚 簠 鬴小釜 莆蒲草 郙亭名又方矢反 硧磄 鯆魚名 𨚮 府文書藏 ·武無主反十六 儛舞亦作 嫵嫵媚 侮

慢 舞 嘸 憮失意又 憮 膴 瞴視又亡九反 蕪蕪蕃 無 膴 珷玉石似玞 甒 鷡鸚鵡 廡堂下 ·父扶宇反十二

十二

輔 酺頰〻亦頔 䪔名河九 補䄭 鈇鍣鵠 府病 滏陽〻縣 㕮咀嚼皃 腐朽肉 釜鬴屬 鴸鴸屬鳥〻 撫安武反九也 趙䞤 俌輔 拊

䮒栢 鬴撫〻皃 弣弓把中亦[illegible] 殕上生白 䋣〻帛 柱直主反一〻 詡況羽反〻和九 冔殷冠 姁漢高后字又非俱反又香句反 珝𤧶〻 栩木名 欨吹又況于反 呴亦呈

[illegible]鄉名在安邑 昫温又香句反 竪殊主反亦豎二 裋襦〻亦裋同 庾以主反十二 瘐因以飢寒死漢書曰因瘐死獄中 窳器病亦窪 瘉病 愈 貐老 貐猰〻獸名似貙食人又云如嬰兒見則天下大水 楰鼠梓似山楸而黑

[illegible]本不滕末 [illegible]懼 斢量 萸草 主之庾反執一 麈麋屬 枓斟水又端斗 宔廣〻室亦作䏚 炷燈〻 傴於武反不中二 迂曲迴 齲齒病又驅主反又驅一 [illegible]

拄知主反二〻〻從旁指 乳而主反又肉汁二 醹厚酒 窶其矩反貧無礼二 貗豬子 數所矩反又計一 矩俱羽反則也亦榘九 踽獨行 椇枳〻 枸木名出蜀 聥張耳有所聞 [illegible]曲又累

翑曲羽 蒟〻醬出蜀又求俱反 楀〻氏 取七庾反一 縷力主反十〻 [illegible]縣名在交阯 傴僂〻 簍小筐 嶁岣〻衡山別名 褸襤〻 蔞草可亨又力俱反

漊雨〻〻又汝南謂飲酒習會之下醉爲漊 蒟俱付反 遚小〻 慺古姓 䫫思主反又俱前雨胏先酒反一 𧳜仕雨反小母豬又緝一

姥莫補反老母六 莽宿草 [illegible]鈷〻又模朗反 媽母 慔愛 峔山名 土他古反地四 吐歐出 稌稻〻 芏似莞生海邊 杜徒古反棠樹五 [illegible]寒 肚腹也又當古反

[illegible] 靯鞴 魯郎古反國名十三 櫓城上守御 滷鹹汁 虜北〻又[illegible]名 擄 樐揰 艣進船 櫓木名又力胡反 [illegible]庵 [illegible]名 鹵

薄〻 [illegible]草名 蓾草可以束 覩當古反亦睹九 睹見 睹詰旦欲明 肚腹〻又徒古反 賭戲〻 堵垣〻 楮木名亦柠 [illegible]皮 帾幡 居姜石又胡古反 古姑戶反昔十七

皷鐘〻 鼓動 瞽無目 股䏶又髀 罟又古胡反 蠱〻毒 估市稅 盬河東鹽池 鈷訓 盬器 [illegible]貨移利 沽屠沽 [illegible]象人左右蘇況從此

詁故〻 牯牛〻 [illegible]恩 蔖采古反草死一 五吾古反次四五 午日正中 旿明 伍五人 逜相不又吾故反 簿裴古反〻籍一 粗似古反不精四 麆大 伹淺亦粗

二十三

捔長角又助角反亦𣪁 ·租側古反父之父三 珇琪上 組綬。 ·虎呼古反五 琥發兵虎符文為 㡍沈船中水又呼故反 滸水崖又作許 鄔地 ·塢烏古反村二六 鄔縣名在太原 瑦

石似玉 隖水名 詎相毀亦謨 䞲走䞲 ·苦枯戶反不甘二 𥮏竹。 ·怒奴古反嗔四 弩弓。 努力。 砮石可作矢又乃胡反 ·戶胡古反扇也十八 楛楛。 扈跋。

怙恃 鄠縣名在扶風 帍巾 祜福 昈文彩狀 [illegible]山早大 岵山多草木 酤一宿酒又古胡反又古暮反 汙貧 㡍杅 滬水 [illegible] 居美石又音觀

鳸竊脂又作鳥鄠 鳲鳥名 芐地黃 ·普滂古反三 溥大 浦水𣲇 ·補博戶反破三 譜譜籍亦誧 圃大也又博故反園也

十三

薺徂礼反三 鱭魚名又鮆 [illegible]狗又𢾗此乎西二反 ·禮盧啓反亦礼十二 豊竹名 蠡蠡吾縣名在涿郡亦越有范蠡 艬小船 澧水名在武陵 豊行礼之器 [illegible] 欐希

欚小船又力計反江中大船 蠡瓢又力西反 醴酒。 鱧魚名亦鱺 ·體他礼反亦軆七 醍酒。 緹又音提色 題橫首狀 梯目去淚 涕目計 徥難進 ·濟子礼反又子計反水名亦泲三

[illegible]手擠酒 [illegible]生而不長 ·邸都礼反邸店十二 底下曰止 詆訶亦詆謑 聜耳體 坻又丈尼反亦訶詆 牴角亦觝 弤舜弓 [illegible]隱 軧大車後 堤竹又徒礼反

[illegible] ·禰乃礼反亦祢祀十 泥濃露 坭地名 [illegible]白髮 薾茂 檷絡絲跌亦𨐼同 [illegible] 嬭楚人呼母亦妳 [illegible]知又莫礼反亦𨵣 苨薺苨 ·弟徒礼反又徒計反四

以上原本弟十八葉

娣悌娣又徒帝反 遞更代又徒計反 [illegible]小盞亦𥐯 ·洗先礼反又穌典反又作洒一 泚千礼反水清淺 玼色鮮亦𤥖 緀帛交 ·啓康礼反俗作启九 棨兵闌 綮戟衣又戟 晵

[illegible]雨晝住 [illegible]開衣領亦𧙅 [illegible]肥腸細又又公悌 [illegible]至 䭫首至地亦稽 卟卜問 ·傒胡礼反有所望五 [illegible]侍也亦謑 匸有所挾藏 謑恥也 䈝所以安重船 ·米莫礼反女賁六 眯物入目

絲繡文如米聚 [illegible]不明又覽孔反 䊢草 洣水名在茶陵 ·陛傍礼反階二四 梐梐枑行馬 䏶 髀股又卑婢反 吪一弟反又可介二 訬 ·䴝 䴝㹠女礼反六 [illegible]不明又 睨晲

十四

[illegible]五又毀二 䚡角曲 褆褆又牛姓反 ·𣪇米又彀 駭乎指又驚二 駴擊鼓 ·楷苦駭反楷模三 鍇

擺ㄑ 鍇鐵 ·駭 五駭反驚也二 娾 喜樂 ·挨 於駭反打二 唉 飽聲 ·鍇 古駭反又古諧反一

十五 賄 呼猥反財也古作賄四 脮 腲ㄑ大腹腲字都罪反 爛 爛皃又二罪反 燥 大皃 ·猥 烏賄反犬聲七 腲 ㄑ肥腇病 錁 ㄑ不平 婐 ㄑ好皃 碨 ㄑ亦碨 碨 人不知也 ㄑ磈 病罪 ·磥 ㄑ石

落猥反 磊石十三 字胡罪反 瘣 小皃ㄑ 畾 山壯 ㄑ 礧 石ㄑ 郲 又陟罪反 鍡 鑘 ㄑ 灅 水名在北平 蘽 ㄑ 礨 ㄑ 儽 又力追反 頪 頭不正 郲 不平皃 ㄑ

偶 ㄑ子 ·鐓 徒猥反 堆 ㄑ山高 鑸 石皃 又又 ㄑ 浼 桂陽 在陽 ㄑ武罪反四 爛 水流皃 豞 ㄑ 骽 其 ·每 頪 ·罪 祖賄反 古作辠 秦始皇以辠字似皇改從四非 言人行非則入罪 ㄑ 臯 ㄑ

㜷 吐猥反 ㄑ 腇 ㄑ 脮 重 脽 ㄑ 頹 皃頪字 陮 亦作 頭 腇 ㄑ 腲 ㄑ 僓 長好皃 磓 ㄑ 峻 山長皃 ·瘣 胡罪反木病無枝 六 浼 ㄑ 潠 ㄑ 篚 竹扶 ㄑ 鞼 ㄑ 羊 懷 又 孤 ㄑ 輠 轉又胡

凡 魄 ㄑ 七 ·顝 口猥反大頭 又五罪反 三 顡 大首又口猥反 二 傀 子 儡 ㄑ ·腲 都罪反 ㄑ 二 ·諄 木實皃 ·餧 奴罪反 六 餒 娞 ㄑ 颹 風動 又烏迴反 鮾 魚敗 ㄑ 亦 罪 ㄑ 爪 傷

泥 ㄑ 顄 五罪反 ㄑ 閑習 五 ·顡 五罪反 ㄑ 一 隗 姓 ㄑ 巋 ㄑ 鬼頁 頭不正 ·䨶 七罪反 狀 五 ·漼 水深皃 亦 ·璀 玉名 榫 ㄑ 物 粗 潷 新 ·琲 蒲罪反 珠五百枚 也 二 亦 斐

十六 待 徒亥反 住九 駘 瘦 殆 危 嚘 ㄑ 言ㄑ 不正 㥆 竹 ㄑ 軩 ㄑ 怠 懈 迨 及 ㄑ 紿 不言 實 ·乃 奴亥反 古作 乃 三 疓 病 轋 ㄑ 枕 遆 草 名

非 ㄑ 疒 ·俳 羽罪反 一 痛 而 ㄑ ·崔 子罪反 二 ㄑ 崇 積 肵 面 頹 又 之 春 反

改 古亥反 二 ㄑ 頦 頦 ㄑ ·亥 胡改反 四 頦 頤 頰 又胡來反 賅 奇 非常 又古來反 亦 ㄑ 怡 恃 咍 ㄑ 出 ㄑ 一 楺 ㄑ 近 ㄑ 出 ㄑ 一 欬 ㄑ 采 ㄑ 乃 古作 ㄑ 以 叚 ㄑ 錸 ㄑ 亦 練

宷 ㄑ 寀 ㄑ 彩 ㄑ 彫 ·悠 恨 ·茝 昌待反 香草 一 ·等 多改反 齊也 ㄑ 又多肯反 二 ·穤 莫亥反 又莫代反 二 牙傷 雨 梅 貪 ·在 昨 改反 又 存 ㄑ 一 倍 ㄑ 普乃反 又不肯 一 ·䠋 ㄑ 相然 ㄑ ㄑ 蔷 ㄑ

挨 擊 ㄑ 㕧 藏 ·倍 薄亥反 ㄑ ㄑ 多 二 蓓 黃 ㄑ 蕾 ㄑ

二十四

十七軫 之忍反 車軫又憂也 十五 縝 緻 胗 瘾胗皮外小起又作疹又之忍反 畛 田間道 今 黑髮亦作鬒 黰 袗 紾 之忍反 稹 緻 之人反 䐜 瞋視 謹 色黑 事也 眕 日有所恨 眡 札記 思神 袗 救 亦作 蜄 又作 赈

又之刃反 鬒 髮 稹 木密 紾 衣單 蠢 尺尹反 動 又尺尹反 春秋九 愚 肥 惷 擾動 偆 富 踳 雜 僢 背 蠢 推 截 春出 敊 亂 准 之尹反 三 埻 的射 純 緣 尹 余準反 官名又姓九 允 信 狁 玁 駃 馬毛逆 玧 充耳 瑱 石 歏 進 鈗 侍臣所執兵 沇 水 笱 又作篁 五

筍 竹萌 又 筍 隼 鳥 簨 簴 㨰 䐜 隕 䝿 扇 悲 十 反 閔 竹中 空 亦 愍 脊 不 死 晨 笲 似 牛 蕱 寳 石 隕 墜 磒 落 宦 五 珚 石

水 流 閔 傷 敏 聦 北 又 忍 又 扶 反 嚬 眉 䐜 斷 足 刑 緼 又 布 衣 臏 膝 骨 殞 子 殞 死 十 又 扶 忍 反 囷 廩 困 䐁 腊 中 胋 菌 生 地 竹 名 䏿 又 忍 反 牛 直 忍 反 縳 二 亦 作 紖 刜 引 事 鰲 隱 尼 二 㡳 刃 引 餘 忍 反 又 私 叡 又 勅 忍 反 蚓 一 朋

衣 弘 一 長 允 行 戭 亦 作 戭 鈏 錫 狋 又 忍 反 膃 胻 細 理 亦 脕 忍 而 亦 作 紉 䔾 隱 牛 名 脕 水 名 在 上 黨 在 沁 水 三 杲 又 作 瞏 頋 睽 人 亦 作 咦 吹 噸 又 忍 反 緊 居 忍 反 二 指

日 門 胗 又 之 忍 反 貞 盡 慈 忍 反 又 漸 二 亦 笔 ... 泯 武 盡 反 又 弥 鄰 反 五 渻 眗 ... 䀼 愎 偃 俗 冎 ... 黽 弘 農 池 在 ... 腎 時 忍 反 四 ... 晝 胗 脤 肉 祭 ... 畇

新 齒 又 忍 反 三 皴 盾 食 尹 反 二 楯 欄 檻 筍 千 忍 反 一 僯 力 軫 反 四 燐 馬 牛 車 絶 嶙 隣 蹸 孟 反 輪

十八 吻 武 粉 反 一 又 亦 作 脗 刎 頸 抆 拭 伆 武 弗 反 又 勿 趣 行 又 粉 方 吻 反 二 蕡 暗 蝹 文 魚 ... 憤 怤 ... 韞 ... 坋 ... 㿉 ... 揾 ... 䵃 ... 𧈤 ... 蘊

雚 又 毛 聚 又 而 尹 反 三 靡 ... 䥇 ... 趣 ... 曕 ... 轀 ... 巾 ... 犹 ... 暈 ... 縕 又 盛

四 忿 ... 積 ... 穦 ... 鼢 鼠 ... 怨 ... 憤 ... 𩵽 ... 惲 ... 鞍 ... 醞 ... 榅 ... 韗

韞韇、齳户吻反亦齳無齒三 趣走意 夰大、 抎反有所失三 顜面急、、 痻病又尤問反

下闕

以上壹本第十九葉

肘陟久反臂節二亦作肘 疛腹痛 朽許九反腐亦作死三 疚病 殠臭 久舉有反遠六 九次八 玖玉名 灸灼 韭菜名說文無草又作韭 紋女紋字 首書久反頭五 手 是、前已說 守、掌

䭫人久反初產 醜處久反惡也二 䰩類也 醜萩蕕 湫在久反一又子小反洩水瀆 蹂人久反踐五 杻似獸又抓 沑女久反水 葇菜蘇、菜不 楺屈前楺木 糗去久反乾飯一 舅其久反七曰、雄

百頁人象形文 齨曰齒、齒八歲馬曰齨 麔牝麋 鴇鳥名 帚箒米 紂直久反四牛縐 箒竹易根而死 疛沙女久反疛病 鮦、陽縣名在汝南又直隴反 酉与久反十三 牖、窓 誘、誘 卣

咎中形桿又餘求反 楢積木燎 莠草 羑水名在蕩陰說文進羑也從羊久聲文王所居羑里在湯陰亦作羑字 銹朝生暮死又餘救反 輶輕又以周反 槱積天又以周反 遊言意出說文 遥遺玉又餘又餘救反 庮久屋木也周禮曰牛夜鳴則庮臭如朽木又餘周反

二十五

•滫息有反溲ミ麵亦叟二 須伴前足又先主反 •受植酉反承也四 壽ミ命 鄯地名在蜀 綬組ミ •颾於柳反ミ瀏三 鰤魚名 懮姿 •酒子酒反醪ミ汁一 溲踈有反亦溲通一 •帚之久反箒亦帚二 箒

卅三 ミ鯫 恎芳酒反小怒又敕救反二 紑鮮又孚丘反 •掫側久反持又子俱反二 厚胡口反重亦垕五 後ミ前 后繼體君 郈邑名在東平 呴吐又平反 母莫後反父母形像子九

牡牝ミ 某甲ミ 拇大指 畝二百卅步亦畮 莽草名又莫朗反 跗行 鵡鸚鵡亦通 罘不作 •部蒲口反部伍七 𡶒ミ嶁 棓ミ杖偏又牛頭短 䬌小風ミ䬌 錇小缶 瓿

ミミ餅麩 篰讀 •斗當口反十升五 枓柱上方木 阧ミ陵亦陡 斢 襡衣袖又上可反 •黈他后反今作黈通六 妵人姓侍有華ミ 蘣兜亦斢 鴸水鳥又大口反 鋀魚名

•苟古厚反且十 玽玉名 狗犬 垢惡 笱ミ縣名在交趾又取魚器 耇老黃 詬恥又古候反 茩菱秦名ミ 岣ミ嶁山巔 枸ミ杞木 •耦五口反又連根四 偶合 髃乳開骨

耦耕ミ •掊方后反衣上擊二 掊擊 •穀乃后反又ミ楚閩鳥也四 乳 乳小 陾ミ深 •叟蘇后反亦叜十 嗾使狗聲 瞍瞽ミ 謏ミ誘又蘇反 擻抖擻舉物 瞍ミ愁名

駷走疾馬又思隴反擊 擻車轂空 藪澤ミ 藪盛器亦作簍宿蔞 •吼呼狗反亦牛鳴三 鉤又渠俱反好 呴出聲吐又反 •剖普厚反判也分也四 婄婦人皃亦普溝反 蔀ミ 鴝小鳥雀 •歐烏厚反吐也四

毆擊 敂吐又具表反 •䙔次衣又於偃反 •塿盧斗反培塿八 嘍ミ嗹煩皃 覭小視 謱ミ謰不解 篓竹山 嶁峋ミ山名 簍ミ籠 𩟗餅䬲ミ •走子厚反從太止俗走一 口苦厚反

所以言八 扣擊亦敂 㧓ミ 釦金飾 叩ミ頭 叩鄉名在藍田 訽ミ詬 竘健 •敂趣口反草六 鋀酒器 𨢬名 鴝水鳥又口反 𧿒又引 𩷎魚名人性又漢有ミ

生仕后反又士ミ •婦防不反服也從女持帚執掃十 蝜ミ蝂 負背負將物楚人古債 萯玉ミ 蝜ミ蝂亦 阜陵ミ亦𨸏 鴀鳥別名雞之 萯香草 燂盛熾 陏盛

•缶方負反九瓦器 缶ミ盎 婦好色又昔木反 痞病 殕敗 鴀鳩 不不下鳥飛上 不弗 否不 •取倉后反又二 棷側又反

卅四 黝於糾反黑又益夷反五 怮憂心 呦幽靜又於六反 泑㟹嶇丘下澤名 黝ミ嫪又於由反亦 •愀慈糾反又在由反又子了反變也一 •糾居黝反糾繩合三 赳武皃叫字亦作然今首作斗二同 闟取

卌五・蟉渠糺反蟉ゝ又力幽力攸反一　琰以冉反五　剡剡又縣名在會稽又時冉反說文剡也　跧疾行　㡅㡅　棪木名　纘續析木　餤火光　・歛力冉反縣名　蘞白ゝ藥名又力冉反

嬚女字　鐮　濂静又里兼反　獫羊　縿縣名七　・黶黑面上於琰反　檿檿桑山桑　㰮ゝ足　嬐婦名　㩎持又於檢反　奄掩又於驗反　・冉而琰反人姓七　姌

鬑長好良又反　苒菊負　髯　漸　染染色　苒苒茲荏ゝ　䨢濡　・陜失冉反縣名在弘農也五　閃視　陝不媚貝　睫殺的又武涉反　䁖視　・諂丑琰反諛也又諂一　漸自琰反進也五

嶄ゝ巖　槧進　嶘學ゝ　斬　麥甚亦藃　・㶠由冉反大熾行ゝ也一　・儉巨險反又漸反敫又忘一　釅酢　・脥苦錟反下一

卌六・忝他點反辱三　栝舒名在北地　銛取　・淰乃簟反水流貌三　嬗嫡　陮亭名在鄭　・點多忝反ゝ畫四　玷玉瑕　老老人面黑子　刉斫亦銛　・簟徒玷反竹席五　居閉户亦能　蕈英

橝屋招又大甚反　驔黑馬黃脊　・嗛苦簟反猴藏食處三　歉食不飽　慊恨切　・穅盧忝反禾稀一　・鼸下忝反鼠名二　嗛犬吠又胡漸反　・嬐居忝反身一　・叜明忝反明盍又明范反一

卌七・禫徒感反祭名八　橝滓ゝ　黮ゝ黵又他感反　霮ゝ霸雲　窞坎傍入又坎中小坎　髧髮垂　嘾太甘　啖而ゝ　菡菡ゝ荷花亦蕳苕　・感古禫反動也六　贑名　鱤魚名　䲎

瀶酒名　瀶汁豆　・晻烏感反暗八　㘾手覆　唵手進食　溷水大又乙禫反　罨ゝ奄　黯ゝ黮　黭青黑色又烏黵反　署　腩奄肉　腩爛肉又奴感反　・湳水名在西河

禬他感反大四　醓ゝ醢　䏙肉汁　嗿衆聲　・歜徂感反菖蒲葅三　鮯大魚又才枕反　䅁弓　・憯七感反六感也　憯痛　僭曾　・䐶好又先感反　䊤又子濫反　黲又食色又敢反

・鎮五感反ゝ頭二　嬐含ゝ　・咎子感反人姓三　寁速　撍手動　・糂桑感反又蘇覽反四　糣滓ゝ　㿅ゝ頭　糁蚕藏　・坎苦感反又苦淊反四　欿食不飽　㦗舞曲　惂恨

・頷胡感反頤八　䈞容ゝ　撼動　淊水和泥　㙹亦極　廪草木實　欲得　菡ゝ亦菌　・壈盧感反坎ゝ五　顲面黃又離痛反　轗轗ゝ　醂柿ゝ　燣黃焦色

・䫲都感反又丁含反又澤六　䀽虎視而送　䀽　扰㧬　䑙　䀽　枕板　箱ゝ　・顑呼感反飲不飽又呼紺反

卌八淡徒覽反薄五 啗食噉亦 𠴨水兒 憺安又徒濫反 䈴竹名 黮倉感反日暗一 㜗謨敢反鄉名在河東猗氏一 敢古覽反果決也三 橄橄欖木名出交阯 澉澉餘無味 覽盧敢反視四 攬 欖

擥手取 㰈持 菼吐敢反荻亦䒞四 緂青黃色亦毯 厰崄又五今反 䌑衣䌑 膽都敢反五 黵黑 䃭石 𪇎鳥 䭕無味 䊴子敢反無味一

卌九 豏才敢反又七廉反又七敢反 埯安敢反坑一 㺂 減工覽反又工陷反亦作𥂴一 減古斬反又下斬反四 鹻鹹 䤷竹名 鹼鹵又七廉反 䗾 半斬反 𢾋 減又古斬反 椷 朩 臉力減反臉臉一

濫 犬濫 𢡼 湛徒減反水名又徒感反 偡 偡然 㵎士減反 嶄 阻減反 𡰈 苦減反 𧁁 小戶 㯂 𩔵長面皃又五減反 𣡆 也一

闞 上斬反 虎聲 欲 笑 𣙨 所斬反執衣 𠴲 女減反 𨶝 丑減反 𩕳

五十 檻胡黤反 艦船 䑴 車 轞車聲 𡋲 㒚 勇 㹱犬吠 顩丘檻反長面皃又五減反 𩑿 山檻反 獑 犬聲 黤 於檻反

黯 乙黯反 𪑾 初檻反 獫 犬小 巉 士檻反 嵁 絕 𩕀

五十一 广 魚儉反又音儼 儼 敬 𩕄 䧪 似重甑 礹 石 嬐 齊敬 㜸 𩓁 嶮 山不平 𡾮 上下 險 虛广反 獫 𠹗 嬐 不端

𪘏 少氣 䶨 檢居儼反 撿 瞼目 檢書 儉巨險反 芡 雞頭 奄 䨠 雲雨狀 郁 國名 掩 閹 宮官

五十二 范 嶮 詩云有 淹 旂 掩 㟗 渰 罨 𢾋 貶 䫎 䶫 山 鞔

范 符山反 範 笵 犯 䖃 蜂 軓 周禮 𥮚 法也從竹 𦨍 明范反

去聲卷第四　并此五十六

一凍 多貢　二宋 蘇統　三種 之用　四絳 古巷　五㨾 餘亮　六宕 杜浪

七寘 支義　八至 脂利　九志 之吏　十未 無沸　十一御 魚據　十二遇 虞樹

十三暮 莫故　十四霽 子計　十五祭 子例　十六泰 他蓋　十七界 古拜　十八夬 古邁

十九廢 方肺　廿誨 荒佩　廿一代 徒戴　廿二震 職刃　廿三問 無運　廿四靳 居焮

廿五嶝 都鄧　廿六翰 胡旦　廿七慁 胡困　廿八恨 胡艮　廿九霰 蘇見　卅線 私箭

卅一訕 所晏　卅二襉 古莧　卅三願 魚怨　卅四嘯 蘇弔　卅五笑 私妙　卅六教 古効

卅七号 胡到　卅八更 古孟　卅九諍 側迸　卌倩 七政　卌一暝 莫定　卌二箇 古賀

卌三懈 古臨　卌四禡 莫駕　卌五沁 七鴆　卌六證 諸應　卌七宥 尤救　卌八候 胡遘

卌九幼 伊謬　五十豔 以贍　五十一㮇 他念　五十二醰 徒紺　五十三闞 苦濫　五十四陷 戶韽

五十五鑑 胡懺　五十六嚴 魚欠　五十七梵 扶泛

一

凍 多貢反冰也又音東五　涷 暴雨又水名出發鳩山又音東　棟 屋梁　䍶 獸名似羊一角出泰戲山　湩 乳汁又都奉竹用二反　送 蘇弄反遣也說文送一

二十七

鳳 馮貢反瑞鳥徒凡鳥鮭五色皇形似鶴五彩成文尔疋云雄曰鳳雌曰皇漢書鳳皇高五尺一　貢 古送反獻九　贛

䏨也 蘔蕙苞 櫕格 䣻楊雄甘泉賦云䣻天門 䕡小杯也亦檟 滇水名出豫章 陡從從山名在雲南東平郡顏師古音胡工反 垹縣名在沛郡亦虹 弄盧貢反從玉五 哢哢 ⺀梇 翰 閉戶 語 奉 ⺀ 梇

⺀棟縣名 奔木名 礱磨⺀小 壟又磨 東反 椌苦貢反 引也 也四 倥⺀偬 困貌 悾誠心 又音空 鞚⺀馬 椶作弄反 亦糉菜 裹米五 偬倥⺀ 㚇 鍐 足而 飛 文手 䮸石頭 南海出 䁶 視 穙 白

凡 又聲 貧 通二 韸又此 𥫗 通用 䶜 鼻塞病 䜋千弄反 ⺀調 急言一 洞徒弄反 穴 又洞庭 說文 疾流 九 峒 深 硐 詷 譀 共言也 一曰 大 胴 大腸 䀄 䀄䀄 直目視 吳楚謂 云文孔反 絧 相通 㗢 那 筒 ⺀ 䮵 通 底也 衷也 王反 鳥頁

慟 哀 痛 他 弄反 傷也 病 也二 䡆 好 又他口反 仲 直衆 反一 諷 方鳳反 誦也 讀也 一 焪 去 又 大乾 物二 倕 奚 東 見 仒 思 夢 莫 不 反 明五 䒘 莫 諷 瞢 雲 ⺀漾 在 右 南郡 鄸 邑名 在 呰 䑃 大 又莫紅反 寷

⺀趨 段行 只 寢 說文 寐而有覺也 周禮以日月星辰占六夢之吉凶 一曰正夢二曰噩夢三曰思夢四曰悟夢五曰懼夢六曰喜夢 ⺀作此 寢 此夢亦通用耳 趨 香仲 天 伍頭 行二 䟲 行良 又丘 幼反 㦽 莫弄反 ⺀ 蒙 中三 雺 天氣下地不應 又 細 雨也 似霧 髼 大 䑃 又莫 紅反 貢反 駊 馬 目 䮘

𩨻 麪 麥 䴵 子 仲反 行 貌 也一 中 陟仲反 當 又 陟隆反二 衷 折 ⺀ 又陟 隆反 哄 胡貢 反 ⺀ 聲二 閧 兵 鬭 又胡 降反 贚 曹 奴凍反 又 鼻 齈 ⺀ 癑 痛 衆 之仲反 多 又 之融反 說文 從三人衆 五 䜜 又丁降反 ⺀ 鋧

⺀老仲反 一 峂 任仲 反一 宋 蘇統反 居也 殷之後 國一 綜 子宋反 機縷 二 ⺀ 䌰 宗 歲 三 統 他宋反 紀 也 二 䟽 黃 色 黃 䮙 封 方用反 ⺀ 又 方容反 三 封 又 方 容反 供 居用反 設也 又 居容反 雍 於用反 ⺀ 障也 又 於容反 一

坐席 字弟 廿葉

二 種 之用反 又之隴反 正 種 一 用 余共 反一 頌 似用 反 又 盛德 三 誦 讀 ⺀ 訟 爭 ⺀ ⺀ 俸 房用 反 秩 ⺀ 二 縫 又房 容反 衣 ⺀ 共 渠用 反 一 葑 方用 反 又 方容反 二

三 縱 子用反 又子容反 縱 緩也 二 瘲 病 湩 竹用反 乳汁 又都貢反 又 竹 雍 汁 ⺀ 鸞 ⺀ 𤸪 容反 書 又 癰 瘡 瘃 又 一 𤸪 ⺀ 他用 反 ⺀ 二 襱 不 正 又 行 鞲 而用反 飾 又 乾 一 重 治用反 又直容反 二 緟 複 又治 䌰 又 也 重 ⺀ 朧 良用 反一

四 絳 古巷反 赤色也 二 虹 螮蝀 又胡 籠反 降 下也 又下 江反 巷 胡降反 有 衕 二 閧 鬭也 于巷 與魯閧 子氏 春秋相與私⺀ 贛 丁降反 遇 又 一 灨 士降反 水所衝 漴 又 ⺀ 䭷 車 直降反 衝城 戰 車三 幢 憧 ⺀ 車 后 死 憧 心 意 不定 說文 音

五 鬥 丑降反 直 又 ⺀ 胖 匹降反 脹 臭 ⺀ 粈 餘亮反 式 也 六 漾 水名 在 隴西 羕 長大 水長也 又 颺 風 ⺀ 煬 炙 又 與章反 恙 ⺀ 憂 古者草居 多被 此害 故 相問 無恙 ⺀ 志 古作 亮 力讓 反 朗 也 九 諒 信

𣖾 古 蓄 積 一 晾 許亮 反 又 口 一 喨 呂 ⺀ 哴 ⺀ 古 丘 向反 悢 悢⺀ 緉 履 兩 重 誤 量 斟 又 音 梁 以北方 秬黍中容 一千二 百 黍 爲 一 籥 二籥爲 合 十合爲 升 十升爲 斗 三斗爲 一大斗 十斗爲 一斛 掠 牛 色 雜 兩 車 一 兩 又 良 䮝 反 狀 鋤亮 又 從 反 大 一 讓 如 仗 反 遜 也 責 也三 懹 方 言 憚

攘推讓又汝羊反 餉式亮反五 殤未成人而死又式羊反 向姓又許亮反 惕憂 鑲 帳 脹 漲大 悵 暢丑亮反五 鬯

釀醞釀酒 韔弓衣 暢茂盛 向許亮反五 珦玉 闢 嚮 仗直亮反二 長多又直良反 釀女亮反 匠疾亮反二 [illegible]

障之亮反四 嶂峯 瘴 墇塞 尚常亮反三 上 償 壯側亮反三 裝 狀 怏

[illegible] 弶其亮反 唱尺亮反 創初亮反 愴 滄 醬 將子亮反 鄉 仰 訪 妨

六

妄武放反 望 忘 謹 況許放反三 貺賜 朚 誑 旺 王 放府妄反二 舫 相息亮反

誆 嗴 宕杜浪反 踼 碭 逿 囥 嵣 礍 浪郎宕反六

閬 㝗 埌 蒗 閬 晾 吭 行下浪反 盎 柳 葬則浪反 傍

傍 藏 奘 讜丁浪反 當 盪 抗苦浪反 閌 亢 炕 抗 伉

謗 螃 纕 曠 矌 纊 儾 峕 廣 光 絖

七

詨 惷 潢 櫎 寘 忮 伎 解

鼓 詨 避 惴 詈 荔 雛 豉 餶 踶 積 此

積 凘 積 賜 颶 澌 杜 為 賜 斂 被

二十八

·帔披義反衣三　被水粗　䙛衣　·賁彼義反卦飾也又符分反五　彼論語云子西彼哉　詖險也佞也辯也字書慧也　坡阪　䝯亦作貱　·髲皮義反髮四　被ㄑ服也亦被覆又皮彼反　鞁馬具　彃弦ㄑ弓又弦也所以張弓

·累羸偽反重也相屬諈諉也又力委反二　·寄居義反寓也三　觭肉ㄑ四　徛聚石為橋　·臂卑義反肱一　·芰奇寄反義也相望也四　騎又渠宜反　䝯具ㄑ所以用　魌鬼服也鄭玄注周禮云一曰小兒鬼也又平聲　·刺此豉反針刺古作刺又七亦反六

[疒束]偏ㄑ屋ㄑ　莿草木針　朿木芒　宜人相依　誎ㄑ數　易以豉反難易又以益反二ㄑ從日勿　傷相輕侮　·議宜寄反ㄑ論三　誼信ㄑ也漢有賈誼　義宜也亦ㄑ同　譬匹義反ㄑ喻也一

·漬在智反浸潤ㄑ三　殰病亦瘠一曰骨亦作骴并同　眥目ㄑ又在計反　·智知義反明智古作𥏼智同一　·倚於義反倚侸又於綺反三　輢車ㄑ又於綺反　陭又平聲　·縋馳偽反繩懸　槌ㄑ　膇重ㄑ病ㄑ　錘稱ㄑ又直偽反

颿小風　腄縣名在東萊又竹垂反　·戲香義反戲偏也一曰兵也令兵為之戲弄也俗作戱亦同一　·企去智反望也跂也亦作跂同四　攱傾　迉避　跂垂足坐　·縊於賜反自經也一　·翅施智反翼也亦作翄五　施式支反正施字　鉈短矛　杝

罷持物ㄑ人　𧝈面衣　啻不ㄑ　·翨　駁弛　·屣所寄反履屬又所綺反四　灑ㄑ　縰　躧　·餧於偽反飯牛又奴猥反一　觖窺望也一曰缺字

八

·僞危賜反詐也假也　恚於避反恨也一　·睡是偽反寐也四　瑞以玉為信也　倕時ㄑ人巧工見山海經　䳄　枘而睿反內也　·𧭈爭義反不伸二　㧗　吹尺偽反鼓吹　揣

·䜇　諈　諉女恚反一　·𡝩　至脂利反六　䞇　摯　鷙鳥　礩柱下石　𧢀

·位于愧反　·郿美秘反又音眉縣名在扶風　媚　魅　䰨　蝞水虫似蝦　·遂徐醉反從也十二　檖　彗　墜

·旞　璲　穟　𩢋　燧　邃　隧　䆲　鐆　·醉將遂反三　檇　·崇　誶　粹　睟　類　淚　禷　𤪌　·𥉶　祟

·邃　祟　誶　𨵸　柴　䊩　遂　·遺以醉反贈也又以追反　饋　蕢草器　繢　𨷈

以上原本弟廿三葉

上去二聲 櫃 簣。潩 水名又羊力反。嚊 喘息聲。洎 水出汝南。濆 脹滿。備 平祕反具也古作俻亦作僃九。㷉 屓也。䪐 ……。犕 牛具。糒 乾糒。贔 贔屓。轛 車轛。

楄 木名出蜀中。韝 韋囊。媿 愧也亦作聭通二。騩 馬淺黑色。師 所類反二。率 所律反又。喟 丘愧反大息又苦怪反。櫃 ……。鞼 ……。鬢 ……。𩟗 ……。𧹞 許位反。

𧴬 豕息又許冀反二。嗜 常利反嗜欲亦作𨡴一。利 力至反六。颲 烈風。涖 臨也亦作莅。覼 求。痢 病。隸 ……。膩 女利反肥一。劓 魚器反劓鼻也亦作劓一。屁 匹寐反下氣又……。致 陟利反從夊又知里反六。

憒 ……。蹟 ……。疐 ……。摯 ……。鷙 馬腳重負。棄 詰利反古作弃三。𢌳 ……。結 多……。寐 密二反。緻 直利反。稚 ……。遲 直利反。

晚 ……。縫 ……。織 ……。㨖 ……。截 ……。𢷾 ……。洎 ……。驥 ……。𣨌 ……。懥 ……。冀 几利反北方……。覬 ……。鋕 ……。翠 ……。

𩊚 ……。暨 ……。垍 ……。鷈 ……。帥 ……。㵖 ……。次 七四反。恣 資四反。𢙼 ……。饐 ……。𦵷 ……。懠 ……。

二 而至反三。貳 ……。樲 ……。佴 ……。懿 乙冀反。乱 ……。鵗 ……。姉 ……。

𪊨 ……。欬 ……。𩑶 ……。隸 ……。𧄻 ……。器 去冀反。季 ……。鼻 ……。比 ……。

四 息利反。泗 ……。洒 ……。柶 ……。駟 ……。肆 ……。𤹭 ……。庇 ……。畀 ……。比 ……。痹 ……。

頤 ……。𦑣 ……。𩐽 ……。肩 ……。呬 ……。𤟤 ……。覒 ……。屓 ……。肆 ……。䏒 ……。

地 徒四反。䮋 ……。冚 ……。𤶢 ……。寐 ……。𢘽 ……。出 尺類反。轛 ……。遺 ……。

勭 ……。示 神至反。謚 ……。貤 ……。䟐 ……。自 ……。嫉 ……。墜 ……。懟 ……。

贈也又以侄反五 瞶目病 𧬫二青漢書王子侯表出 繐忘 雉獸似獮猴仰鼻長尾 礼有雉 向上犀三歧 ·佡大孝友詩曰蹈官有云静一 ·訣失二反說文志俗有不二之言俗意字 ·疢釋疾及病二也 𥨍穿通語問

九 志之吏反四 娡有莘女 恙二 誌二墓 值直吏反四 植 稙又竹力反 先 治理 植二云江南呼植 ·寺祥吏反三 嗣繼 飤從人俗飼 ·䭃之吏反又二一 笥二 相吏反 伺

覗 䚋 思 廣也又音司 ·試式吏反三 弑逆煞也俗弑 熾旗也又昌志反 ·截側吏反大三 㭢木立死俗菑 事又鉏吏反 ·吏力置反 使一 職 ·字疾置反五 孳 孳 牸牸牛

侯又音 𦚏 生子 孶尾二 ·眙丑吏反又佳視三 䏠按說文 瘛鬼 𧊲 書 忌 周書有夏 忌之叨二 ·餌仍吏反 餅 珥耳飾 衈 刵斷耳刖書 咡 咖 刵 耳 毦 𣭸二 鉺鉤二 佴次也又而志反

·駛所吏反疾三 𩋶 𢇻 使又所里反 ·廁初吏反雜 ·異餘吏反二 异 ·置陟吏反一 從 ·事鉏吏反 一 侍時吏反五 蒔種二 ·忌其既反七 郎 縣名在襄陽 𢛁

數白 謀 總 針 連 𥽈 又其冀反 㥢 扶二 誋 誡也 成也 信也 ·熾尺志反 盛二 饎 熟食 又酒食 ·意於既反二 鷾鳥名 ·記居吏反二 ·亟去吏反一 數 ·憙許記反二 好 嘻 笑

十 ·魅 二反 𩲍 記 𤘪 按說文 豕 毛 也 堅 未 無沸反三 味口 二 ·𢳛 五二 子樂名 ·𧷤 居請反 俗貴 通一 ·胃 云貴反 俗胃十 謂 言二反 䏿 運 渭 水名 也

𦞣 丈 𥃩 𢛉 拂二 不安 媦 楚人呼妹 緯 經 文 渭二 䨾 類 ·魏 魚貴反二 犩 牛名 又象 歸 反 ·沸 符謂反五 疿 熱細 瘡 狒 方言 南楚謂 𦚧 諱二 ·誹謗二 髴 髣 二

𦞣 蟗 二 三 安 ·尉 於胃反 一四 按 也 九 尉 說文從上 案下 從 尺二寸 尉 羅 㷉 名 𧷤 大 蔚 草 又於 勿反 䵻 社 蜚 飛 有 䘌 䖸 𦐑 畏 怕也 從 鬼 頭 諱 許貴反二 避 芔 草之 總名

𩭣 立氣反 一 細 來 ·𦫳 扶沸反 名 十三 𧾷 肥 非 足刖 痱 病 菲 菜 食 又 芳非 芳 二 反 扉 草 屬 𧸐 大 足 㹃 斐 ·翡 翠二 蜚 蟲 痱 隱 𤺺 小 瘡 䨽 𩂽 鼎 屬 費 又 方 味 反 姓

𢽊 ·𣪠 居未反 俗 四 䏘 諸 縣名 又 在 會 稽 又 其 冀 反 襏 禨 祥 ·既 欲 食 气 不 得 息 ·𣪠 恩 既 反 俗 𣪠 二 䅏 菜 別 名 重 蕢 ·氣 去既反 三 乞 与人 又 去 訖 反 氣 字 正 乞 古 作 雲 ·欷 許既反 亦 泣 餘 聲 二 八 唏 𠯢 塈 仰 塗 古

作 𢽊 炁 欠 足 聲 二 摡 取 又 古 載 反 熂 乾 飯 餼 生 餼 餽 ·衣 於 既 反 又 於 祈 反 二 黖 深 黑 色

十一御 魚據反有三 馭 駕 語 又魚舉反 慮 力據反 思三 勴 助 鑢 錯 ·據 居御反五 倨 傲 鋸 刀 踞 蹲 椐 靈壽木又居據反 ·覷 七慮反二 䁦 又七余反

·欫 卻據反 六 ·䖪 汁 去 又羌呂反 呿 臥聲 胠 腋下 ·黿 又去 䵶 蝦蟆 ·署 常恕反三 曙 曉 ·恕 式據反二 ·庶 衆也 ·著 張慮反又張略反 二 ·翥 飛也 鈍

三 蒻 䉙 笸 䉤 大 籮 ·疏 所據反又書呂反 齊一 ·飫 於據反 飽 六 淤 泥 ·郚 縣名在太原 又烏古反 醧 私燕 ·棜 無足樽 ·詛 側據反 一 呪 ·洳 沮洳 ·筯 治據反 一 箸 ·遽 渠據反 四 急也 勮 務 勤

懅 慚 ·詎 其據反 ·絮 息據反 二 ·助 鋤據反 三 耡 又士魚反 亦鋤 䣝 亭名 沮 子據反 又 二 憷 恨 湖 漸 ·洳 而據反 二 如 又音 ·豫 羊洳反 十 象屬 亦豫 ·勴 良據反 又力舉反 伴侶

預 安 譽 揚 又與魚反 礜 石藥 ·鸒 鳥 又行 ·與 參與 又余呂反 ·鸒 鳥 悆 忧 ·䴁 虚據反 ·嘘 又虛居反 安 乃據反 又尼與反 ·䖏 昌據反 又呂 ·女 又尼據反 ·䑛 ·以上 原本第廿三葉

十二遇 虞樹反 也一 ·𧙓 白 名 ·媀 始也 女子過於男子 寓 寄 又 ·禺 母猴 ·嫗 紆遇反 一 老 ·樹 殊遇反 又之戍反 ·𦁼 老人行貌 ·澍 時雨 又之戍反 ·尌 立也 又樹同 ·住 持遇反 二 ·腧 䑬 ·附 符遇反 近 七 柎 三 ·以上原本第廿三葉

屨 俱遇反 五 ·賻 助 錢 ·坿 益 ·駙 副 又近 也 疾 ·射 名 又 ·注 之戍反 又 ·㾓 ·昰 小 ·澍 時雨 又 ·𨀁 ·狂 犬 名 ·鑄 鎔 ·鼻 馬 ·𩨂 ·輸 ·䬖

句 章 ·蒟 又其 俱 ·絇 屨 ·𦗔 又 ·䀹 ·煦 香句反 又 ·昫 日出温也 ·酗 醉 又作 ·戍 傷遇反 守 人持戈 五 ·腧 藏 ·隃 雁門 ·輸 委 又式朱反

趣 ·裕 羊孺反 衣寬也 ·覦 又羊朱反 ·諭 ·顲 ·禑 ·乳 而主反 ·孺 ·赴 撫遇反 奔也 又作 ·兔 疾 ·訃 告 ·仆 又 ·䟔

健 ·務 武遇反 也 ·敄 强也 又音武 ·霧 ·鶩 ·騖 ·鍪 ·婺 女 ·孜 ·䍪 中 ·嵍 丘 ·緅 ·懼 其遇反 三

具 俱 ·臞 瘦 又 ·芌 羽遇反 ·䨱 雨 行 ·屢 力遇反 ·數 ·聚 才句反 二 ·娶 七句反 ·數 色句反 又色矩反 色角反 ·棟 ·付 府遇反 四 ·賦 ·傅 相

鬚 露 髮 ·娶 七句反 二 ·趣 ·注 之戍反 又 ·註 解 ·鉒 置也 ·駐 立 馬 ·軴 車 ·壴 陳樂 立而上見也 ·驅 區遇反 又 ·𧴣 ·足 即具反 又

十一 步 竹白反 步止 從步 ・[illegible] 武付反 僕淹 餘也 一 暮 莫故反 晚也 五 墓 冢 慕 思也 貪也 戀也 募 勇字 林廣 求也 [illegible] 礼記 竹筥 ・渡 徒故反 越水 四 數 歎也 一曰 終也

詩云服之無斁 斁 又丁故反 羊益反 鍍 以金飾物 度 又徒各反 丈尺也 程 一分 十分為寸 十寸為尺 十尺為丈 二寸為大尺一尺 ・路 洛故反 宮軋 九 露 霧 潞 縣名 在上黨 輅 車 又胡格反 璐 玉 賂 財貝 鷺 白鳥 簬 竹名 蕗

姑 當故反 按說文 婦妒夫 八 從女戶 俗從石 秅 未束 又縣名 在濟陰 又作秺 姹 美女 䏧 腹大 䏧 西音 脈 脉 病 𧝆 病 甓 酒醬 蠹 食桂 蟲 又害 斁 敗也 西書 舞彝 倫攸 斁 大故反 又作 斁 兔 湯故反 獸名 四 菟 菟絲 鵵 鳥 兔名

吐 湯故反 又古 顧 古暮反 俗顧 十一 雇 鳥名 音戶 又 僱 賃也 又 稒 稒陽 縣名 在五原 涸 涸陰 西羌 沍寒 瀔 郭璞云 方言 關西謂之 𣿅 䜆 鮎 瀔 故 事 又古 敢 酤 賣 又古 乎反 痼 久病 錮 鑄 又禁 錮 固 堅 盬 監 ・誤

五故反 錯也 謬也 亦 悞 八 寤 寤 忤 逆 迕 遇 吾 見 足 晤 朗 悟 覺 梧 枝相 樓 不安也 見 足 ・護 胡故 反 十 瓠 匏 嫭 美 好 婟 嫪 惜 互 俗 牙 枑 行馬 門外

濩 布 又陽 許 渠 又 濩 澤 縣名 穫 刈 熟 又胡郭反 擭 夥 笠 所以 絡絲 汚 濁 又水下 各反 ・諍 舞 故反 告也 無 罪 又翻 愬 俗 溯 六 泝 逆流 而上 曰 泝 傃 向 又 遡 愬 行 嗉 鳥 嗉 素 白也 舊也 ・作 咋 故反 福也 作也 四 祚

胙 祭 餘 阼 東 階 蘆 魚 醬 ・笯 乃故反 鳥 籠 二 怒 又奴 古反 ・布 博故 反 二 圃 園 又博 古反 汙 烏故 反 染也 三 惡 憎 又 烏各 反 謗 相 毀 ・怖 普故 反 亦 悑 二 鋪 鋪 𩐎 又 普胡反

礐 石 山之 石 礐 為 壆 三 殆 磐石 髂 腰骨 也 酷 酤 又作 酢 袴 苦故 反 又 絝 四 庫 倉 庫 胯 股 酤 蒩 醋 ・捕 薄故 反 八 哺 食 在 口 步 從 止 又 步 一 左 右 行 餔 餹 鯆 魚 名 䋠 䴝 鯆 鮬

十四 霽 子計 反 雨止 四 隮 陞 濟 成也 渡也 又 子 礼反 擠 排 也 擠 墮也 ・帝 都計 反 君也 天也 八 諦 審 啼 古 嚏 氣 噴 詩云 願言 則 嚏 柢

叡 鷋 鳥名 艀 木 日西 深 也 䯿 瓜 帶 華 蔕 蝃 蝀 虹 名 㯠 振 䗖 下 赤白 病 ・嚌 在細 反 嘗 至 齒 七 劑 分 也 又 子 隨 反 齊 也 穧 刈 把 數 懠 怒 𪗋 齒 𪗉 齒 𪗉 俗 醯 酏 眥 目 際 又 才 賜 反 䁾 計 反 杜

根 也 蔕 不黏 亦 褵 不黏 而 瘛 也 又 俗 相 疐 八 代 又 漆 皋 屜 鑣 蠆 以 鑿 剃 除也 鬄 髮也 亦 剃 小 大 人 曰 髠 鬀 蘊 鳥 汏 足 滑 薙 除 草 鬄 髮 又 持 計 反 豒 ・第 特計 反 從 竹 十八 苐 宅 遰 遰 遠 逮 髢 髮 鬄 綈 亦 作 䰎 䰎

睇 視 悌 孝 娣 女 弟 禘 祭 名 鈦 以 鐵 加 足 又 音 大 鶗 鶗 鴂 鳥 又 徒 雞 反 棣 車 下 李 遞 更 迭 俗 杕 樹 皃 一 曰 盛 皃 詩 有 杕 之 杜 瑅 迎 視 又 夫 兮 反 踶 蹋 題 額 又 徒 雞 反 踶 竹

·砌七計反三 切千結反又從七 䁯視 ·細蘇計反從由五 𡖩楚林音 栖雞宿所又先奚反 䏲夫也從肖又䏲通 洒水名出汝南 ·詣五計反四 羿能射人古羿羽并 睨睥睨 指殿名指 ·計古詣反九
傒連 繼 繫縛 薊草名說文作此薊 髻 鄭鄉鄭今相承作薊非 蘻草名 欚橋杞 ·䕎胡計反䕎六 膠肚喉脉 系說文作此系又胡計反 妎心不了 㮷
徯恨 ·契苦計反約也又苦結反從刀丰三 挈刻 𠜱已 𩰫不定盡 ·翳於計反一曰隱羽葆十 曀陰風 㿄靜 枍柂 瘞瘞埋 殪死 医藏弓弩矢器 瞖目 殹
欵飲 擊中聲 窫靜 ·謎莫計反隱語一 閉博計反又博結反從才作閉 嬖愛 𢍁 ·慧胡桂反八 憓愛 潓水名 惠 鏸 蟪蛄 譓順 蕙華名似紫花色
檍木名 ·桂古惠反四 昋姓亦昋 筀竹名 罣掛也又音畫 ·嘒小聲也無心亦同二 暳小星 ·婗五計反配也四 淠水聲又敷倫反 睨斜視 涀水名在汝南 ·薜蒲計反二 𩰫
所以理苗斂草 ·麗魯帝反旅行也好也十七 戾郎計反又呂結反 綟 珕 蟸亦蟸蟍 颲風急 儷等也匹也 盭綬色或作綟 劙割 唳鶴唳 蜧大蛟能興雲雨 欐木名 茢
侯很 沵秋氣 䭯方言南楚謂竊視也 荔 棙琵琶棙 ·泥奴計反滯陷又乃定反二 迡近 ·𥫃竹名方言以篾為丑戾反又秋胡反亦箭也
十五祭子例反五 際畔 穄黍屬 鰶魚名一本作鯚 鬣 鬣髮 ·歲相芮反又從止非古歲三 槥小棺又以歲字林藝 繐練布又似歲反又作繐 ·衞羽歲反六 轊車軸頭又以芮反 鏸 彗日中
蘮竹名 衞 𧘅 ·芮而銳反草生狀四 汭水名又水北曰汭 蜹秦人呼蜹為蚋又人允反 枘柄 ·贅之芮反以物質錢出一 ·啐山芮反又 毳 䜨 脃肉肥
帨佩巾又式芮反 涚温水又式芮反 毳說文穿地一曰小鼠聲大食用也 䫄 鋭以芮反三 叡 綴陟衛反又連也又丁劣反三 醊 畷田間道 ·稅舒芮反五 說
稅祭 裞以衣送死人又他外反 蛻蛇皮又他臥反 獘 𣩡 敝 毳 篲 鏏 蔽必袂反二 䉛
縣名在牂牁 ·罽居例反四 鱖魚名 衞 剧 袂弥袂反一 憏所例反三 鍛 㦽 ·掣尺制反又尺折反四 瘛小兒驚 滯音

以上至本第廿四卷

瘌毒病·制職例反禁也整雜擱斷曰詁王者之言為法制也說告二廿典文本作漢有濮鳥八 猘 淛水名 製作衣又癒 聅入意一曰聞 晢星光又旨熱反 狾狂犬 瘛病孕 ·逝時制反往八 䎆

牛甯堅口噬齧 誓約 筮卜 澨水名三又說文埤水邊土人所止 遾遝也遠 轚車軎·曳餘制反十 裔衣裾也亦苗亦邊也 珜玉似石 瘛病 勩勞 泄水名在九江

枻檝屬 𦐈世鳥飛 愧明也習也 詍多言·緆私列反意也不成也三 瘞埋 餲食敗又一曰於罽反 ·蓺 褻 暬 埶種 槸木相摩 ·滯直例反四 㔭

除利 蹛林ㄟ 𦍑豕 ·例力滯反次十五 厲惡 又己也 礪石又無石 勵勉 犡後魁 癘疫 ·勵 䖿 魏都賦又從 ·涖 ㄟ 濿渡水又作砅 蠣蚌ㄟ又杜 驪馬也馬

𥝴秀秦 㦭牛名又里大反 欐木名 巁 𩕺 𪄳象名又作剝 ·憩去例反息五 揭高舉也又去竭反 愒恐人 𦨣不定也 犡 世車名 ·世舒制反又杜 勢力也

貰賒也又時夜反 ·猘居例反江南呼狂犬也六 罽西胡毳布俗作罽同 㵼泉出貝 罽魚納又妻憩反 蘮ㄟ蒘似芥賓如大麥蘮音蒘 訐持人短又居竭反 𤸪竹例反赤白痢一 偈其憩反句一 ·啜市芮反嘗又市雪反一 跇世

十六 泰 ·祭子例反又世亦跇二 際 ·剝失例反鼻也 ·蕝子芮反朝會束茅表位又子悅反一 泰他蓋反滑也大也三 忲奢 太大 ·蓋古太反覆也苦盍二 丐气 ·艾五蓋反達三 𦫸

鴳乃計反婦人鳥 · 藹於蓋反臣盡力之美也十 堨清 殪死 鼯小鼠相銜行 壒塵 馣香 靄雲雨狀又於曷反 𣅝日色 藹 蓋 曖隱 ·𣚥艾人名 奈

𧖴奴帶又奴盍反 毳毛多 ·大徒蓋反也五 汏 ㄟ 軑車轄 釱鉗ㄟ又音第 䮦鳥名 ·害胡蓋反佸古通一 帶都蓋反伸五 蹛又倒蹛 褅方言郡 𧛓方言齊人也 髎人謂艇 艇

·貝博蓋反海虫也居陸名 ·沛 旆又音蓋 芾小詩 蔽芾甘棠 狽狼 浿水名又普賴反 犻牛二 ·霈普蓋反大雨三 沛又音貝 怖恨怒 ·會黃帶反一 ·𣁋杜會反二 䫐

補 ·儈古外反十 膾 ㄟ 鱠 𩟛 穭 桰 檜 栢葉松身又古活反 巜水流澮ㄟ也方百里為巜也 旝木置石以投敵 澮 𡵄 澮也釋名云澮會也以澮之所會又云水名也在平陽郡是也 鄶國名在滎陽 廥芻稾藏也

髖說文骨擿之可會髮者也詩云·最作會又說文作 祖外反 ·譮胡怪反虎之聲四 噦鳥聲 翽羽鳥飛 鐬鈴聲 ·禬苦會反除 ·酹郎外反以酒祭地四 㹊馬白色 餯 䭨 頪難曉說文從頁 遠也

十七

外吾會反一。襘丁外反ㄑ𧝓在領䄇一。憎烏外反也二。薈草名。蕞在外反ㄑ𦩨二。䘗衣縫。旆蒲外反旗旆三。䟴頭ㄑ。軷祭道。磕苦蓋反石聲四。鶡ㄑ鳴鳥字林作鴰。

轄車聲一。愒貪。蔡七大反國名一。賴理大反。籟簫三孔大者。瀨疾也亦癩。瀨湍ㄑ。糲麤米。襰。壞。癘。鯠魚名。荊。

盍ㄑ。餀海蓋反臭也一。娧他外反好皃二。駾馬行疾。

界古拜反境也十五。誡言警戒。戒也。介。屆至。疥瘡。玠珪。

芥居拜反。忦ㄑ恨。砎硬。魪魚名。价。𤯌。𣲖。譮。犗。械胡介反。閧。

菜。蠆丑介反蟲名。齘。䪁。𪍴。聵五怪反。顡。憊蒲界反病極。鞴。𡶴。脈。

八。扒。湃普拜反。湏水名在梁。壞胡怪反敗也。壞。蘾。瞶。藾。備。鞴。昒。𩌏。

十八

䊵所界反。殺。𧝓。㛗。瞰。𢞴。忦。砝。𣲖。噫。𠲒。

例界反病也三。𨜒。祭。𧿹。薈。夬古邁反決也三。獪。𥪠。快。噲。邁。劘。

十九

休東都賦。話。𧗽。敗。唄。黯。嗅。芥。騚。犗。蠆。

𢤱。喝於介反。餲。欸。噫。嗋。𠰄。噴。譪。

廢方肺反。癈。䕠。撥。祓。𤼵。䥥。䢌。柿。穢。薉。濊。䅎。

吠符廢反犬聲三。䶬。茷。喙許穢反。𧰲。餯。𦓫。刈魚廢反。乂。忞。𩿧。

廿

誨 荒佩反亦五 悔 悟也恨也 晦 日 晝 劀 易卦上體 面 頮 洗面亦頮 ·對 都佩反應也從丵又對三 碓 杵臼又作碓 懟 中 ·倅 七碎反副五 淬 染也 焠 作刀堅又千內反 [illegible] 別名見方言

啐 嘗入口又先對反 ·晬 子對反周年也四 椊 月祭名 綷 會五色 稡 單衣 ·[illegible] 烏績反[illegible]苦熱從尢二 [illegible] 隱翳 ·[illegible] 他內反俗退二 [illegible] ·憒 古對反心乱三 幗 婦人喪首飾 刉 刉刀又使刮反

·潰 胡對反逃也七 迴 曲又胡悔反 繢 畫也亦繪 [illegible] 闠 闤闠市門 嬇 女字 讃 中上 ·塊 苦對反亦凷土片二 堁 塵也又苦卧反 ·碎 蘇對反四 誶 告 啐 七碎反又嘗 繀 織以上[illegible]

·內 奴對反一 ·類 盧對反絲類也七 耒 耒耜又力軌反耕田曲木又作耒字 儽 極良 攂 攂鼓 蘱 草名似蒲 [illegible] 推 [illegible] 新草多 ·背 補配反二 輩 等 ·磑 五內反礦一 ·詯 户內反[illegible]言

·隊 徒對反聚也五 䨟 雲䨟 黕 雲勢 薱 草盛 隧 鑒 憝 怨也亦憝周書民不[illegible] ·佩 蒲背反帶也九 珮 玉 孛 星名又步沒反 邶 國名 偝 向 誖 言乱又蒲沒反 悖 心乱又蒲沒反

[illegible] 取 邶 齊邑 ·妹 莫佩反九 昧 日晦 每 又武罪反 痗 病 眛 目暗 瑁 玳瑁又[illegible]對反 黴 黴黰又武悲反 沬 水名出蜀又火對反 莓 莓子似椹 酶 [illegible] [illegible]

廿一

代 徒戴反更代八 岱 東岳 黛 眉黛亦作黱 逮 及也又徒帝反 [illegible] 囊亦作[illegible] 瑇 瑇瑁又徒督反 [illegible] 雲[illegible] ·載 作代反又作代反 再 重 ·[illegible] 又[illegible] 賽 [illegible]

儓 儓 塞 格 塞 又蘇則反 ·貸 他代反亦貸三 儓 儓 態 意又[illegible] ·溉 古代反五 槩 平斗斛 摡 滌也[illegible] 覽 [illegible] 愾 太息又許既反 ·慨 苦愛反[illegible]

欬 嗽亦[illegible] 鎧 甲 闓 門 ·礙 五愛反止也四 閡 [illegible] 儗 [illegible] 懝 [illegible] ·愛 烏代反五 曖 日曖 靉 雲靆 薆 草盛 僾 隱也仿佛也詩云僾而不見 瀣 [illegible]

廿二

沉 [illegible]海氣 愾 苦[illegible] 刻 推[illegible] ·耐 乃代反能也四 鼐 大鼎 能 姓 ·戴 都代反亦[illegible] ·賚 洛代反賜也四 萊 [illegible] 睞 [illegible] 勑 [illegible]

頪 [illegible] 埰 大夫食菜地 棌 木名 ·載 作代反又作[illegible] 裁 [illegible] 截 醋 霢 [illegible] 振 [illegible] 賑 [illegible] 娠 [illegible]

頷 頷頷頷色又頷頷事也 柜 結約也 信 [illegible] 迮 [illegible] 訐 俗作訐告也 顖 腦會亦作囟 卂 疾飛而羽不見 汘 [illegible] 阡 [illegible] 迊 [illegible] 吞 [illegible] 蹑 [illegible]

[illegible] 怙 ᆢ 磷 石薄 閵 鳥似人姓亦鵲 篬 竹名 嶙 大鬼亦 藺 草 䪴 ᆢ頸頭 轥 轢ᆢ 瞵 視 ·刃 而進反八 認 識 朋 牢

仞 七尺 軔 礙車輪 韌 ᆢ柔 牣 滿 訒 鈍難言 ·胤 羊晉反繼六 酳 酒漱口 𤘋 引輪 ·引 又以軫反 朄 小鼓在大鼓上 濥 水脉行地中ᆢ ·疢 丑刃反俗疹二 趁 逐俗趂 印

於刃反符ᆢ從爪弓古鼻二 鼿 身上名 如印 ·儐 必刃反相五 殯 不見也 擯 ᆢ 嬪 ᆢ 鬢 ᆢ 鬢 ·陣 直刃反四 診 候脉 𤸷 登 敶 列 ·慎 是刃反謹也古作昚一 ·愁 行

奥新反 且也 閑也 謹敬也 二 㹞 犬張齒 ·晉 即刃反亦作𣆶五 搢 笏 𩏅 ᆢ 𦂶 亭名在汝南 縉 ᆢ 帛赤也 ᆢ 又姓 蠀 ᆢ 進 前向 ·鎮 陟刃反又陟人反一 ·眒 式刃反張目 ·敐 去刃反 香謹二 趣 行 ·慎

·𧶠 疾刃反 深四 濜 水名 㶳 ᆢ 燼 ᆢ 亦 蓋 許觀反 進也 一曰 羊 ·覺 許觀反 罪也 古 䘒 牲血塗 器祭 亦 ·僅 渠遴反 能也 七 殣 瑾 見 墐 道 塗 有死人 ᆢ 之 瑾 瑾 王 ᆢ

饉 ᆢ 飢 四 瘽 ᆢ 又病 劳 ·櫬 楚覲反 五 嚫 施 ᆢ 儭 ᆢ 藉 褢 齔 毀齒 七 潾 水名 在汝南 ·韻 ᆢ 一 ·峻 私閏反 高 也 六 濬 ᆢ 深 亦 睿 浚 水名 在衛 又特 陖 亭名 在馮翊 ᆢ 又 ᆢ 迅 疾也 又

音 鳩 ᆢ 鵻 鴛 鳥 ·殉 辭閏反 以人送死 四 徇 ᆢ 遍 ᆢ 侚 ᆢ 自衒 之行 ·俊 以身 從物 ·儁 子峻反 五 才過千人 又作 俊 同 陵 早 餕 食餘 晙 食日 ᆢ 又 晨 矣也 駿 ᆢ 馬 ·舜 舒閏反 四 蕣 木槿 字

信 林作 奔 鬌 毛乱 皃 瞬 目ᆢ 亦 瞚 ·稕 之閏反 束稈 正從 禾 下 同 二 諄 告之 丁寧 也 ·閏 如舜反 餘 二 潤 濕 ·順 食閏反 日 二 揗 摩 ·𡶴 撫刀反 一 片 從 山 ·齀 迅 刃反 又 見 一

廿三 問 無運反六 璺 器破而未離 之 文 汶 水名 紊 亂 絻 喪服 鼢 名鼠 ·運 王問反 云 暈 日傍氣 餫 野餉 韗 治鼓工 鄆 邑名在魯 ·訓 許運反 也 四

羊 糞 ᆢ 又 方 問反 俗作 糞 亦 ᆢ 䕬 鐵 ·溫 烏問反 水 二 ·慍 怨也 又 紆問反 ·糞 方問反 亦 ᆢ 僨 偃 奮 鳥張毛羽也 攢 ᆢ 漢 北海 ᆢ 郡

若國環名日神瀵有泉涌出名曰神瀵臭過椒蘭味過醪醴 為瓶於山下國人飢倦之者飲之則志力平和過度者則醉經旬不醒沐浴則神色滑悅病者飲之則毒除並盡也 醞 於問反 醞 於問反 四 藴 習 愠 怨也又 恚 縕 亂麻 ·捃 居運反 拾也亦 攈 二 ·瀵 ᆢ 𥵦 ᆢ 人 群 ᆢ

廿四 焮 許靳反 ᆢ 又 大 ·鼠 三 脪 出 肉 瘡 痛 中 瘡 冷 ·近 巨靳反 又 巨 隱 二 ·瀵 江東謂 ᆢ 日 又 奧 魚靳反 ·㥲 於靳反 又 依 人 亦 恚 也 五

廿四 分 扶問反 從八刀 方問反二 墳 ᆢ 悶

靳 居焮反 姓 ᆢ 一

三十三

卅五 憕震 㥛榕 濦水名在汝南又於勤反 棟束 嶝都鄧反山坂山二 隥梯 鐙鞌 橙几 磴巖 贈昨磴反送也一 亙古鄧反通度五 柦

急引又古登反 堩路 䱭魚名 揯竟 蹭七贈反蹭蹬二 鄧徒亘反國名二 蹬蹭蹬 懵武亘反悶也二 鱛魚名 僜丁鄧反僜蹬一 堋方鄧反束棺下土也一 倗父鄧反輔也一

卅六 翰胡旦反天雞羽也又文二十七 扞以手扞弓捍同 𩌏鳥毛 鶾馬長毛 螒天雞虫 捍抵 馯睢 垾小堤 釬金說文臂鎧 汗熱 悍猛 瀚海 閈里 豻

野犬又五旦反 骭射 駻馬高六尺又作駿 雗鶾名一曰天雞又作鵫 玩五段反弄也說文曰翫春秋傳曰翫歲而愒日上略同一 段徒玩反字林作段從山從殳又姓俗通三 毈卵壞 椴木名 亂洛段反俗乱治也理從乙又治三 [illegible]絕糸理也亦乱 敽煩

鍛都乱反打鐵四 腶腶脯 碫礪 斷決斷又都管反又徒管反一 彖他乱反彖百鼠走二 褖衣后 喚呼乱反四 奐文采明也 煥火光 渙水流散 筭蘇乱反計也從竹弄俗作筭三 蒜說文作蒜正作二示

縵莫半反五 幔帷 漫水 槾不蒔田 曼汙 半博漫反從八牛四 絆羈 姅孕 䮀馬只 料五 判普半反分六 泮泮宮諸侯鄉射之宮也 沜水崖 畔

牲 牉牲合夫婦又音片 泮水 散 叛薄半反背也亂也三 婆 媻無適也宜 畔田畔際 炭他旦反三 歎息 嘆 婆 換胡段反四 逭逃 肒 垸漆 穳子筭反

鑽錐也二 惋烏段反驚歎三 腕手腕又作捥同 琬珪又於阮反 貫古段反又音官十九 矔張目 祼祭名 館舍從食亦作舘 瓘玉 鑵水 瘝病 灌洗 鸛亦作雚 [舊] 以上原本第廿六葉

櫕叢生木 鏆臂環 [illegible]楚人云大 懽憂無告 [illegible]又從大 錧車軸頭鐵江南人呼犁刀 遦習行 冠又古桓反 觀樓又音官 悹憂 竄七段反逃也二 鑹

小 [illegible]炊又作爨 按烏旦反抑三 案几 晏晚又音烏澇反 旦丹按反明六 洹 鴠黄鴠鳥 狚獦狚獸似狼 悬信悊者明也詩云信誓旦旦 笪苦 憚徒旦反難四 [illegible]

稍 地理志云河南果縣有‥故縣 僤疾也周礼句欲無 彈又楚 旰古旦反日晚四 幹強也 倝日出光 榦築牆木又枝也又姓 岸五旦反七 犴獄 豻野犬又胡旦反 頇頭無髮 駻

𡶍不恭 [illegible]大色 看苦旦反又苦寒反又手從目三 侃正從品又空旱反 衎樂 漢呼旦反四 暵日乾 暵耕田 熯火乾 爛盧旦反說文上有草或從間七 瀾波又盧丹反 讕言書名

蘭明 彩綵名三又 灘水 難患又奴丹反 粲七旦反精米三 婜女又美皃亦数 璨玉名 繖蓋五也三 散分也又蘇旱反正散亦作繖 㪚飛 讚則旦反六 稱

贊助也具 酇縣名在南陽 饡羹和飯 趲散走 濽濺 𡤼美好皃一曰不謹 徂贊反二 偄乃亂反又奴亂反 煗同二 稬稻亦穤

廿七慁胡困反亂也又憂也亦擾也五 圂廁也 俒全 溷亂 慁 頓都困反偃二 扽撼 巽蘇困反四 潠含水 遜遁 愻順 困苦悶反一 嫩

嫩奴困反弱三 腝肉 㛅 揾 悶莫困反懣煩一 鐏存困反又子寸反一 論盧困反又大目二 睔 噴普悶反又吐氣也一 鈍徒困反不利二 遁逃亦遯隱 搵烏困反沒內水中一 寸七困反五 笨

恨胡艮反一 艮古恨反根也止 饐恩恨反又方言秦晉食 䭡 饐五根反

廿八霰蘇見反雨雪雜也二 㪇 先又蘇賢反 蒨倉見反草盛 茜草染 輤載柩車 綪赤色 倩美好 絢許縣反大也二 駽青驪馬 縣黃練反 袨玄服 衒

旬目 眩黃練反 炫火 衒行且賣 讂又呼縣反 鶂 䴉 練郎甸反 鍊 鰊

𧷤胡甸反 䁂目出 潨 縣 泫 晛 電堂見反 殿 甸 田

殿都見反 奠 寘 淀 澱 殿 䩚 翟 賤 鈿 塡 顛 𥈴 見古電反 現 硯 晛 俔 蜆 鳽

美名 淛 薦 練 棟 䨘 見 堅 硯 倪 晛 硯

趼五甸反 研 宴烏見反 嚥 咽 讌 燕 醼 鷰 嬿 曣 曏 鴳

二 獻 似斗 蔫 薦 蘮 遍方見反 遍匝也 麪 眄 瞑 眠 汚 片 普見反

廿九 荐在見反 袸 餞 𩛃 線私箭反 戰 顫 繕 擅

禪封禪祭又市戰反 單單父 鄯鄯善西域國名 膳具食 ●彥魚變反美之稱從文四 喭弔說文作唁詩云歸唁衛侯 諺傳言 甗甑亦甗 ●譴遣戰反問也一 ●絹古掾反素三 鄄鄄城縣在東郡

狷褊急 ●瑗王眷反玉名又于願反五 援援又韋元反 媛淑媛 褑佩帶 院垣院 ●面彌便反顏面二 偭鄉也少儀之臺之具鼻作此面非 ●釧尺絹反環二 僢同臥 ●掾以絹反三 颴旋風轂氣

緣邊又与全反 ●騵陟戀反馬土治二 襢皇后衣 ●瞑人姓城下田又而兗反一 ●箭子賤反五 煎熬也又子仙反 鬋女鬢貌 葥草名似蓑笠子又似山梅 濺水進 ●碾尺戰反展繒石一 ●扇式戰反 煽火盛只又朱延反

傓熾盛也詩云傓方處 蝙尔足云蝙蝠 ●躽於扇反身向前一 ●眷居倦反顧眷亦作睠八 睠還顧 棬西縣名在日南 卷書卷又居轉反 桊牛拘杝 帣囊三斛 弮曰絶弩中辭也 弁尔足云草絶

搏餅世凡卷之屬皆從弁 ●倦渠卷反疲也說文作勌 綣繾綣亦作綣 ●戀力卷反一 ●𧰙丑戀反又去草二 鶨鳥名鶨鵲之鶨馬 ●變彼眷反更也從攴一 ●篡所眷反又束袖二 孿一乳兩子又山患反 ●線私箭反又全反說文作綫二 下

皮變又反縣名在魯九 栫擊也手也亦作析 弁冠 汴水名 猭獸聲 閞門欂櫨 覍冕也從兒 䪻冠皃 昪喜樂皃 ●漩辝選反洄淵四 鏇圓鑪又作旋 縼長繩繫牛馬放 嫙好 ●選

息便反又息兗一 ●饌士戀反具食三 襈緣 譔專教 ●傳直戀反又直負反又丁戀反從專一 ●賤在線反不貴三 餞酒食送人又食演反 羨似面反貪欲又從羊次又音因延反 ●揵堅刲又縣二 叀專亦小謹 ●騗匹扇反躍上馬一

●輾女箭反又音展碾一 ●囀知戀反韻也四 傳鄉馬又直戀直負二反 篹方言音取物而進 [illegible]戈戰又音延亦通大獸三

卅一

●訕所晏反又所姦反五 汕魚乘水上 柵補破籬 狦獸名似狼又所姦反 [illegible]取魚 ●諫古晏反三 澗川 鐗車鐵 ●鴈五晏反上無點又作鳫一 贗偽物 ●晏烏澗反又音案四 騴馬白毛

鷃鷃雀 䁙目相戲詩云之求 骭下晏反骨一 ●慢莫晏反怠也又莫五 謾欺 縵緩也又作縵 𤸫牛馬病又莫駕反 嫚侮易也出說文 ●患胡慣反九 擐貫甲又作擐 宦仕宦 倌臣

轘車裂又胡關反 豢畜養穀 𢜮獸名似羊無口 槵無槵木名 繯所以懸楚云陳 ●慣古患反習亦串三 矔方言目 丱角髮 ●篡楚患反奪也一 ●小亂草名又化為雀 ●襻普患反衣一 丑晏

廿二 襇 古莧反〻襞三 犴 五虎犬又五見反 閒 廁又古閑 莧 侯辦反二 賛 莖餘 辦 蒲莧反從刀判也具也二 辧〻瓜 盼 普莧反美目也又 䚍 白眼視人又只 幻 胡辦反化也一 羼 初莧反羊相間又相出 以上本第廿七葉

廿三 蔄 莫莧反人姓一 袒 丈莧反衣縫解又從旦早反二 組 補縫又作綻綻 也從刀從力是俗字三 吐 桊 束縛紹 勸 弊 万 無販反六 萬 草名 縵 〻從大獸郭璞云長百尋 輓 〻車亦挽 蔓 草〻葛屬 曼 長也引也 飯 符万反從下俗二 䋣 泉水 䘓 芳万反〻息一曰鳥伏乍出 㲉 一 㝵 酒宿 畚 上 大 建 居万反一立 堰 於建反二水四 鄢 在楚地名 鄾 城縣名又於面反在楚 贎 引与為〻又於曲反又作偃又於滷反 獻 許建反貢也一曰宗廟大名二 憲 法從手 健 渠建反一 楥 許勸反

廿四 嘯 蘇弔反嗚二 櫨 廣疋云振訐也 糶 他弔反賣米六 朓 視 趒 越 眺 〻 咷 又叫又初又小 辥 〻亦槿一 絲 居叶反物一 遠 于願反又居宛反一 雗 又万反米精三 㵄 今德一曰 彀 又方 寫 叫又吐高反 弔 多嘯反問五 𠊎 〻儻不當 瘹 〻星狂病 釣 〻 窵 〻深 叫 古弔反呼也從乙亦同六 徼 小道 儌 行縢又古鳥反 嗸 許 激 水急又古歷反 㰹 所歌 尿 奴弔反亦屎一 藋 徒弔反菜五 銚 燒器又以佾反 掉 振搖也又徒了反 調 朝又昔條 莜 草田器也又鳥弔反 窵 宮

廿五 笑 私妙反從犬三 竅 苦弔反孔二 㶾 〻 𩑱 力弔反顤〻頭長四 尥 牛脛 嫽 又落蕭反 料 又落蕭反 𩕢 丘弔反〻三 獟 狂犬 澆 又五弔反名又舉 歗 大弔反悲 突 鳥弔反窱〻俗窔一 肖 骨肉不似於笑反四不肖也 韒 刀〻 照 之笑反二 詔 告也秦漢以來三代無其文秦漢有之言詔制 矅 弋笑反日光七 鷂 〻鷹 搖 餘招反又 覞 普也 𦗹 視課 燿 〻 爩 行不正亦燿 要 於笑反又於招反二 約 於教反又 召 持笑反呼也一 邵 常照反姓也 卲 高也 劭 自勉也又 嶠 渠廟反山道一 勡 匹笑反刀四 𪗋 〻 嘌 書風 瞟 日中 漂 水 噍 才笑反又 誚 責 劁 也刈 妙 弥召反一 峭 七肖反山峻亦陗二 箾 竹簫 燎 力召反照也八 竂 天 鐐 美銀 嫽 周垣 療 治病 㶾 書 㺒 獠 夜獵 膫 〻 趬 丘召反行輕貌 䡊 〻 䡟 牛召反高一 醮 子肖反冠娶礼祭五 釂 酒盡 皭 白色 潐 〻盡 譙 一 廟 眉召反 驃 毗召反馬名一 少 失召反 燒 失照反

三十五

卅六．䎐丑召反一．褾女庙反一不足云被巾褶之々　教古孝反令也蔡邕獨斷云諸侯言曰々六　窖倉々　鉸刀々亦具　挍撿々杜延業補二五從木　酵酒々　覺睡々又古學反．効胡教反々力亦效三

挍尉々　斆學也亦効．孝呼教反三　涍水名在河南　哮嘐又呼交反豕驚敲．罩都孝反取魚具一．豹博教反二　爆火裂聲又普教反．㪣苦教反又苦交反又作敲擊也　巧鵲又苦絞反．貌莫教反容儀也正作皃象人面有省識一

．奅迅豹反起釀也大也四　礮潘岳閑居賦云々石雷駭．拋々車又普包反　炮均又薄包反．趠褚教反又行皃二　踔猱跳又勑角反．稍所教反又所有三　潲豕食　掣小木．棹直教反舟々一．橈奴效反木名又曲也又如昭反三　淖泥

吏不靜或作閙同．抓側教反又爪刺三　𤻎縮小　笊々籬．靤防教反面瘡說文亦作皰二　鞄理又作皰理皮刀．抄初教反亦鈔又楚交反一．靿一豹反々鞾又約回一．樂五教反樂又五各反一

卅七　号胡到反々令亦號三　𤩰石似玉　𧳜々名　導徒到反教也引九　翿舞所執　悼傷　垣　蹈踐　盜々竊　纛左々　燾覆又大刀反　𣝉木無枝　耄年九十．到都導反三

禱祭　𡕛姓從文．誥古到反四　郜國名在濟陰又姓　縞縹也又古老反　告古沃反亦又．傲五到反倨六　顤頭長皃　鏊々餅　鷔鳥名　驁駿馬　六德　奡陸地行舟人．帽莫報反頭衣七

耄昏忘也說文作薹同　芼菜食又草覆蔓　眊目少精　瑁圭名　冒涉又莫北反　媢夫妬婦見礼六．嫪盧到反𢛯物四　潦淹又盧浩反亦作澇　㥞慰々又盧刀反　髝々髞高皃又盧刀反．操持又七刀反四．造七到反

至又昨早反　糙糲米　慥言行急．暴蒲報反虐也從水四　瀑甚雨　曝日乾也在日部　菢鳥伏卵．報博耗反亦報一．漕在到反運水穀一．奧烏到反深六　膄內　澳浦々又於六反　懊々惱又烏　饌

好食　隩宮中隩和陽．喿蘇到反群鳥鳴四　譟呼群　瘙疥々　髞髝々．𩜰苦到反𩜰軍三　靠相違　犒勞々．竈側到反又竈俗竈同二　躁動亦趮．秏呼報反減稻屬二　好呼又呼老反

卅八　更古孟反又古衡反改也從丙又俗更一．命眉映反使也從口令一．病被敬反五．評平言又音平　坪地平　枰獨坐板牀一曰博局又木名　寎楚定反三月為々又逌耿反．敬居命反從苟文三　竟界　鏡鑑．映於敬反二　賏頸飾又於盈反

．競渠敬反五　儆敬慎又音驚　誩爭言　倞強　曔乾．諍許孟反又呼頂一　鞕五孟反牢也俗硬一．慶綺映反善也亦．孟莫鞕反長二　朚々佷失道皃又莫崗反遑也依字補猛反．蝗户孟反虫名又胡光反三

横非理又胡盲反　潢小津曰々舟渡水．柄鄙病反一．詠為柄反四　泳水行　禜祭名又永兵反　夐詗又虛政反．行胡孟反又下浪反又胡郎反二　絎刺縫．瀙楚敬反又冷一．倀猪孟反崩々又丑良反一．牚他孟反

廿九 一桱 科 鋥 宅硬反 磨 三 瞙 又直 任視 更反 朾 出 又吐 楔 丁反 諍 側迸反 一 訟 ·迸 北諍反 又散 走 三 鉼 榜 引船人 又 更反 打也 ·纓 於諍反 絲也 一 又文

卌 清 七政反 寒 二 倩 假也 見也 ·摒 畢政反 除 二 併 兼也 ·偋 防政反 又補 隱僻也 一 勁 居盛反 健也 俗 力 一 ·政 之盛反 正俗 文三 正 又之成反 証 諫 ·聖 聲 正反 一 ·鄭 直正反 一 ·遉 丑鄭反 邏 候 亦作 偵 三

偵 又丑貞反 門 䞓 ·性 息正反 五 姓 氏 又 並 鼪 江東 呼鼬 ·令 力政反 又力 盈反 一 ·騁 匹正反 又從耳 俗騁 二 娉 娶 ·敻 虛政反 遠也 四 矎 視 貝 詗 白言 長 告言 知處 之 說文作 詗 醟 酗 酒

淨 疾政反 古 瀞 五 穽 陷 二 䝼 賜 靚 裝飾 亦作 靘 朝 請字 又古也 頩 好 ·盛 承政反 受也 又 盈反 盛 饒 又 叅 殺 作 四 墭 墭 晟 茂 ·詺 武聘反 自 一 ·[illegible] 許令反 笑 一 ·輕 起政反 行 也 一

卌一 暝 莫定反 亦作 䁁 二 瞑 又作 冥 又 莫丁反 ·徑 古定反 步道 古 亦 為 行 四 經 又古 靈反 經 逕 道 近 俓 直 又 急 聯 ·甯 乃定反 亦 姓 又 願 用也 三 佞 巧 諂 高才 從 二女 濘 泥 ·醒 息定反 又 悉 挺 內 又音 星 二 醒 酒 醒 又音 星 脛 戶定反

一 ·定 特徑反 又 徒 丁反 腳 正 二 廷 又 特 丁反 朝廷 ·矴 丁定反 石 五 釘 又 丁 庭反 飣 飣餖 又作 [illegible] 錠 豆有足 曰 錠 有足 曰 鐙 四 顁 顁題 頭也 詩云 ·磬 苦定反 又 樂 二 罄 盡 ·聽 他定反 又 他丁反 三 汀 汀瀅 不遂 志 侹 長 也 以上京本弟廿八葉

卌二 ·靘 千定反 青 黑色 一 ·瑩 烏定反 飾 亦作 瑩 三 瀅 小 水 [illegible] 小心 根 丁 ·箇 古賀反 又 枝 二 个 來 序 ·賀 何箇反 一 ·佐 作箇反 二 左 又作 右 苛反 ·跢 丁佐反 小兒行 也 四

癉 勞 哆 語 聲 助 [illegible] 病 又 託 何反 ·邏 盧箇反 遊兵 又 平聲 二 [illegible] 婦人 衣 ·坷 口佐反 坎坷 不 平 二 ·軻 轗軻 孟子居 又苦何反 ·餓 五箇反 一 ·簸 布貨反 又 補 火反 三 播 種也 譒 言 布之 貨

呼臥反 一 ·奈 奴箇反 奈何 又 奴蓋反 二 ·課 苦臥反 一 挫 側臥反 又 挫 三 [illegible] 失容 拜 侳 安 ·磨 莫箇反 說文作 䃺 又 莫波反 三 塺 塵 摩 按 又 莫波反 ·剉 麁臥反 斫 三 銼 蜀人 呼 鈷 鏻 莝 斬 草 ·懦

乃臥反 又乃亂反 三 壖 又而緣反 穤 秫 是 乃亂反 和 胡臥反 相應 又胡 過反 古 作 咊 盉 調 味 說文 ·唾 託臥反 毻 鳥獸 易毛 [illegible] 去 皮 媠 好 [illegible] 無 袂 衣 ·過 古臥反 又古 禾反 一 ·破 普臥反 二 頗 又普和反 又 普 禍反

·涴 烏臥反 泥 著物 一 ·惰 徒臥反 懈也 又 惰 二 [illegible] 猪 馱 唐佐反 負 物 一 ·臥 五貨反 寢 一 [illegible] 呼臥反 下 桵 力過反 又 比也

卌三 懈 古隘反 又 懈 五 解 除 又古 買 胡 買 又 胡懈 三反 嶰 又 佳 買反 廨 公 廨 薢 薢 苦 ·隘 烏懈反 又 狹 二 瘕 病 聲 ·邂 胡懈反 邂逅 二 解 古賣 又 胡買 二反 曲 ·卦 古賣反 兆 三 挂 懸 [illegible] 鼻

三十六

·賣 莫懈反說文從出買一 ·畫 胡卦反從田六 註 礙又古賣 絓 絲結 澅 水名在齊 絓 罣礙也又挂或罫 黊 鮮黃花色又作黊 ·差 楚懈反除病又楚宜楚佳二反二 衩 衣衩 ·睚 五懈反目際又仕佳反二 ·譔 許懈反怒言又嫿反一

·庍 方卦反又封別作庍一 ·粺 傍卦反精米二 稗 稗 ·瘵 士懈反病也二 眦 眦睚 ·派 迅卦反分流亦依王 [illegible] 亦緆麻 [illegible] 水名在丹陽 ·債 側賣反欠財一 ·[illegible] 苦賣反難也一 ·曬 所賣反又所寄反又所[illegible]反一

卌四

禡 莫駕反軍行祭名六 榪 牀頭橫木 [illegible] 婦人結帶 [illegible] 牛馬病又莫晏反 罵 罵詈 [illegible] 縣名在犍為 駕 古訝反籀文作[illegible]九 稼 種曰稼斂曰穡 嫁 鄭注曰嫁者有女嫁相生也 娶 瘕 腹病 架 屋架

椵 闕舉 [illegible] 布覆也 價 價數 假 借又古雅反 ·亞 烏駕反次也四 [illegible] 驢鳴 俹 倚 婭 僚婿相謂 ·嚇 呼訝反笑聲又呼格反五 [illegible] 孔 唬 虎聲 諕 誑 [illegible]

·迓 吾駕反迎三 訝 嗟亦迎也周礼諸侯有卿訝 犽 獸似攫長尾 ·詫 丑亞反誑二 咤 陟訝反歎二 姹 美女又都故反礼記作 [illegible] 大 詐 側訝反二 醡 笮酒出王逸文或作醡 ·乍 鋤駕反二 [illegible] 以茅

·謝 似夜反二 榭 臺榭 ·髂 口訝反二 疴 小兒驚 ·睱 胡訝反閑 夏 春夏又胡雅反 芐 不納說文夏全作夏 下 後降也又胡雅反又古下反 褯 小兒衣四 躤 踐 耤 亦 [illegible]

·夜 以射反三 ·射 僕射又神夜反亦作䠶 鵺 鳥名 ·[illegible] 充夜反又丑格反一 ·蟅 忌夜反又蟲 又之石反 卸 司夜反 柘 之夜反木名五 鷓 鷓鴣鳥名 䗪 蟲名 炙 又之石反 蔗 甘蔗

·唶 子夜反歎聲二 借 假又子昔反 ·舍 始夜反宅舍亦舍三 赦 捨放亦作此 騇 馬名 ·射 神夜反又神石亦以謝反亦夜三 貰 賒也亦作貰 麝 獸名 ·霸 博駕反或作霸四 弝 弓弝 靶 轡革

灞 水名在霸 ·帊 普霸反幞二 怕 怕怖 ·[illegible] 胡化反寬四 吳 大口 樺 木名 崋 西嶽又作華 ·化 霍霸反化數四 匕 變也從倒人 [illegible] 鬼變又鬼化也 譌 疾言 ·跨 苦化反一 [illegible]

呵化反也一 ·杷 琶駕反又蒲巴反三 吧 犬吧 皅 淺色 [illegible] 獸名似狼 ·[illegible] 乃亞反一臑 ·笡 淺謝反斜逆一 ·杈 楚佳反木理乱又側沙反一 ·謯 辰詐反相誤一

卌五

沁 七鴆反水名在上黨二 吣 犬吐 ·祲 作鴆反氣祲二 浸 潤 ·妊 女鴆反身四 紝 織又女林反 [illegible] 戴 任 又汝針反 ·鴆 直任反毒鳥也又鴆二 沉 又直任反 枕 職鴆反又之稔反二 針 又之任反 [illegible] 巨禁反又作禁

艅 蜀船 紟 帶紟又舉音反 ·禁 居蔭反忌也 僸 佅 ·賃 乃禁反傭一 ·蔭 於禁反四 窨 地屋 暗 暗聲 廕 庇 ·滲 所禁反滲漉二 槮 所[illegible]反

卅六 證

●闖丑禁反馬出門皃 覙出頭視又 ●譖側禁反讒想 ●讖側譖反讖書二 ●椹陟鴆反擊又記云坐其胸二 䤣一尢 ●蔴力鴆反藚驚也又蔴也一

證諸應反諫也二 烝熱又諸陵反 ●孕以證反懷子一 黽面黑子 賸增益俗從月 賸以證反送女 ●乘實證反車乘又食陵反五 䱴魚子 媵送女又以證反 繩又食陵反 剩長一 ●認而證反又而振反二 訒

扔如及二物亦初四 扔牽 艿 扔又如陵反 ●譍於證反以言對二 應當又於陵反物相應 曽子孕反二 礸楷也以黏黍中君百素之 閻間譜 江淮汗出方言 ●興許應反樂也又許陵反俗興三 臖腫起 嬹悦 ●勝詩證反任也又詩陵反三

䲢 ●䳚 菑三累作胡麻又 縢 賸 ●眙丈證反直視又作瞪一 ●餕里甑反 餘食氣下流一 ●稱處證反銓衡也 秤 秤為一斤 大兩為一斤又處陵反亦秤稱二字同也

卅七 宥

宥尤救反寬土 又復 佑佐 右左右又于久反 盍又于救反 盍器病 祐神助 酭報 疚 ● 囿園又于目反又作 䄍 侑勸食 姷耦文 ●救久祐反六 灸又居有反 廄居又馬舍 ●畜許救反六 廄

究窮盡 穴 疚久病 ●胄直又反 宙 宇宙 酎酒 𦅫卦 籀 䉶又造 ●紬 誘 胄 畫

●呪 ●嗅許救反以鼻取氣二 ●副敷救反三 ●䲦 ●畱 ●咒

●宄所救反 穴 獸舒救反三 ●首又音自告 ●臭尺救反 ●岫似救反山穴亦 袖衣袂 ●袖 牰牛 黑 ●齅許救反 以鼻取氣二 ●譽 ●呪職救反二 咀

咮鳥喙 ●狩 ●柩巨救反 ●瘦所救反 漱水 ●皺側救反 ●縐 ●殺 ●驟鋤祐反 ●瘺 ●䐠 ●畱 ●髱

●舊巨救反 ●瘦 ●漱 ●鏉 ●皺 ●縐

霰 ●覆敷救反又福反 ●蓿 ●富府副反三 ●輻 ●鍑 ●畜 ●復扶富反又作複 ●嬽 ●秀息救反 ●繡 ●琇 ●宿

●雷 ●劉 ●翏 ●廇 ●罶 ●窌 ●鏂 ●餾 ●就疾就反成也從京二 ●鷲 ●糅 ●鈕 ●䐓

鼠 ●騶 ●僦 ●就 ●鷲 ●糅 ●飷 ●褥

卅八

●椶 ●柚 ●宴 ●授承秀反三 ●嗖 ●售 ●輮 ●倏 ●鄭 ●鄮

三十七

逅 邂=逅 詬 罵 睺 半盲 ●寇 苦候反暴也殺也又姓也=賊五 滱 水名 怐 =愗愚皃 嫯 =瞀 鷇 =鳴子 茂 莫候反古作楙十 懋 勉 貿 =易俗貿 娒 鄭玄云婦人年五十無子出不復嫁以婦道教人若今時乳母

戊 己= 鄮 縣名在會稽 愗 怐= 瞀 =嫯 袤 廣= 楙 木盛又長也 ●仆 匹豆反倒也又扶北撫二反門通一 ●豆 徒候反菽也九 竇 穴又姓 逗 =留說文止也又大句反又山豆反 酘 =酒 荳 =蔻 梪

籩豆亦豆 脰 頸 郖 地名在弘農 餖 飣 ●鬬 丁豆反諍=徒門=音丁口反四 詎 =語不能言 噣 鳥口丁救反又竹角反 斣 [illegible] ●耨 奴豆反除草又楱木並通 譳 =詎 檽 =不解事 ●瘶 蘇奏反又嗽二 漱 =口

●奏 則候反一 ●透 他候反跳也又書育反三 趨 自投亦𣪍 [illegible] 相与語唾而不受亦欲 ●漚 於候反漬也又於侯反二 [illegible] 地名在竟陵又市由反 ●遘 古候反遇也十三 冓 交積材也又十千萬曰= 構 架又從木 媾 婚= 覯 見

姤 卦名 購 贖 [illegible] 以財給 彀 張弓 句 =撿又居遇反 彀 取牛乳 雊 雉聲 軥 車=索 ●輳 倉候反輻=七 湊 水會 嗾 使犬 腠 膚= [illegible] 鹽 南夷名

楱 小橘也上林賦云黃甘橙楱 蔟 太=律名又倉谷反 ●陋 盧候反又側豆反說文作㔷六 蔞 =蘆 漏 =刻 鏤 =雕 屚 屋水一曰=苟=縣名在交阯 瘻 瘡 ●蔻 呼候反荳=五 豞 豕聲 [illegible] 勤 詬

卌九 [illegible] 怒聲又古厚反恥也 吼 孔聲 幼 伊謬反小一 ●謬 靡幼反狂者妄言一曰誤=也一 ●[illegible] 丘幼反=跪行一

五十 豔 以贍反美色說文從豐四 爓 光= 焱 火華同与上 掞 光 ●贍 市豔反賙也一 ●染 而贍反又如檢反一 ●猒 於豔反飽也從日月犬三 揜 快又於驗反 饜 飽也又於廉反 ●窆 方驗反下棺又方鄧反二 砭 石針也

●獫 又方廉反 語窆反又獫也三 驗 馬色 噞 口=喁魚出水 ●閃 式贍反闚也又舒斂反三 [illegible] 大行皃 ●[illegible] 子豔反不廉一 ●塹 七贍反遶城水亦作壍二 槧 椑 ●嬐 力驗反=嬪也四 斂 又力檢反 瀲 水波曰瀲又作澰

五十一 檢 扶嫁又廉撿反 ●覘 敕豔反又丑廉反二 ●占 將豔反占固又職廉反 ●[illegible] 於驗反又於豔反一 [illegible] 寒也一曰早霜也傳曰=泥 ●𥗪 先念反=磾石一 ●磹 徒念反二 ●[illegible] 絕念反疾行皃一 ●[illegible] 於念反苦味一 ●僭 子念反擬也差一 ●[illegible] 潛念反閉目思一

沾 水名在上黨又張廉反 痁 病也又式廉反 墊 下又=江在巴郡又徒協反 [illegible] 老人面 㮇 他念反又火杖三 䑙 舌出 忝 又五點反 ●念 奴店反二 [illegible] 檢 ●店 都念反坫=物所七 坫 屏障

五十二 鰜 魚名又古嫌反從二林二 傔 苦念反傔從到字一 醰 徒紺反酒味不長二 贉 買物先付錢又徒感反 ●憾 下紺反恨也四 琀 助葬口實珠玉 淦 水和泥 唅 哺 ●暗 烏紺反日無光二 闇 冥一曰閉門又

五十三 憛他紺反憛保又五 撢深取 探ㄟ探用 西無光又火念反 僋ㄟ不自安又山嚴反 謲七紺反ㄟ固也二 參ㄟ鼓又倉紺反又渠含反二 馻丁紺反冠ㄟ幘近前一 篸作紺反一 傪糝紺反一 儑五紺反一 勘苦紺反三

䫲五紺反又五 䶢醶 紺古暗反青赤色三 淦新淦縣在豫章 贛ㄟ水名又古禫反 喃奴紺反又奴含反二 闞苦濫反又苦暫反邑王 瞰視 嵌嶔岸 濫盧瞰反泛ㄟ七 𠛾刀利 醢ㄟ醢 纜

𧁧盤火 爁火兒 㜮不好也過差也 𪉔貪也ㄟ嘗人不能字 賧人以財贖罪也三 䶫 鹽ㄟ鹹味 𪗹 貼叶盬反亦賧一 憨下瞰反害也又呼甘反四 獭大吠聲 譀誇誕東漢記云雖讝猶今人執不譀又呼甲反

舟 甚蟲食欣 㦧澹憺反靜也五 澹水名又徒敢反水搖也 暌相咸反 倓安ㄟ 惔無味也又徒甘以舟二反 暫不久也 暫同一 憺都濫反又都甘反二 黵大暗 𧮰二石

五十四 陷 㧌戶 䱤魚名 臽小阱 䧟於陷反又入聲三 猎大吠又下斬反 淊水没 蘸水以物内水一 䲓都陷反 敜一多 擿口陷反又口咸反 賺佇陷反重買一

五十五 覽 胡懴反大食也漢書盜伏於下一 鑑格懴反鏡三 鑒諸月水中以取明也 監領又口銜反 懺楚鑒反自陳三 儳雜言又士陷反 嶄楔亦斬一 覱子鑑反又士銜反高危兒二 儬 鏨所鑑反又大鏨一 鑱

五十六 㰹 鑑反深淺一 鑱鋤鑑反又士銜反 䃎中内物水中 子鑑反一 髟 下衫反沉也二 檻 檀

五十七 梵 扶泛反二 帆船上亦音凡 泛敷梵反四 汜浮 濫ㄟ泛 汎普語云汎愛衆 𠈬相輕

嚴 魚欠反魚淹反二 俺於欠反二 㛪 欠去劔反張口氣一 劒從刃一 覽見

三十八

入聲卷第五　并卅二韻

一屋 烏谷　二沃 烏酷　三燭 之欲　四覺 古嶽　五藥 以灼　六鐸 徒落

七質 之日　八櫛 阻瑟　九物 無弗　十迄 居乞　十一德 多則　十二曷 胡葛

十三黠 胡八　十四紇 下没　十五屑 先結　十六薛 私列　十七鎋 胡瞎　十八月 魚厥

十九隔 古核　廿覓 莫歷　廿一緝 七入　廿二職 之識　廿三葉 与涉　廿四怗 他協

廿五沓 徒合　廿六蹋 徒盍　廿七洽 侯夾　廿八狎 胡甲　廿九格 古柏　卅昔 私積

卅一業 魚怯　卅二乏 房法

一

屋 烏谷反 二　鄔 漢書地理志南陽雉縣濮水地名也　·獨 徒谷反 說文羊為群犬為獨又北嶽山有獨俗獸 卌　黷 黑　讟 謗　髑 髑髏　殰 胎　殰 死 曰上　讀 誦　櫝 棺　牘 簡　韣 弓衣又之蜀反

瓄 珪　瀆 溝瀆　韇 箭箙　嬻 媟　匵 匱　犢 牛　纛 纛 又徒到反　襡 韜　鸀 鸀 鳿 鳥名　罜 網　·穀 古祿反 稻也 從 六　轂 車轂　穀

㲤 水名 又古學反　谷 山谷　瑴 玉名 又古學反　·縠 胡谷反 羅縠 二六　斛 斛斗　槲 木名　螜 螻蛄　蔛 水草名　礐 石聲　·哭 空谷反 三　㲤 卵　㲤 凡穀未燒　·禿 他谷反 又他毒反

讀 誣　楅 杖 楅　鵚 鵚 鶖鳥　·速 送谷反 籀文作遫 古作警　蔌 菜　遬 牡弟 金門　餗 鼎實　螇 螇 蝶 虫　樕 樸樕 木名　穀 穀 動物　涑 水名在河東又斯欲反　遫 鹿跡

·㲤 丁木反 㲤 動物 二　啄 又丁角反　·祿 盧谷反 福 廿三　鹿 從比　漉 滲漉 又去水又盡同　䍡 得縣名 在張掖又盧各反　漉 水名 出齊郡　睩 視貝　親 笑 聲　逯 逯 逯　䤓 金東方音亦作角　摝 周礼摝鐸 謂振

三十九

鏕鉅〻地名 轒〻轒轒木 颿〻颿 艒舩名 琭玉名 簏箱〻 鏕蟆〻虫 罭納 麓山足 轆轆轤閭謂維車 碌石多貌 騼野馬 •彀呼木反又許豆反歐聲二

㲉獸名似豹噉猕猴又丁木反又作㲉似犬一云似群馬尾大〻首從豕者小豚又蒲谷反 •族昨木反從矢二 鏃〻鏃小釜 •鏃作木反矢〻又作族反一 •瘯千木反〻瘰病也四 礈礈〻石白 棟短椽 蔟蚕〻又倉候反 •曝蒲木反音乾說文曬作暴曰不〻 瀑〻布水名又薄

報反雨止貌 蠂〻蛙 㲫〻麄毛不理 業讀也 僕說文給使 •朴蒲木反打也又樸同五 醭白〻 穙〻草𥻗生 墣塊 濮齊魯間水名春秋傳曰公會齊侯于濮 •卜博木反六 濮水名 [illegible]彭〻國名 轐

車伏兔 㜹昌意妻 樸械〻字林云棗 •木莫卜反九 沐洗 杒〻桑 穋詩云〻梁稱 鶩鳧 霂霢〻 鍪軸 㲰毛一曰毛濕思貌 鈢鏃〻 •福方六反十五 腹

肚 蔔纖具又蒲角反 複褶衣 幅〻 復〻優 蔔〻萊 蝠蝙〻虫 箙竹〻中貫 輻車〻 •伏房六反十八 復反也又扶富反 𤪠東夷閣皮筐 复行故道 虙〻羲

服用也事也 𠬝脩理 茯〻苓藥 馥香又狀逼反 [illegible]蒲〻又作韛 栿梁〻 鵩〻鳥服鳥 鞴韋囊步叉 蕧〻旋藥名 澓深〻上水旋轉也華嚴經七卷 輹車伏兔 洑洄波 鰒海魚 •縮

所六反短也八 莤〻酒亦蒲 颾風聲 趗趗〻體不伸貌趜字渠竹反 樎馬〻櫪 謖起 䎘鳥飛 橚擊聲 •六力竹反十五 陸高平地 戮刑〻亦勠 勠并力又力抽反 稑種〻 鵱〻鷜野鵝 蓼

〻莪 䮉良〻 鯥魚名 [illegible]蔏〻藥名 磟〻碡 •逐直六反八 軸車〻 妯〻娌 蓫馬尾草 舳〻艫 鱁〻鮧 碡磟〻 [illegible]〻虫 •菊居六反八大〻蘧〻 蘜

草名曰精似作菊通 鞠治〻 掬滿手 鞫窮罪人俗作究 [illegible]獸名 [illegible]曲崖 鵴鳲〻鳥又渠竹反 •麴丘竹反俗作麯趣一 •孰殊六反誰也俗孰五 熟煑 淑美也說文清湛也 塾門側堂

璹玉 •俶昌六反始三 柷〻梧 琡大璋玉 •育与逐反養十一 毓稚 鬻賣 [illegible]青綠白緯〻陽所織 淯水名出弘農 賣衒賣 [illegible]車〻樌 錥鎢〻鍑 煜

火光 昱日光 鬻稀〻粥也 •[illegible]渠竹反馬〻亦驧八 [illegible]魚名出樂浪有和〻 鵴鳲鳩 鞠蹋〻又音匊 [illegible]大蜂別名 毱毛〻 [illegible]石在谷上 趜〻趗 •鼀取六反二 蹴〻蹋 •粥

之六反三〻糜 喌呼雞聲 祝〻詛 •肉如育反俗作宍三 衄鼻〻 鮞魚子又如之反 •叔式六反俗作尗通八 儵青黑繒 倏犬走疾從犬 菽大豆亦尗 透驚〻又他豆反 虪黑虎 倐〻長也

傗雅 蓄許六反冬菜又作稸又丑六反六 畜養又丑六反又許救二反 嫡媢 鄐晉邢侯邑 蓳羊蹄菜 慉起也詩曰不我能慉 竹陟六反五 築擣 篤古 竺天竺國名 筑箏 䈬茹竿

珿初六反二 矗直直皃 蹜蹜蹜狀 蹙子六反迫三 踧踧踖行而敬 嘁嘆 肭女六反月朔見東方四 恧慙 忸怩 䏔刻 縬側六反一 蝮芳伏反四 蝮地 葍草名 葍

蕧養飼食 䨱䨱迟 郁於六反又有郁郅縣在北地十 彧文章 戫戫郁國 燠熱 栯李 噢呼悲 墺壤 䐿胃 鴥又鳥到反 薁蘡薁草名 澳隈也又偪告反 奧可滌米 絠楚 䌑

恭桑之縷 肅息逐反十 宿又息救反 蓿苜蓿 颭早風 夙早也又敬也 玊朽玉亦人姓又徐救又許救反 鷫鷞說文方神鳥也東方發明南方焦明西方鷫鷞北方幽昌中央鳳凰 驌驦名馬 蠨蛸蟲 艫船舳名

目莫六反古作日七 睦親 苜苜蓿 穆敬也一曰和又穆 㣊從彡 牧養牛馬 坶地名 禁 圉于目反又于救一 稸丑六反稸積亦作蓄三 畜牲 砡玉又魚六反

二

沃烏酷反灌也三 鋈白金 鸒鳥名 毒徒沃反五 䓯蕭荻又亭毒 蝳蝳蝐 瑇瑇瑁又徒戴反 懤憧 篤冬毒反厚三 督率也察也從目一曰視也一曰目病 裻衣背縫 酷

焅苦沃反四 焅熱氣 秙禾熟 嚳帝嚳酷木 鵠胡沃反五 皠白色馬名 隺高非 燺灼 嚳牙 僕蒲沃反急事 鏷鏷石 鏷 錥 颮 渢先篤反風聲二

裻新衣聲 梏古沃反桎梏六 牿牛馬牢 譜鵃鳥似鶵 祰祭告 䄊地名又之粲反 告古又号 瑁莫沃反又莫代反又莫報反二 楣木門楣梁 熇火酷反熱三 臛羹臛又火各反 嚛食 褥

內沃反小兒愛一 傶將馬又邑名又走一 犦白色牛上沃反一 燭之欲反八 屬付又市玉反 矚視 繣綴帶 囑記 嚼 鸀鳿鳥 趨小兒行亦趨

三

歜吹氣 玉語欲反三 獄禁囚 瑦鵡 旭許玉反也三 頊顓頊 勖勉 輂居玉反又之欲反直轅車 絭攘臂繩 鋦以鐵縛物 挶持 𦥑手又居 輂大車駕馬

局渠玉反促二 跼跼蹜不伸 蜀市玉反六 韣弓衣又徒谷反 蠋蟲名 㑘偏動又 屬之欲反又着也 襡長襦又作䙱 觸尺玉反家二 歜怒氣 辱而蜀反七

蓐草 褥氈 鄏郏鄏地名在河南 縟繁文采色 溽暑 戳子 束書蜀反二 悚 欲余蜀反俗八 浴沐 鵒鴝鵒 鋊炭鉤 輍車前枕 谷獸

四十

四

峪谷ミ 躅躑ミ又直録反 ·録力玉反十一 淥水名在湘東 覥眼曲 綠青色 醁美酒名 騄騄ミ馬 娽隨從 籙圖ミ 菉蓐ミ草名 逯行ミ又姓 鵦鵦ミ鳥名 以…

曲丘玉反三 麴麥名ミ又菜廿反 笛蠶箔 ·瘃陟玉反寒瘡二 斸ミ所 ·贖神蜀反二 ·足即玉反從一 ·促七玉反急一 ·幞房玉反帊一 續似玉反連ミ三 俗 藚澤藚 粟

相玉反三 悚斯ミ 涑水名在河東又速侯反 ·韣封出反牛洛頭一 ·束丑録反ミ淶木又祖株二 豕丑玉反豕伴行 ·亍丑玉反勑録反彳亍不齊與一 覺古岳反知又古孝反九 斛斛斗又 角ミ 桷桷

較說文作䡈車騎上曲銅也 㩁苦角反又商㩁 殼又丐反 鷽馬腹下聲又乙角反 鷟鸑鷟 ·捉側角反四 穛早熟又穀 穱 ·嶽五角反四 樂五教反又姓 獄 鸑鸑鷟鳥 顏面 ·浞士角反水 莘 犖 蔟生

雚捕雚 鋜鋜足 濁ミ 鷟鸑 稚 爵 爝 朔 欶 鷟 ·浞 …

涿郡名 諑 椓擊 孎謹 卓高 琢治 斲 倬明 啄 晫明 剝北角反落六 駁 駮

丁角反十一 戳 骲 邈 藐紫草 貌美 雹蒲角反雨又十 樸相 跑 駁 䨏

[illegible] 鶴 膜皮破 瓝 懪 豰 璞 撲 樸 朴 䮳 攴 箹 颮 殼 鞄柔皮 慤謹

鵫鶴名 酌 暴 鷽 穀 觳 殼 濁 擢 濯 鸐 嬥 藋 蒴

搉學又古擊聲 確 㱿 硞 嶨 觳 殼 鷇 濁 擢拔也引 濯 鸐 嬥直好兒 藋蒴

渥於角反握持也九 喔 偓仙人偓佺 箹 齷 喔 握 學 鷽 鸒 箹白芷 搦 搦持也 㱿 掉正也又徒弔反

朔所角反出水也 ·逴勑角反遠也又作逴 踔 踔跛 犖呂角反牛駁色二 ·學戶角反五 确 嶨山多大石 嶨 鷽 ·吒 豹

五

殼系聲 嗀 鷽鳥肥 𪆣 ·娖 礐 齱 姝 藥以灼反十五 躍跳 礿 禴

六

籥樂器 鑰〻關 瀹麦 爚火光〻煜 鬻内肉湯中薄出之 屵岸上見 豹白〻 ·略離灼反亦署非三 䍴絆 䂮利〻 ·脚居灼反二 屩草履 ·灼

之略反焼也九 斫刀〻 杓横木水〻 㣿痛 勺周公樂名 酌酒〻 繳繒〻又作繁 焯火氣 穛五穀皮又公略反 ·爍書灼反爍〻九六 鑠銷〻 犳大鵰 [illegible]好美與 趯趯

纅絲 ·若而灼反嘆〻八 若杜〻草又菜 箬竹〻 蒻蒲〻又弱 鄀地名在襄陽 楉榴〻 蒻荷莖又莊又菜名出蜀中 叒說文音桑出榑桑 ·綽昌灼反寬五 碏户〻大字 婥

之灼美好 ·約於略反又於笑反八 却去約反退二 郤地名在河東 虐魚約反二 瘧病 ·謔虐約反戲二 ·妁市若反媒四 杓杯〻 汋流〻 芍〻藥 ·㲋丑略反獸似兔而大頭似兔足似鹿俗作㲋四

婼〻稱 逴行〻又勅角反 辵作行作止 ·削息灼反刀〻一 ·𥳺側略反新也俗斱一 ·爵即略反封爵禮器 雀小鳥從古爵 ·皭在雀反三 嚼噍〻 爝炬火 ·䨯七雀反鵲高也俗鵲六

趞行貌 竘淮南又市若反 捉宋國良犬 碏石〻又敵 猎駁 ·噱其虐反咶〻笑不止四 蹻舉足高貌 㑭 醵合錢飲酒又強魚反 ·嬳憂縛反又作婆二 臒大 ·縛符縛反又符一

·矆許縛反大視三 彏弓張急又居縛反 戄驚 ·篗王縛反以取絲一 ·玃居縛反大猱六 躩大步 钁斫 鸜〻鳥白身三首 攫〻搏 矍說文佳欲逸走之視 ·著張略反又丈略反

磭虛郭反俗着三 礭研也 櫡置也 躩丘縛反足如也一 鐸徒落反大鈴八 剫治木 度忖度 踱跳〻足地 澤水之澤 度量〻丈尺又徒故反

襗衣 顊顙 ·莫慕各反無也冥也十一 幕帷〻 鄚縣名在河間 膜肉皮 眊目不明 鏌鏌〻鋣 模〻又莫胡反 漠沙〻 瞙目暗 瘼病 寞寂〻

·落盧各反廿五 烙燒 絡絲〻 洛水名古雒 鉻〻鬄 䟹動 珞瓔〻 酪乳〻 樂喜又五教五各二反 轢又零激反 笿籠〻 駱白馬黑騣 雒大白 [illegible]草生

剒斫木 馲駝〻又他各反 鮥魚名又五格反 雺雨〻 鼫鼠 硌磊〻 ·託他各反十 袥開衣大領 橐無底囊 侂寄 [illegible]〻 魠魚名 籜竹皮 梓

蘀草木落墮地 馲又盧各反 ·作則各反又則邏反三 柞木名又音昨 鑿精米細 ·錯倉各反四 厝厲石 䲕魚名 造迹〻 ·各古洛反四 閣樓〻 格樹枝

七

胳〻腋·恪苦各反恭一·愕五各反驚俗咢十二咢譁訟也從口擊鼓鄂國名在武昌諤直鍔劍端崿崖一本作岸鶚鵰〻[illegible]斫〻齶齗〻鰐貿也魚名

萼花〻·噩戚在〻[illegible]·惡烏各反又烏故反俗悪三蝁虫似蜥堊白土·諾奴各反又人者反一·䪹巨各反面大貌六濼陂亦作泊[illegible]雨貌膊剉肉粕糟〻䡇車覆軛·泊

傍各反止也五亳國名箔簾〻礴單衣薄〻厚一曰草叢·臛呵各反又火酷反羹也俗臛七鄗縣名光武改為高邑礐〻丘嚛〻辛熇熱又火酷反郝姓又施伏反[illegible]〻·索

穌各反又所戟反二[illegible]〻摸·涸下各反竭也四洛水名〻鶴似鵠長喙貉狐〻又紡似貍善睡·昨在各反十酢酬〻筰縣名在越巂怍慙〻[illegible]穿鑿鏨[illegible]縆

笮竹索柞木名又音作[illegible]山牛·博補各反從十十髆胷〻爆迫於火搏手擊[illegible]〻鎛鍾磬上橫木嚗〻[illegible]貌襮衣領鑮大鍾簙局戲也亦無竹

·[illegible]虎郭反又擇〻六藿葵〻又菌草霩雨止雲消貌霍國名靃飛聲矆驚視貌·郭古博反四崞山名在鴈門椁棺〻[illegible]度·䑩烏郭反宇林作臒善月三[illegible]

以上京本廿一葉

咊薄鑊鍬〻·獲胡郭反又刈六[illegible]心動檴〻落木名鑊大鼎濩水流貌爟熱·廓苦郭反虛也四鞹去毛皮漷水名在魯彍張弓弩出不足

質之日反又成也九眰大也明也郅郁〻縣北地桎〻梏櫍砧行刑用斧〻銍水金侄堅也一曰牢也隲〻馬又後漢有郅〻[illegible]野人之言·日人質反太陽之精一馹傳驛[illegible]刀巾[illegible]枕巾

封·實神質反滿也又草木子一·秩直質反祿也常也智也七柣閾也又大結反妷兮趙魏閒呼兄弟子也[illegible]帆索紩縫帙書〻亦袠豑爵〻次第·悉息七反盡也三膝說文作厀蟋〻蟀·一

憶質反二壹專·七親悉反六漆水名在岐[illegible]鳥名厀地名在齊桼膠〻今作漆[illegible]蜀〻藥名·[illegible]壁吉反四又也從八俗作一·吉居質反二趌〻趨走貌居揭反·暱尼質反近也又昵同三

[illegible]日暱衵近身·逸夷質反過也奔也八佚〻樂佾舞〻軼車過也又徒結反溢滿鎰廿兩古文溢泆淫〻眣[illegible]·詰去吉反[illegible]也三[illegible]馬色鮚蚌〻·欯

許吉反笑二·抶丑栗反打也二咥笑·栗力質反八慄戰〻溧水名在丹陽颲〻〻風貌一作[illegible][illegible]細削凓寒鷅〻鷅勑利·窒陟栗反又丁結反塞六挃撞〻

厔蝨蟄豕名在秋 銍螲蟷 銍刈又縣名在穜秣粗鍱 齸齒堅 ·㸸乎一丈 ·疾秦悉反從失四 嫉妒又作嫉 槉柱上構櫨 蒺蒺蔾 ·剽初栗反割聲亦剝一 失識質反二 室

·堲疾資悉反二 蠿螏蟊 喞鼠聲 唧聲 ·七親吉反二 漆水 ·蜜民必反六 謐靜語 謐飲盡 樒木名 監拭器 宓安 ·必卑吉反十五 畢竟 華

䢦竹刈又竹從 韠胡服蔽膝 珌刀飾亦作琫 蹕 蹕警 滭沸 畢 彃納兔 鷝鷝鳥 篳 繟箭 𩗱風寒 㓖胡欒器 𩗱 䟆 縪治 䮂 縪縫 熚 熚聲

·聿餘律反自也筆也遂也十 鴪鳥飛駛 燏火光 遹述也回避也又 鷸鳥名知天將雨 驈黑馬白髀又食聿反 繘綆 矞穿從矛 鷸 譎名 噊鳥鳴 ·卒子聿反又則骨反又倉沒反一 ·𨚗

老禪驚反分翠黑也 戌辛聿反 䘏 䘏鄦三賑 訹誘也 又誘 音 恤憂也 ·姞巨乙反女字又姓四 佶正 佶壯勇 鮚 蚌 ·術食聿反邑中道五 述循 秫穀名 沭水在琅邪 鉥

針 ·橘居密反四 繘 蕃草名 繘級綆又余律反 趫走 崒 岪 崒崒 崒 䟆崛山 高二 ·䫻權 崛 叱 比必名在鄭又作䟆十 ·比又毗必反三 又卑脂 匕 殷 嶻車 泌水流 泆 佖有威儀 䬳

馬必馬肥 䮂馬色 飶食香 苾馨香 柲 必 出尺聿反又尺類反 狂走 䟆走 甚聿反 趫走三 儒 䟆鬼頭 ·䫻 許聿反 風小 䟆 眓 高視 㓖 戌 飛 㝀 狂走 ·律 呂卹反六 率

守 繂 綽 䋷 律 草 膟 腸間脂 膵 箭 律 崒 ·怵 丑律反又思忌 窋 又丁滑反 ·术 直律反 名亦术說文無點 炢 煙出 ·黜 丑律反下三 怵 惕 怵 ·𨄴 走 又𧺞

風也二 汩水流又古沒反 ·繂所律反 率 帥 䢦 蠻 蟀 蟋蟀 亦 遳 先導 ·筆 鄙密反三 柲 方言 潷 去滓 ·密 美筆反三 岱 山形如堂 蓥 荷本 弼

蒿芳櫛反 𤓰 惡聲 婍 稀 信 辨生 ·術 阻瑟反 ·乙 於筆反二 鳦 鳦鳥 ·肸 肸 許乙反 聲 又鳥狀一 ·叱 尺栗反 ·齝 嚙一

八 ·櫛 阻瑟反也三 ·瀄 汩水流 櫛 ·瑟 所櫛反五 飋 颸 風 璱 玉鮮絜貌

九 ·物 無弗反方言土亞也 勿 無 芴 土 ·弗 分勿反十 紱 綬 亦紼 黻 黼黻 笰 輿 蔽 蚊 甲蟲 紼 大索 亦 茀 草盛 鄅 姓 韍 蔽膝 韍 䉂 林 鬱

紆勿反木叢生古欝五 欝 ⺀滃大水 爩 煙 蔚 草，又於謂反 鬱 芳草也，以釀酒以降神 孓 九勿反，無左臂，又九月反三 ⿰糹屈 衣 翟 ⿸尸出 短尾從尾 屈 區勿反，又居勿反二 詘 辭塞 倔 衢勿反，又衢物反二六 䠇 足力

掘 ⺀地 崛 山短而高 ⿰衤屈 衣短 堀 突也，詩云浮游⺀之 佛 符弗反六 怫 欝⺀ 坲 塵起 岪 山曲 咈 ⺀噴出 𣐐 木聲 ⿺風忽 許勿反，疾風，亦䫻四 欻 暴起 崒 疾

㷔 烟 ⿺風⿱罒 王勿反，風聲二 搰 掘 拂 敷勿反七 髴 髣⺀，見不明，又方佛 ⿰忄弗 ⿰韋白 岪 山崩聲 刜 斫 茀 道多草不可行 艴 色淺 祓 除災求福，敷勿反 ⿱山屈 亦屈 ⿺走屈 走 ⿸尸刂 刀曲剖

十 訖 居乞反了四 吃 語難 ⿰气欠 ⺀⺀口氣 ⿰魚乞 魚名 迄 許訖反，至也三 仡 壯皃 釳 乘輿馬上插翟尾者 疙 魚乞反，癡皃二 ⿺走乞 其迄反，行皃一 扢 于乞反，又吳乞反，高也一 乞 去訖反，又許氣反，亦作乞字，作乞上非，七四二 芞 香草

十一 德 多則反二 得 獲 則 子得反，法一 勒 盧德反，抑勒制也六 肋 脅 朸 指著假間 扐 礼云掛扐用數之 玏 美石次玉 艻 蘿⺀，菜名 忒 他則反，差也四 ⿰扌得 打 慝 惡 貣 求也，又徒德反

刻 苦德反，鏤四 克 能 勊 自強勝，⺀⺀己約身也 尅 勝也，殺也 特 徒德反，徒得四 貣 ⺀⺀假 忒 蟘 食禾虫 ⿰木戠 杙 黑 呼德反三 潶 水名，在羅州 嘿 黙聲 墨 莫北反五 默 大逐人 纆 索

冒 千則反，又莫報反 蠌 虫名 纆 索 賊 昨則反，盜二 鱡 烏鰂魚 塞 蘇則反，又蘇代反，亦䆲二 寋 說文實也 北 博墨反，方名二 邶 郡名 蔔 蒲北反，蘆⺀，菜名六 仆 僵仆，又音赴 伏口仆 踣 殭

踣 又倒也，敗也 䩉 ⺀⺀鞭 匐 ⺀⺀伏地 或 胡國反，不定三 惑 迷 緎 以 國 古或反，邑一 餩 人愛黑反，噎聲一 ⿰亥刀 胡北反，法有罪一

十二 曷 胡葛反，何也六 鶡 鳥似雉 毼 毛布 蝎 ⺀蟲 餲 餅名 顒 許葛反，⺀頑四 猲 恐也，又許謁反，⺀⺀大 暍 白色 喝 訶 捺 奴曷反，手按一 ⿰扌柰 大葛反，又盧達反，手⺀一

末 莫曷反，木上⺀十四 秣 馬⺀ 眛 星名，又目中見 韎 ⺀⺀ 昧 沫 水名，在蜀 妹 ⺀嬉，桀妻 𢗅 忘 抹 塗 沫 水⺀，武太反 ⿰木末 ⿰鳥末 鴨 眜 目不明

苜 日不正 ⿰木月 ⺀⺀ 撥 博末反，治也九 ⿱癶又 足刺 襏 ⺀襫，蓑衣 茇 根 缽 器 ⿰女鳥 鳥似雉 鱍 魚掉尾皃 跋 急走行皃 鬘 髮⺀ 鬢 子末反二 ⺀ 以上奪卅一葉

水衝石皃 𢕟 ⺀⺀ 栝 古活反 括 檢也九 𤄢 水流 聒 ⺀⺀ 髺 髮結 檜 木名，柏葉松身 聒 聲擾 苦 蔞 佸 會，詩云曷其有佸 适 疾 鴰 ⺀⺀ 懖 書曰⺀⺀無知之皃 闊 苦栝反 ⺀ 箬 ⺀荀

·活戶括反二 栝檜 ·奪徒活反失也亦奪二 敓強取 脫肉去骨又他活反 ·豁呼括反〻達 濊水聲亦濊 㨯大 目闊 眓視高皃 泧瀎〻 ·斡烏活反轉也四 焥大烟出 䀹目閑皃

䦱解落亦作𢾙 ·捋物取〻亦捾 ·繓子括反〻結亦繓二 襊手把亦撮 ·鏺普括反兩刃刈草木八 撥芟 五 蹳蹋草聲 癹蹋麥又蒲撥反 柭推 醱酒色 巿草木盛 怖〻慎〻 ·侻佗括反可〻輕二 梲

䤠盧活反亦作酦 ·捋盧活反手捋物也三 将木名 㓼削 ·掇多括反拾〻也三 𪇰雀〻 剟桃取骨間肉 ·撮七活反取一 跋蒲撥反行 跡行皃 魃〻 墢墾壤 庅 酦香酒氣

馞香氣 𣪍将行名 𩰸大氣 颰風皃 犮除草 犮犬走皃 拔迴〻又蒲八反 ·蕯桑割反〻跶三 𦺓〻香 㩋抹〻 ·怛當割反〻也六 𢥞〻 妲〻己紂妃也

呾相叱 炟火氣 𪐿𪐿〻縣名在太原 ·闥他達反門屏間九 健〻 撻〻 䠩足跌 澾泥滑 獺水狗 獺獸名 沙〻蹈 羍小羊 邋烏葛反遠也六 鶡

㓞䫄字林 㓞䫄 ·堨〻 𦛨肉敗臭 𨶹〻又於達反 ·刺盧達反僻也六 𩮘研破 辢〻辛 𠜾〻不調 攋手撥〻 䔿〻 蒚 ·渴苦割反盡也三 潵欲飲亦渴

磕石動亦碣 ·達陁割反〻亦達一 ·巀才達反又才結反山名在扶風三 巘〻聲 囐嘈〻聲 ·嶭五割反又五結反五 轍車載高 可朽骨也 屵高山皃 枿木〻亦〻蘖三 葛古達反

𦢊〻五 葛竹〻 蔽〻桃枝竹名 猲〻獦似狗而首赤名 獦根 割截從手亦割 騸馬疾走皃 黠胡八反二 䯐〻髓聲 ·札側八反〻乙三 扎病 𧋍小蟬 䊍

十三

禰八反 ·稭出又禰〻殺反二 茷〻 ·㭁普八反根〻可作飲 㓷 劼恪八反六 劼用力 鬝〻秃 利〻巧 刮〻刷 硈石狀 ·滑戶八反不澀六 猾〻狡 螖魚名 鶻〻鳩又古忽反二 蝟似蟹而小

磆石可以為砥 ·八博拔反別也象分背之形四 馬八馬八尺 朳無齒杷也亦作𣏃 扒擘 ·䶦丁滑反口滿食皃二 嫋〻好皃 ·豽女滑反獸名似貍四 貀獸名似虎無前足而黑 朒肭〻憂皃 吶言之亦聲 嗢烏八反

飲聲三 婠〻媻 穿〻穿 ·𪗬初八反〻五 察 䉾〻 蔡〻草 詧言〻又音功也 榝木名 ·劀古滑反去惡肉二 鰨魚名 戛古黠反又九 扴〻指 〻物

稭禾槀天 鵠〻鴡鳩名 楔櫻桃又先結反 鞂〻草 桮〻檝行木正 秸稈 圿〻垢 ·軋烏八反又軋轉八 圠山曲 楬〻撥草心 婍嫉〻 㸷〻歇又苦結反 穵空大

鼿 鼿名 兀 鼿兀 屈頭 ·殺 所八反 二 命又所拜反 二 鎩 鳥羽病 又所拜反 ·傄 莫八反 傄傄 健皃 二 䁆 惡視 ·傄 呼八反 一 ·痆 女黠反 瘡痛 一 ·䶊 五滑反 三 聉 無知之意 ·聵 無耳者 断耳之意 ·劀 古八反 作扒 八

十四 普八反 在西極之水不定 日出至于八國謂之 西不也新加一

寣 睡一覺 笏 手版 𩋜 急擊 呼結反 二字 昒 尚冥 又出爲詞 說文作曶 𨑡 遠 緫 細 ·骨 古忽反 二 肉五 縎 結 汩 治 鶻 鶻鳩 又胡八反 又古骨反 二 榾 榾柮 木中 ·沒 莫勃反 又莫湛反 殁

紇 下沒反 又胡結反 姓也 七 麧 麥頭 擲 齕 齧 又胡結反 ·淈 濁泥 又古忽反 搰 掘地 𩩲 膝病 𣛧 手推 ·忽 呼骨反 又忘八 惚 恍惚

珉 玉名 叟 入水有所取 今叟通 亦作非 ·勃 蒲沒反 八 悖 逆 悖悖 渤 渤澥 海名 水皃 馞 馬面 牛尾 一角 孛 彗星 一名孛 餑 茗餑 㶿 歷㶿 起 馞 大香 ·咄 當沒反 一 又丁括反 ·宊 他骨反 又出 三 梲

䟺 大杖 䟺䟺 ·突 陁骨反 又鶻 七 揬 搪揬 腯 牛羊 豕肥 𡵘 出 鼵 鼠名 鶟 鳥名 堗 竈堗 ·頬 烏沒反 又內頭水中 四 膃 膃肭 肥 殟 心悶 又憂 嗢 咽 ·兀 五忽反 又高皃 六 杌

屼 山皃 矹 矹碎 不平 舸 舟不安也 玉篇 杌 樹皮 ·㪊 勒沒反 又蒲射 一 ·䮐 普沒反 又披物聲 一 ·窟 苦骨反 二 穴 五 䯽 大頭皃 泏 溫泏 池 頊 白禿 矹 用力 亦矹 ·訥 諾骨反 又難也 三 肭 膃肭 㕯

動拴 内㧾 水中 ·窣 蘇沒反 又勃 二 麧 磨麥 ·猝 麤沒反 又倉 二 卒 倉卒 ·捽 昨沒反 又手 三 椊 杌以柄內孔 齚 齚 ·卒 則沒反 又子聿反 二 倅 百人爲倅 ·𣤮 烏骨反 一 咽中息不利 ·昢 普沒反 一 明未融

十五 屑 先結反 動作 七 㮞 木名 又古黠反 楔 櫼楔 不方正也 躃 躄躃 旋行 䅂 半麥破 亦䴏 亦通 ·偰 偰偰 聲 䏣 䏣中 胃 ·切 千結反 又從 七 四 嗏 小語 亦嗏 齧 齧齒 ·竊 盜竊 ·結

古屑反 九 絜 麻一耑 又胡結反 潔 清 鐭 鎌 桔 桔梗 ·𢹬 以水破也 ·䞌 走皃 鷞 鷞鸕 鳥字 屬以 公鋸反 ·桔 手桔 只有所取 ·節 子結反 又從竹 八 卪 瑞信 卩屬 以此巴 迊 ·𤸃 瘡

瀎 小瀎 ·䢑 皿 姮又音即 𤏪 燭餘 𥧚 屋上木 髿 𩮜 小 ·血 呼決反 六 䀏 睡 惡皃 ·穴 穴穴 空皃 㝞 倉度 空 閴 門 ·窒 小室 ·闋 苦穴反 又已閉門 一 ·玦

古穴反 十三 潏 泉水出也 又水名 在京北 䀗 目惡 譎 諫 䞟 別 觼 舌有環 䮪 駃騠 良馬 芵 芵明 藥 鴂 鶗鴂 鳥 分鳴 香 決 決絶 說文流行也 又水名 出大別山 從冫非 趹 馬行疾 𩳐 似狸 名獸

·穴 胡玦反 又孔也 二 袕 衣袕 ·抉 烏穴反 又挑出 三 窔 穿皃 䀏 目深皃 ·姪 徒結反 又娣 十九 眣 目出 昊 眣 目失 胅 骨 𡵘 高起 垤 蟻封 耋 老 迭 遞 跌 踢

絰縗絰 騻馬赤黑色 泆水動湯泆 揲 嵽山高皃嵽嵲 軼車相過又以質反 閴閴城門鄭 䮞馬行疾 䱇䱇睆 䥫一曰利也 鐵他結反古鐵三 僣僣 餮貪食

𩛣貪食字林作餮 纈胡結反錦十一 閴閴閴 擷將取又虎結反 襭縛 頡頏頁頭 齕齧 紇又下沒反 䊹以衣䘿 䊹杖䘿 䵷趙䵷 翓飛上下頡翓 涅奴結反黑土三 捏𢬵

草萊似䅗 截昨結反亦截四 䂒𠘧偒 䰳蟹屬 𡸿山峯之子切反無點非 齧五結反五噬 霓虹蜺 蜺寒蜩 嵲亦𡸿 槷危 蔑莫結反無也目眵精七 懱

輕輕 瞡目赤 㰅不正楔方 蠛蠓 篾竹皮 懱懱怯 弼方結反又方二 蔑 閉又博計反 噎烏結反食塞四 饐 曀 𪑁 䴏静 蠛蠓以上原卷第卅三葉

楔苦結反不仁亦契字苦計反 六 潔 䫌 挈提又苦計反 䁆 䫌 竊千結反 節 㓤又苦計反 苦 擷胡結反 𩑶 鬣 掣 瀎 撆

蹩人呼蹩江南 蹩蒲結反 三 憋惡性 颲風 䶂 䶂 𩑶 瞥列反見 二 蹩將落 蹩 瓞蒲結反行 蹩 𢴲 及 脈多 䔥 𪗾 瘭不正 醘香

窒丁結反又陟栗反塞四 咥 窒出 𥈯目瞷 螲 迭水又之涅反 涅六 臬 寘 戾曲 蜧 㸓 喉喉鳥聲

十六薛 薛私列反姓九 紲亦作繫 媟又狎私 褻衣裹私服也 勢 緤 泄漏亦泄 㵒治牛 𨃰 肉 辥私列反姓

𩼨魚名 洌水清 冽寒 㓟 烈光 裂破 列 颲風雨暴至 𩿧 鴷啄木鳥 𩿧 𩿧 㳜水流 哲智也亦作悊 二 蜇 傑 蝍

桀渠列反六 榤 杰 碣 碣 楬 櫭 熱 哲 淅 折 䜂 舌

揲從列反又尸列反三 折 𠯑 𠯑 𦶟 𦶟 讞 𦶟 𦶟 闑 㸦

臬射的 碣 揭 愒 滅 搣 䳢 籺 鮿 䱴 絕 蕝

雪相絕反又作雪揬和一 膬丑芮反破一 悅翼雪反五 閱簡 蛻蟬去皮又他卧反 䦧華名似芹 娧好皃又他會反 鈌傾雪反缺破俗作缺通一 爇如雪反燒六 蚋蚊 說失爇反又失銳反一 拙

䫄職劣反不巧丑 顡 䫂姤皃 棁梁上短柱又作樧又他活反 蝃蝃蛛 歠昌雪反大飲三 輟陟劣反止也五 畷田間道 惙惙疲 剟刊 綴連又陟衛反 劣力輟反少力六 埒埒馬 脟肋肉

𨃓踤跳皃 桴木名 㪅撮 䁲芳滅反又普見三 潎漂 憋惡 別憑列反又分解一 莂縷別反分文亦諦一 轍直列反車跡四 徹通也又丑列反 撤發 澈水澄

㕞所劣反刷三 㕞鳥理毛 刷刮 寽呂列反又呂也三 鋝十一銖 趉趉跳皃 設式列反二 蔎香菜 䀹許列反舉目使人三 烕滅也又詩云褒姒烕之宗周 翓小鳥飛 吶嘒吶聲不出也又女劣反又女滑反一

娎狀列反娎姼易嫉皃一 妜於悅反一 蹶紀劣反又居月反具衛反三 𨇰𤼭 叕速 茁側劣反草生又鄒滑反二 纂短黑皃 膬七絕反脆也易破一 蠽姊列反茅蠽似蟬三 鷦小鳥 止小少也從大少 叕

𡸒山列反又桑列反一 焆於列反煙氣一 屮丑列反草初生皃一 㜸許列反又許葛反 啜樹雪反又昌雪反也一 剿廁別反又廁斷聲一 擾崼絕反又枯一 𡨰嫋劣反又罝一 鞨古列反治皮也亦作䩞剝一 齚助列反又齚一

十七

鎋胡瞎反車軸頭鐵口瞎反六 齧齧骨聲 鶷鶷鳥名 硈礣硈堅皃又苦瞎反 舝長轄野 骱骨堅 鶡乙鎋反三 閘門閘聲 圓嘕 巘五鎋反嶭三 鬜禿 鶷

鶷又古鎋反亦作剎 刹初鎋反亦作剎二 䕓草亦作䕓 瞎許鎋反一眼一 楬枯鎋反木名 䂗剎 獺他鎋反獸名又他達反一 瘵女鎋反痛一 刮古頒反刮也正作刮三 鴰鶬鴰鳥名 秳禾秳名 頢丑刮反

捺乃刮反頣一 頢下楞反短面皃五 䯏 鬠繒細 敪盡皃 舌塞口 姡面淨 𨗿古滑反又古忽反一 鵽丁刮反鳥似雉又多活反四 竅穴中出 窡短面 娺婞娺 跀五刮反斷足俗作刖二 朏獸食草殘

嫋𦞅小肥女刮反下楞又烏八反二 纂初刮反黑止也一 礣礣礣砎又莫鎋反二 㡙帓帓襪亦作 𢭏白鎋反八又通一俗 鶷古鎋反又五鎋反二 擖刮聲 鬝面鎋反毛細皃一

十八

月魚厥反星又魚厥反 刖紀 軏車軏 杌又九 枂折也 伐房越反征也九 筏大桴渡水 罰罪又俗作罰 閥閥閱自序 垡耕垡 橃海中大船 坲春末也

瞂盾 㕘截也 越王伐反渡也於也亦蹶六 粤辭也從弓 鉞斧鉞 䟢布蛣 樾樹蔭 曰語端 厥居月反其也八 蹶失腳 勥強力 趧跳 瘚逆氣 劂

刻刀 蕨 萊 蟨 獸名走則顛常為蛩蛩駏驢負而走 ·噦 乙劣反氣逆一 ·嫳 於月反嫳嫳婦人皃二 餮 飴安豆又螢 ·觖 其月反以角發物也六 鷢 白鷢鳥 橛 株橛 蹷 倒 橜 門橛一曰杙也 臄

尾仐 ·闕 去月反俗闕二 㵐 水名在義陽 ·髮 方月反從犬頭也三 發 動也舉也 沷 風寒 ·韈 望發反說文從韋足衣也一 ·颰 許月反小風四 䎄 飛 狘 獸名又走 泧 水皃 ·謁 於歇反於祭見四 閼

罪罪歲在卯又於萬反又於建反 暍 傷熱 黦 色壞又作䵱 ·歇 許謁反氣歇四 蠍 蠆蠍 猲 猲獢短喙犬 鍻 金鍻字新加 ·訐 居謁反面斥以言四 趨 走皃 羯 羯羊 鍻 金 ·揭 其謁反檐一 ·㤓 丘竭反很怒

十九 隔 古核反障七 膈 胷膈 鬲 縣名在平原又洛歷反 槅 車槅枙 革 獸名皮治去毛說文作革 愅 知 軗 虎虎聲 ·麦 莫獲反從來夂四 脉 血脉 霢 霢霂 覛 相視人數 ·獲 胡麥反得 七

畫 界也從田又胡卦反 嫿 嫿明好皃 嚄 嚄嗻又作唶又一作𠰥 劃 錐刀刻 鱯 魚名 韄 說文度也又胡各反 ·蟈 古獲反螻蟈蛙別名六 啯 聲 馘 軍戰斷耳 幗 婦人喪冠 膕 曲腳中 讗 言

䆽言 ·檗 博厄反黃檗四 擘 擘分 糪 米飯生熟 蘗 山芹 ·繴 繴繴繴繴為一 ·賾 士革反深也一 ·責 側革反說文作賨求五 簀 床簀 幘 巾幘 嘖 嘖嘖 謮 謫

·策 惻革反馬捶八 箣 箣亦策同 筴 箸也又嘖嘖 嫧 健急齊也 皟 白淨 冊 告也從曰 憡 痛亦作憡 齚 齒相值 ·䶦 人白反又手指一 ·騞 呼麥反破聲六 繣 繣緯乖違 獼

飛聲 㩇 裂帛聲 𣻗 水裂聲 翻 飛皃 ·謋 輕聲又口革反四 鞷 若交又苦厄反 䙐 裹裘 諽 謹也飾也 ·覈 下革反又寳貞也五 繳 衣之又之略反 礊 石地 翮 鳥羽 核 果子 ·槅

呼革反手取五 謫 責人也亦謫又大厄反 猲 犬張耳 桿 藍具 黐 黏亦糯 ·厄 烏革反也八 搤 持亦扼 軛 車軛 阸 限阸 呃 呃喔鳥聲 鼬 鼠屬 ·㧖 把也又蝵 𧖁 似蟲名 以上原本第卅四葉

漅 小雨 霢 霂 瘵 狀寒 殰 殖落一本從木 慸 懼皃 瘯 病寒 ·擭 中又射一 ·䪥 五革反又補二 彍 弓東 ·骼 骨閒 汁一

廿 覓 莫歷反又覓几 幦 車覆軨 幎 覆又幦也 驨 馬多惡 糸 細絲 鼏 鼎蓋 羃 覆食巾 汨 水名在豫章 ·錫 先擊反似銀九 析 亦析 禓 袒衣

緆 細布 晳 白色 蜥 蜥蜴守宮蟲 淅 釋米 惁 敬 㱤 郁列反 ·激 古歷反又古歡反四 擊 攻 墼 土墼 鵙 鳥名 ·霹 普激反霹靂二 劈 破

四十五

羖羊〻

靂 閭激反大雷廿三 趚 趚行皃趚字七昔反 酈 縣名在南陽又力知反 瀝 瀝〻病 轢 車踐又盧各反 瓅 明珠色 鎘 鎘〻 秝 稀疎 瞁 〻睩 櫪 馬槽 瓑 玉 瀝 滴〻 䊪

礫 砂〻 櫟 木名 鱳 魚名 歷 過也經也 厤 治 曆 星也記也 礰 治石聲 鬲 鼎屬似釜大口亦𩰫 蒚 山蒜 藶 葶〻 的 都歷反又指〻十四 昀 明

適 從也又之石反亦逐 嫡 正〻 [illegible] 〻飄飀 靮 馬韁 鏑 鋒鏃 馰 馬〻白顙 滴 水〻亦滴 [illegible] 痛 肑 腹下肉 玓 〻瓅明珠 䶂 鼠 逷 至 檄 胡狄反符檄亦礐二

覓 曰〻尋覓 鷁 五歷反水鳥亦鶂鷁三 艗 〻舟 [illegible] 石地 荻 徒歷反蘆〻十二 狄 在北羌從犬 敵 當 翟 雉〻 籊 竹竿皃 迪 道又進 覿 見 笛 樂器管武帝時丘仲所作

霤 雨〻皃 滌 洗 糴 市米 𨛫 鄉名在高陵 逖 他歷反遠也古逷六 倜 〻儻 詆 〻讀 趯 跳〻 剔 解骨 惕 怵〻又逖 績 則歷反緝績四 勣 功 鰿 鯽別名

樍 穫 燩 去激反乾燩三 擊 傍擊 毄 功漢書云攻苦 惄 奴歷反飢〻憂三 溺 沒水又作休〻水名 愵 憂皃 寂 昨歷反亦寂二 [illegible] 日見赤 甓 蒲歷反瓴甓三 椑 國君親身之棺 䴙 〻䴘

壁 北激反泥〻 薜 二 鼊 鼊〻龜類鼊字古侯反 闃 苦鵙反淨一 鄍 古闃反鄉名在吳五 鶪 伯勞鳥 狊 張目視皃從目犬 湨 水名在河南 鼳 鼠名在木上 戚 倉歷反親二六 慼 憂 鼜 守夜鼓 鏚

磧 七迹反又千責反〻石 慽 痛又親也 赥 許狄反笑聲五 𥎊 兵也矛也 箹 蘿〻 鬩 恒訟從二鬥 [illegible] 〻頭又體反 殈 呼狊反鳥卵破二 砉 皮骨相離聲

廿一 緝 七入反績三 葺 修〻蓋 咠 聶言曰和 十 是執反三 拾 取 什 篇〻 執 之十反持也把也正執四 汁 瀋 瓡 縣名在北海 慹 怖 習 似入反學也從羽白五 [illegible] 〻 襲 重衣

隰 原〻濕地 騽 驔馬黃脊 褶 神執反袴〻一 集 秦入反聚也亦雧五 輯 和〻集 楫 又子葉反 𨐨 詞之集 亼 三合也從入一又子入反 入 爾執反進一 揖 伊入反〻讓二 挹 酌又抒也 濕 失入反水名也亦作溼二

[illegible] 牛耳皃 [illegible] 姉入反嗚噍字音 潗 泉出 [illegible] 〻合 湒 雨下 及 其立反逮二 芨 冬瓜 縶 陟立反縶馬三 [illegible] 小濕 馽 絆馬 蟄 直立反藏〻

[illegible] 熱生肉 [illegible] 不入又直報反 譶 言〻 漐 小雨 立 力急反戢文作大一七 [illegible] 〻齧聲 粒 米〻 笠 竹帽 鴗 水鳥 苙 白芷又其反 [illegible] 臨 急 居立反疾六 給 供〻

[illegible]

汲引 級階 芨烏頭別名 伋子思名亦姓 ·岌魚及反高皃 ·泣去急反無聲出涕三 㬎眾明 湆肉汁 ·㲄先立反 唈 習 ·吸呼及反七 歙人名 有

翕起也 譝 謪語聲 湆水流 熻熱 鄒地名 ·澀色立反不滑三 鈒戟 霎雨聲 戢止也藏也 職 品 眾口 角 多

戢 濈和 ·邑於汲反六 悒憂 浥濕 裛香衣 苙 ·飽食 ·洽 熠 燁 直 陟力反

廿三職 ·䨤 霫 䨤 聲 ·蟄 諿 言一多 職之翼反 織 膱 蟙 ·直除力反

·力良直反 扐 仂 ·敕 飭 埴 擊 赫 ·式賞職反 栻 弒 ·陟竹力反

·稙 ·食乘力反 蝕 ·息相即反 熄 郎 媳 瘜 寔 湜 殖 植

·埴 識 ·式 拭 軾 飾 ·紱 赩 衋 歗 極 蟚 賊

·匿 匿 ·測初力反 惻 畟 ·憶於力反 臆 億 繶 醷 澺 薏 檍

·薏 ·鵭 ·色所力反 嗇 穡 穡 蓄 蓄 ·嬐 紀力反 極

·提 襋 棘 輮 蕀 萴 ·弋與職反 翊 翌 廙 黓 翼 ·霧

·隹 ·奭 ·姒 杙 瀷 罿 翌 ·即子力反 稷 鯽 鯽

·匐 ·即 鄉 ·逼彼力反 皕 匐 ·閾 ·域 罭 棫 蜮

鉞民門 閾門限•洫況逼反溝洫廣八尺六 緎衣縫 淢疾流 侐安 瘋頭痛 戫大•堛苦逼反土 愊悃愊 䮠地名 偪利 䭾食飽 楅聲 福被滿

稄阻力反七 昃日 昃 𣐊打 仄漏又反 夨傾頭 萴藥子 側傍 •愎符逼反很 腷腷臆意也 稫稫稄禾密 䩉先人名 •揤於棘反古抑二 抑地 以上原本廿五菉

廿三•山疑魚乞反四 嶷茂盛又魚紀反 礙小兒有智 鱁鯛魚 葉与涉反四 牃名在雲中 楪度 鍱鐵鍱 •樓葉葉反五 樓

續木 睫目 楫舟楫 婕婕妤 •攝書涉反三 葉縣名在新安又許及反 灄水名在南陽 •涉時攝反一 •獵良涉反六 鬣鬣 巤毛 躐踐 鼠旁入日

儠長 巤生 •捷疾葉反四 接也一 •䑜直輒反細切肉二 埰下入又直立反 •敵於輒反一 歙 •聶尼輒反十 躡 蹈 鑷子 𨄮 騳馬步疾 蘃竹一 籋

箱 睪伺視 奎所以犯驚一曰大聲一曰盜不止也 •謵叱涉反小言 聶動 姑輕薄又於琰反 詀細語 •讘詀讘縣名在清河三 顳顳骨額 日宋字 嚚口動又之涉反 •龍多言又之涉反

嗫口動又而涉反 懾怖 襵衣襵又陟葉反 摺疊 慴伏亦作讋 妾七接反五人戟 菨 鏶鐵 鯜魚名 淁水名在北 鍤衣針又丑輒反 •极其輒反又

极二 笈負書 •輒陟葉反三 耴耳垂又山海經 襵衣襵又而涉反 曄曄 燁光 饁餉田 瘞去涉反一 •箑山輒反三 歃又所洽反

•鋏居輒反之一 •廠於葉反又黯 •睫次接反黃昏一 •緤紲又私列反

苫
怗他協反十 帖 聑 鞊 鉆 貼 跕 呫 鍱 聾 •協胡頰反六 勰 協

劦同力 挾持 俠任 •頰古協反六 鋏長劍 筴箱 蛺 莢 䩡 •愜苦協反二 篋箱 •㬏徒協反 喋便語

惵 蹀躞 躞小步 諜 堞城上垣 韘 氎細毛布 疊重 蹔 惦安 渫水決流 褺重衣 蝶蛺

䈎 䈎𣪠 ·𢅊 於協反手按三 𪏶 𪏶子 𡡾 好 ·苶 乃協反病劣 捻 喑聲又踮下又都念反 𩑯 噞𩑯 𪘝 絶聲 捻 指 鍩 小釘 𢿌 寒 ·𤷇 稱協和反也五

𢇍 𢇍屧 𨆖 蹀 𩊝 𩊝鞢 射具 𤩍 玉似石 ·𪎊 盧協反七 踮 作𪎊 一聲又 ·聑 丁協反 耳垂 白三 呫 多言 㩸 打 ·𦼮 在協反 草 蕉一 ·浹 子協反 潤也一 ·𧟄 叶 張三 𥈹

廿五

偞 𦐈 目一 僷 胃 有所畏 ·笘 竹葉反 竹箕 一

蹹 𦑣 龖 飛龍狀 言 𧬕 言言 疾言 ·錔 他合反 器物頭 十 𨗳 歡 沓 菜生水中 𡞯 安 踏 看 𢡟 懷上恨 𦓲 羊履 翻 翻 㳫 水名在平原 說文作瀑 𨫿

鞳 鼓聲又口荅反 ·合 胡荅反 又古沓反 五 迨 迨遝 行相及兒 郃 郃陽 縣名在馮翊 諳 諳 ·閤 古沓反 門旁戶 九 鴿 鳥名 合 會 又胡閤反 亦作 㢵 秴 秴秙也 柱音 佮 合 鉿 人 鉿 魚名 欱 合會

錔 鉿 ·荅 都合反又 俗𦽍 荅通 三 路 行 跛 𨂝 行惡兒 荅 右正 ·跋 蘇合反 踏 四 颯 風聲 𩪌 小兒履 馺 馬行疾 ·雜 徂合反 正 雜四 𩑸 聲 斷 硉 礫山 高又 磣 壞兒 𪇷 鳥 ·帀

子荅反 通俗 二 呴 口 ·拉 盧荅反 折也 五 摺 敗 磖 磼 𣳁 蘆荻 遠 翋 飛兒 ·納 奴荅反 又受 六 𩊚 腰 𥿆 似草 擘 𨍥 驂馬內轡繫軾前 妠 娶 衲 補 ·𣹢

又吾盍反 口三也五 㕎 閉戶聲 古文作 㕎 𡽞 山左 𡽳 嶭 容 合 𩐨 鼓聲 ·姶 烏合反 美好 女字 六 𤻺 氣 罨 於劫反又 罯 覆蓋 𡟕 女有心 𩶫 魚名 ·欱 呼荅反 小歠又呼洽反 二

疲 病劣兒 ·𠿏 五合反 聲衆 四 𥕢 礫 哈 魚多 𦡡 說文

廿六

蹋 徒盍反 踐 二 榻 俗作 扇 𢳣 闒 樓上戶 譶 言也 ·盍 胡臘反 何不也 六 闔 閤 嗑 易卦 蓋 苫 䕅 篨 蘧 𨛖 地名 ·臘 盧盍反 俗作 臈 同七 𪘏

𨇀 聲 鑞 錫 蠟 蜜 𤜕 折 獵 𦑜 飛起 䪉 皮兒 ·敲 都盍反 又五 𩑛 大耳 搨 手打 砬 地 𦑤 相著 ·榻 吐盍反 床又 古 䑽 大船

毾 毾㲪 鰈 比目魚別名 亦作魼 鰨 似鮎 四足 𦐇 布 傝 傝㑃 不謹 狧 犬食 亦 𦩡 諵 多言 𦑣 飛兒 鞳 鏜鞳 又他合反 塔 佛圖 俗 墖 搭 摸 𦒎 飛兒

四十七

廿七

歙 呼盍反 一 大来 · 魶 奴盍反 魚名 一 · 偞 私盍反 偞偞不謹 皃也 一 · 儑 五盍反 儑儑不着事 一 · 砝 才盍反 悪也 從非 亦作 也二 · 擸 擸擸 和雜 · 䪞 古盍反 二 車三 · 䜗 多言 · 盍 何也 亦作 · 榼 苦盍反 酒器 二 · 磕 石聲 · 䭇 安盍反 䭇𩜸 魚名 二 · 廅 南都賦 廅潛洞出

洽 侯夾反 和也 六 · 狹 隘也 古陿 · 袷 祭名 · 峽 三峽 山 · 硤 硤石 縣名 · 𣣼 聲 · 恰 苦洽反 用心上 二 · 帢 巾 二 亦 帢 · 掐 爪掐 · 䁠 目陷 · 剳 入 · 夾 古洽反 持也 從大 文九 · 郟 郟鄏 地名 在穎川 又在河南 也 · 筴 著 · 韐 韎韐 蔽膝 · 跲 躓跲 · 裌 衣裌 亦 袷 · 䀫 眼 語 · 餄 餄 餅 · 𤻵 足病 · 遝 大洽反 行書 亦 筆 四 · 煠 湯中爚 小 · 𡝗 女洽反 又丑甲反 一 女送也 · 𩤚 馬驟 皃 · 眨 阻洽反 目動也 三 · 𡲶 薄楔 · 㮑 小人 皃 · 插 楚洽反 刺也 四 · 臿 舂去皮 從干臼 · 鍤 鍫 · 极 驢上負 · 𪖐 呼洽反 三 · 欱 呼洽反 又呼合反 三 · 𣢾 氣逆 · 𡇙 女洽反 手取物 二 · 媥 凹凹 美皃 · 霎 山洽反 小雨 二 · 歃 歃血 又山輒反 · 劄 竹洽反 著也 一 · 䟕 烏洽反 跛行 皃 二 · 凹 下也 亦 窊

廿八

狎 胡甲反 習也 六 · 匣 箱匣 · 翈 羽上 短羽 · 霅 衆聲 一曰雷 霅霅 又杜甲反 二 陽縣 在樂浪 · 柙 檻也 似櫃 虎兕 · 浹 浹渫 水相著 · 𠍾 大甲反 二 · 喋 唼喋 鳥食 · 甲 古狎反 鎧甲 衛 七 · 胛 背胛 · 柙 木押 亂理 · 押 押署 也 · 岬 山側 · 𠩂 碎 · 鉀 鎧 · 鴨 烏甲反 水鳥 六 · 壓 鎮 · 庘 屋壞 · 押 署 · 䆅 人神 脉 刺 穴 · 閘 閘閘 門閉 · 𦦗 舂去皮 表初甲反 一 · 翣 所甲反 羽飾 棺 天子八 諸侯六 大夫四 士二 四 · 翜 飛 疾 皃

以上原本卅六葉

𧲡 豕母 · 啑 喋 馬食 · 呷 呼甲反 呷呷 衆聲 皇鳥 又胡甲反 三 · 䛅 䛅喃 闇知 · 譀 誇 · 䀹 杜甲反 · 霅 杜甲反 二 陽縣 在樂浪 又胡甲反 一

廿九

格 古陌反 式 九 · 佫 至 · 鰏 魚名 鰊 · 茖 山 菍 草 · 骼 骨骼 · 觡 角 麋 · 挌 擊 敌 · 鵅 鳥名 · 𢦵 史記 教 二 · 謋 虎伯反 然 二 · 漷 水名 在東陽 · 陌 莫百反 阡陌 八 · 帞 巾 · 袹 頭袹 複 · 蓦 · 貘 獸 · 蛨 蛨蚱 虫 · 貊 · 驀 騎 又上馬 · 磔 陟格反 張也 裂也 五 · 虴 蛨虴 · 舴 舴艋 小舟 · 乇 草葉 皃 · 托 擢 · 伯 博白反 長 五 · 迫 近 · 百 千 · 栢 · 䬋 木名 颿 井梵 · 白 傍陌反 色 三 · 帛 絹 · 舶 海中 大船 · 劇 奇逆反 增 四 · 屐 屐屐 · 轚 車 · 谻 倦 · 戟 几劇反 刀戟 俗 三 · 㦸 持 · 戟 藥 草 · 索 所戟反 求也 又蘇各反 四 · 𧾯 僵仆 · 溹 水名 在滎陽 · 𥗪 碎石 隕聲 · 栅 側戟反 村 三 · 䆼 磨 豆 · 簎 國語 云 · 嚄 胡伯反 嚄嘖 大笑也 一 · 嘖 側 反 五 · 窄 迫也 狹也 俗作迮 · 𣸣 避水 吳人 云 · 諎 大聲 亦 唶 · 笮

廿

屋上板•齚鋤陌反齧四咋咬咋多聲大字泎泎泎水落皃岝岝峉山皃•隙綺戟反壁孔四[?]隙見之皃郤人姓俗郄綌絺綌•額五百反從客頟上四䳘䳘䳘鳥名峉峉峉

詻辭訟•逆宜戟反迎從羊非四縌綬維屰不順也上干林云迎逆也今相承作逆為不順也嚴呷•客苦陌反三喀吐聲[?]堅也出說文•啞烏陌反笑聲二餩上四飢•虩許陌反懼皃易曰虩虩虎驚一

•拆丑格反裂也二坼正作坼趚步•韄乙白反佩刀飾一拍普伯反打也七魄魂[?]泊淺珀虎珀怕憺怕靜皛亦打又胡了又普白反•赫呼格反赤也三嚇怒䞤大赤色

•垎胡格反土乾四趦趦趦格牽[?]角械•宅場伯反家宅五擇揀鸅鸅鷠侘恅也澤波•虢古伯反國名又李[?]作虢二摑亦摑也三擭一虢反手取二

[?]度二曰視遠•蹃女伯反戲二搦把•碧逋逆反石美一

•昔私積反八惜[?]腊乾肉潟鹹土磶柱下石舄履又[?]鬄鬄髮[?]馬•積資昔反又資賜反九脊背踖小步迹殘亦跡借

蹐又自昔反[?]鶺烏名亦鶺鴒骨有[?]蹟同跡•益伊昔反饒也從水皿三謚笑聲嗌喉上•繹羊益反細理也廿三睪伺人也襗袴[?]襗下

亦從大•蹐從昔反又自[?]鶡亦鶺鳥名鵙亦[?]引帟給幕譯傳言懌悅斁馬嶧山名掖宮醳苦酒腋肘液津

奕博罼引圛[?]•懌[?]斁[?]驛馬䂽弓[?]䮊[?]•襗[?]睪[?]墿道•嫡之[?]適[?]樂也一曰之也又之石反都歷反䴗公鄉名

亦從大易又羊義反從日勿瘍[?]蜴蜥蜴場壇圛回行也釋耕皃蝁虫名鬄髮夾盜竊懷物•尺昌石反四赤說文作大火色也斥逐蚇蚇蠖•石

䄷[?]睪視皃睗急視暘日無光嫡嫡•釋[?]蠚虫名鬄鬄髮[?]

郝人姓又呼格反碩大䄷亦主䄷䄷鉐鍮鉐鼫鼠也亦名鼫鼠似兔好在田中食穀也柘百竹斤也•隻之石反單也七炙又之夜反也從肉大適往也守有三音正適摭拾亦摭柘

蹠當足反凡六二蹠亦足蹠跖躄皮也又芳辟反•擲直炙反投也古擿三擿擲擲躑躅亦蹢•皵七迹反皮細起五磧砂磧又千歷反刺亦刺七賜反穿也又趚行皃趗趗涑水名在北地

四十八

•席 祥亦反〻薦 夕 暮也日半見 穸 窀〻壙也 汐 潮〻 鄐 鄉名在臨卭 •籍 秦昔反〻簿〻八 踖 踐 𧽚 狼〻又䓴夜反 耤 〻田 塉 土 瘠 薄 磨 縣名在清河又七斷反 瘠 病 膌 瘦也五 •擗 房益反撫心五 椑 棺又補激反 躃 倒 辟 周礼大〻罪也又必益反 闢 啓〻 •役 營隻反使〻七 䓴 燕人呼蛇 鈠 〻排 疫 病 鰒 魚名 炈 喪家竈 犭門 豕名上谷 •辟 必益反君也法也五 鐴 犁耳〻土 躄 跛〻 璧 玉 襞 衣〻 •僻 芳辟反誤也四 癖 腹病 廦 墻 𤸪 又芳石反 •瞁 許役反驚視也一 •麝 食亦反香也又食夜反三 射 又食夜反 •彳 丑亦反小步 •䠞 齊亦反䠞〻又屈伸伍仰

卅一業 魚怯反從𦍒說文木版也所以縣鍾鼓也三 鄴 縣名在魏郡 驜 馬白 •脅 虛業反〻〻二 歉 〻氣一本作欱 •怯 去劫反弃怯一 •劫 居怯反強取以力脅止曰劫刀刀通二 衱 衣領 •腌 於劫反腌漬魚肉六 罨 魚網又烏合反 裛 書囊又於及反又於鞅反也 䅖 耕種 𡟿 〻𢇍不動 鰪 䲄 魚名

卅二乏 房法反遺也一 •法 方乏反則也說文作灋一 •猲 起法反又虛割反恐受財史記云諸侯也一

切韻一部

卉卅四葉

㕟原 七本三 十八葉

女仙吳彩鸞自言西山吳真君之女太和中進士文蕭客寓鍾陵中秋夜見於踏歌場中伺歌罷躡蹤其後至西山彩鸞見蕭偕往山椒有宅焉至其處席未暇煖彩鸞據案治事蕭詢之再四乃曰我仙子也所領水府事言未既忽震雷晦冥彩鸞執手版伏地作聽罪狀如聞誦詞云以汝洩機密事罰為民妻一紀彩鸞泣謝謂蕭曰與汝自有冥契今當往人世矣蕭拙於為生彩鸞為以小楷書唐韻一部市五千錢為糊口計然不出一日間能了十數萬字非人力可為也錢囊羞澀復一日書之且所市不過前日之數由是蕭鸞遂各乘一虎仙去唐韻字畫雖小而寬綽有餘全不類世人筆當於仙品中別有一種風度予偶得此本遂述其本末行實使有所徵云

墨林山人項元汴敬題時

萬曆壬午仲冬八日

四十九

唐女仙吳彩鸞小楷書四聲韻

項元汴真賞

整理説明：

唐蘭先生仿寫唐人寫本《内府藏唐寫本刊謬補缺切韻》，於一九二五年九月由延光室影印出版。二〇〇二年上海古籍出版社編輯《續修四庫全書》其「經部小學類」第二百五十册編入南京圖書館所藏此書，上有南京圖書館和北京大學圖書館藏書印，共百頁，是爲本次重印之底本。

該唐寫本《切韻》有項子京明萬曆十年跋，原藏清宫，曾收入《石渠寶笈初編》，稱其爲《唐吴彩鸞書唐韻》。原係素牋烏絲闌本「龍鱗裝」，後改裝爲册頁，現藏臺北故宫，全一册，分五卷，前三卷有殘缺，後兩卷完整。臺北故宫編《晉唐法書名蹟》收録此册，並有圖文介紹。

此本《切韻》，音韻學界俗稱其爲「王二」，《北京大學文史叢刊》第五種《十韻彙編》中所用「王二」一欄中的文字，即用唐先生所作仿寫本。

據唐先生考證，本書可題名爲《裴務齊正字本刊謬補缺切韻》，它與《王仁昫刊謬補缺切韻》並不完全相同，前有長孫序，可能是雜抄《長孫本》和《王仁昫切韻》而成。

這次重版此書改題名爲《裴務齊正字本刊謬補缺切韻》（秀水唐蘭仿寫行款字體一依原本），前置唐先生仿寫本，臺北故宫《唐吴彩鸞書唐韻》之圖頁附録於後，以參照使用。

（楊　安）

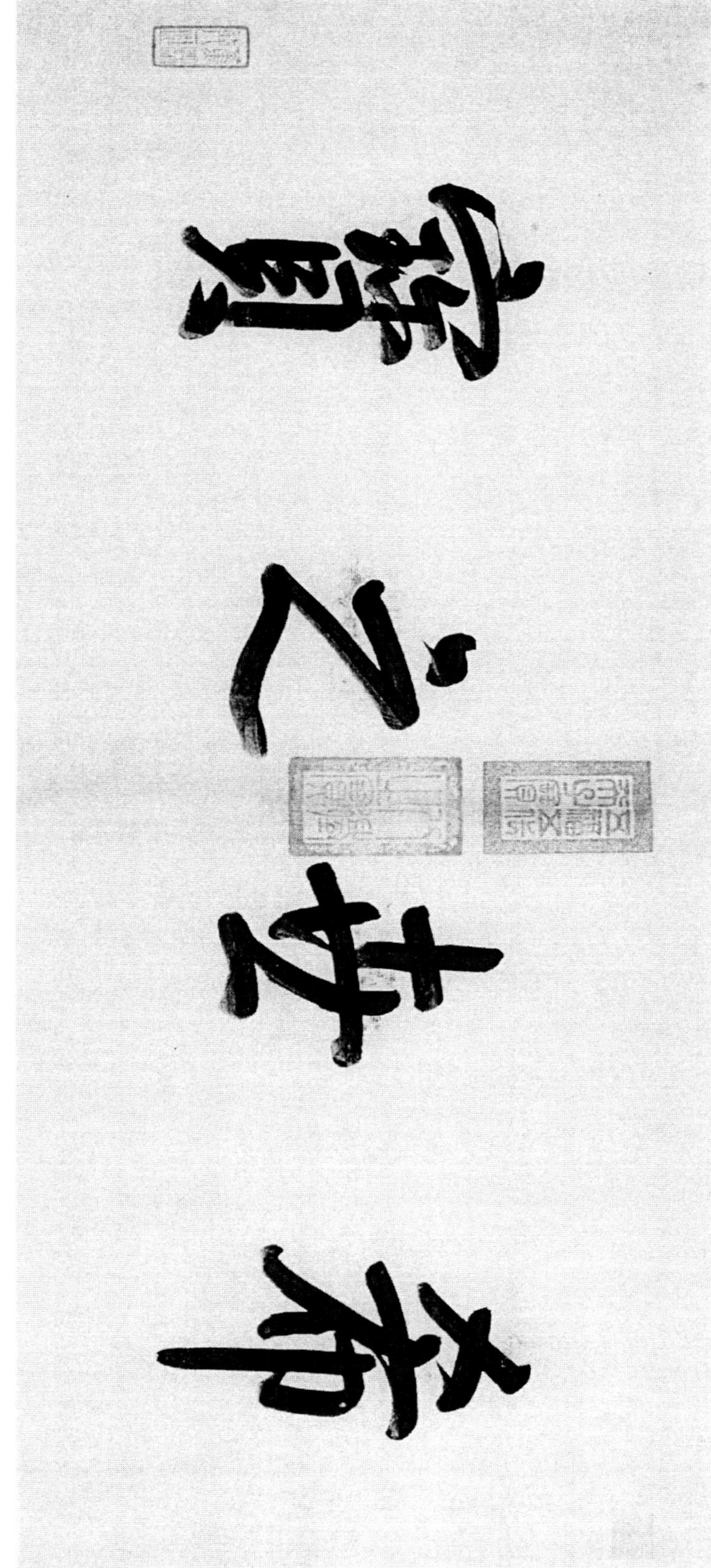

刊謬補缺切韻（刊謬者謂刊正訛謬 補缺者加字及訓）

朝議郎行衢州信安縣尉王仁昫撰

前德州司戶參軍長孫訥言注

承奉郎行江夏縣主簿裴務齊正字

右四聲五卷大韻惣有一百九十三 小韻三千六百七十一（二千一百廿韻清 一千五百五十一韻濁） 已上都加二百六十五韻

凡六万四千四百廿三言（舊二万二千七百廿三言 新加二万八千九百言）

大唐龍興廣問寓縣有江東南道巡察黜陟大使侍御史平侯（嗣先）者燕國景族

京兆冠蓋博識多才智周鑒遠觀風俗政先肅令清持斧理輪而鶚逶隼擊

古雖銓異今也僕殊爰届衢州精加採訪昫脉務守職絕私奉公每因以退食

餘閑莫不以傍書自悅所撰字樣音注律等謬承清白之譽叨眷註撰之能豪

索書看曲垂幽旨遂顧謂昫曰陸法言切韻時俗共重以為典規然苦字少

復闕字義可為刊謬補缺切韻削舊濫俗添新正典并各加訓啓導愚

蒙救俗切韻斯便要省既字該樣式乃備應危疑韻以部居分別清

切舊本墨寫新加朱書兼本闕訓亦用朱寫其字有疑亦略注所從以

決疑謬使各區析不相雜廁則家家競寫人人習傳濟俗救凡莫過斯甚

昫沐承高旨課率下愚謹依切韻增加亦各隨韻注訓（仍於韻目具數云爾）

訥言謂陸生曰此製酌古沿今榷而言之無以加也然若傳之已久多失本

源差之一點詎唯千里弱冠常覽顏公字樣見炙從肉莫究厥由輒意形

聲固當從夕及其悟矣彼乃乖斯若靡馮焉他皆倣此須以佩經之隙

沐雨之餘指其紕謬疇茲得失銀鉤按閱晉豕成群盪櫛行披魯魚盈貫遂

乃廣徵金篆遐泝石渠略題會意之詞仍記所由之典亦有一文兩體不復

備陳數字同歸惟其擇善勿謂有增有減便慮不同一點一撇咸資別據又

加六百字用補闕遺其有類雜並為訓解但稱按者俱非舊說傳之弗謬

庶埒箋云于時歲次丁丑大唐儀鳳二年也

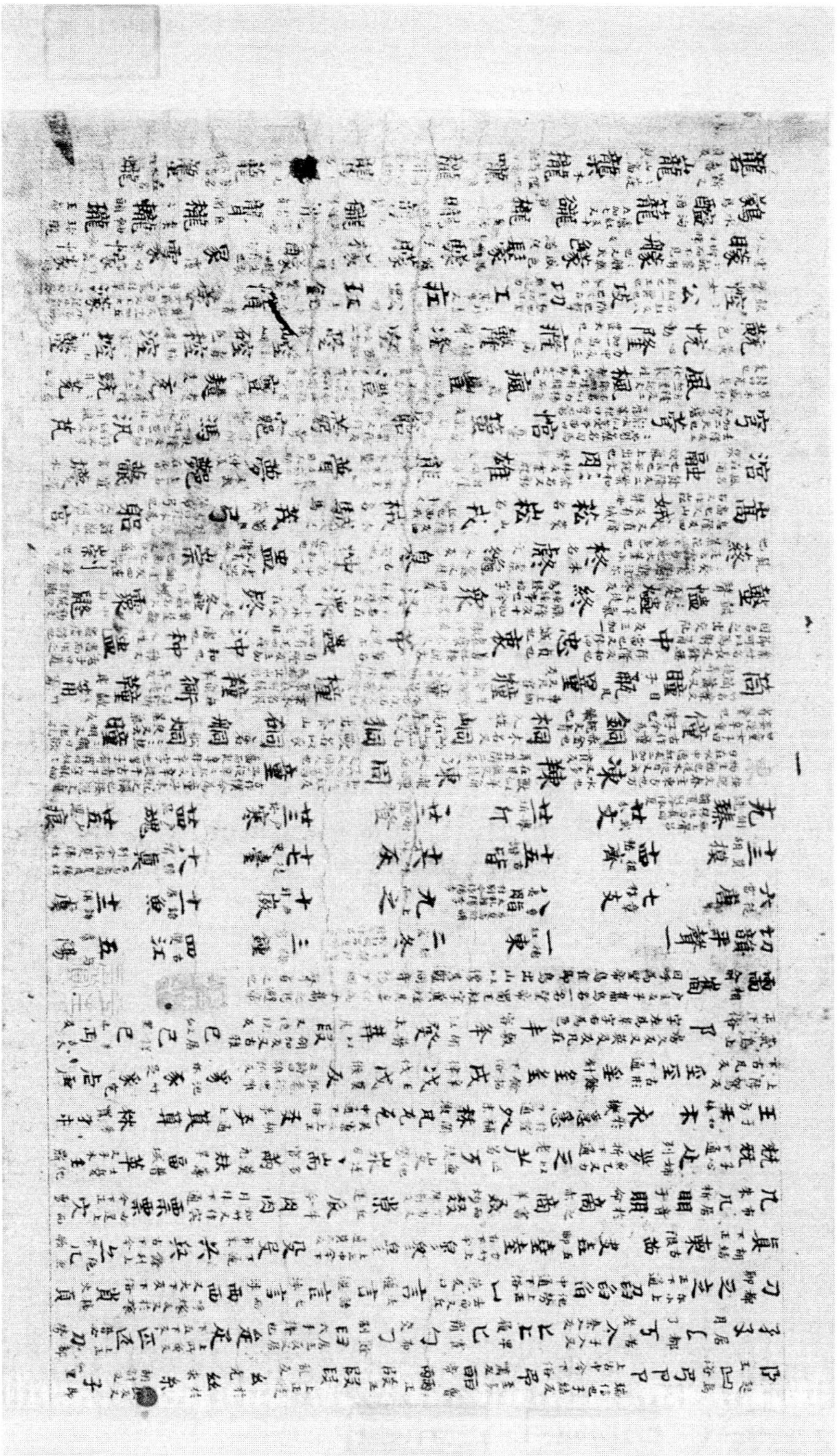

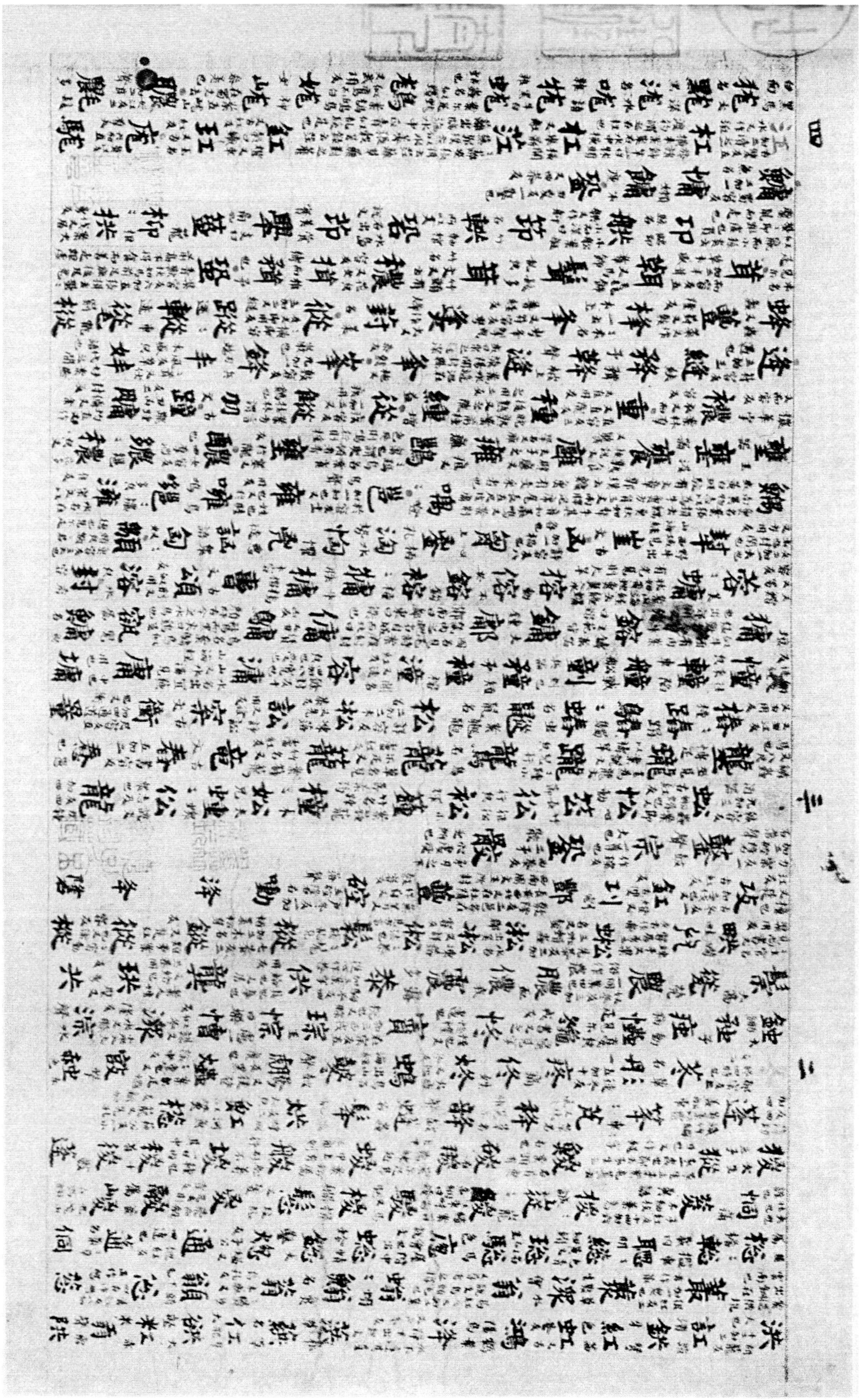

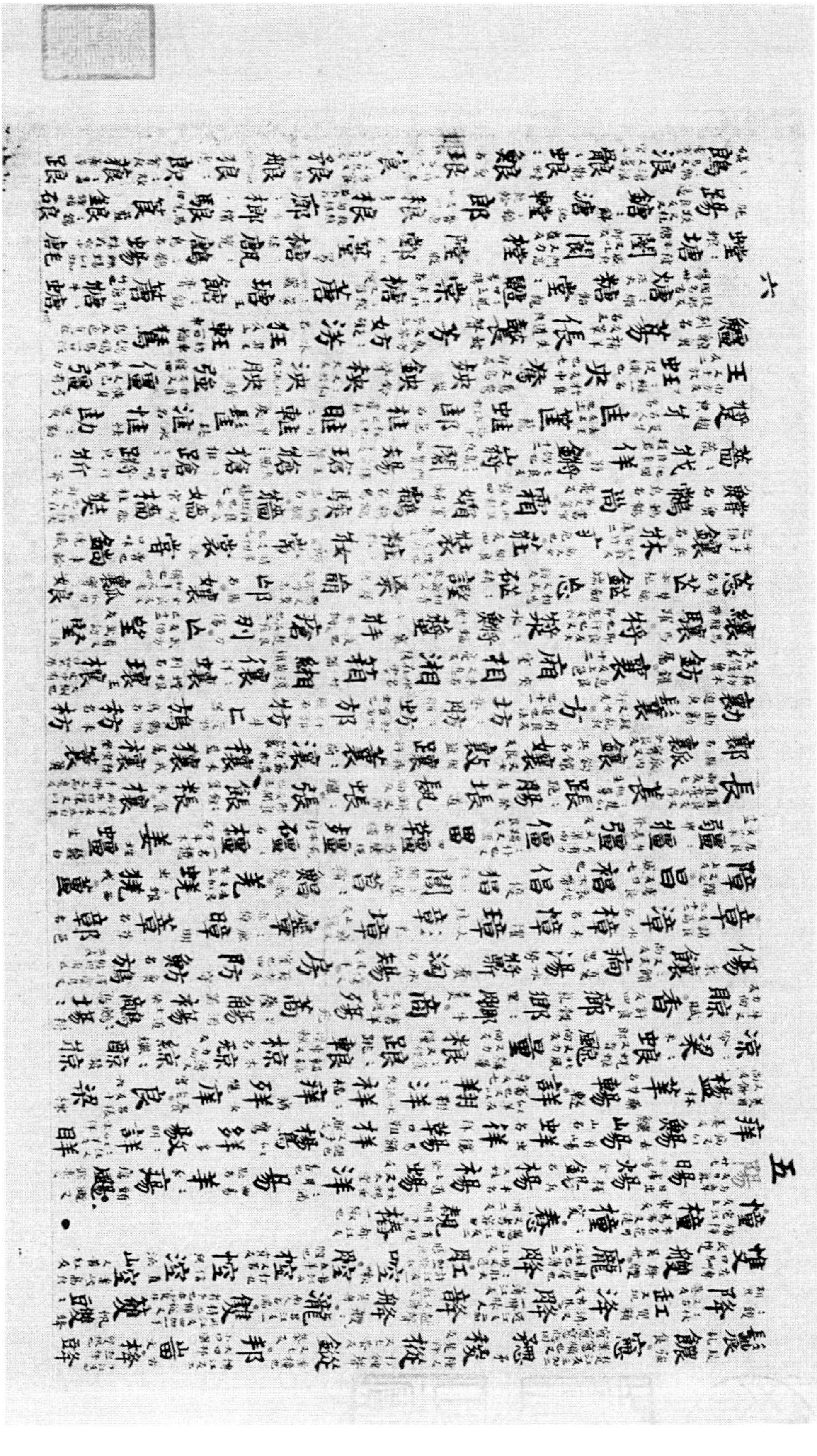

七

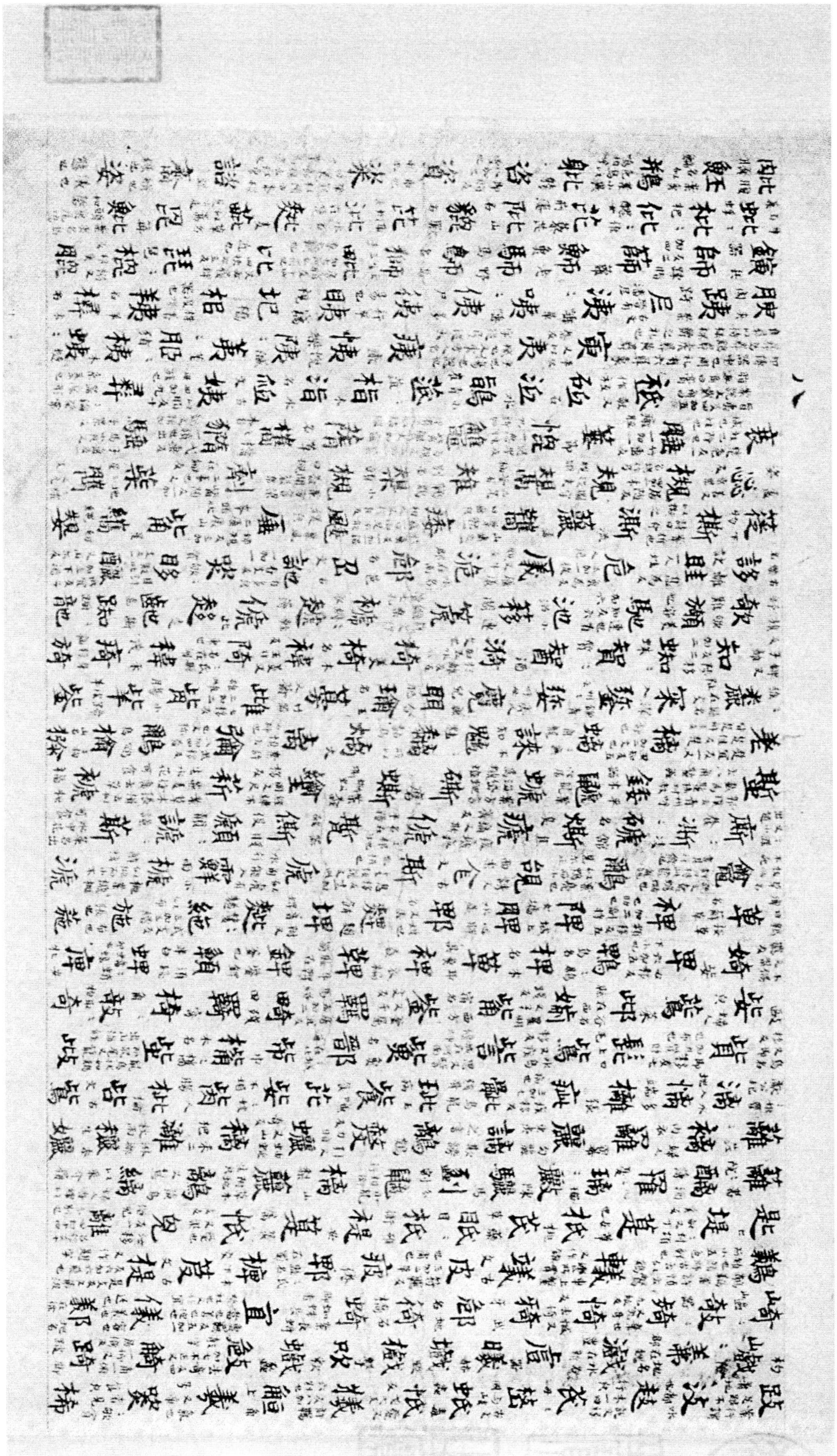

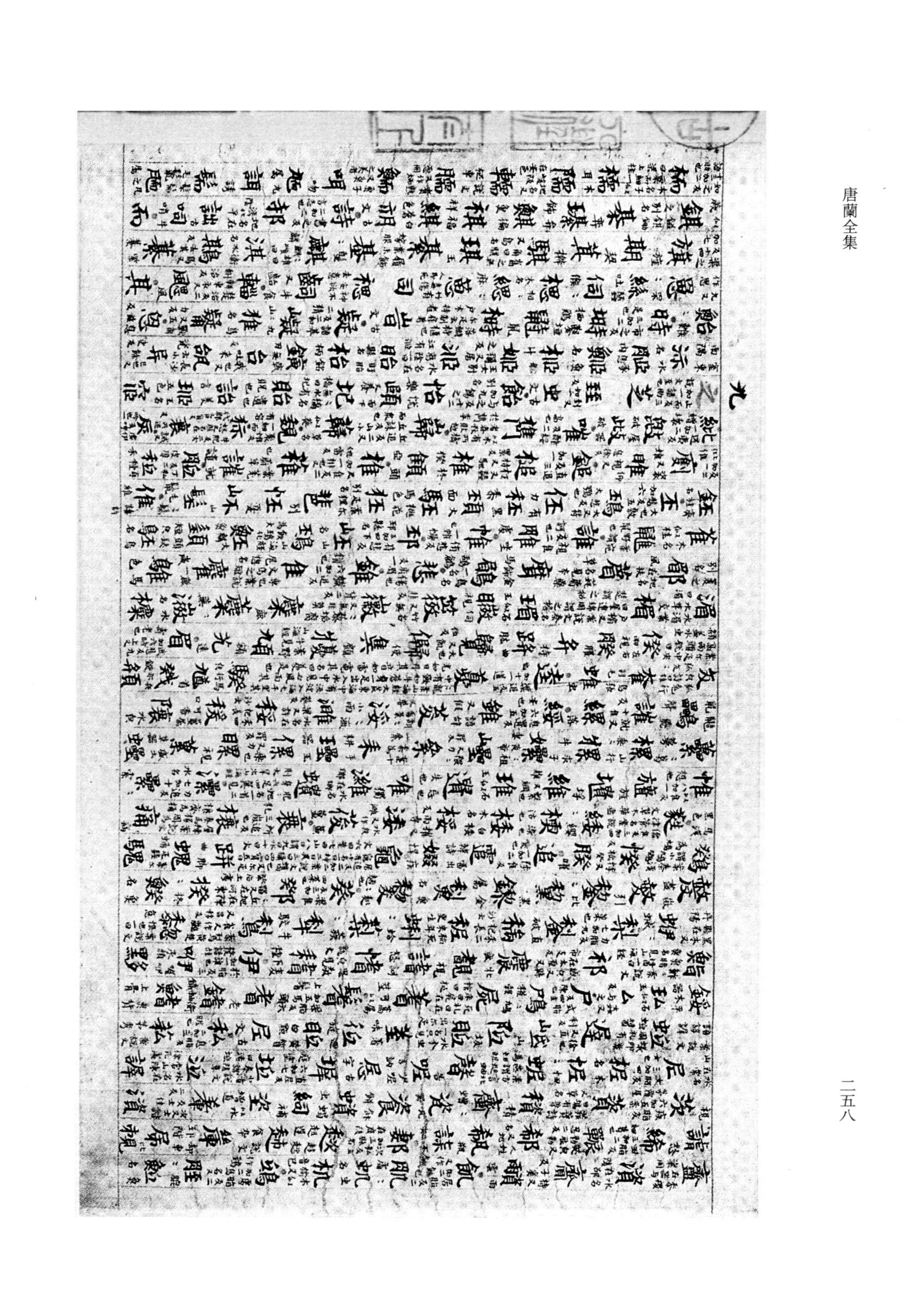

九

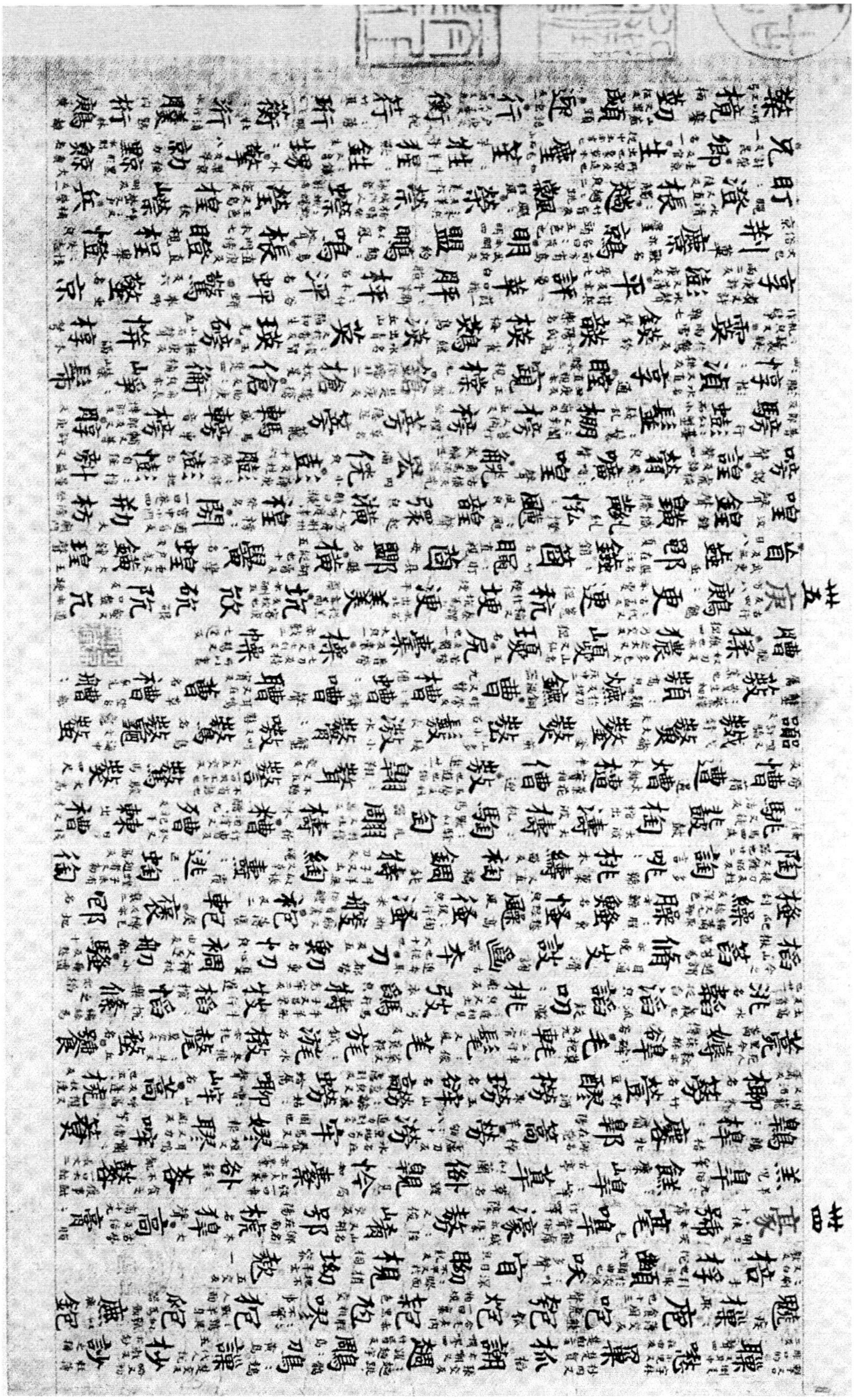

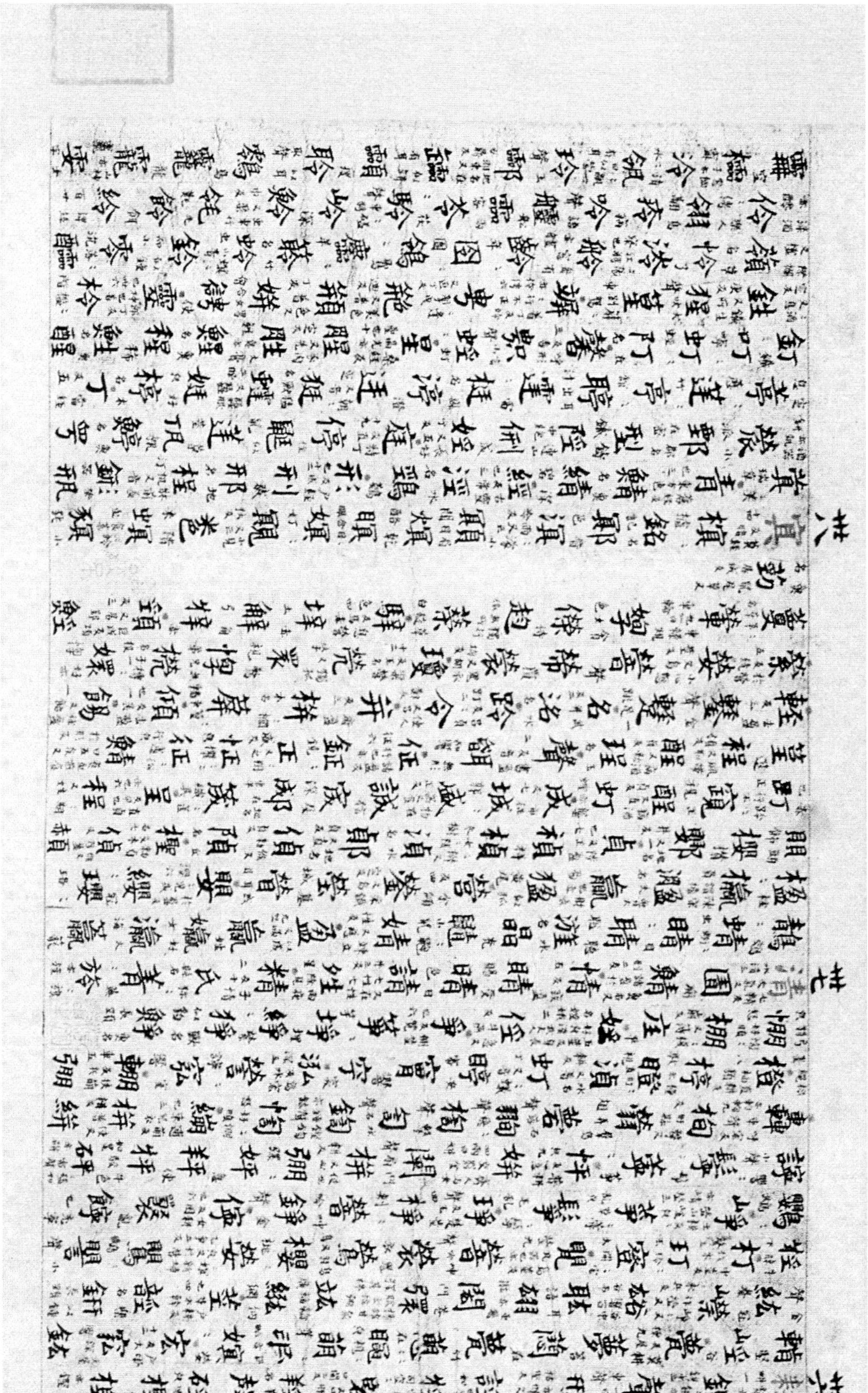

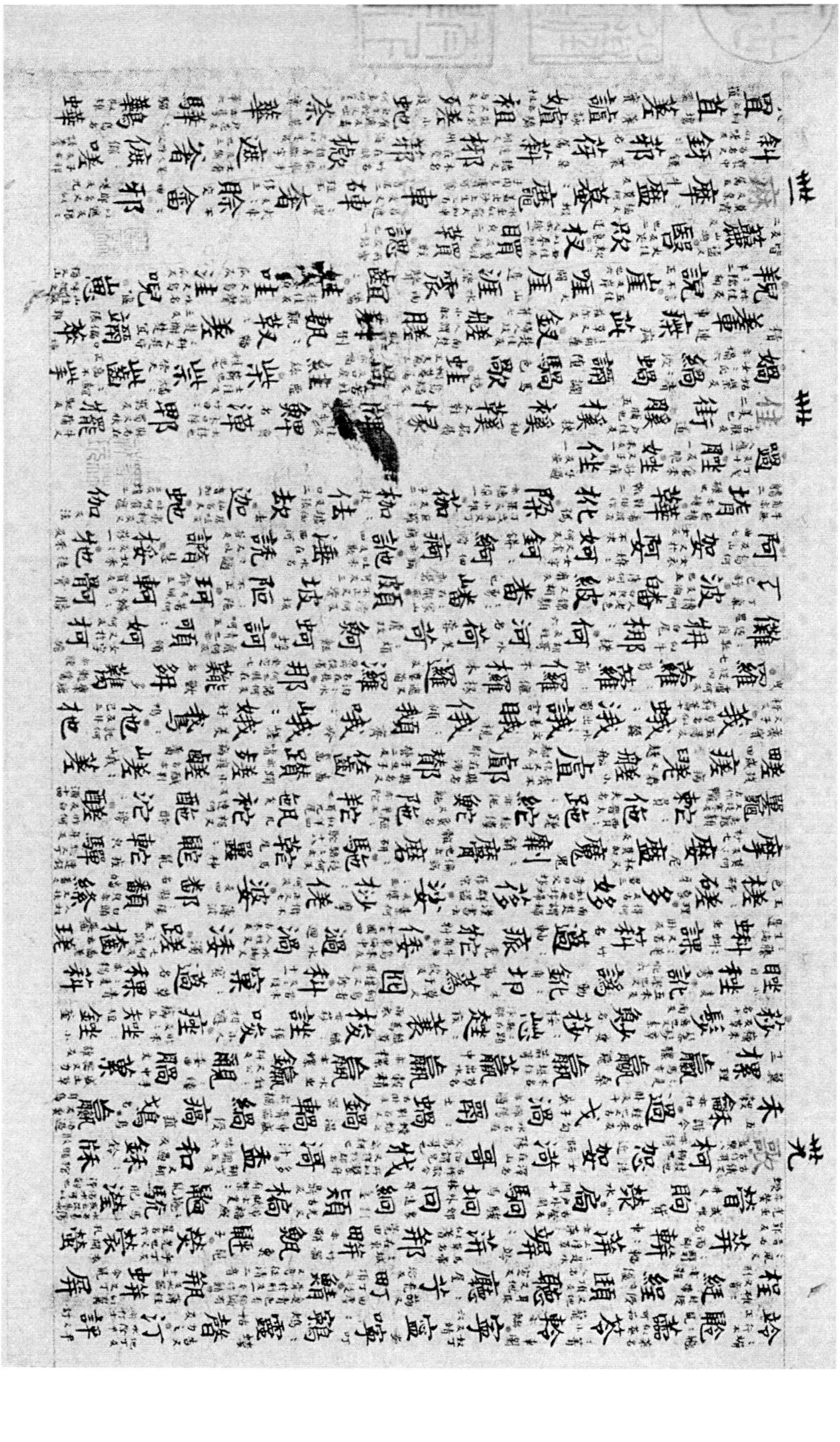

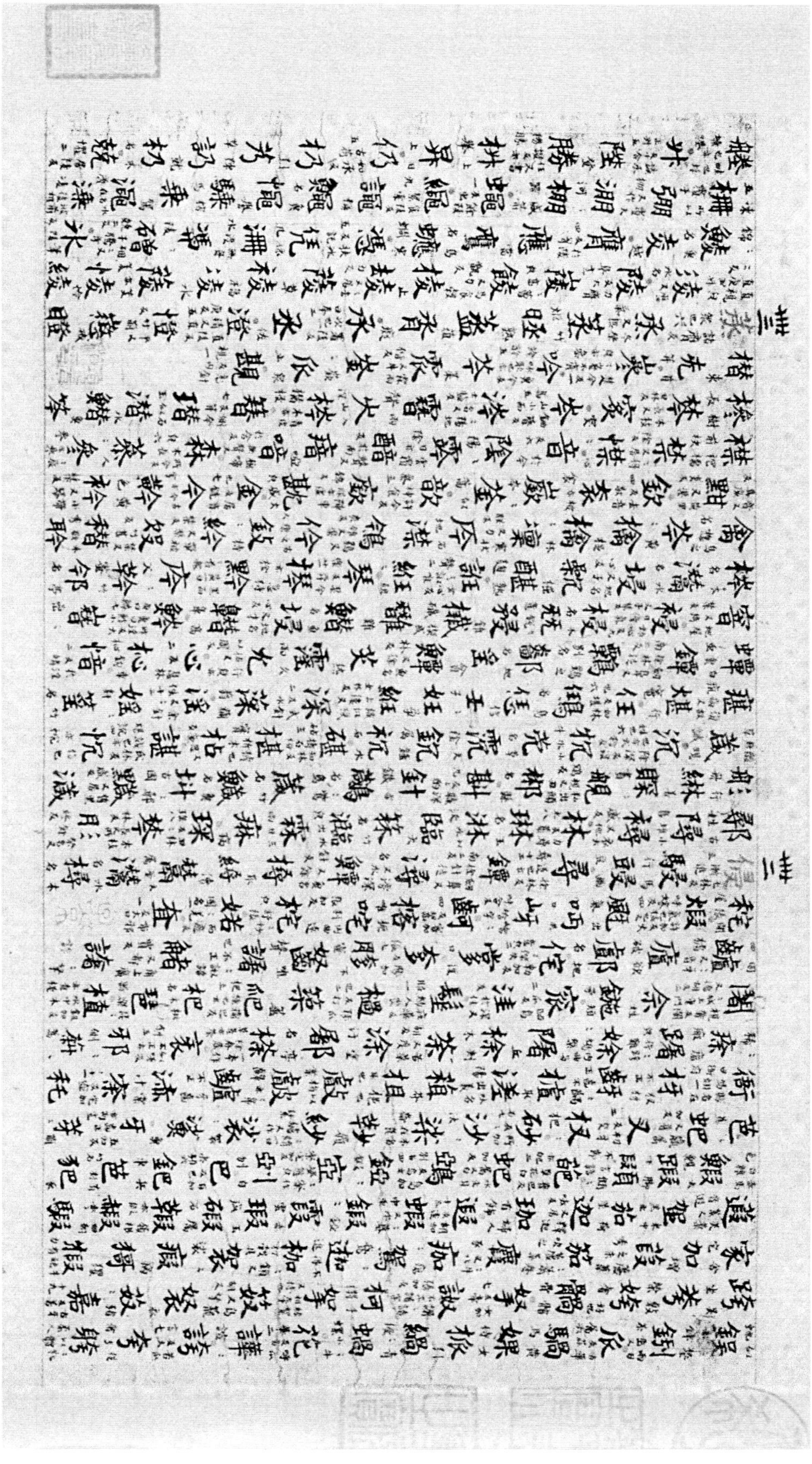

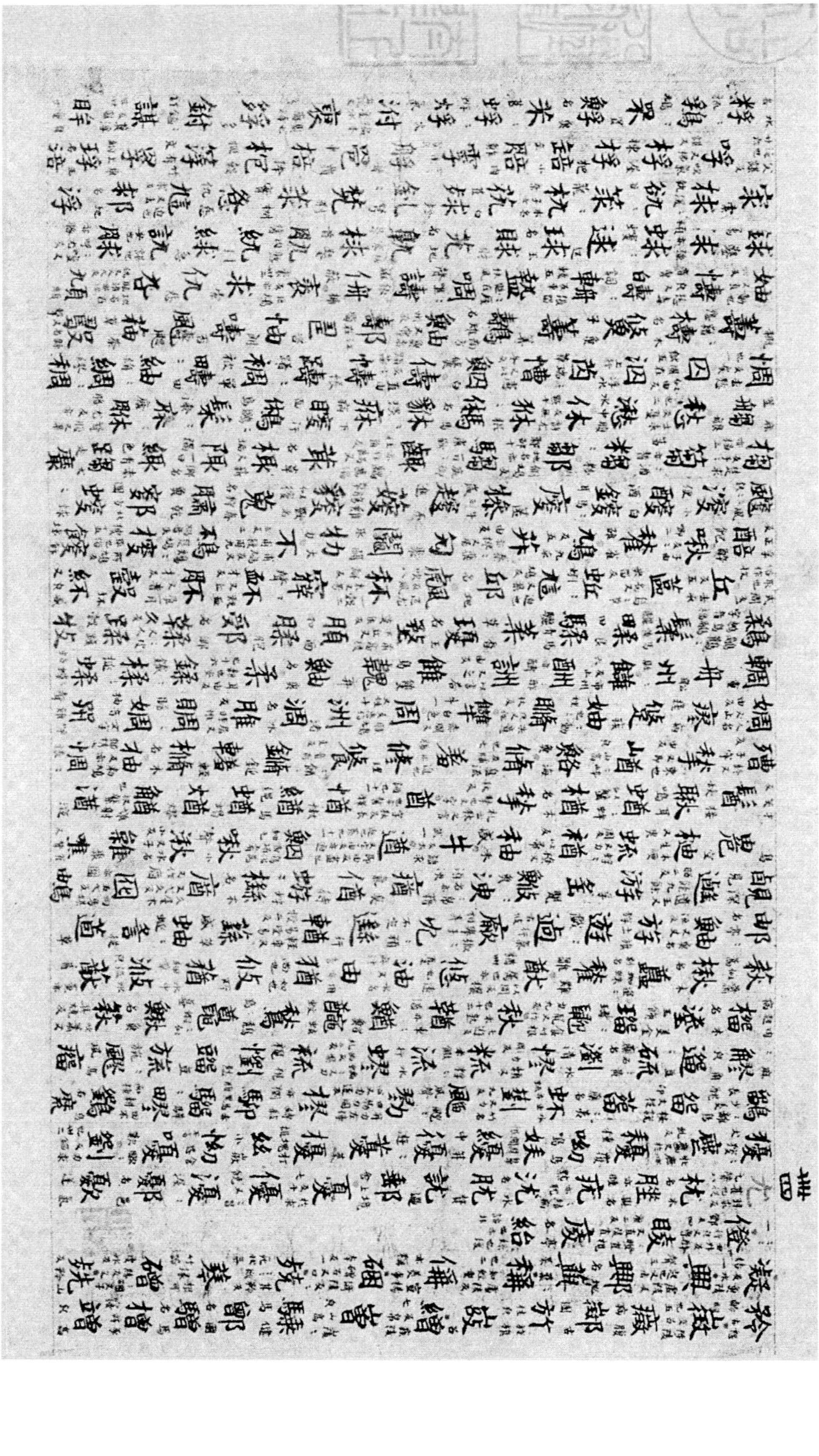

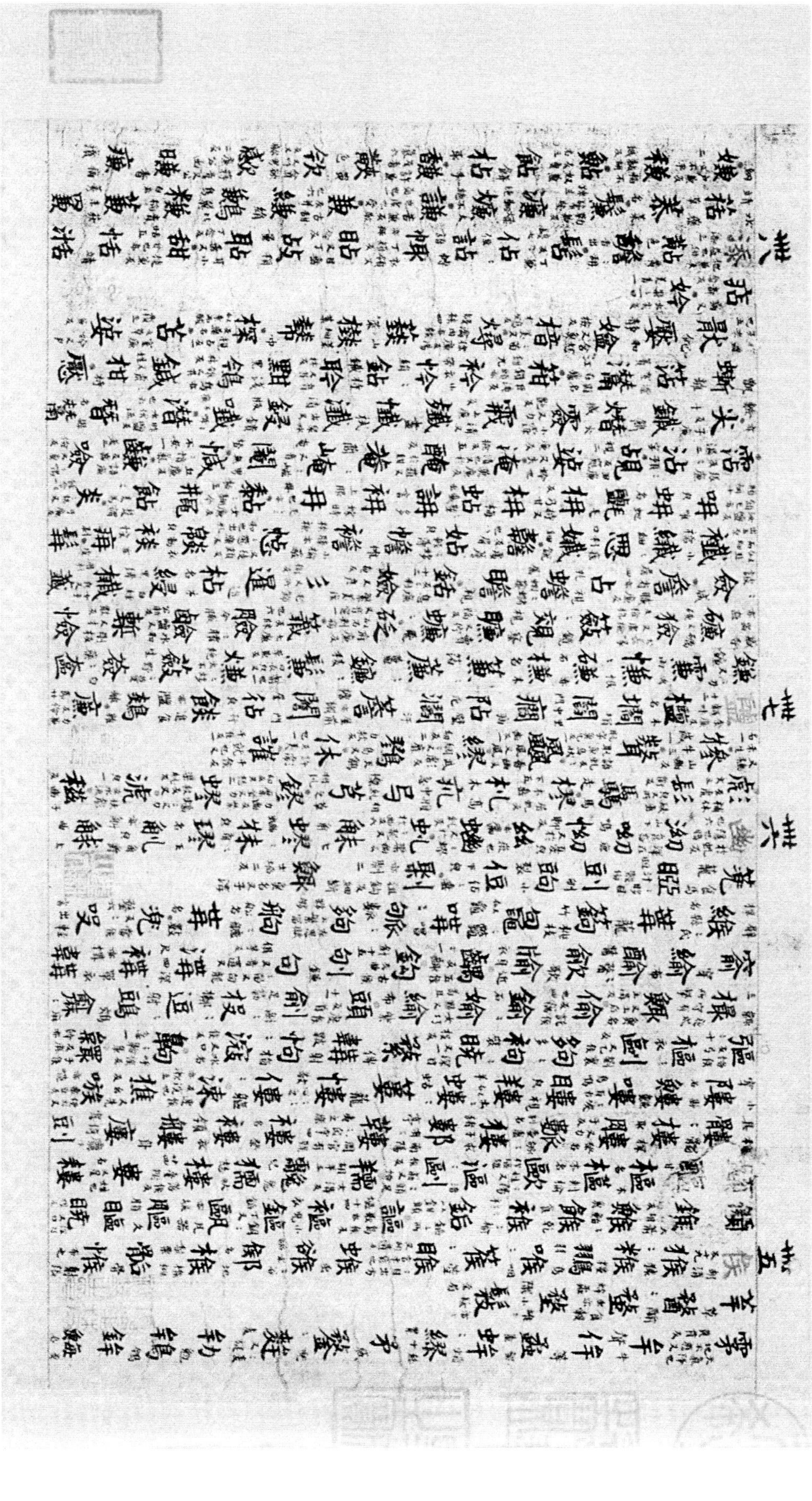

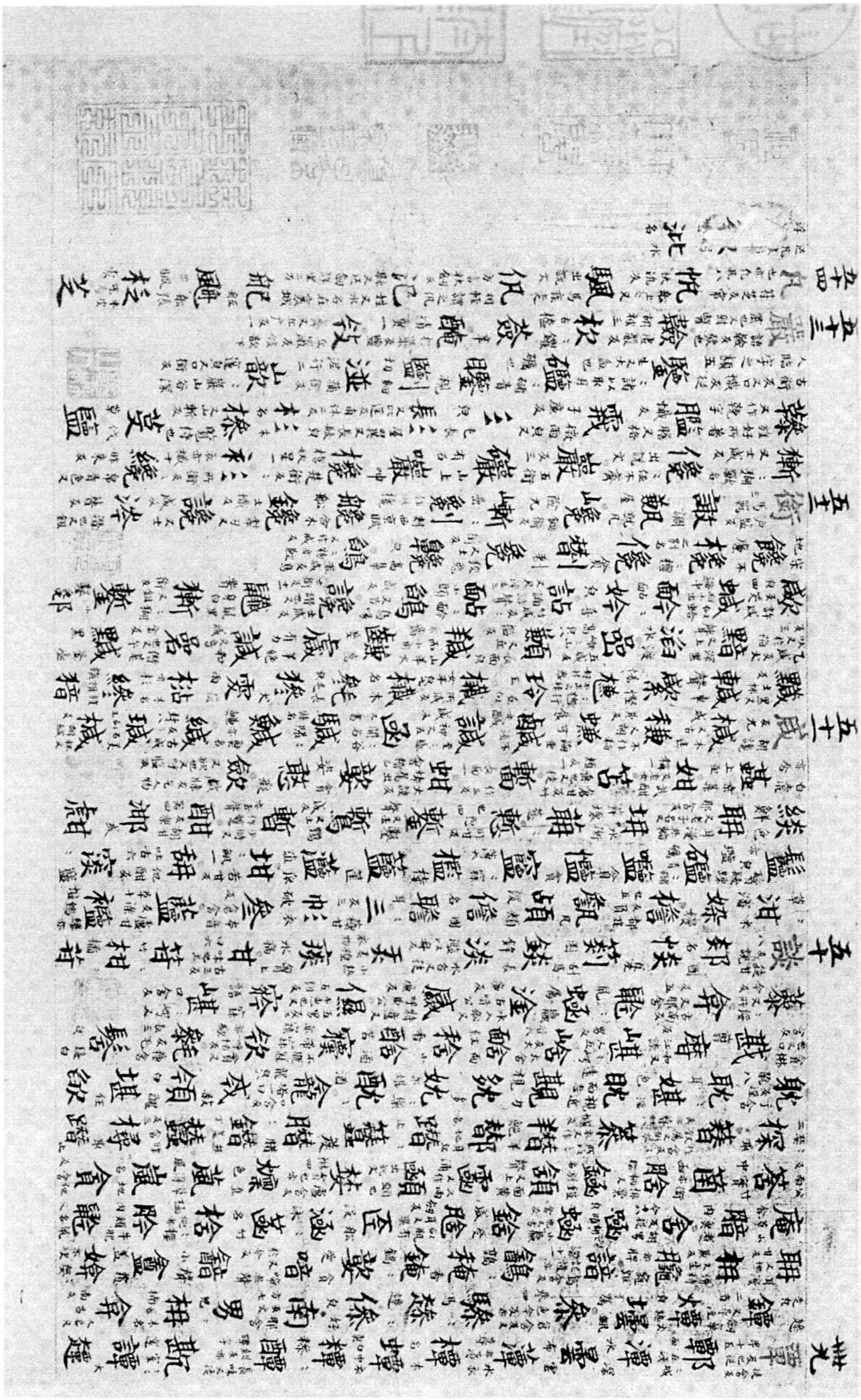

上聲卷第三

一董 二腫 三講 四養 五蕩 六紙 七旨
八止 九尾 十語 十一麌 十二姥 十三薺 十四駭
十五賄 十六待 十七軫 十八吻 十九隱 廿等 廿一旱
廿二混 廿三很 廿四銑 廿五獮 廿六潸 廿七産 廿八阮
廿九篠 卅小 卅一絞 卅二晧 卅三梗 卅四耿 卅五請
卅六茗 卅七哿 卅八解 卅九馬 卌寑 卌一極 卌二有
卌三厚 卌四黝 卌五琰 卌六忝 卌七禫 卌八淡 卌九減
五十檻 五十一广 五十二范

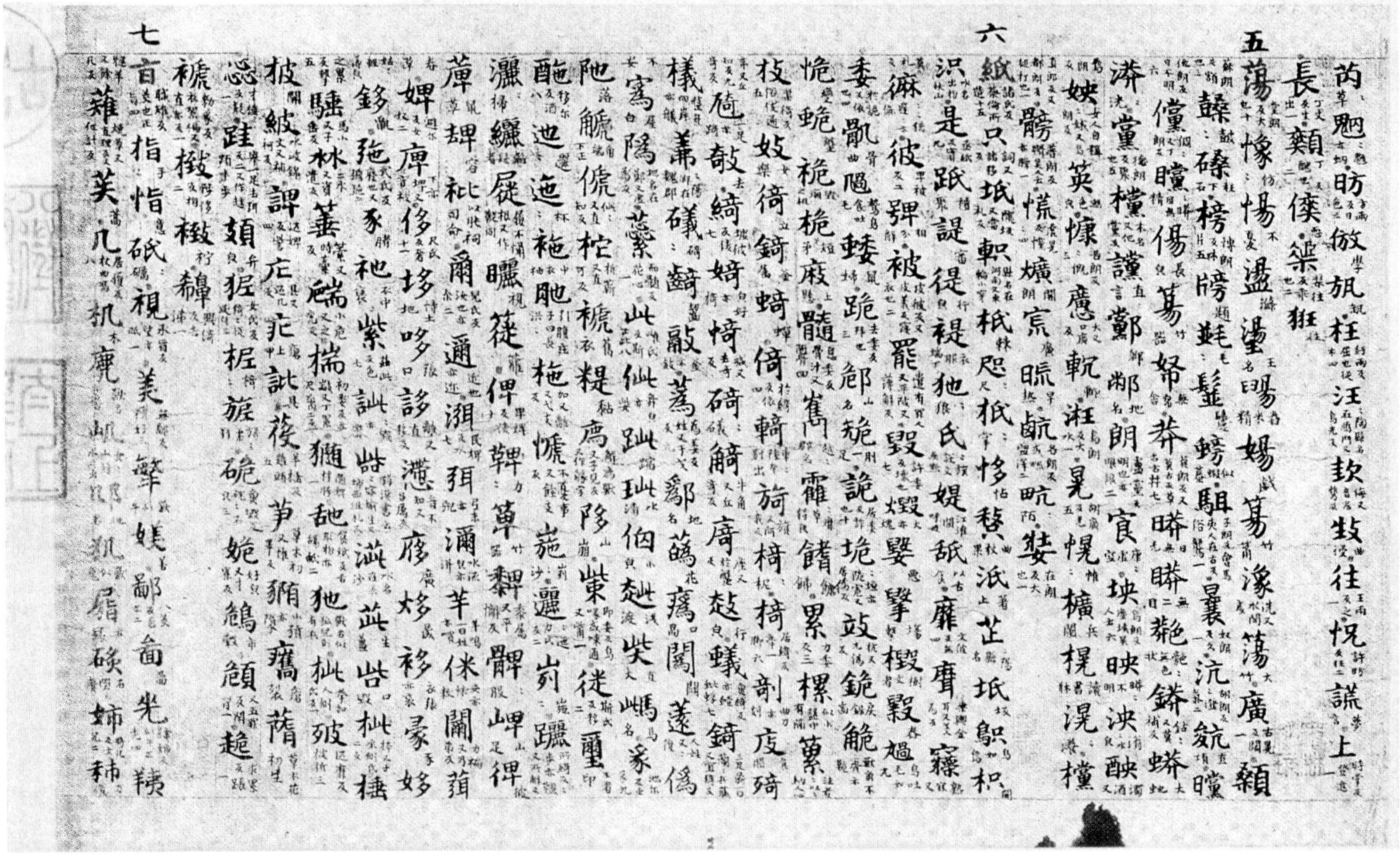

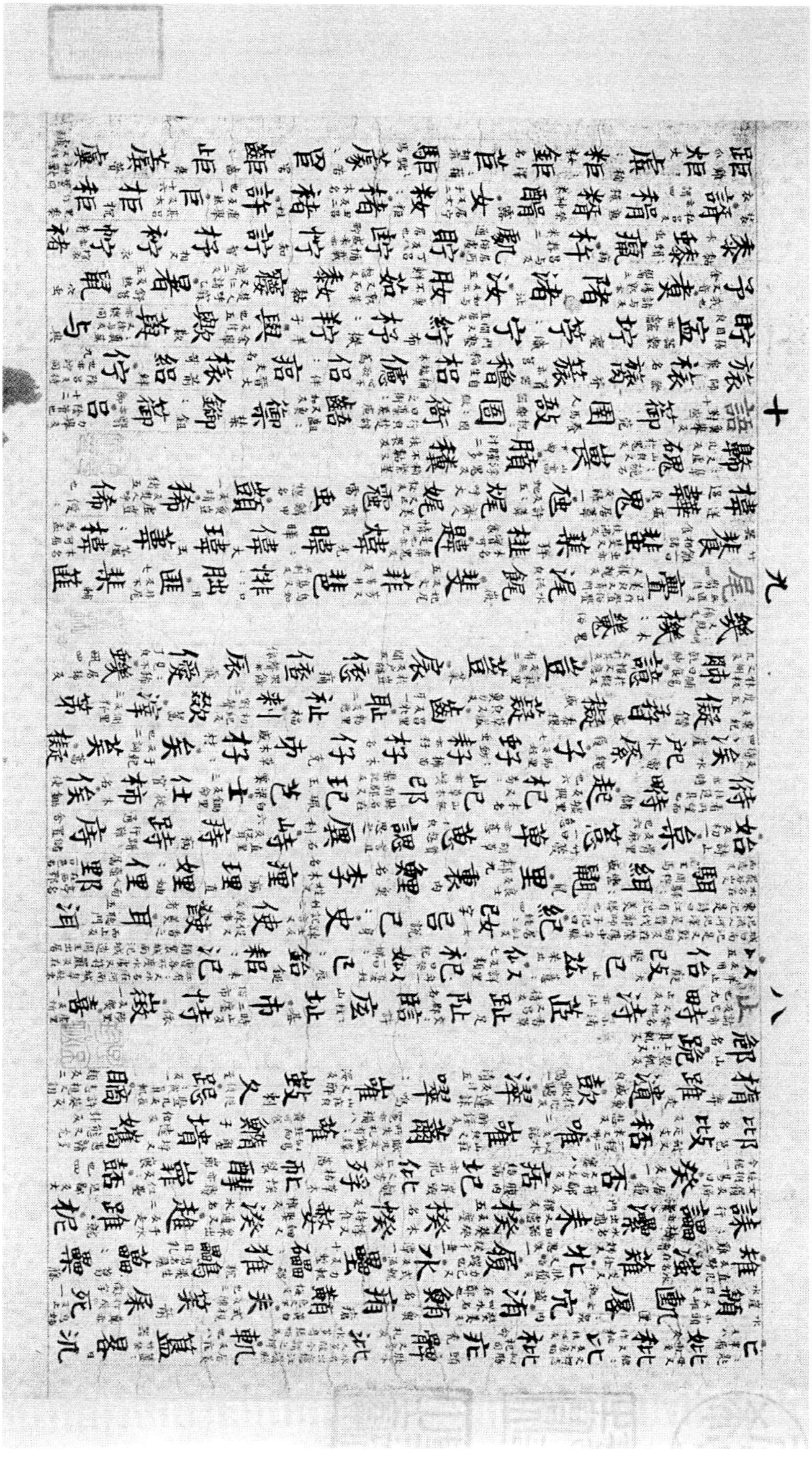

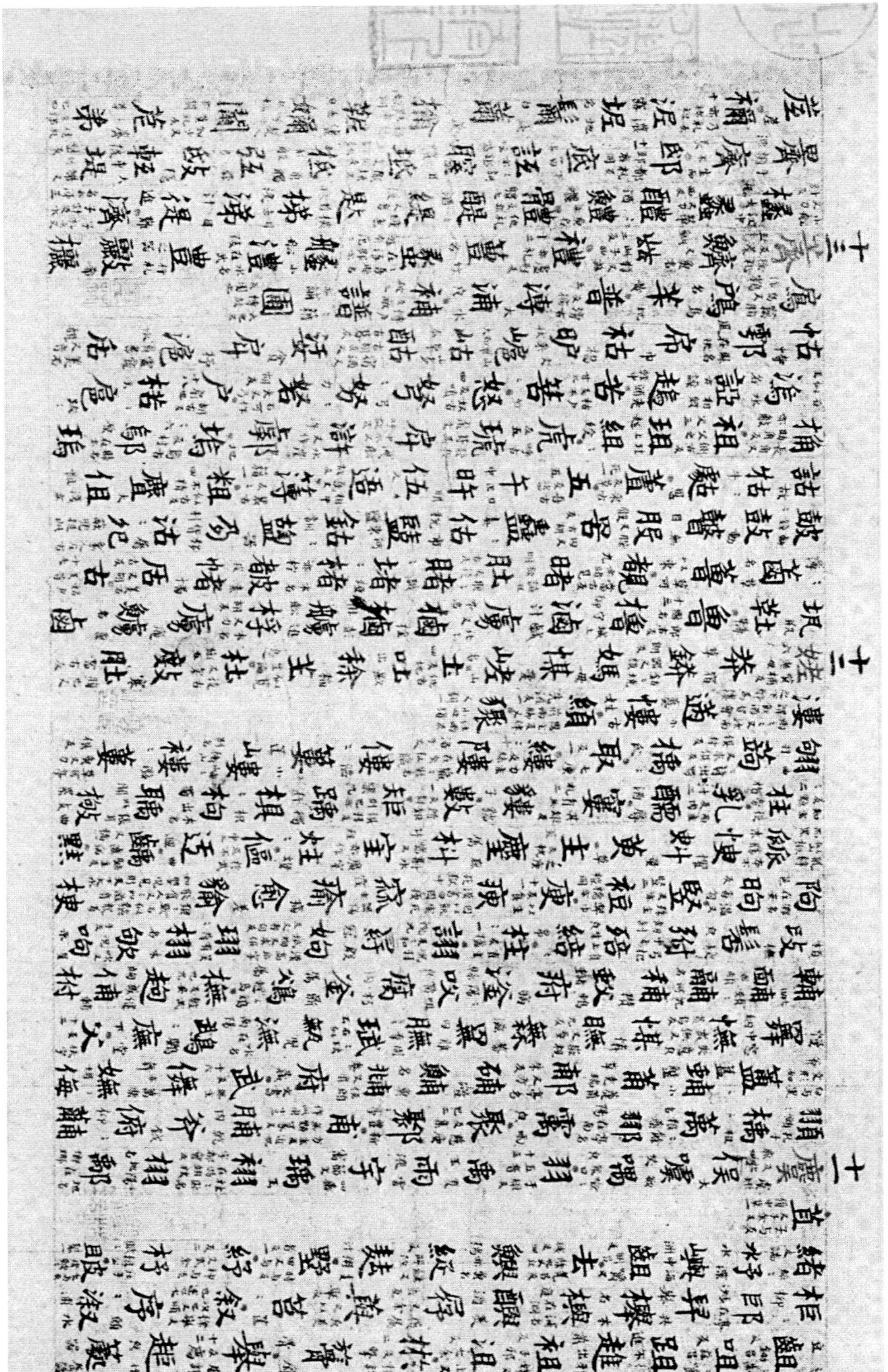

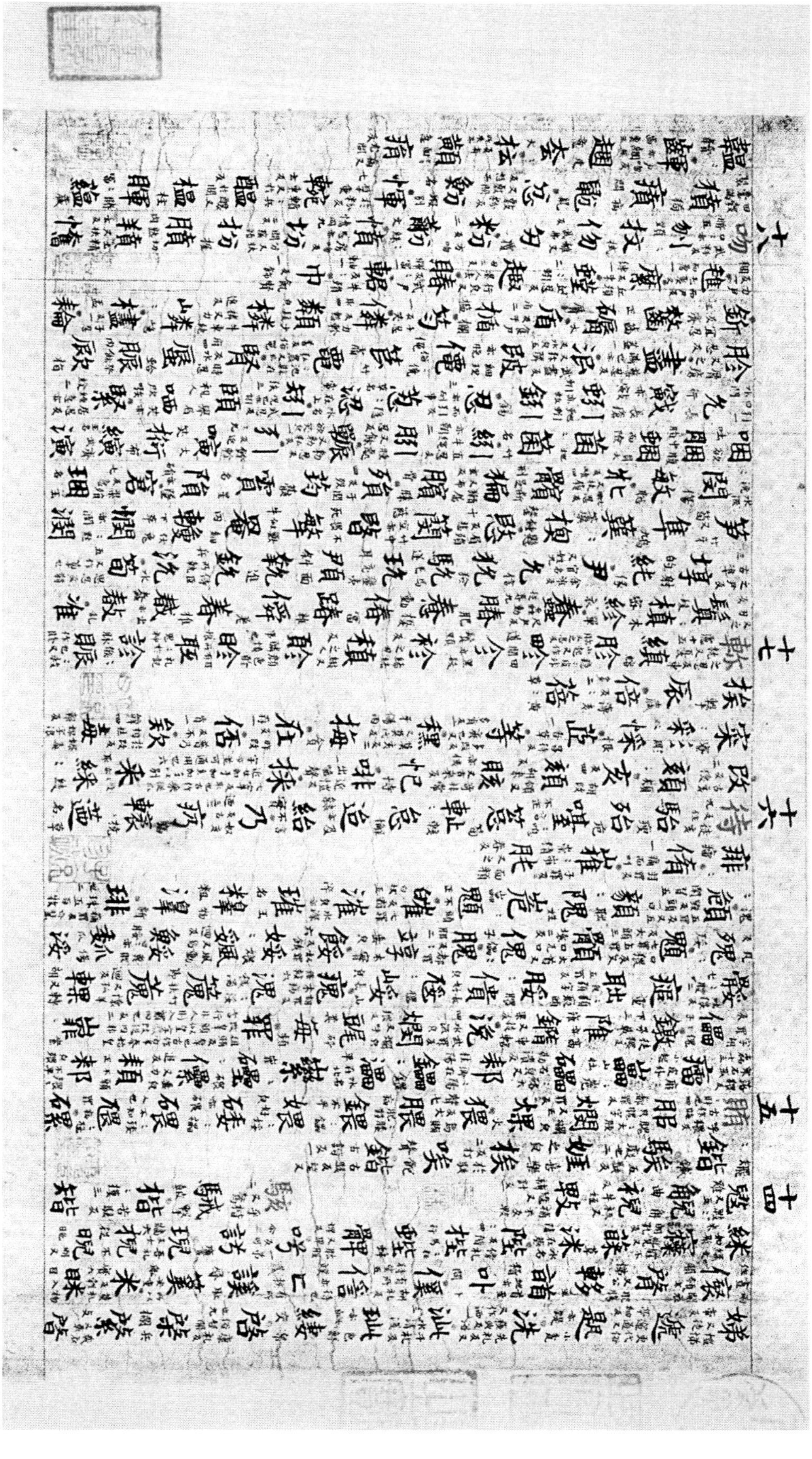

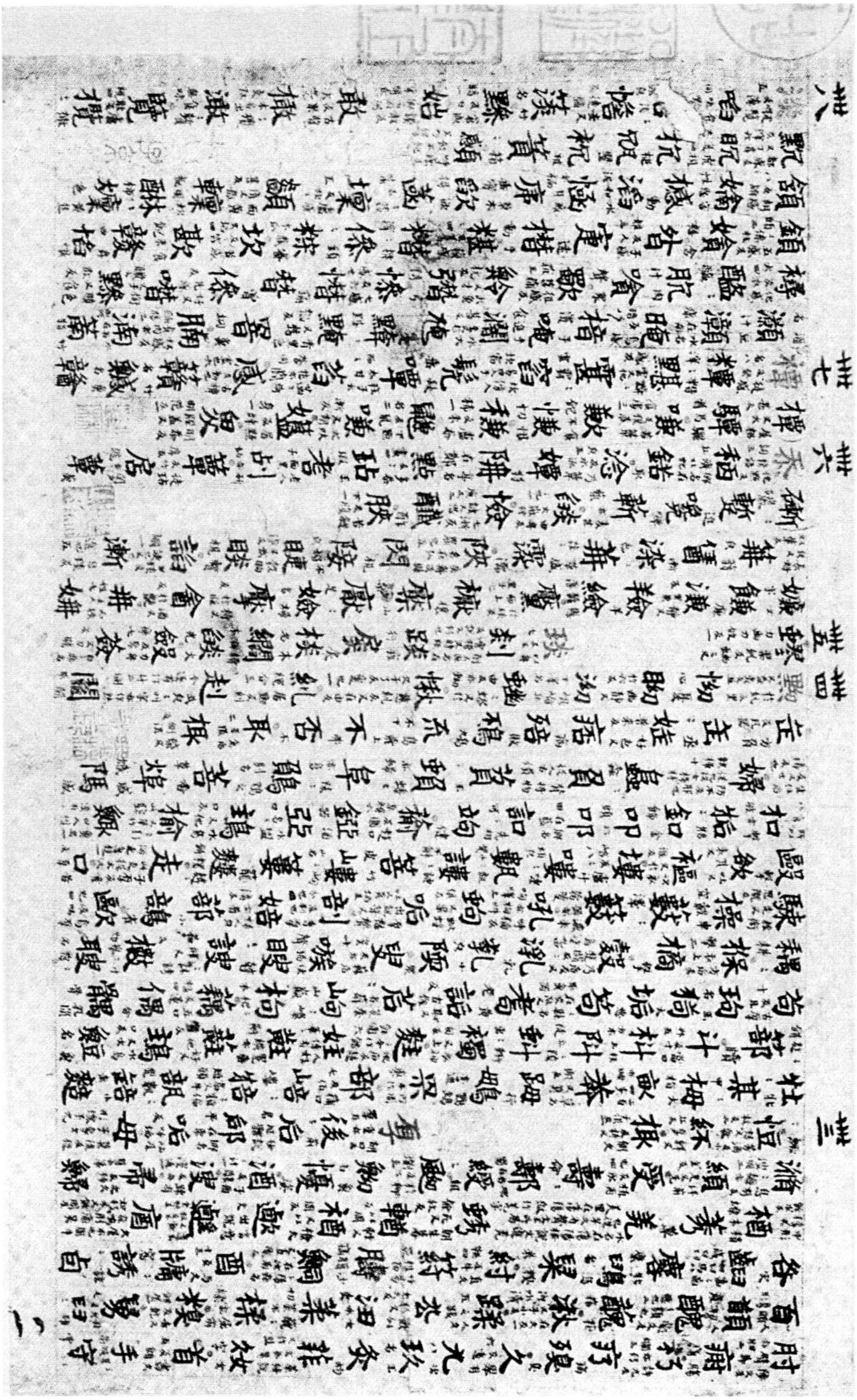

卌九

五十

五十一 广

五十二 范

去聲卷第四

一凍 二宋 三種 四絳 五様 六宕

七寘 八至 九志 十未 十一御 十二遇

十三暮 十四霽 十五祭 十六泰 十七界 十八夬

十九廢 廿誨 廿一代 廿二震 廿三問 廿四靳

廿五磴 廿六翰 廿七恩 廿八恨 廿九霰 卅線

卅一訕 卅二襉 卅三顥 卅四嘯 卅五笑 卅六教

卅七号 卅八更 卅九諍 卌清 卌一瞑 卌二箇

卌三懈 卌四禡 卌五沁 卌六證 卌七宥 卌八候

卌九幼 五十豔 五十一㮇 五十二醰 五十三闞 五十四陷

五十五覽 五十六嚴 五十七梵

一 凍 涷 棟 蝀 湩 送 鳳 貢 贛

二 宋 綜 㯶 統 䰌

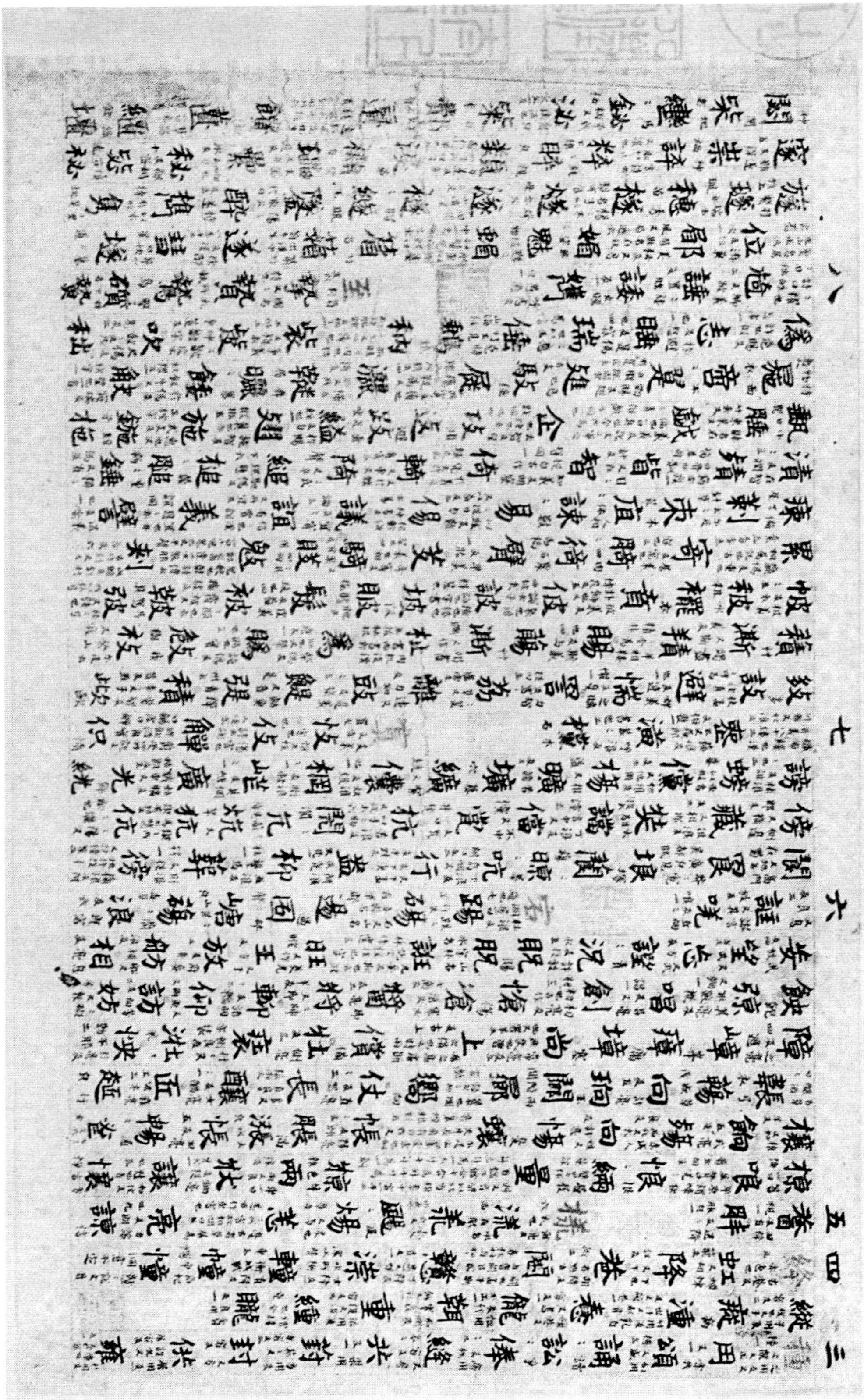

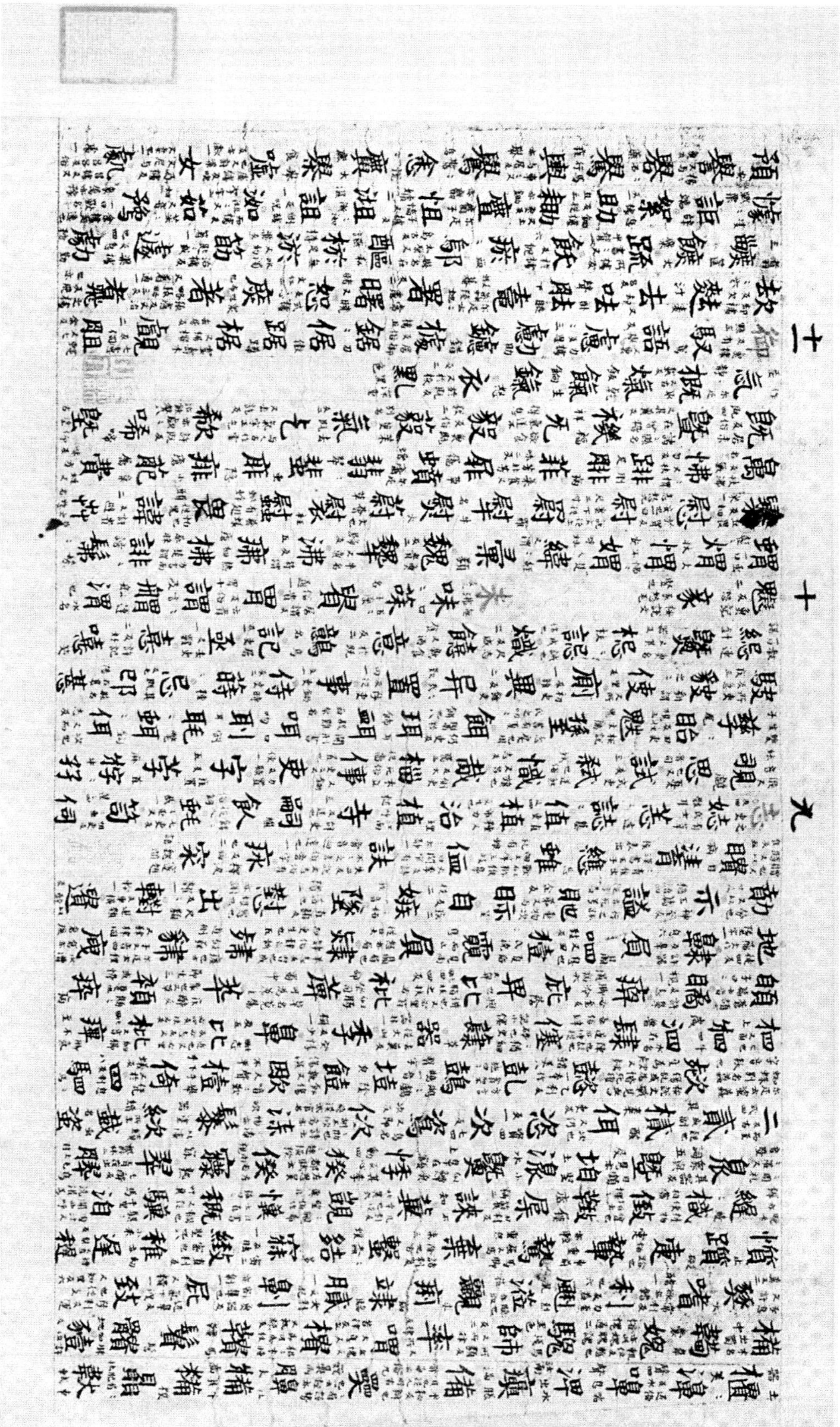

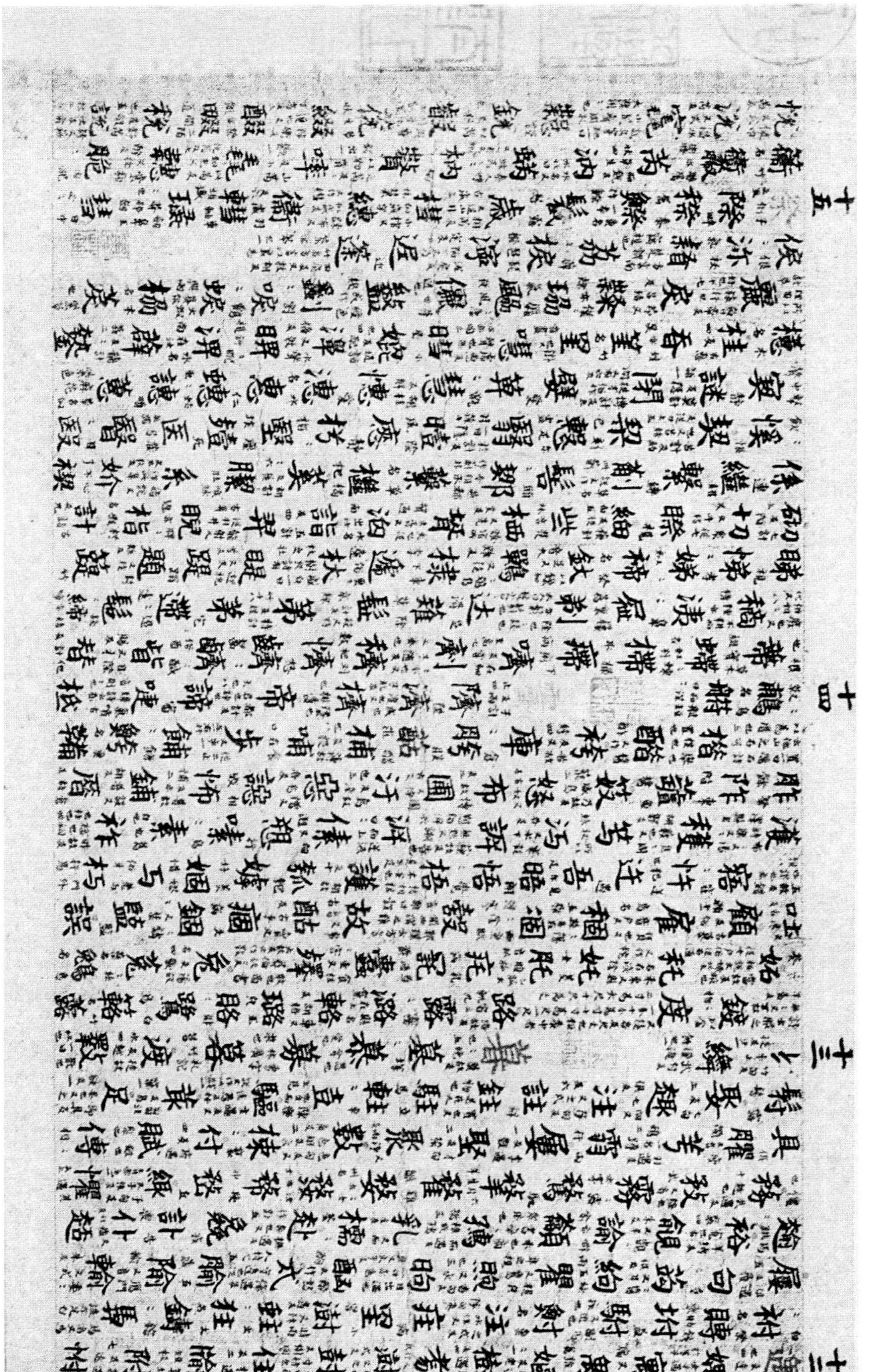

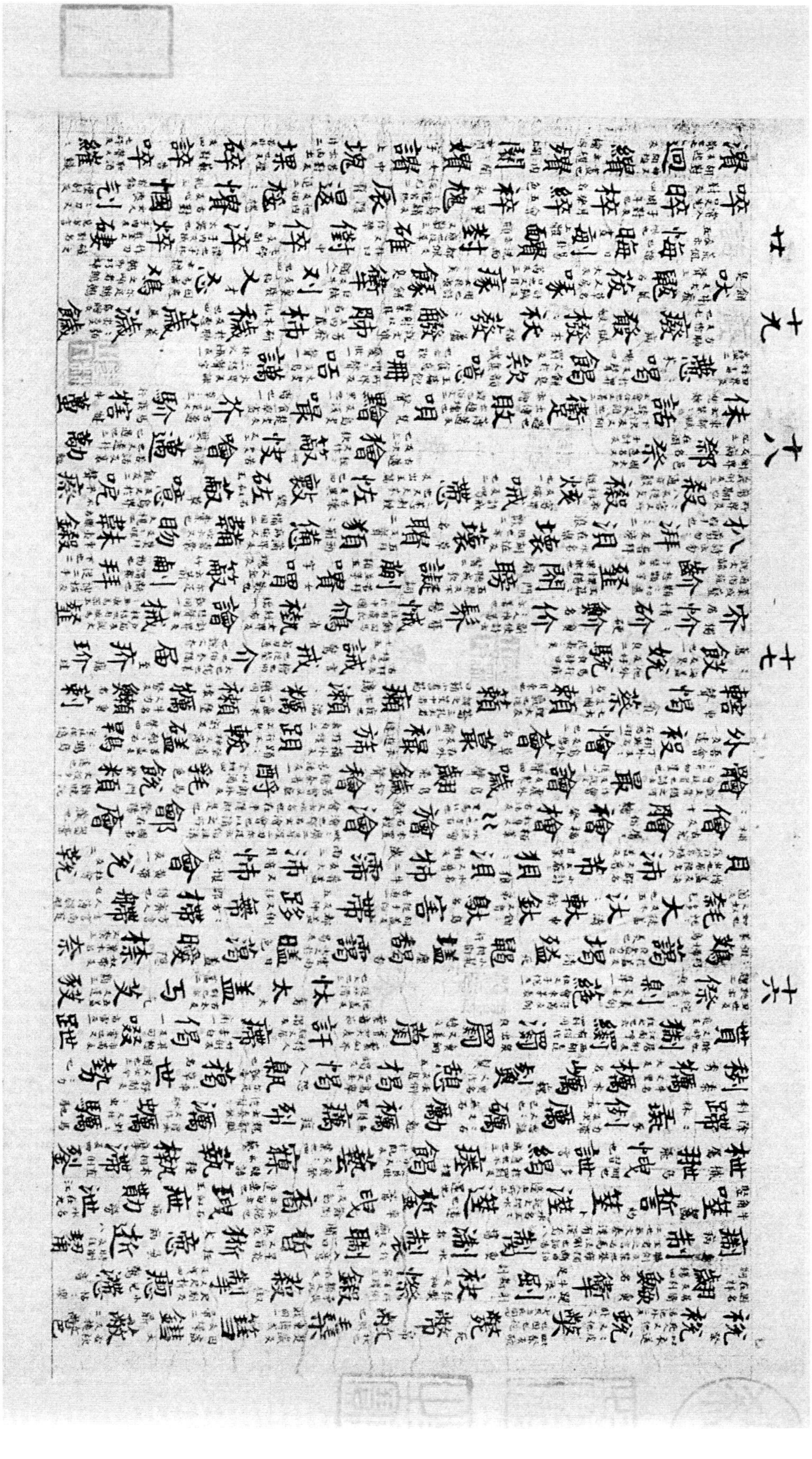

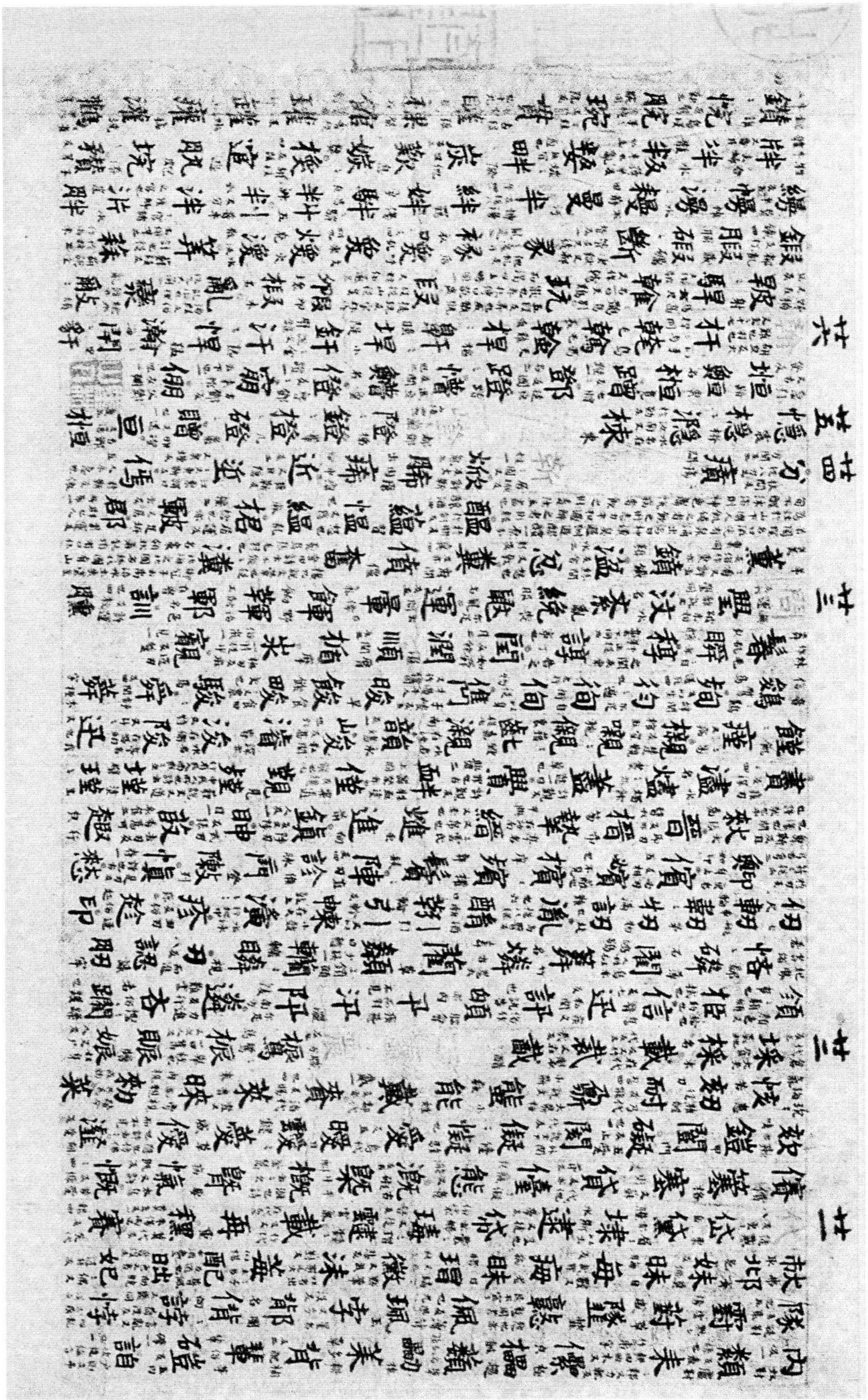

附録

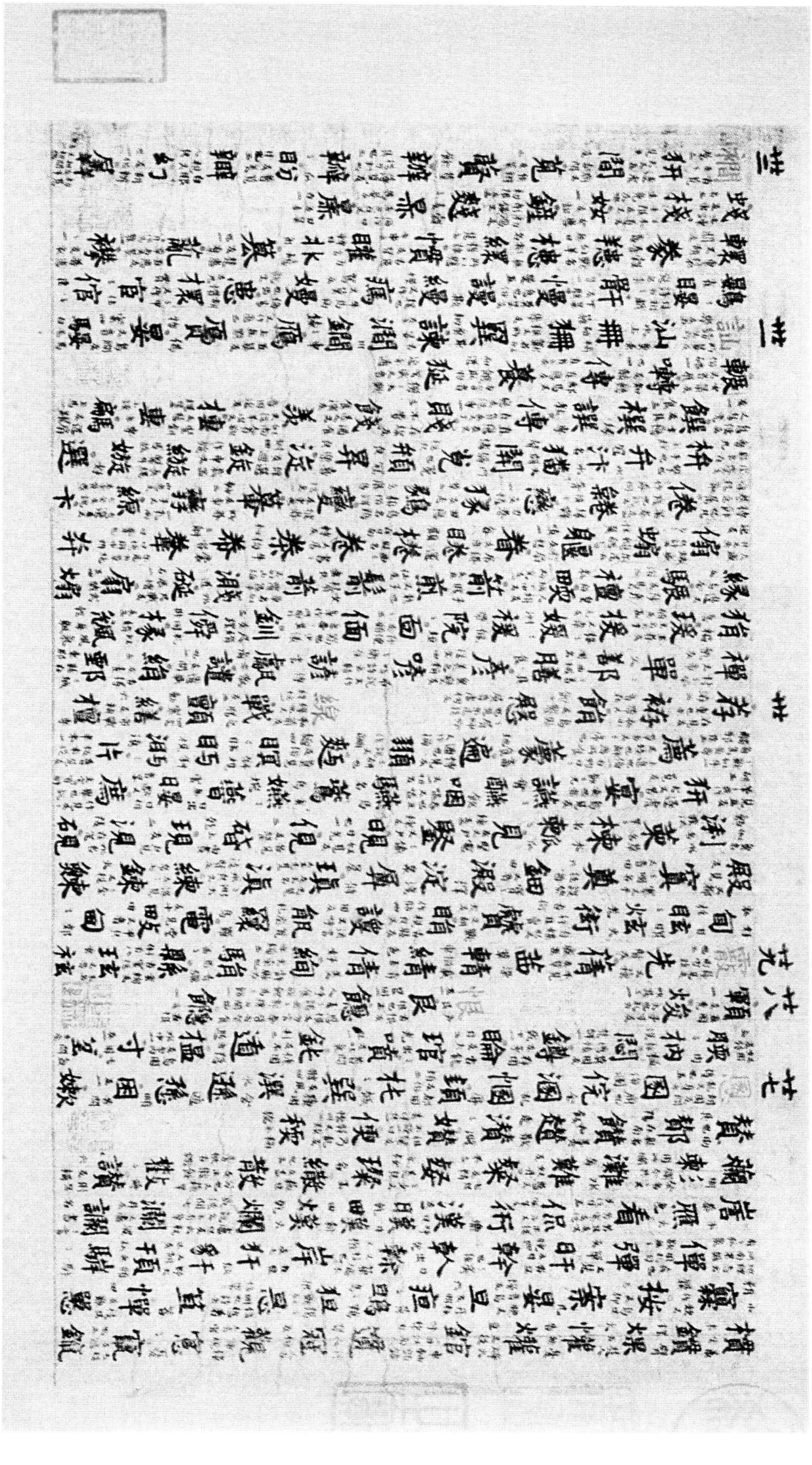

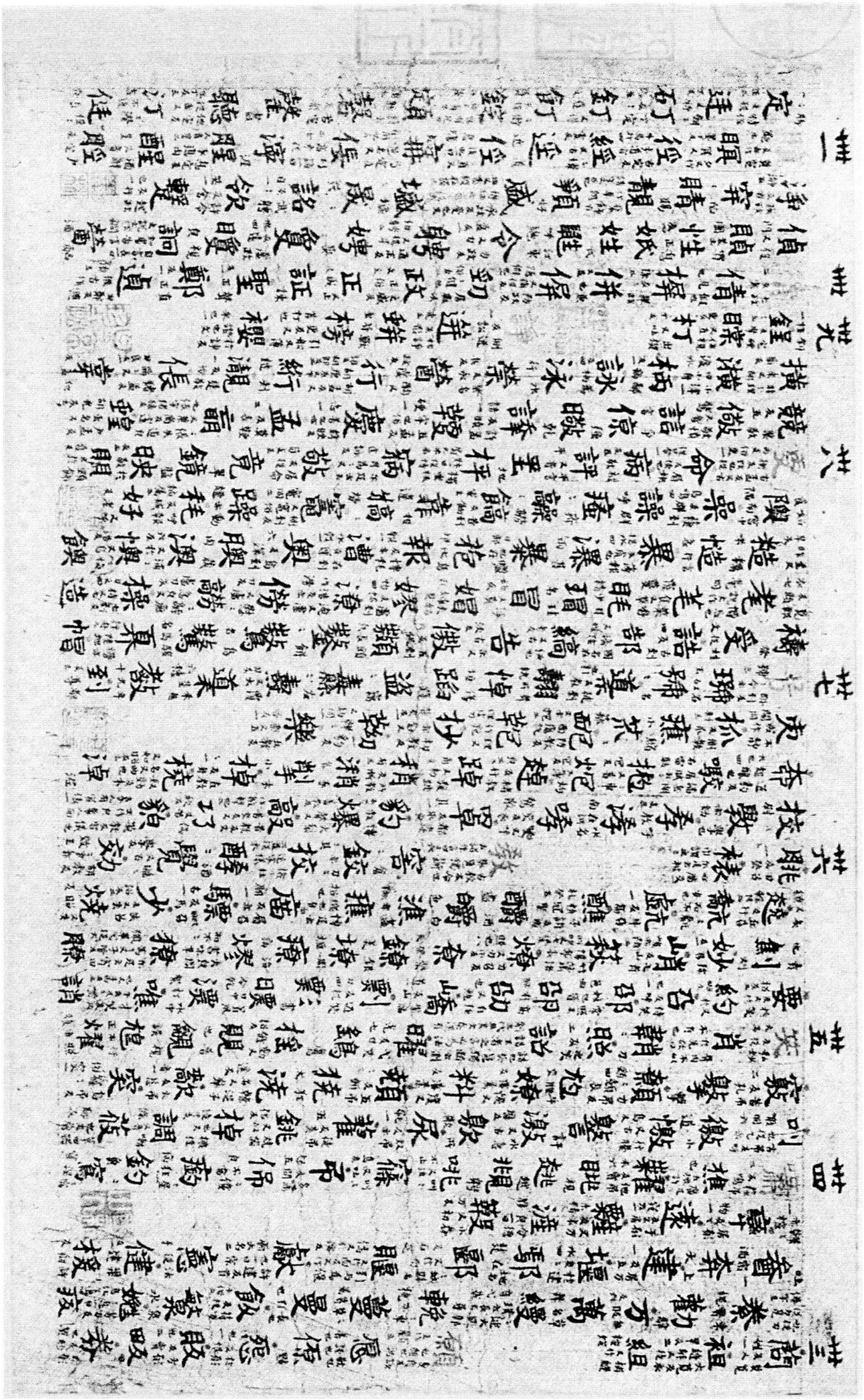

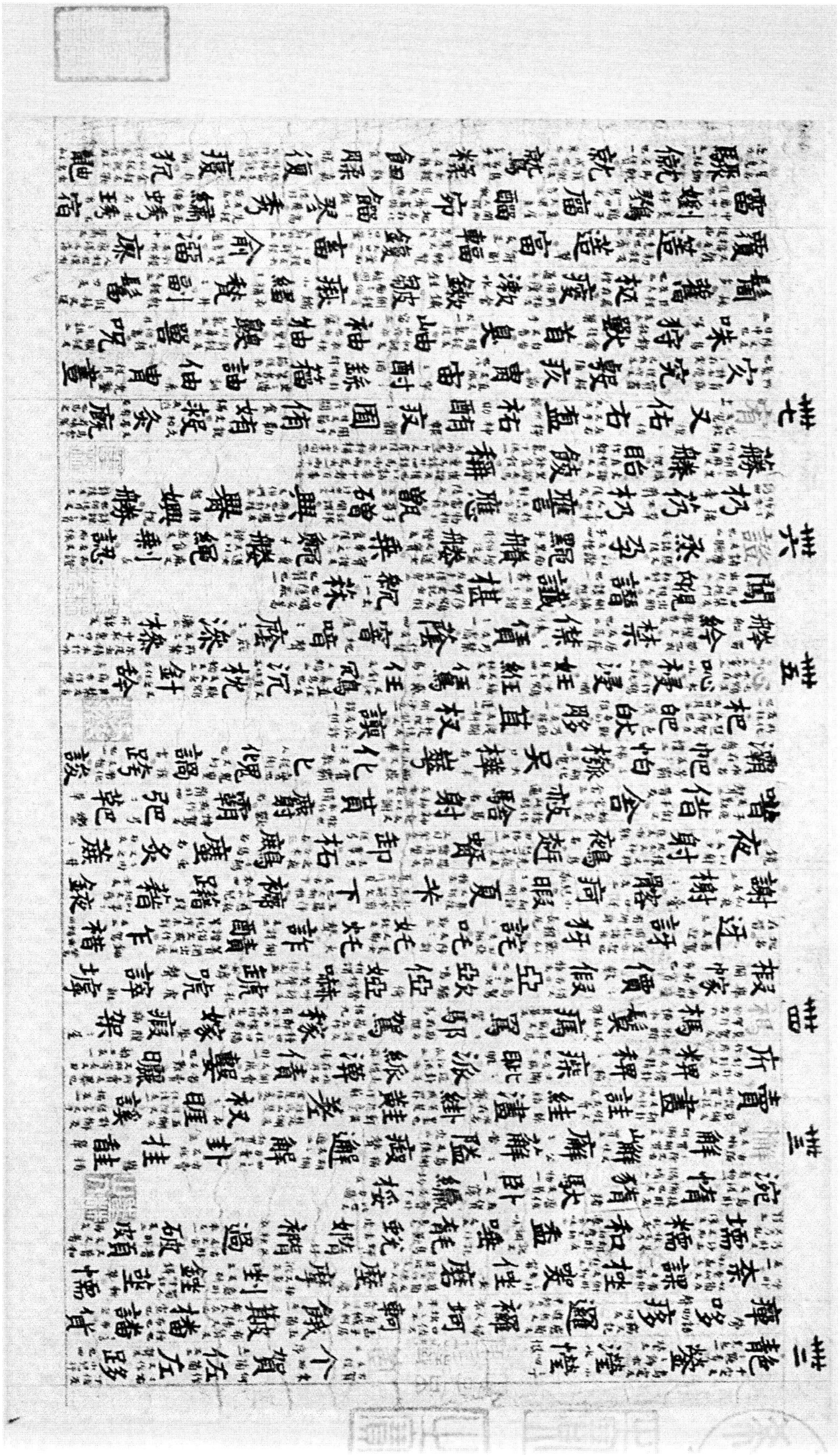

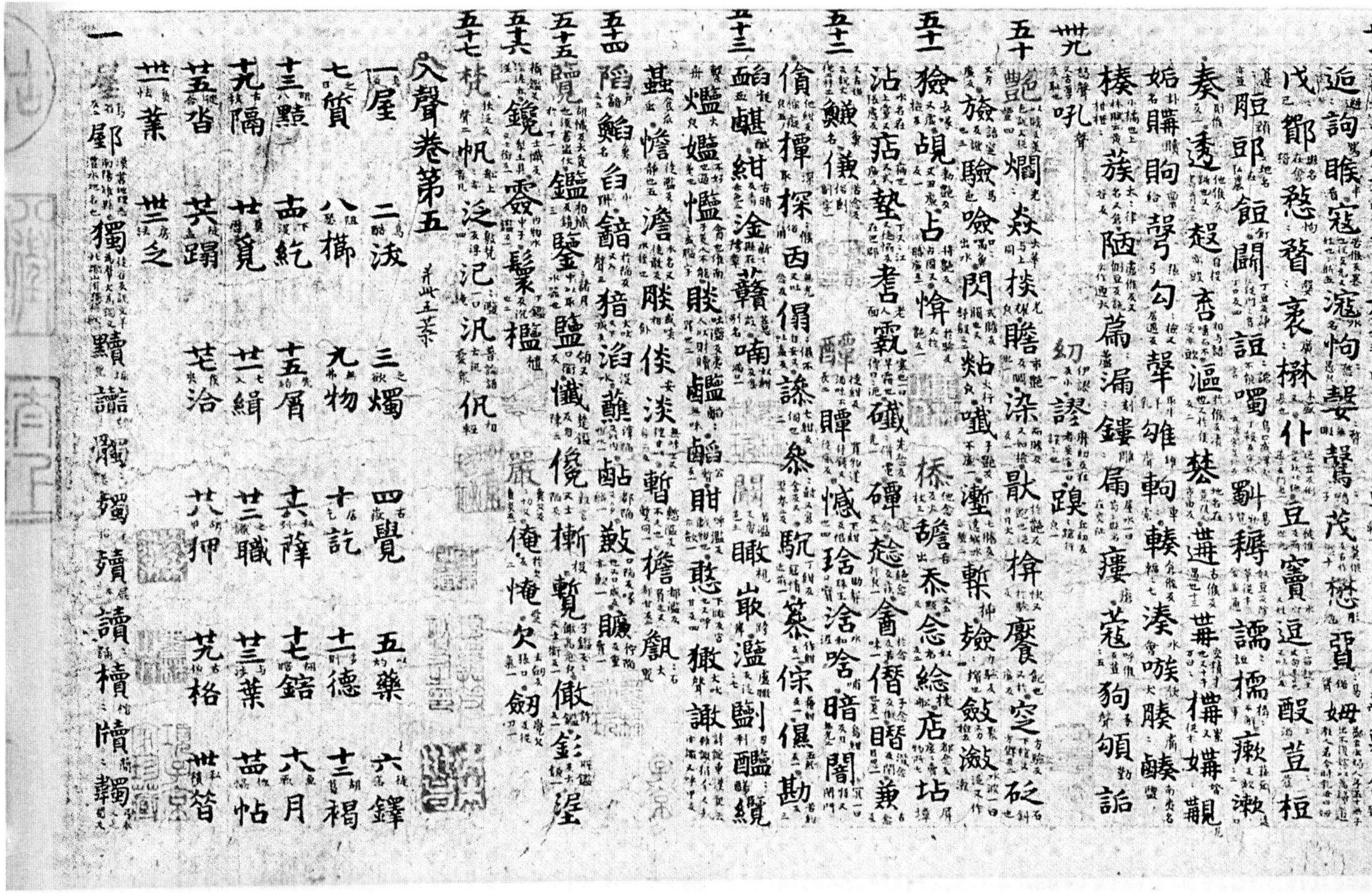

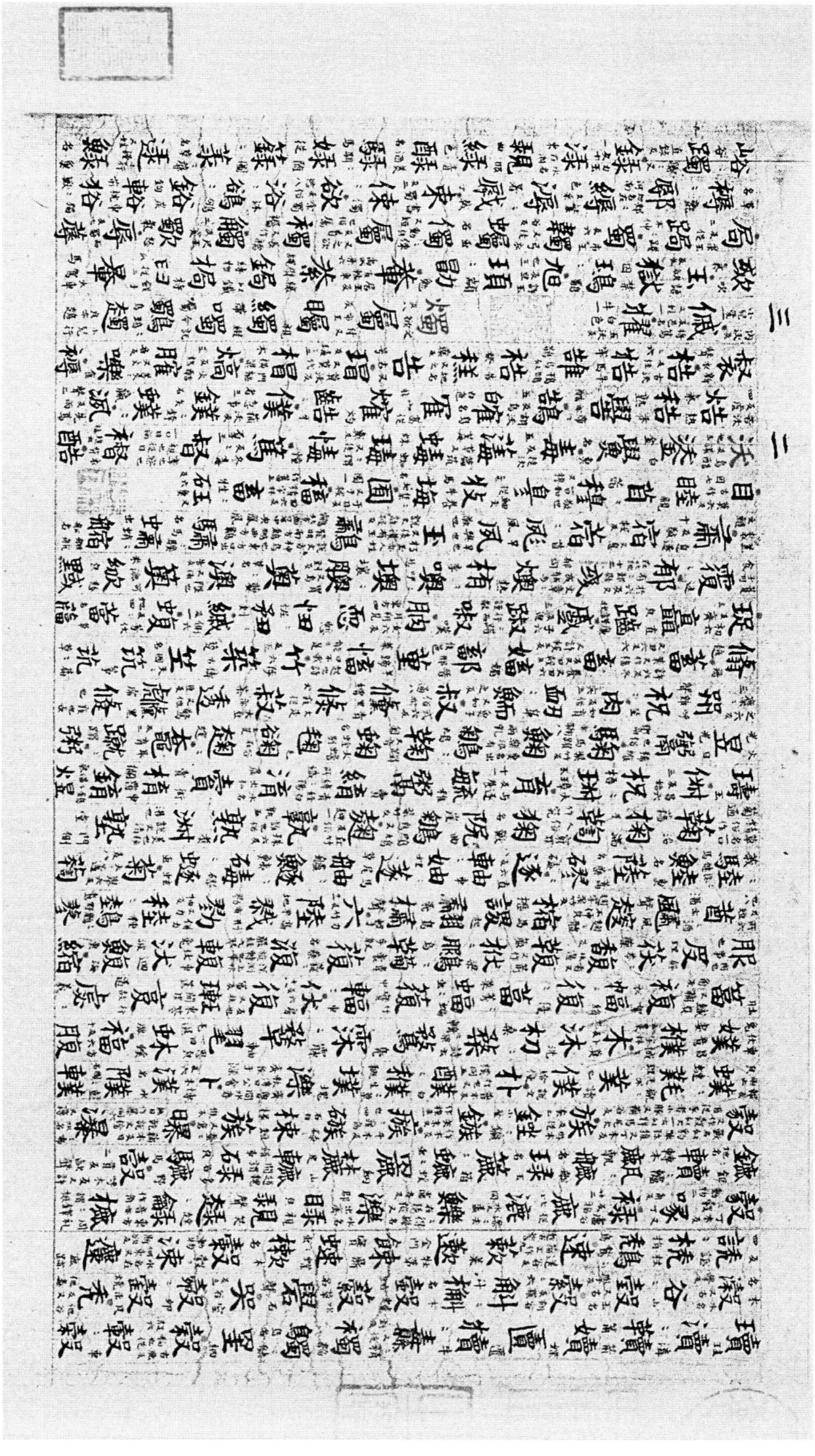

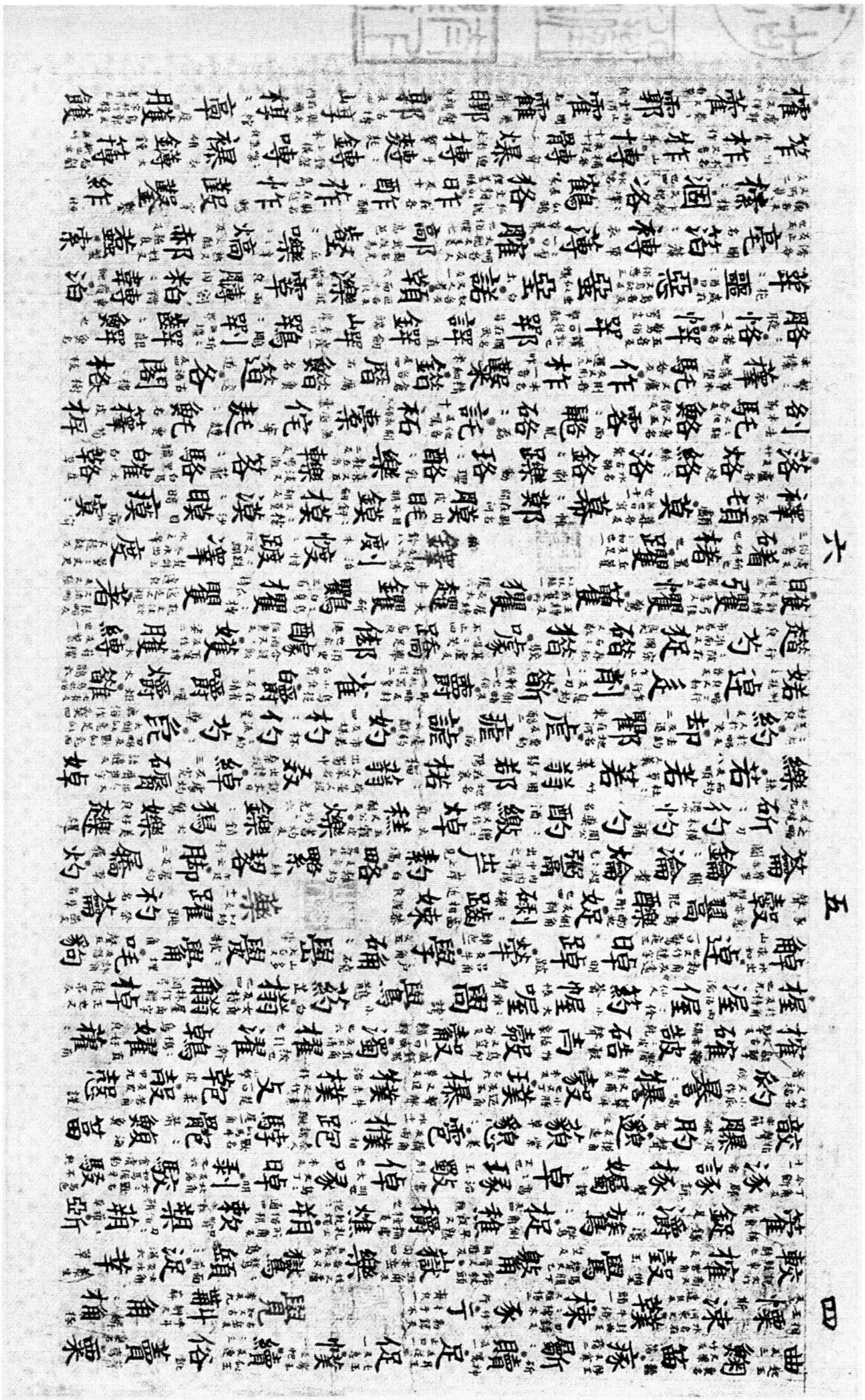
四
五
六

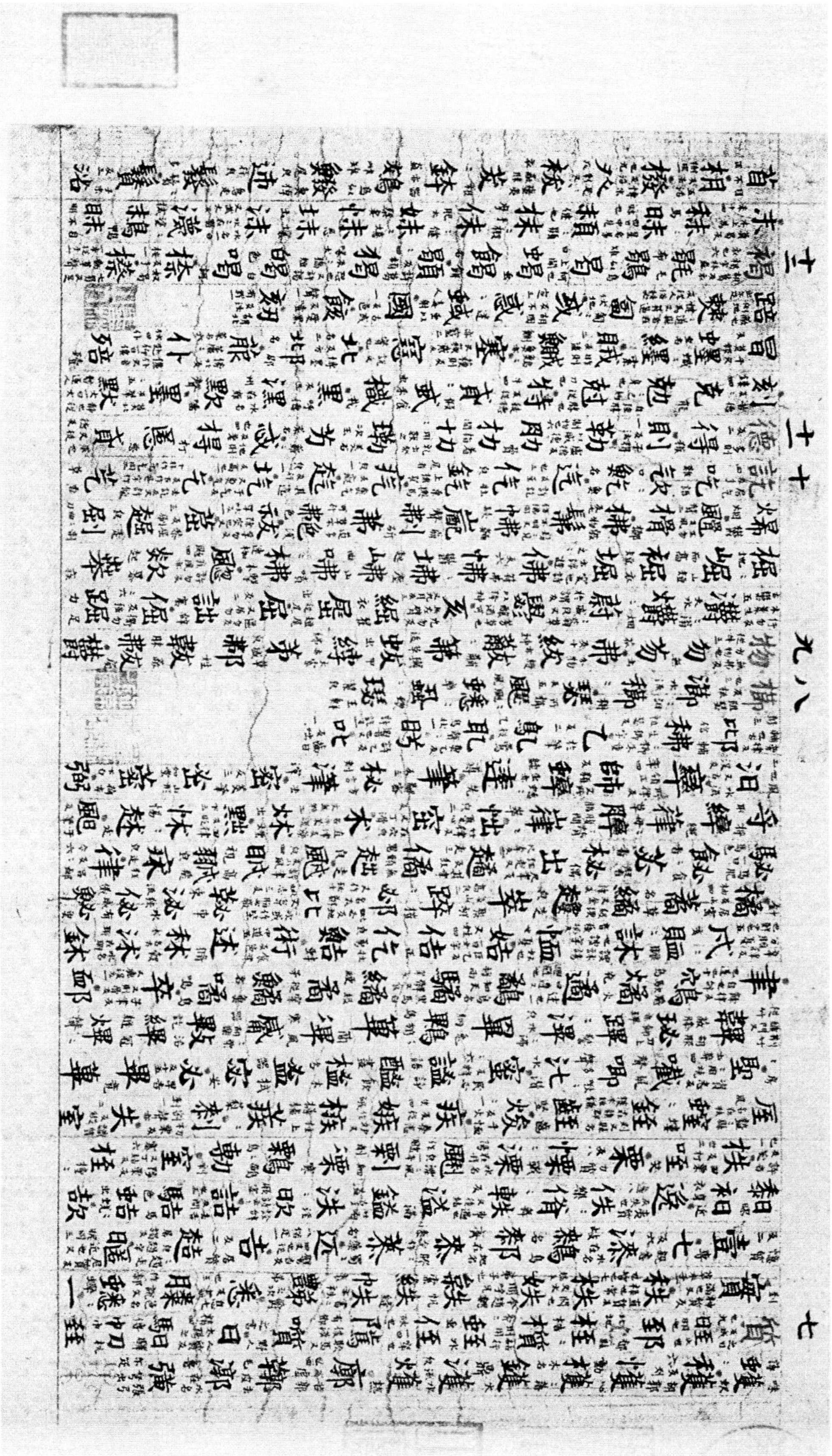

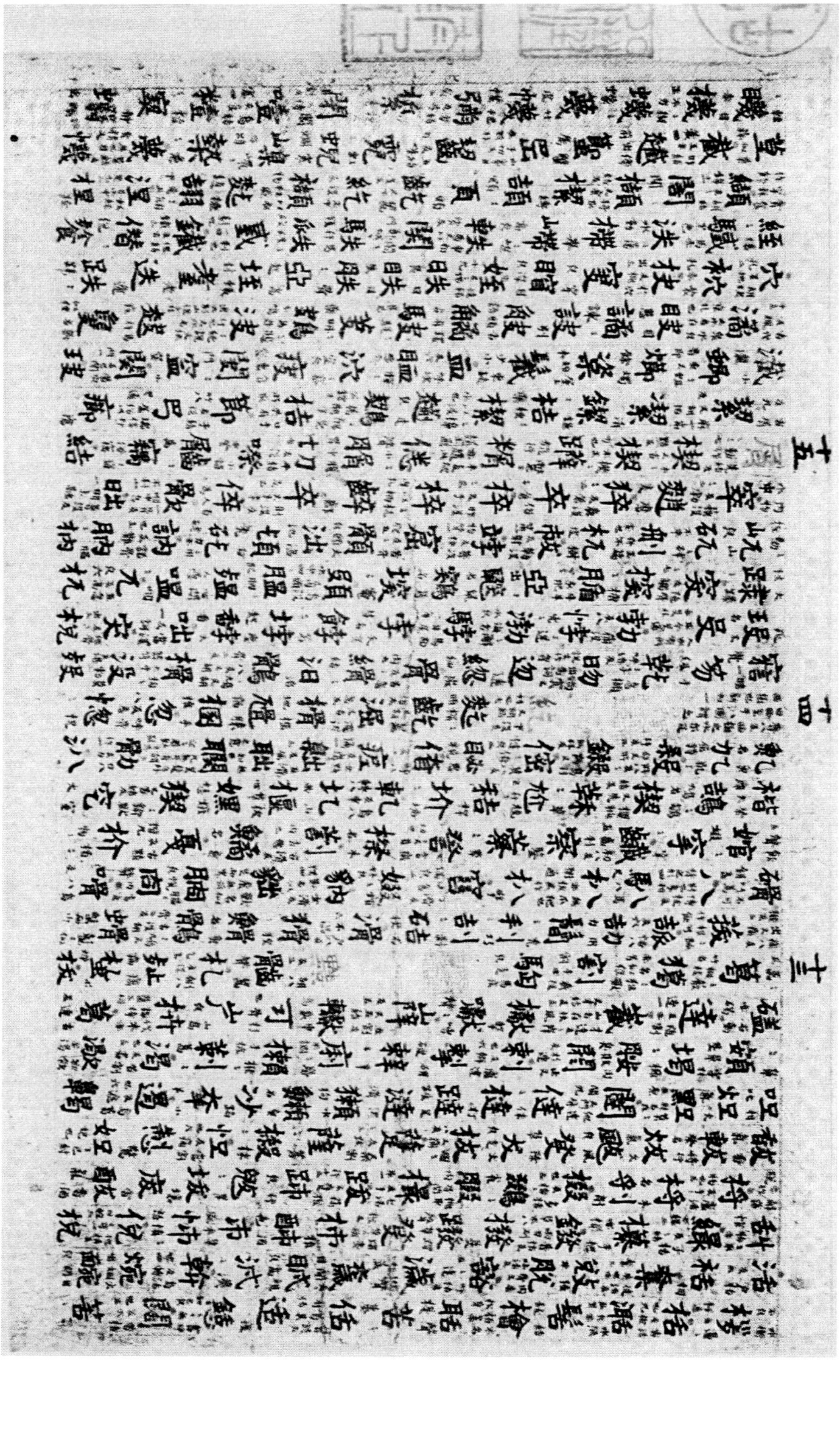

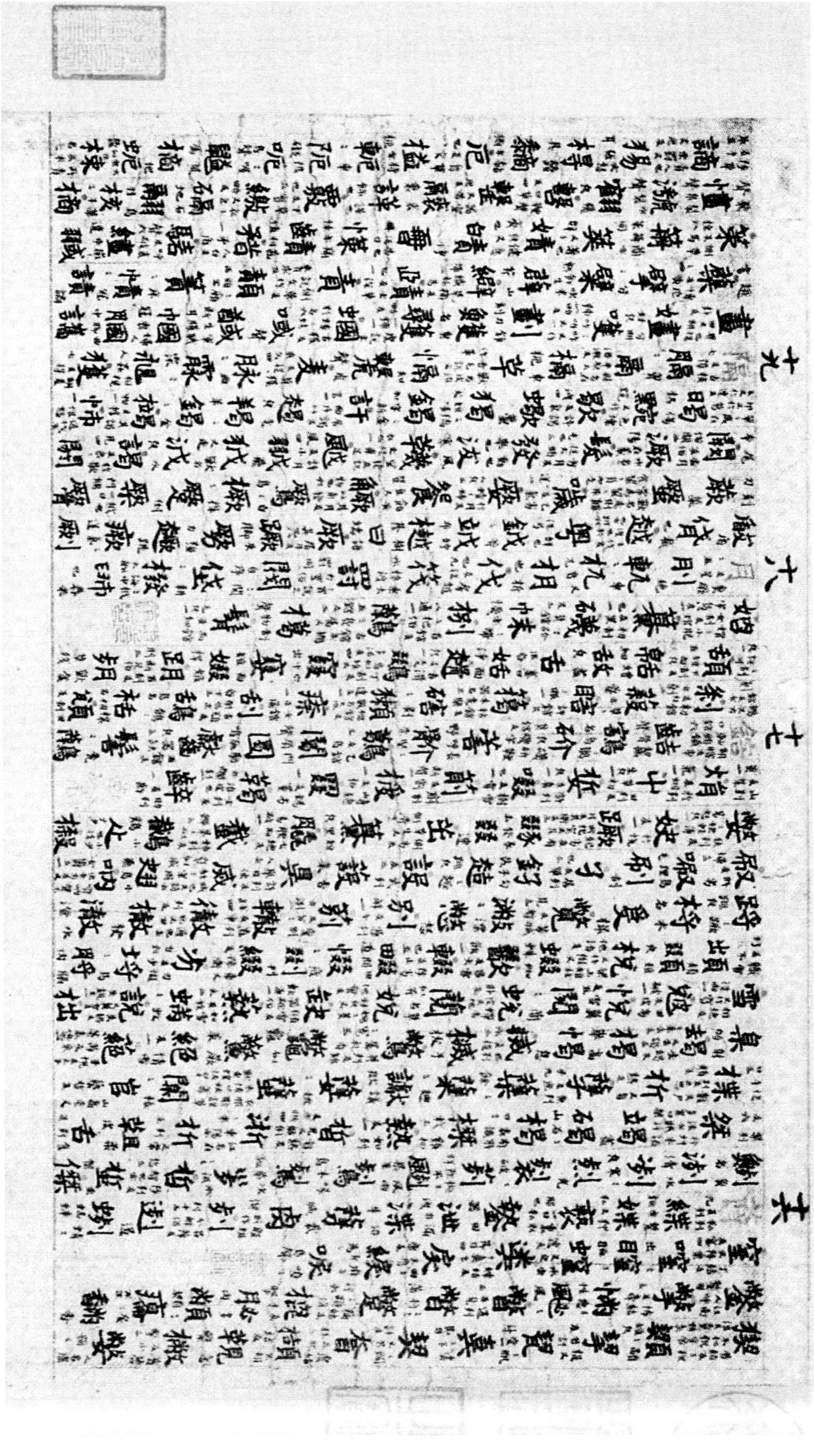

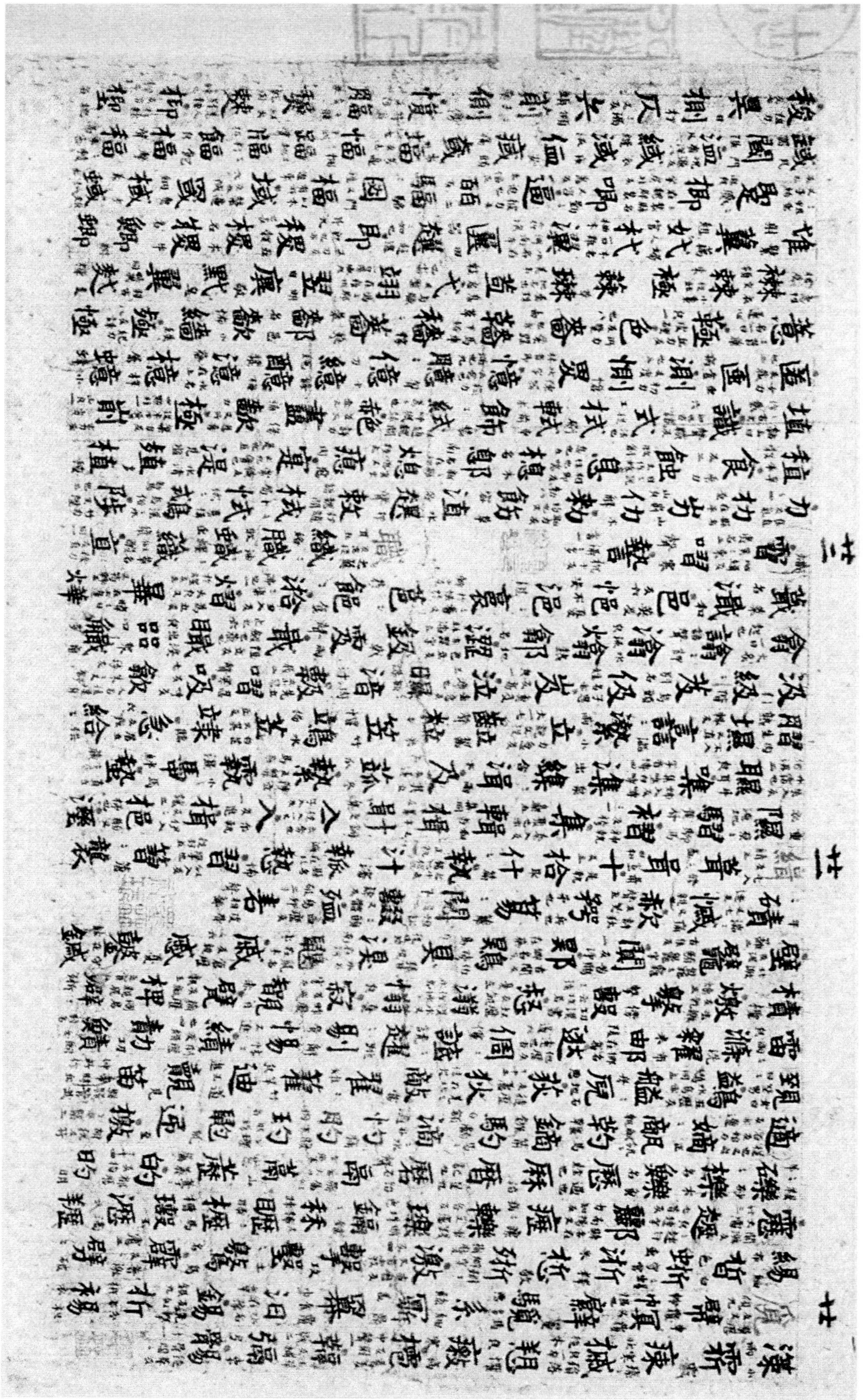

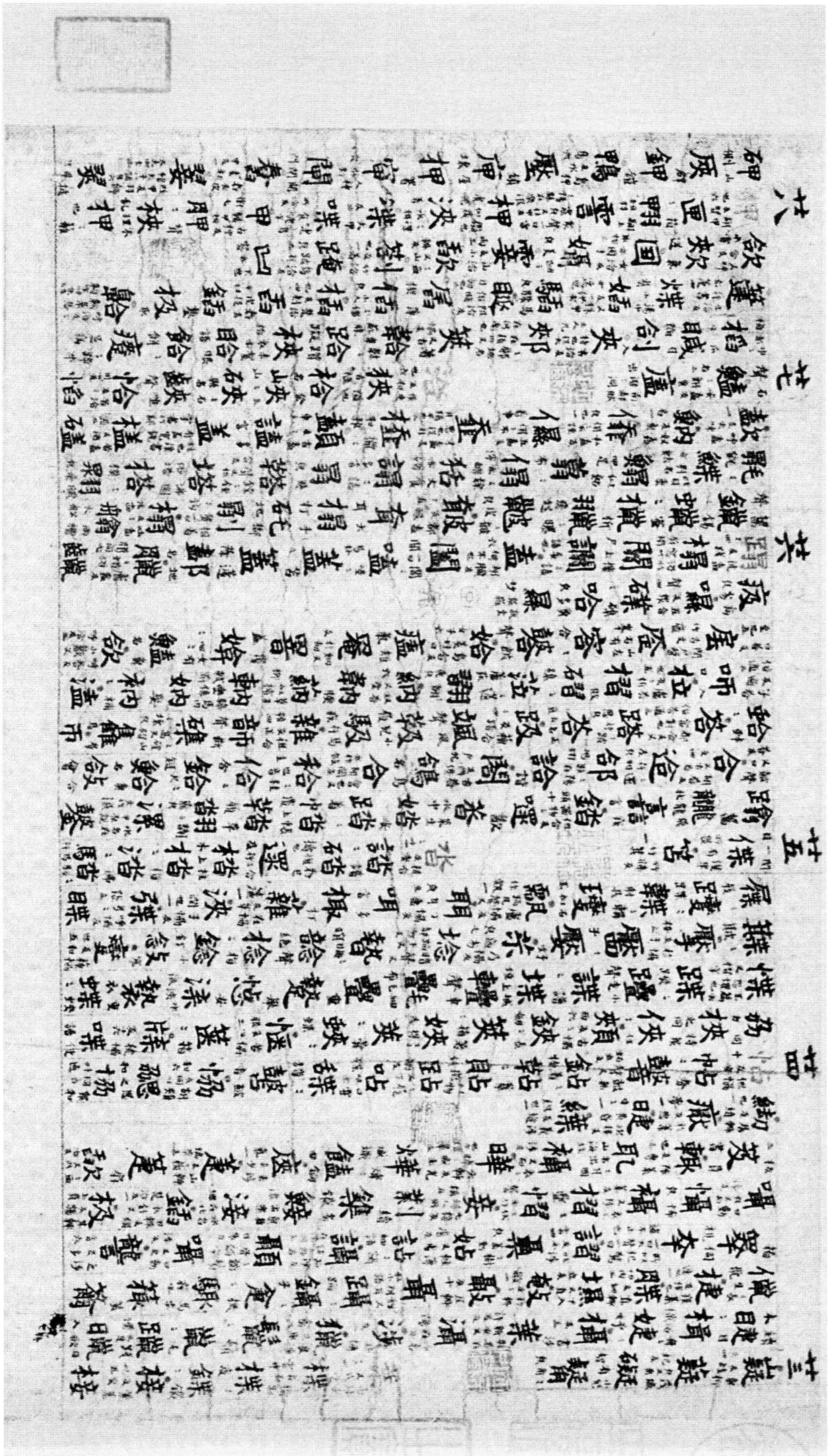

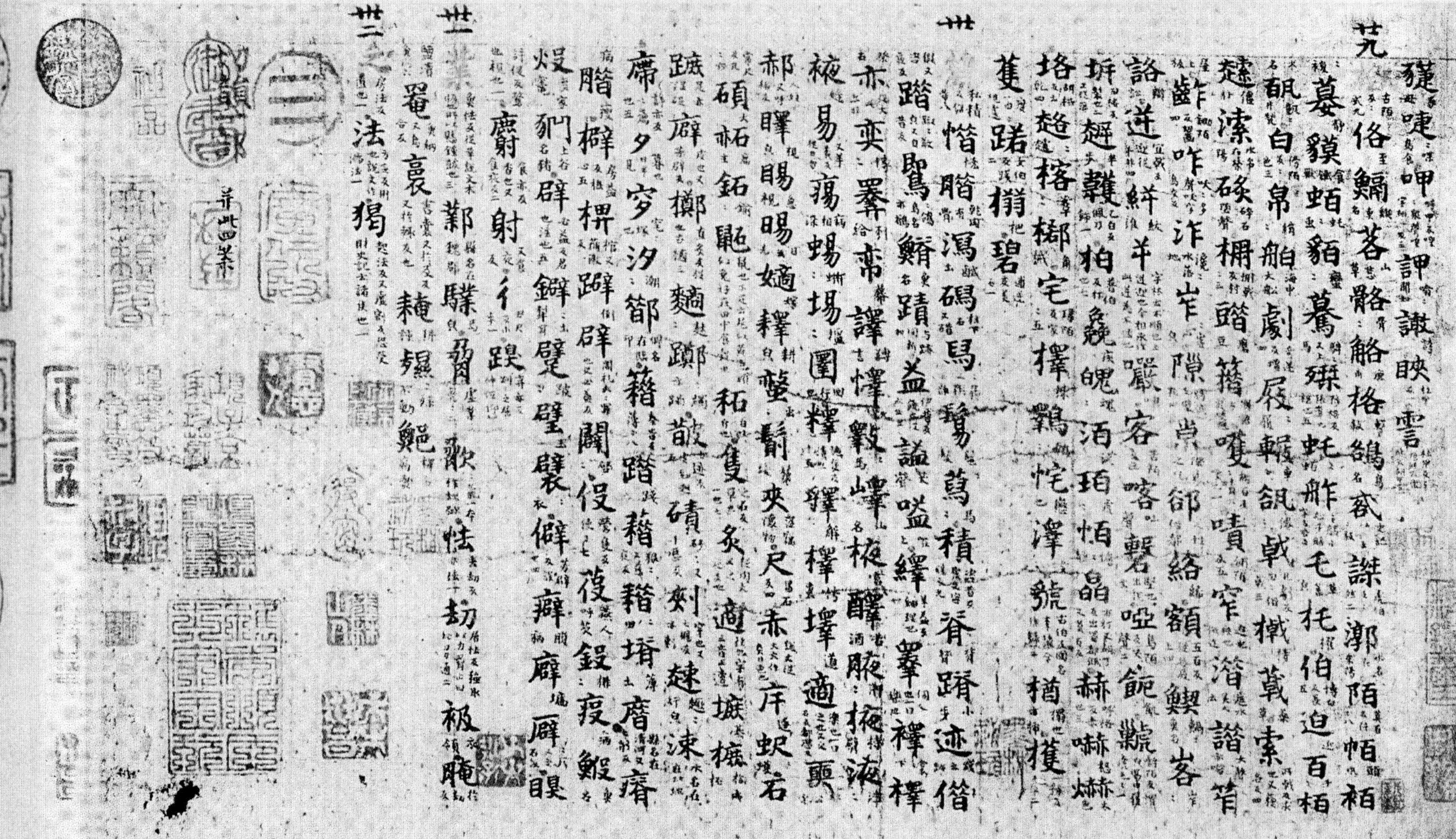

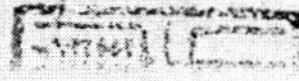

女仙吳彩鸞自言西山吳真君之女。太和中進士文蕭客寓鍾陵，中秋夜見於踏歌場中，偶歌羅蹁躚，其後至西山，彩鸞見蕭，偕往山椒，有宅為生其處，席未暇煖，彩鸞據案治事，蕭詢之再四，乃曰：我仙子也，所領水府事。言未既，忽震雷晦冥，彩鸞執手版伏地作聽罪狀，如聞讀詞云：以汝洩機密事，罰為民妻一紀。彩鸞泣歎，謂蕭曰：與汝自有宿契，今當往人世矣。蕭拙於為生，彩鸞為以小楷書唐韻一部，市五千錢為糊口計，然不出一日間能了十數萬字，非人力可為也。錢囊羞澀，復一日書之，且所市不過前日之數。由是彩鸞遂各乘一虎仙去。唐韻字畫雖小而寬綽有餘，全不類世人筆，當於仙品中別有一種風度。予偶得此本，遂述其本末行實，使有所徵云。

墨林山人項元汴敬題跋

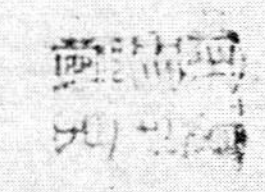

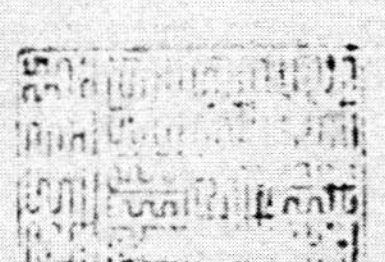

萬曆壬午仲冬八日　玉

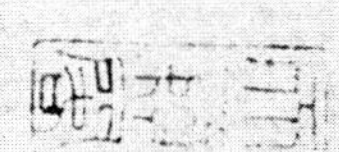

唐女仙吳彩鸞小楷書四聲韻　項元汴真賞

宋代著錄金文編初稾

唐蘭

王玉哲《宋代著録金文編》唐氏批注摘録

第一部分

齊侯鐘一・女尸余經乃先~ （四〇頁）

【王玉哲】 祖。

【批注】 應列「且」下，注云「叚爲祖」。

玞

師艅鼎・「夜~」（復）。（四八頁）

【王玉哲】 玞 疑是[illegible]之誤。

【批注】 按：師艅尊是「夜功」？此以「功」作「玞」，可疑。

又云「白卑□□卑人□漢~州」（五〇頁）

【批注】 [illegible]爲最古。

【編者按】 「又云」指《父乙甗》。王玉哲先生將本字列爲「卓」字頭下第五字。

晉姜鼎「~鼏卑先剌」（五二頁）

【王玉哲】 有人釋「每」，唐立厂先生謂爲「對」或「奉」字。

【批注】 按：作與相近，則當釋讀爲妦，讀爲奉，非對字。

寅簋「虎冟～裏」（五二頁）

【王玉哲】 熏。

【批注】 簋盨下如無空隙，則當入「東」下，注云：「叚爲熏、纁。」

京叔簋「京叔乍～盨」（五三頁）

【王玉哲】 𩞁。

【批注】 應入皀部或食部，即𩞁、饙字。

尐

齊侯鎛鐘「伊少臣隹輔」（五六頁）

【王玉哲】 尐、少一字，《説文》析爲二。

【批注】 何不列爲尐字而云：「叚爲小。」別注云：「古少、尐一字，《説文》析爲二。」

盄和鐘「十又二公不～才上」

齊侯鎛鐘「女不～夙夜宦執而政事」（五七頁）

【王玉哲】 㒸，孳乳爲墜。

【批注】 當釋爲彖，而云叚爲㒸；當釋豕，叚爲㒸，更在此兩字分別注明互見。

張仲簠「饌昪～飤」（六三頁）

【王玉哲】 召。

【批注】 [古文字]是旨字。

[古文字] 師𩛥敦「克及～先王」（六五頁、六六頁）

【批注】 右字不誤。「克左右先王」。

【編者按】 本頁内容印刷重複。「批注」指出銘文中本句應爲「克左右先王」，非王玉哲所釋「克及右先王」。「左」字即書一百一十二所收[古文字]字，王氏釋「及」唐先生批注改爲「ナ」，即「左」字。

[古文字] 齊侯鎛鐘「靈力～虎」（六九頁）

【王玉哲】 若，从口芒聲，《説文》所無，从艸从右之若與此異。

【批注】 [古文字]若依《説文》次序即當在六篇「叒」下，即《説文》叒下之[古文字]，今隸誤與「若」混，然非《説文》無此字也。

[古文字] 牧敦「㽙～庚右𤔲」「用雩乃～庚右𤔲」（六九頁）

【王玉哲】 㕭，宋人釋爲[古文字]，徐同栢釋爲[古文字]，云古文䋣，𢆶口系號省聲。劉喜海釋爲繫。陳介祺釋爲訊。劉心源釋爲紹（牧敦）、爲緯（敔敦）。孫詒讓釋爲約，並不塙。立厂先生謂此乃㕭字。

【批注】 讀爲訊。

[古文字] 楚公鐘「楚公茈自乍」（七三頁）

【王玉哲】 茈 容氏《金文編》（舊版）釋逆，增訂本删去。按此字从屰此聲，乃茈字。

【批注】 逆，宜以陳逆簠、陳逆毁爲證。

敔敦「南淮夷～及内伐」（七七頁）

【王玉哲】 遻　孫詒讓云：「吕字形攷之當爲遻，疑即遷之異文。」立厂先生據《説文》古文要作，故疑此字爲遻字。

【批注】 疑當作，亦邁字。

曾侯鐘「～自西旓」（七七頁）

【王玉哲】 这。

【批注】 蘭按：當讀爲赴。

曾侯鐘「卜翌～」「宫～」（一一二頁）

【王玉哲】 反。

【批注】 讀爲半。

姬寏豆「魯中～白」（一三二頁）

【王玉哲】 瞖。

【批注】 悘（慳）。當倣。

乙酉父丁彝「王曰帀□易工母不戒備～武」（二一〇頁）

【王玉哲】 旅。

【批注】 字之誤，「遘于武乙」也。

寅簋「迺乍余一人～」（二二五四頁）

【王玉哲】 ⿰月人。

【批注】 夗。蘭按：古夗、夘一字，此讀作怨。

邛仲槃「自乍顆盤」（二二七四頁）

【王玉哲】 顆。

【批注】 顆，此即，甘、曰古字亂。

齊侯鎛「女～愄忌」（二二九九頁）

【王玉哲】 ⿱少心。

【批注】 仍釋少心合文爲是。

師旦鼎「乍周王大～賓⿱西廾彝」（復）（三二二三頁）

【王玉哲】 娼。

【批注】 ，始之誤，讀爲「姒」，即「太姒也」。

劉公簠「襄公乍杜～媵鋪」（三三二三頁）

【王玉哲】 。

【批注】 媾 冓聲轉叚爲祇，見石經古文，故媾得爲祁姓。

杞公匜「～㔾」(三二一七頁)

【王玉哲】 它、也一字，後析爲二。

【批注】 也、它非一字，但形聲並相似耳，同聲在歌部。

齊矦鎛「～鐈鐈鋁」(三六六頁)

【王玉哲】 鈇。

【批注】 蘭按：舊釋鈇，非。鈇即銍字，亦即鐵字，是爲鐵見金文之證，鈇或誤爲鉃，猶昳之誤爲昳。

盄和鐘「～静不廷」(三六八頁)

【王玉哲】 錁。

【批注】 鍚，讀爲鎮。

孟申竇彝「孟～乍鬻彝」(復)(四一七頁)

【王玉哲】 臾。

【批注】 蕢古文之臾。可歸入臼部。

商鐘一一二三「隹正月～萶吉日」(四三二一頁)

【批注】 用，讀爲仲春。

【編者按】 王玉哲先生本字不釋，入附録。

第二部分

頁碼	字形	出處	辭例	王玉哲	唐蘭
90	[illegible]	師訇敦	師~不顯文武 師~哀才(哉)	訇	訇(酌)酉部
95	[illegible]	張仲簠	弭中~壽	畀	異
102	[illegible]	敔敦	敔告禽~百吪卌	[illegible](聝)	[illegible]
121	[illegible]	齊侯鎛	~乎靈師	戲	戲
141	[illegible]	尹卣	易臣~僰	隼	䧿(雉)
147	[illegible]	師淮父卣	易貝卅~	寽	爰
168	[illegible]	虢姜敦	旛匄康~屯右通彔永令	屢	虢
171	[illegible]	師訇敦	~勖雩政	盜	盩
180	[illegible]	師訇敦	肄皇帝亡~	昊	昊
243	[illegible]	魯正叔槃	魯正叔之~	穸	穴
246	[illegible]	己酉戍命彝	霽~九律~商貝朋	[illegible]	[illegible]

續表

頁碼	字形	出處	辭例	王玉哲	唐蘭
254	[illegible]	仲偁父鼎	中～父伐南淮尸	偆	[illegible]（偯）
254	[illegible]	牧敦	以今𩰪司～乎臯召故	㗉	㝠
303	[illegible]	齊庆鎛	䣄于～淽	淄	溝
304	[illegible]	趞鼎	趞又□于～公	㴻	𪠟
304	[illegible]	慧季鬲	～季乍	㴻	𩰫
332	[illegible]	董武鐘（復）		㦯	戎
343	[illegible]	弓壺		弓	引
345	[illegible]	父丙卣		彈	𤛔
346	[illegible]	師𩑋敦	邦～潢䣄	弦	佑
367	[illegible]	張仲簠	擇之金～鈗～鏞	鍈（孫詒讓據《積古齋欵識》作[illegible]，遂釋爲鍈）	鎛
377	[illegible]	乙酉父丁彝	隹王六祀～日	四	彡
407	[illegible]	合孫祖丁觚		附録	[illegible]（卯）（當補入正編）

頁碼	字形	出處	辭例	王玉哲	唐蘭
409		召夫鼎		附録	𦣻(補入正編)
409		單父丁彝		附録	乖(蘭按乖字)
409		從單尊		附録	單(入正編)
421		商鐘一二三		附録	貮(貝部)
421		牧敦		附録	䅌
422		公緘鼎		附録	䕢
424		杞公匜		附録	壺
426		齊矦鎛	~乃敔寮	附録	罘
427		單疑生豆		附録	昊
429		何敦	王易何赤市朱~ 䜌旂(啸)	附録(太)	亢
434		商鐘四		附録	𡉜
435		商鐘四		附録	後

整理說明：

《宋代著録金文編》(天津古籍出版社二〇一三年十一月出版)是一九四〇年冬唐蘭先生爲時爲西南聯大學生王玉哲布置的作業，大約寫成於一九四一年九月(參見該書前言)。批注大體上分爲三種：一是對整句的批注。二是對單體文字隸定和釋文做出的校訂。三是對原書編纂體例、格式、收字先後位置上的調整意見，本文只對前兩種作了揀選彙集。第一部份，先列古文字字形、字的出處、辭例及原書頁碼，後以【王玉哲】【批注】分别列出王、唐兩位的意見，需要補充説明的，則以【編者按】出注。第二部分，表列唐、王兩位對單體文字隸定和釋文的具體意見。

本文引用原書批注的用字，一律用原手寫體字形入録。書中批注的標點，爲編者所後加。

（楊　安）

立厂師：

宋代箸錄金文編稿本兩册呈上，以求斧正，並請將意見寫下，以備修改。陳夢家先生（如單獨成立之小條，均請陳先生意見）均意見以為「徙」不應隸於「辵」部，仍應隸「𨑳」字下，「德」「循」均應仍隸「德」字下，「𢔶」（原隸彳部）仍應隸「邁」字下，他如「鐈」「鍠」均匜字，仍應隸「匜」字下，如此可以察此字演變之迹，分之太細，反不甚好。陳先生之意見是仍認為金文編之排列法較善，因可藉以明一字之流變也。然容稿思周時文字「徙」「辵」並行，「𢔶」「邁」並行，「萬」「邁」「𢔶」並行，「匜」「鉈」並行，至周末（小篆盛行時）「走」「邁」「萬」「邁」「匜」傳下，而「徙」「𢔶」「𨖽」「鉈」諸字失傳，必欲以此失傳諸字認為即走、邁、萬、邁、匜之異文而隸之之下，亦似太為說文所囿，此諸字雖用法同，然未必即是一字，如文有「萬年無疆」「邁年無疆」，用法字意全同，能謂「邁」即「萬」字耶？能將「邁」字隸諸「萬」字下耶？甚不能好讀，何以專將「𢔶年無疆」之「𢔶」隸於「萬」字下耶？他人欲以說文為主，說文所無者必附會為說文中某字，吾不取也。然如此即知孰知一字之演變、何者為借，尚望教之。專此敬敂

道安

七月二日

乙哲之上

① 薛書中之師旦鼎是否僞器？

② 除續考古圖廿三器此編未收入外，尚有●a 商鐘（續長），饕餮鼎（考古圖）●c、單盟廿從彝五（考古圖）三器此編未收入，不知此三器有銘文否？因無原書，不能知也。（查汪氏宋代金文著錄表中知余書未收者有此數器）

③ 尚有宋代何器汪氏著錄表所未有者望示下。

哲多上

紀念唐立厂先生

朱德熙

立厂先生是我治古文字學的啟蒙老師。抗戰期間，我在昆明西南聯合大學上學。從一九四二年到一九四四年，連續聽先生的課。當時聯大中文系最叫座的教授是聞一多先生和羅庸先生。尤其是一多先生，他講楚辭，連教室外邊都圍滿了人。聽課的人裏很多是慕名而來的外系同學和校外人士。立厂先生的課遠没有這麽「熱鬧」，但是在學生裏「威信」很高。有的同學凡是先生開的課一律都聽，我便是其中的一個。

先生在聯大時期開過的課很多，我記得的有：六國銅器、甲骨文字、古文字學、《説文解字》、《爾雅》、《戰國策》。此外還開過一學期宋詞。先生上課從來不帶講稿，其實他根本就没有講稿。上《説文》的時候，手裏拿一本《説文詁林》或是《小學彙函》石印小字本《説文解字》，一頁一頁順着翻下去，碰到他認爲應該提出來講的字就停下來講。講的内容與《詁林》没有多少牽涉，大都是先生自己的見解。講《爾雅》也是如此，不過手裏拿的不是《説文詁林》，而是邵晉涵《爾雅正義》一類的書。因爲没有講稿，完全是即興的話，就像平常聊天，所以聽課的人覺得特别親切。聽先生的課不但可以了解先生的學術見解，而且還可以看出先生治學的方法、態度和風格。所以很多同學愛上先生的課。用今天的眼光看，上課没有講稿，甚至根本不怎麽備課，似乎不足爲訓。不過評價大學裏的專門課程，首先要看學術水平，教學方法還是次要的。這些年來過分强調教學方法，這對學生來説是遷就，對教師來説則是苛求，恐怕弊多利少。

説到先生的課，我又想起了一件事。當年在聯大聽先生課的，除了中文系同學之外，還有兩位教授。一位是物理系的王竹溪先生，另一位是哲學系的沈有鼎先生。我記得王先生聽的是《説文》，沈先生聽的什麽課我不記得了。不過沈先生是聯大有名的不修邊幅的人。他滿臉鬍子茬兒，光脚穿一雙又舊又破的布鞋走進教室的樣子至今猶歷歷在目。當時昆明物價飛漲，教授生活十分清苦。加上日本飛機轟炸，三天兩頭跑警報。就在這樣的環境裏，王、沈兩位先生居然有閒情逸致跑到中文系來聽立厂先生講古文字學。這件事很能説明當時聯大學術空氣之濃厚。聯大前後辦了八年，師生顛沛流離，生活十分艱苦。可是在茅草棚的教室裏竟然培養出不少國内外知名的學者。我想這至少有三方面的原因。第一是外來的干擾少，第二是教授陣容强，第三就是有濃厚的學術空氣。

立厂先生興趣廣泛，知識淵博，他做過很多方面的研究工作。不過致力最久、貢獻最大的還是古文字學。先生不僅考釋出很多難識的字，而且在方法論上也有重要的貢獻。二十年代至三十年代，研究古文字是一件時髦的事，考釋甲骨金文的文章發表得很多。不過其中很大一部分是没有多少根據的胡猜。在甲骨方面發表過不少論著的葉玉森自己就承認考釋甲骨文字猶如「射覆」。立厂先生寫《古文字學導論》就是爲了摧陷廓清這種不科學的學風，力圖把古文字的研究建立在扎扎實實的科學基礎上。他在書中提出了偏旁分析和歷史考證兩種方法，并説：

> 偏旁分析法研究横的部分，歷史考證法研究縱的部分，這兩種方法是古文字研究裏的最重要的部分。

一個古文字往往跟同時期的其它文字在形體上有聯繫，研究這種聯繫就是偏旁分析。另外一方面，一個古文字的形體必然跟這個字較早的寫法和較晚的寫法有聯繫，研究這種聯繫就是歷史的考證。盡管這兩種方法在具體考釋古文字時都曾有人用過，但先生第一個有意識地把這兩種方法作爲方法論的原則提出來，意義是重大的。

自來研究漢字歷史的人都擺脱不了傳統的六書説的束縛。由於六書説實際上是漢朝人的文字理論，並不能如實地反映上古漢字的構造系統。不過在甲骨文字發現以前要想冲破六書説的藩籬是不可能的。先生生於甲骨文字發現之年（一九〇〇）①，二十年代開始研究甲骨，在全面分析了上古漢字的構造和演化之後，終於批判了六書説，提出了古文字事實上只有象形、象意、形聲三類的新説。用今天的眼光看，先生的文字理論可能還不够完備，但在當時不能不説是重大的突破。

① 《天壤閣甲骨文存》序：「甲骨之初發現歲爲庚子。王氏（案指王懿榮）既以其年卒，余又適以是年生。」

立厂先生受的是傳統教育，可是他完全没有舊時學者那種狹隘、保守的氣味。從先生的著作以及他的治學方法裏可以看出，他思想開明，而且富有近代科學精神。我覺得先生在學術上有那麼高的成就，恐怕跟這一點也有密切的關係。先生所以能有開明的思想和科學精神，一個重要的原因是他博覽群書。他不僅讀古書，也讀現代人寫的書，而且還讀過大量的翻譯作品①。説到這裏，我不禁想起先生兩次學外語的情形。第一次是在昆明自學英語，已經達到能看書的程度。那時候昆明滿街都是專供美國大兵看的袖珍本英文書。先生有一次告訴我，他花了很大的勁搜齊了一套（大概有好幾百本）。第二次是解放初，那時先生已經是五十多歲了，又開始自學俄語，據説也到了能看書的程度。

立厂先生是一個非常樂觀的人，我從來没有見他爲什麼事情發過愁。他那爽朗、縱情的哈哈大笑有一種感染力，能讓心裏有什麼彆扭事兒的人跟他一起快活起來。抗戰時期生活很艱苦，先生仍然自得其樂。授課和著述之餘，有時還跑來跟我們一起唱昆曲。不過先生唱曲子跟他做别的事一樣有自己獨特的風格，聽起來很像是在吟詩或讀書。一九四六年從昆明囬到北京。我在城外清華工作，跟先生見面的機會就少了。「文化革命」中先生受的衝擊不小。偶爾輾轉聽到一點消息，也不知道是真是假。那時我自顧不暇，没有辦法去看望先生。「文化大革命」過去以後第一次見到先生是一九七二年在文物出版社召開的馬王堆一號墓座談會上。睽别將近十年，可是先生並不顯得老了多少，樂觀的態度也依然如故。那時先生剛從幹校囬來不久。他在幾天之内就寫成了四萬多字考釋馬王堆一號墓遣册的文章。正好我那時也跟裘錫圭同志合作考釋遣册，我們一見面就大談遣册裏的問題。盡管有很多不同的看法，可是談得非常高興。那次座談會是在故宫浴德殿開的。散會以後我陪先生從西華門出來，先生告訴我他的《六國銅器》和《中國文字學》下册的手稿都在抄家時丢失了。先生説完就哈哈大笑，似乎這種事在他心裏並不占多大分量似的。

一九七五年春天文物出版社趕着要把馬王堆帛書甲乙兩本《老子》和卷前卷後佚書整理出版。當時參加整理工作的除了立厂先生外，還有張苑峰先生、裘錫圭同志和我。甲本《老子》殘損較乙本爲多。定稿時貼照片的工作很繁重。因爲要確定每一塊碎片的準確位置，同時還要做拼復工作，即把許多殘片根據文義和字迹拼合起來。由於時間緊迫，第二天必須完成，非開一晚上夜車不可。當時立厂先生説他可以承担這項工作。我説：時間太緊，要開夜車。錫圭同志年輕，

① 《天壤閣甲骨文存》序：「……其後又好讀程、朱之書，更泛覽譯籍與近人新著，所好彌廣矣。」

還是讓他去做吧。先生聽了,半響不説話,我才發現先生説他願意做這個工作是非常認真的。先生當時的神情簡直有點像一個原先説好要上什麽地方去玩兒臨時因爲下雨去不成因此一肚子懊惱的孩子一樣。最後我們只好還是把這個工作交給先生去做。第二天一早先生就興冲冲地跑來了。照片全部貼好,而且還新拼上了許多碎片。可是他老先生却整整一個通宵没有合眼。那一年先生已是七十五歲的高齡了。我想抱着功利的目的做學問的人大概是不會幹這種「傻事」的。先生年逾古稀,還有這樣的童心,實在令人感嘆。

先生天賦高,精力過於常人,興趣又十分廣泛,因此著述極富。不過其中有很多没有完篇,有的只開了個頭就擱下了。先生自己也説:「余嗜欲既廣,易爲環境所牽轉,往往削稿未半,已别肇端緒。又好爲長篇鉅製,而多無成功。」(《天壤閣甲骨文存》序)

我和一兩位老同學偶爾談起先生,也總是爲先生涉獵太廣不能集中精力把數十年來研究古文字的成果整理出來感到惋惜。一九七七年夏先生告訴我他已開始着手寫《殷虚文字綜述》和《西周青銅器銘文分代史徵》兩部大書。我聽了非常高興,誰知不到兩年,先生就遽然逝去。這兩部重要著述終究未能完成。這無論對先生自己還是對後人來説,都是極大的憾事。

先生向來不以書家自居,但是他的字却很爲人推重。一九四五年抗戰勝利後,先生曾在昆明舉行過一次書法展覽。展品從甲骨金文到篆隸行楷,各種書體都有。先生的字不拘一格,興之所至,揮灑自若,雖不以功力見勝,却自有其意趣和風格。我没有向書家求書的習慣,所以也没有保存先生的墨迹。只是一九四五年在昆明結婚,先生爲我證婚,曾以朱紅泥金箋書《關雎》首章四句爲贈。可惜這件紀念品竟毁於「文化革命」中。不過先生留下的手迹實在也不少。我知道的就有手抄故宫藏項跋本王韻和先生爲故宫藏全本《王仁煦刊謬補闕切韻》寫的長跋。此外,《古文字學導論》和《天壤閣甲骨文存考釋》也都是影印的手稿。先生的小楷秀麗遒勁。雖是文字學家,却不像清代小學家那樣以寫古字自炫,反而好寫俗字。每次翻開這些書,面對先生手迹,想起先生生前音容笑貌,不禁悵然久之。

載《古文字研究》第二輯第四頁至九頁中華書局一九八一年一月。

《唐蘭先生金文論集》序

張政烺

唐蘭教授於一九七九年一月十一日倉猝去世，公子復年同志遵從故宫博物院之決定整理遺稿，分門别類，以便出版。現選擇四十五篇，編爲一册，名曰《唐蘭先生金文論集》，以饗讀者，非唐蘭先生金文著述之全集也。

回憶一九三二年秋，先生初到北京大學講授金文，作《名始》，後又講授《古文字學導論》。余當時初入北大，爲聽講者之一，同學今存者有楊向奎、鄧廣銘等數人而已。

一九七四年秋，余到文物出版社整理《長沙馬王堆帛書》，其《老子》甲本釋文出先生手，《老子》乙本卷前古佚書先生貢獻亦不少。一九七六年春討論《春秋事語》、《戰國縱横家書》，費時一個半月，先生曾多次出席發言。此後，先生忙於中國古代文化史跡的論述，聞所撰論文甚富，惜余多未見，不久即永别矣。余頗欲撰先生年譜，許多材料找不到，大約皆先生二十五歲至三十歲事，故遲遲未着筆，當俟遺書或全集出版之時爲之。

本集凡收文四十五篇，乃選集，亦有非專論金文者。社會既有此需要亦可過而存之，以應時需，試勝事也。先生開始考釋金文在三十年代，初極認真，曾自謂以孫詒讓爲榜樣，檢查成績，實過之而無不及。晚年涉獵既廣，注目於中國古代文明起源諸問題，各有撰述，遂不專心於金文，所論不免有隨文敷衍之嫌者。然先生畢生精心之作，則非他人所能望其項背也。今選二篇爲例。

一、周王㝬鐘考

此鐘著録於《西清古鑑》、《積古齋鐘鼎彝器款識》、《攈古録金文》，因銘文有「宗周寶鐘」一語，遂名曰「宗周鐘」，又有「𠬝子乃遣閒來逆邵王」一語，因定爲昭王時物。孫詒讓《古籀拾遺》考證謂「昭王者，見王也」，顧見周王，獨缺主名。先生由器制、銘辭、文字、書法、史跡五點言之，斷定此器必位置於厲宣時期。銘文有「㝬其萬年」，㝬當讀爲胡，即厲王本名，因改定此鐘名「周王㝬鐘」。一時學者從之無異詞。歷時四十餘年，一九七八年五月陝西省扶風縣齊家村出㝬簋，銘一百二十四字，有「㝬作鼒彝寶簋」；一九八一年二月，扶風縣莊白村出土五祀㝬鐘，距㝬簋出土地約二公里，銘八十九字，有「㝬其萬年」等字，三器書法相同，遂爲西周銅器斷代樹一絶對標準，永不動摇。

二、西周銅器斷代中的「康宮」問題

整理西周銅器銘文，首先是斷代問題。西周約三百五十年，遺留下許多銅器，銘文長篇的不少，斷代準確，方可認定這許多新史料。

令彝（令尊銘同）云「甲申，明公用牲于京宮。乙酉，用牲于康宮。咸既，用牲于王。」這裡記載甲申祭于京宮。乙酉祭于康宮。京宮與康宮對言。經過先生的仔細研究，知道京宮是大王、王季、文王、武王、成王的廟，而康宮是康王、昭王、穆王以下的廟。過去學者不知此區别，把字體方正的銘文多歸之於周成王，漫無標準，遂不免把一事分成數事，一人分成幾人，而後邊的材料被提到前邊，後邊的若干問題也就没法子講了。先生糾正這種種錯誤，全文長三萬多字，行文牽涉的問題很多，也斷決了班簋、曶鼎、克鼎等器，以至於周王姜是誰之后、徐偃王時代、周厲王年數等問題。這些都是西周銅器斷代上的大事，讀後深覺先生得心應手，應付裕如，毫無障礙。

總之，先生創見甚多，不必贅言。本集四十五篇所論者衆，早者起商代前期，晚者如青銅農具似乎已到漢代，包含的時間長，門類多，讀者得此一本潛心閲讀，必多有所獲。青年欲深入辨明其中所論問題，當同時研讀先生早年發表的《中國文字學》、《古文字學導論》，會更有益。

一九九五年七月十日於北京建國門寓所。

《甲骨文自然分類簡編》序

王玉哲

一

甲骨文字的研究在歷史學、考古學中是有其一定的地位的。甲骨文字的辨識，必須要形、音、義三者綜合考察，必須與古代社會經濟、風俗習慣等各方面結合起來，建立科學的古文字學的體系和研究方法，才能順利和正確地釋讀出來，足見辨識古文字確實不是一件輕而易舉的事。有時爲了弄通一條卜辭，即便是一名專家學者，也經常要用大量的時間，花費在翻檢尋找有關藉以論證的資料上，往往窮數日之力，始得供一朝之用，臨渴掘井，勞而鮮功。許多人年復一年地重復同樣的勞動，這是一個多麼大的人力浪費！「工欲善其事，必先利其器」，由此也反映出人們對於這類「器」的工具書的迫切需要。因而像孫海波的《甲骨文編》、日人島邦男的《殷墟卜辭綜類》等書，幾乎成了學習甲骨文、殷商史者案頭必備的參考書。唐立厂（蘭）先生這部《甲骨文自然分類簡編》（以下簡稱《簡編》），也就是這類工具書之一。

《簡編》原稿是立厂先生生前於一九七六年唐山大地震期間寫成的一部遺稿。先生在原稿中自謂，一九七六年八月八日在寧夏西大灘開始撰寫，「萬里長征，此方舉步，雖在旅中，未廢筆札」。八月二十九日從寧夏返京後，一直到九月二十七日此書初稿寫畢，自稱「全書四卷，已略具規模。此爲草創，還有許多工作要做」①。可惜這一遺稿，他説的需要做的「工作」，在先生生前，一直未再動手，竟溘然長逝。現在我們見到的這部遺稿，是經過唐先生哲嗣唐复年先生整理，又經

① 一九七六年七月廿八日晨，唐山大地震，波及京津兩市。當時人心惶惶，大部分居民紛紛搬到防震棚居住。唐先生的第三子唐豫年乃接其父母到寧夏暫住。唐先生赴寧夏時，一定携帶有經他整理過的大批甲骨文的資料，所以纔能在旅居地也能從事這一課題的研究。

李連仲先生繕寫謄清之本。

复年先生對其父遺稿的整理，我們相信，確能做到保持手稿原意和忠實地反映立厂先生對甲骨文的獨立見解。因爲過去立厂先生遺稿，如一九八一年中華書局出版的《殷虚文字記》、一九八六年中華書局出版的《西周銅器銘文分代史徵》等書，都是經過复年先生之手整理發表的。從這些已發行的、經他整理過的書的表現上，完全可以證明复年先生對原稿整理的忠實可靠性。

立厂先生這部《簡編》是一部以每個甲骨文字爲單位，按一定次序編排的字典。這類古文字的工具書的編撰，過去學者大都依照許慎《説文解字》的五百四十部分類排列。《説文解字》是把「小篆」字體依其「六書説」分的類，嚴格地説，《説文解字》分類法的本身，即有很多可議，所分的五百四十個部首，有人説是字原，以爲祇要認識這五百四十個基本字，就可以認識所有的字了。可是，部首中既有「屮」字，是初文（基本字），爲什麽又有從屮的「艸」部，還從艸的「茻」字也列爲部首？最無道理的是，部首中還有明明是形聲字的「蓐」字，也列爲部首。可見《説文解字》部首根本不是字原。還有些文字的隸屬也不當，例如「盩」字理應入「皿」部，而卻誤入「幸」部，這類例子也不少。《説文解字》對字的分類，是根據晚周的小篆形體劃分的，有些字也不够恰當，若移用作爲更古的殷商甲骨文字，必然更顯其方枘圓鑿了。比如甲骨文的「祖」字作「且」不從「示」，而必須列入示部；「妣」字作「匕」不從「女」，而必須列入女部，這是一個多麽不合理的「以類相從」？可是過去甲骨學者編撰的辭書，如利用率最高的《甲骨文編》、《續甲骨文編》，以及李孝定數百萬言的皇皇巨著《甲骨文字集釋》等書，其分别部居，無不悉從《説文解字》，致使之達不到簡便地檢核古文字的作用。

甲骨辭書中據我們所知，敢於打破《説文解字》始一終亥的分類體系的，祇有日人島邦男《殷墟卜辭綜類》和立厂先生這部《甲骨文自然分類簡編》兩書，是根據甲骨文字自身形體結構的特點來分類的。《殷墟卜辭綜類》分爲一百六十四部；《簡編》分爲二百三十一部，不可識之字或未成爲定論者另爲《待問編》以容之。把約三千多的甲骨文字，真正作到了以類相從。檢查任何一個甲骨文字，都可以按形追索，這在一定程度上，比舊辭書方便多了。盡管他們所分的部類，未必完全恰當或合理，但學術界對這種突破舊框框，重新分部的做法，肯定會取得一致的歡迎，這也構成了《簡編》的優點之一。順便應當再提一句，創造這種對甲骨文新的分類法，立厂先生是第一人（詳後），並不是模仿他人的。

另外本辭書的字序，在眉端首列隸定之楷書，次列甲骨文諸異體，然後加以按語或考釋，完以己意。説解取其簡，每字的詮釋大部份是依先生個人研究所得，有的也吸收他人成果，還有些易知的甲骨文，則直不加注，不欲其繁也。唐先生對古文字學鑽研多年，融會貫通，凡所折衷，悉有依據，匯爲《簡編》既可爲初學治甲骨文者導其先路，亦可爲績學之士商榷之資，至其省檢索之勞又其次者也。

立厂先生在甲骨文字的研究上，雖然取得了輝煌成就，但他並不固執己見，遇到别人有較好的説法，善於吸收他人的長處，進一步改正自己的舊説。如關於他那部早已蜚聲甲骨學界的名著《殷墟文字記》，而於一九七七年本書跋中説：「此書第一字即錯，後曾改寫，惜已入造紙廠。思泊（即于省吾先生，字思泊）所説屯字固不誤，然屯豚固一字，思泊尚未達一閒耳。」在其致友人書中也説：「此是四十餘年舊作，當時自許真確，但開卷第一字便錯了。後來寫《中國文字學》第二卷時，曾作自我批判。在『文化大革命』中被收去送入造紙廠了。」①從這些話裏我們可以看到先生的治學，確實具有虚懷若谷、從善如流的品德。但是立厂先生對哪些甲骨文字認錯了，最後的看法、結論又是如何？由於「文化大革命」的破壞，有些遺稿蕩然無存，這不能不説是一個很大的遺憾。所幸這部《簡編》是立厂先生的晚年之作，也可以反映出立厂先生對甲骨文字最後的結論。

關於《簡編》我們還應説明，這是立厂先生一部尚未全部圓滿完工的初稿。一九七六年九月二十七日他在原稿上寫道：「初稿完成。全書四卷，已畧具規模。此爲草創，還有許多工作要做。但國慶（節）後擬治西周金文，不得不暫擱矣。」可惜從此之後，這一工程在先生生前，再未動手。因而這部書的發凡起例沒有説明，他如引書目録、甲骨文索引，均尚闕如。猶其是所舉之甲骨文下面尚未注出處。這些大概都是先生所説的「要做」的「許多工作」。所以，本書凡遇未能盡如人意之處，當以未完稿視之可也。

二

立厂先生是我國著名的古文字學家、歷史學家，對考古學、考文獻學以及書法、藝術等學科無不精通，他做過很多方

① 唐蘭：《殷墟文字記》，中華書局，一九八一年版，第一二〇頁説明中。

面的研究工作。不過致力最久、貢獻最大的還是在古文字學方面。由於他對古文字學多年的刻苦鑽研，摸索出一套認識古文字必要的偏旁分析與歷史考證相結合的科學研究方法。因之，他對甲骨文字的辨認，頗多新的發現。其最著者如甲骨文中意爲時間解的「龝」即「秋」字；作爲扑伐解的「璞」，即「扑」，「璞周」即「扑周」①，早已爲中外學術界所公認爲很大貢獻。他也常自稱爲認識甲骨文字字數最多的人之一。

立厂先生對古文字學最大的貢獻，我們可以試舉以下三個方面：

第一，創通偏旁分析與歷史考證相結合的研究方法。過去研究古文字，因爲没有較好的理論和方法，長期以來，往往任意猜測。比如在甲骨文字研究的初期階段，甚至有些文字學大師有時也難避免，何况其他。用當時葉玉森的話説，辨認甲骨文如同「射覆」。於是，異説紛紜，幾乎没有什麽是非標準了。立厂先生爲了糾正這種不科學的研究學風，迺於一九三五年公開發表其科學的研究方法，把偏旁分析與歷史考證相結合，其言曰：

> 偏旁分析方法研究横的部分，歷史考證法研究縱的部分。這兩種方法是古文字研究裏的最重要的部分。②

所謂偏旁分析就是把已知和未知的字，分析成若干單體（偏旁），各單體認識了，再合起來認那個字，往往就可以解决問題。這就是偏旁分析及其作用。如果偏旁分析後，仍解决不了問題，再用歷史考證以濟其窮。因爲一個字的産生，是源遠流長的，其早期和晚期往往意義不同。文字是活的，其意義是不斷變的。在對一個字分析偏旁之後，還不能認識，就得去追求它的歷史。如「毓」（育）字本爲生育之形，但在卜辭中必須讀爲「后」，不從字的歷史上考察，就解决不了問題。可見這種偏旁分析與歷史考證，在古文字研究上其作用是明顯的。這兩種方法，過去學者，從漢的許慎到清代孫詒讓都曾運用過，猶其是孫詒讓，是最能用偏旁分析法的人。不過，作爲研究古文字的原則，明確地提出兩種方法相結合，並能大量地加以運用，立厂先生卻是第一人。

① 均見唐蘭先生於一九三四年出版的《殷墟文字記》，亦見中華書局版，第六—十頁，第四五—四七頁。
② 唐蘭：《古文字學導論》，齊魯書社，一九八一年版，第一九八頁。

第二，創立了古文字的「三書説」與「自然分類法」。前面我們已談到，過去甲骨文、金文等古文字的辭書、字滙，大都是依照《説文解字》不合理的分類法分類排列的，衹有日人島邦男的《殷墟卜辭綜類》一書，纔打破了長期以來按《説文解字》部首排列的舊框架，根據甲骨文自身形體結構特點，分成一百六十四部。這種新的自然分類的方向，是很正確的，也曾護得同行專家們的贊許。但是，我們應當指出，這種大膽地敢於突破舊的分類體系而按古文字自身形體特點的自然分類法的發明者卻是唐立厂先生。

一九三五年，立厂先生在《古文字學導論》中曾説，過去對古文字的分類，向來没有精密的方法，除了用「義」或「音」類次之外，衹有《説文解字》以六書爲基礎的分部，但用《説文解字》的分部來排比古文字，是很不妥當的，「既不能看出文字的發生和演變，又不能藉以作同類文字的比較研究，在最低限度内，也不能予一般人以檢查的便利」①。於是立厂先生纔提出他的「自然分類法」。時間比島邦男的《殷墟卜辭綜類》早三十多年，其言曰：

「在九一八慘變那一年（一九三一年）的春天，我在沈陽一家小旅館裏，創始用自然分類法來整理古文字。」「創立自然分類法的目的，是要把文字的整部的歷史用最合理的方法編次出來。因此，我决定完全根據文字的形式來分類，而放棄一切文字學者所用的勉强凑合的舊分類法。」「我們的新分類法和文字發生的理論是一貫的。」「編輯古文字字滙的合理的方法，當然衹有自然分類法了。」②

立厂先生這種「自然分類法」正式公布出來，是在一九三五年出版的《古文字學導論》上，也比島邦男的《殷墟卜辭綜類》早三十二年。

立厂先生這個「自然分類法」是建立在他的「三書説」的理論基礎上的。過去《説文解字》的分類是依據「六書」。但對「六書」的理解，各人有各人不同的説法，用「六書」分類，常常對一個字不能斷定應屬哪一類。所以，「六書説」亟須修正。

---

① 唐蘭：《古文字學導論》（下編），齊魯書社，一九八一年版，第二七八—二七九頁。

② 唐蘭：《古文字學導論》（下編），齊魯書社，一九八一年版，第二七九—二八六頁。

立厂先生的「三書説」是廢棄「六書」而根據比《説文解字》更古的甲骨文、金文等古文字，重新構擬一種新説。他在《古文字學導論》中説道：

> 我把中國文字分析爲三種，名爲三書：第一是象形文字。第二是象意文字。……第三是形聲文字。……這三種文字的分類，可以包括盡一切中國文字，不歸於形，必歸於義（意），不歸於意，必歸於聲。①

三書中象形、象意、形聲，從發生、發展的先後説，象形最早，其次是象意，最後由象形、象意孳乳出形聲字。因爲最早的文字與圖畫同源，所以凡是畫出像事物的形狀，就是象形。若除形外還包含某種意義，即成爲象意字了。因而，最初單純的象形字很少，大部分多半成了象意文字。例如「人」字像人形，是象形字。而也像人形的「尸」、「身」兩字，一個像人蹲形，一個象人大腹形，這就成爲象意字了。因而，象意字從性質上説，也屬象形一類。至於三書中的形聲字，則是複合體的字，是兩個形合在一起，一個形代表意，一個形代表聲。如「江」字，是水意，工聲；「河」字，是水意，可聲，這就是形聲字。這種形聲字是三書中最後發生的。

包有形、意、聲的三書，可以涵蓋所有中國漢字，這就是所謂「不歸於形，必歸於意，不歸於意，必歸於聲」。古文字是記録語言的符號，有固定的讀音。所以，古文字有表音的一方面；但古文字又是以圖像開始的，没有固定的圖像，就談不到固定的讀音。有圖像就必包有意、形，所以古文字又必包有表意的一方面，聲、意兩個方面，缺一不可。有的人認爲甲骨文是一些符號記音的語言文字，是表音文字，不是表意文字。看來這種説法是不妥當的。

從古文字發生、發展上看，三書是統一的。象意、形聲兩類統統來自象形，若能真正把「象形」掌握、精通了，對古文字即已提綱挈領，一以貫之矣。所以，立厂先生對古文字的自然分類，是以象形字作爲部首來劃分的。最初分爲三類：即第一，人形、人身；第二，是屬於自然界；第三是屬於工具和文化②。後來於一九四九年八月出版的《中國文字學》中，又

① 唐蘭：《古文字學導論》（下編），齊魯書社，一九八一年版，第四〇一—四〇三頁。
② 唐蘭：《古文字學導論》（下編），齊魯書社，一九八一年版，第二八〇—二八三頁。

把古文字改分爲四類：

一、象身：即鄭樵所謂「人物之形」，《易・系辭》説：「近取諸身。」

二、象物：凡自然界的一切所能劃出的象形字。

三、象工：一切人類文明所製成的器物。

四、象事：凡是抽象的形態、數目等屬之。①

這個分類與本書《甲骨文自然分類簡編》的分類，除次序與用字不同外，内容基本上是相一致的。

甲骨文的自然分類法是以「三書説」爲根據，構成了立厂先生在古文字學上一套新的理論貢獻。

第三，古文字學研究的目的在於今天的文字改革。現在研究古文化的人，堅持衹爲了尊古或仿古，而致玩物喪志者，已經很少。大家都明白，研究「古」是爲了「今」。但如何爲今服務，每個人所走的道路，又各不相同。有的是把「古」的真實性，或古文化發展規律研究出來，以利今人借鑒或參考，這當然也是正確的。比如大多數研究古文字的人，往往一輩子局限在古文字範圍的研究中，樂而忘返。立厂先生則不同，他時時刻刻没有忘記，研究古文字的最終目的是爲創造一套合乎今天需要的新文字。他説：

> 我們研究古的，要用以建設新的，我們希望能研究出最合理的文字，可用以建設偉大的新文化，因爲這是文字學最後的目的。②

這種研究古文字的目的性，從某種角度上看，要比一般人明確，也高尚多了。

文字是一個國家或民族的文化裏最重要的工具，中國的文字複雜、難寫、難識、難記。大家都承認中國文化不易普及，是和中國通用的文字難認有關。所以，中國文字改革的聲浪此起彼伏。自清末到民國時代，有識之士都在想法改革

① 唐蘭：《中國文字學》，一九四九年版，開明書店，一九七九年上海古籍出版社重印版第八七—八八頁。

② 唐蘭：《古文字學導論》，齊魯書社，一九八一年版，第三〇〇頁。

漢字，有的主張用「簡字」（勞乃宣），有的主張用「注音符號」（黎錦熙），有的主張用「國語羅馬字拼音文字」（錢玄同），還有一些人主張用拉丁化新文字。經過幾十年的提倡、實踐，可惜没有一種能代替現行的漢字。

立厂先生多年研究文字學，從中國文字的發展規律看，他覺得推翻漢字不如改革漢字，主張對漢字的優點要保留，而修正其弱點。他在一九三五年寫《古文字學導論》時，提出一個《新形聲文字方案》主張保留漢字的形式，改革漢字的聲符，保留一部分意符字，作爲基本文字，衹改動形聲文字，把舊聲符改爲新的拼音符。

立厂先生對中國文字的改革，隨着研究的深入，也經常在變動。一九七三年我到北京去看望先生，他交給我一份手寫的關於文字改革的一篇稿件，題目是《用毛澤東思想解決關於中國文字改革的幾個理論問題》。在這篇文章，他提出六個問題。其中有：文字必須改革；要走世界各國文字的拼音方向；要創造出科學的、民族的、大衆的新文字，關鍵在於民族形式。他主張漢字現代化應採取逐步過渡的方式；主張對原有漢字通過限制、利用和改造，使漢字獲得新的生命，目的在於從漢字内部孕育出拼音文字，走向拼音化的道路。

三

立厂先生名唐蘭，字立盦（立庵），浙江嘉興縣人。先生的大名我早在盧溝橋事變、中日戰爭之前，就已熟知。那時我是北京大學歷史系的學生，在開學選課期間，看到歷史系的選修課中，列有先生在中文系開的《古文字學導論》、《甲骨文字研究》和《鐘鼎文字研究》等課程。我雖然是學歷史的，但我學習的興趣在中國上古史，與這些古文字的課程大有關係，當時計劃在第二年一定要選修。可是誰料到過了一年，即一九三七年七月七日中日大戰爆發，京津淪陷，我跟隨學校南遷，先在長沙臨時大學，後到昆明西南聯合大學讀書。而立厂先生則遲至一九三九年夏，才從淪陷的北平，輾轉從海路經越南來到昆明。那我已經是本科四年級，衹選修了先生講的《甲骨文字研究》一科，就畢業了。

一九四〇年秋，我考入北京大學文科研究所作研究生，立厂先生是我的導師。先生當時已是我國古文字學界一代宗師，著名的甲骨文、金文專家，在學術上的造詣和成就，早已蜚聲海内外，爲世人所公認。我是學習先秦史的，立厂先生指導我利用甲骨文、金文等地下材料，指導我如何具體地與古文獻材料打成一片，耳提面命，受益良多。我在古文字學方面也有一知半解的知識，這是與先生對我的親自授業答疑分不開的。

先生爲人思想開朗，爲人處世，光明正大，不計較個人得失。而其對學生，誨人不倦，樂於提携的高尚風格，更是爲人所樂道。其中有兩件事，使我終生難忘。

一件是發生在一九四〇年。由於過去我寫過一篇討論《莊子》的論文，曾引起了一場風波，在我的學習生活史上，劃了一道傷痕。我在北大文科研究所作研究生時，作爲我的導師的立厂先生第一次與我談話，他誠懇地告誡我説：「研究學問，正面的題目很多，還是以少寫批評别人的文章爲好，以免引起想象不到的麻煩。」先生是很同情我的，因爲先生很早就説過：「治學問至不敢明是非，還成什麽學問。」對先生的同情和勸告，我深受感動。

另一件是發生在一九四二年。那時我研究古史，牽涉到古漢字的讀音有没有复輔音問題。現代一些語言學家，由於看到印歐語系一般都有复輔音，於是遇到漢字一些不好理解的問題，他們就立刻想到用复輔音去加以解釋。最早提出這一問題的是瑞典漢學家高本漢(B' Karlgren)和我國語言學者林語堂先生。他們都主張中國古漢字有复輔音。但是他們所舉的例證並不充分。比如他們看到古漢字的一些諧聲字，「來紐」與「見紐」的字相通轉。① 但在語言學上，來紐〔l〕與見紐〔k〕發音部位不同，一舌尖一舌根。一前一後距離很遠，是難以通轉的。遇到這個講不通的問題，他們纔想到用西方拼音文字的复輔音現象去解釋。認爲這些字的輔音，古讀〔kl-〕變爲〔gl-〕，濁紐〔g〕，在音韻史上易失落，故後來變成〔l-〕。這一解釋好像通了，但是，繞這麽大彎、迂曲婉轉地説明古有复輔音，能有多大的説服力呢？不能不引起人們的疑慮。

我是不贊成古漢字有复輔音的。比如一般人常舉舌根音與邊音所組成的諧聲字爲复輔音的例證。我卻認爲古時「見紐」與「來紐」的通轉，完全可以不用复輔音的理論，而仍用音韻學的一般規律也可解釋清楚。因爲我發現現代漢語方言中，「來紐」的字有兩種讀音：一種是大部分漢語區讀〔l-〕，可是還有另外一些漢語區方言讀〔ɫ-〕。如山西大同、文水、平陽和甘肅的蘭州等地區，就讀〔ɫ-〕②。〔ɫ〕在國際音標裏是〔l〕的濁音，發音部位是口齒邊音，同時舌背的後部高起來，等於

① 例如諧聲字中「各」〔kâk〕字：從各得聲的有「絡」〔lâk〕「略」〔liak〕「路」〔luo〕等字；「柬」〔kan〕字：從柬得聲的有「闌」〔lân〕「煉」、「練」〔lian〕等字；「兼」〔kiem〕字：從兼得聲的有「廉」、「鐮」〔liäm〕等字。這些諧音字都是「見紐」與「來紐」構成的諧聲。高本漢(B' karlgren)的《分析字典》(Analytic Dictionary of Chinese and Sino-Japanese)第一四一頁「各」字下與第一八六頁「路」字都説到「各」、「路」古讀复輔音〔kl-〕或〔gl-〕。

② 高本漢：《中國音韻學研究》，趙元任等譯，商務印書館版，第一七五頁，第三四九頁。

波蘭文的〔ɫ-〕字。國際音標即以此字定爲代表符號。在英語裏的〔L〕字母也有兩讀：一般〔L〕與元音拼者讀〔l〕，後面不與元音相拼者，都讀爲〔ɫ〕。① 我們可以推論，漢字上古音，屬於「來紐」的字，其聲母原來也有兩類：一爲〔l-〕，一爲〔ɫ〕。而〔ɫ〕是加舌根作用的輔音，與舌根音「見紐」〔kl-〕發音部位極相近，當然可以通轉，又何必用與漢語系統完全相悖的复輔音的理論去通其郵呢？一九四二年在昆明時，我曾以此請教過當時著名的古音韻學者羅常培、魏建功兩位先生，他們雖然對此也感到有道理，但由於這僅是一個方面，還有其他方面的問題解決不了，所以他們對有复輔音還是採取肯定的態度，對我的理論不予支持。後來我與立厂先生討論及此，他對我的古漢語無复輔音的見解，則極表贊成，屢次鼓勵我把文章寫出來，他説他還可以給我一些材料，證成我的説法。可惜我對這個問題，一直没有再動手。

立厂先生這種提拔後進、願爲人梯的精神品德，是值得我們好好學習的。

立厂先生在治學上，博覽群書，才華横溢，在科學研究上，方面既廣，頭緒又多，自謂「往往削稿未半，已別肇端緒」，但這不利於集中精力，把幾十年研究古文字的成果，統統整理出來。據説，一九七七年已開始着手寫《殷墟文字綜述》和《西周青銅器銘文分代史徵》兩部大書。甲骨文、金文是先生一生致力最勤、貢獻最大的兩個方面。大概他是想在這兩部書中，對甲骨文、金文作最後的總結和定論。第一部書可能尚未及動筆，第二部書預計寫三卷二百萬字，上卷剛寫完初稿，不幸致疾竟不起，若天假以年，使其兩部大書順利完成，必有非常之觀。無奈大變猝作，賫志而殁，痛哉！惜哉！

現在先生的晚年遺著《甲骨文自然分類簡編》出版有日，這對先生既是一點安慰，也是對先生的一個很好的紀念。

王玉哲

於一九九八年七月十日

南開大學學不厭齋

① 參看 Daniel Jones" An Outline of English Phonetics 中之 Examples of Historical Assimilation Type V'

唐立庵先生與中國古文字學

高明

因我喜歡古文字學這門學科，在上大學之前，就讀過唐蘭先生的《中國文字學》，雖説是一知半解，但是，唐先生的淵博知識，使我非常佩服。後來考入北京大學歷史系，能聆聽先生講課，又進一步了解了先生的學術觀點和治學方法。大學畢業後，跟着先生學習古文字，從而更密切了我們的師生關係。當時先生任故宫博物院副院長，兼任北大客座教授，除上課之外很少來學校，因此我經常到先生家裏去請教。先生的性格爽朗，風趣樂觀。唐師母爲人慈祥寬厚，全家人待我很好，像先生的公子復年兄，從那時開始我們就是好朋友。每次與先生相聚，除了請教問題之外，也聊一些家常和往事，故對先生的生平事迹略有所聞。

唐蘭先生字景蘭，號立庵。浙江嘉興府秀水縣人，生于清光緒二十六年十一月十九日（公元一九〇一年一月九日）。早年入商業學校，後又改學中醫。一九二〇年就學於無錫國學專修館，師事唐文治先生，由是發憤治小學漸及群經。先生極欽佩清代學者孫詒讓的學識，欣賞他的治學方法。仿效他以分析偏傍考釋古文字，故精密過于前人。曾對羅振玉考釋甲骨文屢有訂正，羅氏頗爲賞識，且將其介紹給王國維。王氏在《殷墟書契類編》序言中提到：「今世弱冠治古文字學者，余所見得四人焉，曰嘉興唐立庵友蘭，……立庵孤學，于書無所不窺，嘗據古書古器以校《説文解字》。」因羅氏之引薦，設館寓居于天津建德周氏。曾編輯《將來月刊》與《商報文學周刊》，開始致力于甲骨、金文和古史研究。一九三一年春赴沈陽同金毓黻先生編纂《遼海叢書》，同時任教于東北大學中文系，講授《尚書》。因「九一八」日本入侵東三省，于是辭退返京。先後執教于清華大學、輔仁大學、中國大學、北京師範大學，講授《尚書》、《詩經》、「三禮」與古文字學。「七七」盧溝橋事變起，日寇侵入華北，北京淪陷，先生孤身逃離北京，長途跋涉，繞道香港、河内，到達云南昆明。一九四〇年任西南聯合大學教授，兼文科研究所導師。抗日戰爭勝利後至中華人民共和國成立，一直担任北京大學中文系教授并代理系主任職務。一九五二年全國大專院校調整，先生被調到故宫博物院工作，曾任研究員、陳列部主任、學術委員會主任及副院長等職。

立庵先生學識淵博，興趣廣泛，在學術領域中涉獵甚廣，諸如經學、文學、史學、金石考古、文字、音韻、訓詁、詩、詞、歌、賦，無一不通。先生雖受封建傳統教育，但不拘泥于舊學的傳統，而是努力擺脱其狹隘與保守，擇取衆家之長，富有創新精神。在先生的學術研究領域中，其致力最久、貢獻最大者，當屬古文字學與金石考古。本人素蒙先生啓迪和教誨，藉此僅從這兩方面略談一點認識。

《古文字學導論》是先生的早年著作，書成于1935年，後來再版略有修訂。撰寫此書的初衷，是力圖爲古文字學研究建立一套完整的科學體系和研究方法，以糾正當時古文字研究中的誤失和混亂。如有人把釋字比作「射覆」，穿鑿附會，隨意猜測。

《古文字學導論》的主要内容，可概括爲三個方面：一古文字學研究的範圍和歷史；二漢字的構成和形體的演變；三考釋古文字的方法。古文字學的範圍，從發現的資料分析，分作殷商系文字、兩周系文字、六國系文字和秦系文字。從四系古文字中考察漢字的構成和演變，建立象形、象意、象聲三書理論。三書的發展分爲上古、近古兩期，上古期的文字，主要是象形和象意；象聲即「六書」中的形聲，是近古期的主要字體。書中指出：文字的演變，有三條大路，形的分化、義的引申和聲的假借。上古期文字分化的結果，使文字漸漸聲音化，後世人加以「歸納」，就創始了注音方法。于是就假借來的私名注上形符，有時就拿音符來注形符，這是「轉注」。至于引申來的語言，本不需要形符，後來也頗有「增益」。歸納、轉注、增益，這是形聲文字産生的三條路徑。

傳統文字學因資料的局限，僅拘泥于許氏《説文》。從商周時代甲骨、金文資料考察漢字形體結構，證明用三書理論解釋漢字字體，較傳統的「六書」確切而嚴密。

書中以大量篇幅闡述「怎樣去認識古文字」，特别强調在釋字之前必須把字迹的形體筆劃搞清楚。在搞清字體筆劃的基礎上，提出四種認識古文字的方法：即對照法、推勘法、偏旁的分析和歷史的考證。前二種是過去學者經常使用的方法，有很大的局限性。偏旁分析是清人孫詒讓開始建立，先生又在其基礎上加以充實和完善的；特别是將偏旁分析與歷史考證結合使用，先把認識的古文字中所用偏旁，按照單體獨立分解出來，然後把各個單體偏旁的不同特點分别開來，研究它們的發展變化，在考證不同時期偏旁變化的基礎上，再來辨識每個文字。此種方法已爲大多數學者所采用，現已成爲考釋古文字最爲有效的科學方法。

在古文字中時常見到意義相近的形旁互相轉換，此一規律現已成爲人所共知的常識，這就是先生從分析大量商周時代甲骨、金文字體偏旁中發現的。他説：「凡是研究語言音韻的人，都知道字音是有通轉，但字形也有通轉，這是以前學者所不知道的。通轉和演變是不同的。演變是由時代不同而變化，雖説在周初還保存一部圖形文字，商時甲骨，[illegible]和[illegible]、[illegible]和[illegible]，同被應用，但圖形文字終于消滅了[illegible]和[illegible]，也終于遺忘了，兩個時代的文字，有好些地方是截然不同的。至于通轉却不是時間的關係，在文字的形式没有十分固定以前，同時的文字會有好多樣寫法，既非特别摹古，也不是有意創造新體，只是有許多通用的寫法，是當時所公認的。舉例説明，如大、人、女，全像人形，所以在較早圖形文字中常可通用，像『[illegible]』、『[illegible]』、『[illegible]』、『[illegible]』、『[illegible]』、『[illegible]』。巾、衣皆爲服飾，二形旁通轉，所以常、帬、幝、帙，可以寫作裳、裙、褌、袟。諸如土與𠂤，足與辵，言與心，等等，都可以通轉。」

先生在書中强調，考釋古文字是非常嚴肅的科學研究，應實事求是，棄僞存真，不可全然不顧客觀情況，單憑自己的一點聰明和主觀願望，任意猜測。由于先生注重理論，講究方法，所以考釋商周時代的甲骨、金文撰述甚豐，成績卓著，非他人所能望其項背。

先生對商代甲骨文的研究，主要反映在兩本巨著中，即《殷虚文字記》和《天壤閣甲骨文存》。前者寫于 1934 年，是在大學任教時編寫的講義，當時用手稿石印，1981 年由中華書局正式出版。該書是爲考釋甲骨文字而寫，提倡以偏旁分析入手釋群字。例如「壴」字旁，甲骨文寫作「[illegible]」，從而識出[illegible]（鼓）、[illegible]（喜）、[illegible]（憙）、[illegible][illegible]（譆）。斤字旁甲骨文寫作「[illegible]」，從而識出[illegible]（斲）、[illegible]（[illegible]）、[illegible]（斱）、[illegible]（斫）、[illegible]（兵）、[illegible]（炘）、[illegible]（昕）、[illegible]（新）、[illegible]（新）。先生在序中談道：「余治古文字學，始民國八年，最服膺孫君仲容之術。凡釋一字，必析其偏旁，稽其歷史，務得其真，不敢恣爲新奇謬悠之説。十數年來，略能通貫其條例，所釋漸多，然猶兢兢不敢驟以示人也。蓋在文字之難釋也，其偏旁或與小篆迥殊，非真積力久，忽得神悟，不能識也。即識其偏旁矣，而其字無傳于今世，或字形雖同，而音義與後世頗異，是又非習熟古代刻辭，諳其詞例，而兼明訓詁聲音之學者不能通也。」

《天壤閣甲骨文存》，同《考釋》合爲二册。寫于一九三九年，由輔仁大學出版，編入輔仁大學叢書。該書除釋字之外，更注重卜辭内容的解釋。爲説明商代卜辭的語言特點，撰寫《卜辭時代的文學和卜辭文學》，將卜辭内容分作叙事、命辭、占辭與占驗四個部分，以此分析卜辭辭序，可加深對卜辭内容的理解。書内著録的卜辭數量并不很多，則精在考釋，其中的特點足以體現出先生致力于甲骨文研究之重大成就和貢獻。

先生治商周時代金文，始于三十年代，致力最多，論著最豐。一九九五年故宫博物院編《唐蘭先生金文論集》，輯論文四十五篇，主要是關于兩周金文的論著。一九八六年中華書局出版的《西周青銅器銘文分代史徵》，是先生晚年撰寫的未完之作。原計劃從研究西周青銅器年代和銘文所載事迹，分别考察自武成到宣幽歷代周王的史實。但僅進行到穆王時，因過分勞累，先生的心脏病驟然加重，從此與世長辭。後由其公子唐復年先生根據先生遺願，將舊稿整理出版。

西周銅器斷代，是一項難度較大的研究工作，清代學者未能從中找到辨别時代的標準，籠統稱爲三代銅器。三十年代郭沫若流亡日本期間，撰寫《兩周金文辭大系》一書，根據銘文内容，結合銅器的造型與花紋，選出能反映時代特征的標準器，根據標準器來劃分銅器時代。先將周器與商器分開，再把西周器與東周器分開，把西周銅器按照周王先後由武王到幽王排成一完整的發展序列；把東周銅器依據銘文記載分列三十余國，而將兩周銅器整理成一完整譜系。此一工作對商周青銅器研究，不僅有很大的推進，而且有劃時代的意義。後來陳夢家撰寫《西周銅器斷代》，也是采用這種方法。但有一點不容忽視，標準器的確定，主要依靠銘文，有時因對銘文内容理解不同，而被比所斷的時代也會産生分歧。譬如《令彝》銘：「甲申明公用牲于京宫，乙酉用牲于康宫。」郭氏認爲「京」、「康」等字皆爲懿美之字爲宫室之名，并無實際内容。先生的看法則不同，爲此撰寫了《四周銅器斷代中的「康宫」問題》，指出「京宫」是祭太王、王季、文王、武王的宗廟。「康宫」是康王的宗廟。「康宫」裏有「邵宫」、「穆宫」、「剌宫」，是昭王、穆王、厲王的宗廟。「徲太室」是夷王的宗廟。文章説：「康宫則以昭正爲昭，穆王爲穆，……故昭王、穆王爲昭穆。」又説：「金文每見康邵宫、康穆宫者，康宫中之昭王廟、穆王廟也；康宫爲其總名，而昭穆以下則名爲宫附于康宫也。」郭氏認爲「京」、「康」等字皆爲懿美之字爲宫室之名，如後世之未央宫、長楊宫之類，無關時間意義，故《令彝》銘雖言「康宫」則定爲成王時器。先生謂康宫爲康王之廟，故凡言「康宫」之彝銘，皆出于康王死後。由此導致標準器時代的確定。西周銅器中的「康宫」問題，本是兩位宗師的不同見解，但却影響整個西周銅器年代的考定。近些年來地下出土的資料逐漸增多，大家的認識日趨一致。張政烺先生對此有一評述，他説：「整個西周銅器銘文，首先是斷代問題。四周約三百五十年，遺留下許多銅器，銘文長篇的不少，斷代準確，方可認定這許多新資料。《令彝》（《令尊》同銘）云：『甲申，明公用牲于京宫。乙酉，用牲于康宫。咸既，用牲于王。』這裏記載甲申祭于京宫，乙酉祭于康宫。京宫與康宫對言。經過先生的仔細研究，知道京宫是太王、王季、文王、武王、成王的廟，而康宫是康王、昭王、穆王以下的廟。過去學者不知此區别，把字體方正的銘文多歸之于周成王，漫無標準，遂不免把一事分成數事，一人分成幾人，而後邊的材料被提到前邊，後邊的若干問題也就没法講了。先生糾正這種種錯誤……這些都是西周銅器斷代上的大事，讀後深覺先生得心應手，應付裕如，毫無障礙。」

西周銅器斷代是比較復雜的研究工作，尤其是標準器的考定，難度更大。先生經過多年的耕耘，爲後人建立了許多典範。如《周王㝬鐘》，舊名謂《宗周鐘》。銘中有「𠬝孳乃遣間來逆邵王」。故阮元、吴式芬、郭沫若等均把「邵王」讀作「昭王」，而定是器爲昭王所作。孫詒讓《古籀拾遺》謂邵、昭在此當作動詞，「昭王者，見王也」。先生以《孟子》「紹我周王」，趙岐注「願見周王」爲據，而從孫氏之説，否定器屬昭王的看法。然鐘銘有「㝬其萬年，畯保四國」等語，此鐘乃周王所做無疑，但是，周王中未見有名㝬者。郭氏謂鐘爲昭王做，故讀此字爲昭王之名，文獻所載的「瑕」字。先生從西周銘文考察，謂：「㝬作爲器名多寫作𠤷字，從匚古聲，即經傳『瑚璉』之瑚也。《季宫父𠤷》以匽爲𠤷，則㝬可讀爲胡也。」胡乃周厲王名，故定《㝬鐘》爲周厲王所做。四十多年之後，一九八一年陝西省扶風縣莊白村出土一件《五祀㝬鐘》，銘中也有「㝬其萬年」一語；另有與其相距僅二公里的齊家村出土一件《㝬簋》，銘曰「㝬作𩰫彝寶簋」，三器同爲周王胡做，而且銘中用語，文字書法，以及器形、花紋，諸多特征皆屬西周晚期。從而學者再無異説，一致認爲此鐘乃周厲王時代銅器的典型標準。類似的研究論著如：《宜侯夨簋考釋》、《史䛓簋銘考釋》、《𣧑尊銘文解釋》、《永盂銘文解釋》、《晉公㪤𥁰考釋》、《智君子鑒考》、《趙孟庎壺跋》、《屬羌鐘考釋》、《壽縣所出銅器考略》、《商鞅量與商鞅量尺》等等。

先生研究的範圍很廣，除甲骨、金文之外，發表的研究論文有：《敦煌所出漢人書太史公記殘簡跋》、《敦煌石室本唐寫鄭注論語顏淵、子路兩篇殘卷跋》、《敦煌石室本唐人選唐詩跋》、《唐寫本食療本草殘卷跋》、《切韻中所見隋唐以前韻母考》、《鄭庠的古韻學説》、《論古無复輔音凡來母字古讀如泥母》、《論唐末以前韻學家所謂「輕重」與「清濁」》、《石鼓之年代考》、《陳常陶釜考》、《周殷地理考》、《崑崙所在考》、《老子時代考》、《孔夫子生日》、《白石道人歌曲旁譜考》、《敦煌所出唐人雜曲》、《試論顧愷之的繪畫》、《劉松年山水畫卷》，等等；還在《商報》、《詩刊》、《光明日報》、《古文字研究》等報刊上發表古詩數十首。先生涉獵之廣，著作之豐，論述之精，非一般學者所能及。由于先生不辭勞苦，辛勤寫作，爲後人留下非常豐富的寶貴遺産。

一九七四年初湖南長沙馬王堆第三號漢墓出土帛書，其中有《周易》、《老子》等十余種古籍十二萬多字，先生被派往參加帛書整理工作。爲了讓廣大學者早日了解這批資料的内容和價值，他利用空隙時間撰寫了《黄帝四經初探》、《馬王堆出土〈老子〉乙本卷前古佚書的研究》、《馬王堆帛書〈却谷食氣篇〉考》等許多重要文章。當時先生已年過古稀，工作任務十分繁重，尤其是拼復殘碎的帛書照片，年輕人都感到勞累，何况是七十以上的老人，而且是剛從勞改農場解放回來、歸隊不久的老人。

談到農場勞改，想起先生在世時常引爲笑談的一件「有趣」而又可悲的故事。

1966年初夏，饑荒之年剛過，肚腹之饑尚未填飽，即在全國掀起「文化大革命」，人民稱它爲浩劫。它不僅是財物的浩劫，損失更大的是人材浩劫。當時先生任故宫博物院副院長，是黨外的業務幹部，劃爲「黑幫」還不够格；但他是國際知名的教授，名副其實的學術權威。在那個時候，不知根據什麽邏輯，凡是學術權威皆冠以「反動」二字的頭銜，名曰「反動權威」。僅據此條，足可打入牛棚，隨時進行揪鬥、游街、抄家、勞改，一搞就是八年。

1971年北大大部分教工都集中在江西鯉魚州農場進行勞動改造，此地是血吸蟲病的重灾區，因教工感染血吸蟲病的人愈來愈多，故在1973年奉命撤離，一部分教員回校搞「復課鬧革命」，另一部分轉移到京郊繼續勞改。我因染上了血吸蟲病，故有幸隨前者回校。我回北京不久，有朋友告訴我先生從湖北勞改農場回家休整，時間約二十天。得此消息我馬上到大石橋先生寓所看他。我們有很長時間未見面了，看到先生的身體有明顯的衰弱，容顔氣色也很蒼老，而精神還是那樣爽朗樂觀，縱情大笑。先生聽説我從農場調回學校，很是高興，過了一會兒，先生帶些傷感的語調對我講：「你還年輕，應把過去丢失的業務盡快找回來，將來有用。我老了，没有用了，不知哪年哪月才能回來，説不定也許就死在農場。」我們的談話很愉快，但也很讓人酸心。先生竟忘了爲我在火爐上燒的一陶壺水，直到水干，壺破，烟氣竄入客廳，這才攪散我們的談話。我回校向系領導建議，主要説明古文字這門學科後繼乏人，不及時挽救，恐有失傳的危險。現在唐蘭先生健在，故宫未安排工作，一直在農場勞動，如能調來北大培養後學，可使本業免遭斷絶。當時北大曆史系的師資陣容由盛而衰，一副具有指導性的對聯「廟小神靈大，池淺王八多」，使許多學有專長的教授慘遭迫害。像翦伯贊、向達、邵循正、楊人鞭等許多知名學者喪命，有的不忍受辱自尋短見，有的不堪折磨，染疾身亡，能苟延活命者所剩無幾，山中无老虎，猴子稱大王；只有我輩凡夫俗子支撑局面。系領導確也感到人材危機，故命我征求先生意見，同時派人與故宫聯系。先生聞訊甚是高興，他説：「過去我從北大調來故宮，現在故宮既不用我，再回北大那有何妨。」不料此一消息無脛而走，故宮上下，紅墻内外，都在傳説：「北大來請唐蘭。」確實使故宮革委會的頭頭們感到意外，他們奇怪像這樣一塊「朽木」，居然還有人來請？又一想既然北大想要，想必有用，于是決定不放；遂命唐蘭不要再回農場去了，在家等候安排。時過不久，即派他參加馬王堆出土帛書的整理工作去了。北大雖未去成，則勞改就此結束。

先生常教導我們要多學、多思、多做；他要求自己也極其嚴格。曾自責曰：「余嗜欲既廣，易爲環境所牽轉，往往削稿未半，已别肇端緒，又好爲長篇鉅制，而多無成功。」其實這是先生的自謙。先生一生艱辛坎坷，青年時代正值軍閥混戰，民不聊生。年近不惑又逢盧溝戰起，跋涉千里，流亡後方。顛沛流離，生活十分清苦。好不容易熬到抗日勝利，盼到人民共和國成立，豈知各式各樣的政治運動繼踵而至。從「三反」開始，後「反胡風」、「反右派」、「反右傾」、「三年饑荒」、「十年浩劫」，直到先生過世，没有過休閒。雖説有些運動未必以先生爲對象，但是，在那風云電掣、人人自危的時代，誰敢偷閒去鑽研學術。即使在這樣的條件下，先生出版和發表的論著近二百萬字，除正式出版三部巨著外，發表的論文一百餘篇。據先生講，在「文革」抄家時，有《中國文字學》下册、《六國銅器》、《上古音韻學研究》三本專著稿本丢失在那艱難的歲月，能有如此精湛而豐富的著作保留給世人，已相當可觀，一般學者則望塵莫及。

在長達十年的「文革」期間，因長期摧殘，先生的身體極度衰弱，在帛書整理告一段落，即已重病纏身，爲了完成他的研究計劃，仍日以繼夜地不停寫作。終于在 1979 年 1 月 11 日，被病魔奪去了他的生命。享年七十九歲。先生在病中譜寫一首古詩，以表達自己的心願（此詩爲唐復年提供）：

生與老病死相俱，忘我虚夸讀五車。
槁木死灰談似易，心猿意馬幾能構。
形滅志在將干戚，倉頡獨傳號作書。
華族終將邁現代，食芹常欲獻區區。

載《學林往事》中册第六九二頁至七〇二頁朝華出版社二〇〇〇年三月。

憶父親唐蘭

唐復年

父親離開我們已經六年多了，憶及往昔，他老人家的音容笑貌宛在眼前。父親致力于中國文字學和歷史學，而在他所度過的一生中（一九〇一——一九七九年），百分之六十的年月與文博事業息息相關，對祖國的文博事業以及我院的業務建設亦作出了相當的貢獻。

一九三二年，父親方年過三十，即受聘爲故宫博物院金石鑒定的專門委員，自此開始與故宫結下了不解之緣，直到一九七九年逝世。這當中，雖經歷了抗日戰争的大變亂，亦并未隔斷他與文博事業的關系。一九四七年二月，他重被聘爲專門委員。一九五二年，全國高等院校調整時，父親正式調至我院，先後任設計員、研究員、學術委員會主任、陳列部主任、美術史部主任、副院長等職。

父親初來故宫時，由于剛剛離開比較熟悉的大學講壇，轉做以陳列爲重點的工作，盡管工作性質全然不同，困難較多，他還是積極地投入了歷代藝術綜合陳列各館的籌備與建立工作，親自挑選文物，編制文字説明。經過一段時間的實踐，很快熟悉了陳列業務并掌握了主動權。一九五六年他成功地組織了「五省市出土文物展覽」，指導工作人員編制展覽圖録，并親自撰寫了前言。一九五九年，將原陳列于東六宫的歷代藝術綜合陳列館，與「三大殿」裏的古代藝術陳列合并爲歷代藝術館，移置于紫禁城的中心部位——保和殿及東西兩廡。這次，他又親自撰寫了陳列大綱和總説明。歷代藝術館的陳列形象地體現了我國古代藝術的發展史。由于當時國内美術史的研究還很薄弱，展覽陳列没有什麽現成的理論可以依據，加以展品的量與質不足，并受到其他一些條件的限制，但展覽還是反映了各個時期藝術的特點與發展水平，展出後效果較好。一九六一年，他在陳列總結中指出：「在過去……陳列時往往没有提綱，等陳列完成後，才就已定的形式加上一些説明，所以説明内容大都是表面的、客觀的叙述和空洞的贊美。這次陳列一反過去的作法，首先在主題、分題上努力，并在説明文字裏提出了我們的看法，力求貫徹馬列主義與毛澤東思想，運用歷史唯物主義與辯證唯物主義，對我國古代藝術歷史發展中的具體問題，進行了較細緻的分析……」歷代藝術館的籌建組成，使我院的陳列工作趨于正軌，爲以後的陳列工作創出了一條新路。

父親十分熱愛祖國的文化遺産，一九二五年曾將清宫舊藏的《吴彩鸞寫唐韻》先手抄再影印。一九四七年又在琉璃廠古玩商處發現了《唐寫本王仁昫刊謬補闕切韻》一書，遂向當時的馬叔平院長建議，由我院收購這一稀世國寶。父親來院任職後，又先後組織人從琉璃廠和外地收購了大批文物，其中有安徽壽縣出土的蓮鶴方壺等珍品。

父親三、四十年代受聘於我院，并作爲金石鑒定的專門委員，但對院藏文物進行全面鑒定則是一九五二年以後的事。他任職學術委員會主任時，即邀請文物局及社會上的著名專家、學者，組織了院藏青銅器、書畫的鑒定與分級工作。同期，還責成院圖書館對藏書進行了分類清理工作。

父親長期負責我院的業務工作，平素責任感很强，十分關心我院的各項業務建設，并將絶大部分精力都花費在這方面。五十年代曾積極組織各種專業的學術報告會，廣邀院外的專家、學者來院講學或兼任顧問，以提高專業人員的素質。父親非常重視科學研究工作，認爲這項工作是博物館的主要職能之一，展覽陳列必須以科學研究作爲基礎。爲此，曾向吴仲超院長建議，在業務部内設立各專業組，以利于廣泛地開展專業性的學術研究。五十年代後期，在院内組織了一批具有較高水平的學術論文，創辦了《故宫博物院院刊》，親自審查來稿，出版後受到學術界的好評（《故宫博物院院刊》于五八、六〇年各出一期，第三期清樣已打好，因十年動亂刊物停辦，一九七九年復刊，改爲季刊，續辦至今）。

長時期來，父親積極從事學術研究，一九六六年以前的十多年間，共寫出各種文章四、五十篇。其中較重要的有：《中國古代歷史上的年代問題》①，根據最古的記載駁倒劉歆的錯誤論斷，推測周武王伐紂在公元前一〇七五年，結合「五省市出土文物展覽」，撰寫了《宜侯夨簋考釋》②。對于現藏我院的十枚石鼓作了深入的研究，寫成《石鼓年代考》③，從目前所能見到的各種拓本的真僞、流傳經過，對石鼓文的體例、内容、次序，及其在文學史、文字發展史，書法藝術史上的價

① 《新建設》一九五五年第三期。
② 《考古學報》一九五六年第二期。
③ 《故宫博物院院刊》一九五八年第一期。

值和地位等各方面作了詳細的考證與分析，從而確定了石鼓的年代。這一論斷的發表，在學術界引起了很大的反響。《中國古代社會使用青銅農具的初步研究》①，是根據我院和其他博物館的實物以及文獻材料，論證了商周時代是使用青銅製造農具的，而且青銅時代一開始就應有青銅農具，比商代還要早得多。這一觀點的提出不僅否定了一些傳統的錯誤觀念，且對于進一步探討我國青銅器的起源與發展以及商周時代的社會性質都具有非常重要的意義。《西周銅器斷代中的「康宮」問題》②，提出了新的觀點。自從三十年代郭沫若先生《兩周金文辭大系》問世以來，對于西周青銅器的斷代，學術界多宗其説，五十年代陳夢家先生《西周銅器斷代》一書，亦只是對郭説作了些調整與補充。父親在這篇文章中，結合我院青銅器館、歷代藝術館的陳列，對于研究西周銅器斷代問題（特别是早期）樹立了一個新的標尺。他旁征博引，論證了「康宮」是康王的宗廟，從而把一大批過去定爲成王時代的銅器下推至昭、穆王時代，如作册矢令方彝（方尊）、作册矢令簋、班簋等。這一新的觀點受到了學術界的普遍重視，雖然至今仍有不同的看法，但其影響却是不可否認的。

父親早在三十年代即以古文字學方面的研究而成名，但他虚懷若谷，并無狹隘、保守習氣，對于自己不擅長的方面總是虚心地向别人學習。父親不是研治美術史的，爲了提高展覽的陳列水平，曾親自率領有關業務人員到中央美術學院去聽著名的美術史專家王遜先生講課，而且自始至終，從不無故缺席。爲了學術研究的需要，父親早年曾自學英語、日語和世界語。五十年代初期（時已年逾五十），又開始自學俄語，他不畏艱難，日夜攻讀，甚至連走路、坐車的點滴時間都不肯放過，僅用了一年多的時間，就初步掌握了這一門外語。他在學術研究上更是不斷開拓進取，勇于創新，努力把文字學與考古學、歷史學結合起來，以耄耋之年，提出了大汶口文化已進入了文明社會的新論點，將中華民族的文明時代上推了一、兩千年，引起了國内外學術界的注意與重視。

十年動亂中，父親未發表的文稿（二百余萬言）被抄走毁失，他老人家生前表示：稿雖失，人還在，還可以重寫，定要把被林彪、「四人幫」干擾破壞所浪費了的時間補回來。從此，夜以繼日地加緊把一生的研究成果撰寫成書，不幸因病與

① 《故宫博物院院刊》一九六〇年第二期。

② 《考古學報》一九六二年第一期。

世長辭，未能完成《西周青銅器銘文分代史徵》和《殷虛文字綜述》兩部巨著。

值此建院六十周年之際，憶及父親所走過的道路和他老人家的諄諄教誨，復年當更加努力收集整理，俾早日將父親的遺稿編輯成書，奉獻于世，略償先父推動學術研究的遺願。

《故宫博物院院刊》一九八五年八月第三期一二五頁至一二六頁。

回憶唐蘭先生

——爲紀念唐先生百年誕辰而作

裘錫圭

五十年代我在復旦念大學的時候，就讀了唐蘭先生所著的《中國文字學》、《古文字學導論》、《殷虚文字記》和《天壤閣甲骨文存並考釋》等書。《中國文字學》是在解放前夕由開明書店出版的，解放後被當作廉價書賣。五十年代初我在上海念高中的時候，在福州路的廉價書店裏用兩千元（相當於幣制改革後的兩毛錢）買到了這本書，但認真加以閱讀則是進大學以後的事。

我在一九五二年秋進復旦大學歷史系念書。教我們先秦史的老師，是著名的甲骨學家胡厚宣先生。後來他還爲我們開過名爲「甲骨學概論」的選修課。我進大學不久，就迷上了甲骨文。大學四年的課餘時間，大部分都用來讀甲骨文和其他古文字方面的書了。胡先生三十年代在北大念書的時候，聽過唐先生的課。他在給我們講課的時候對唐先生很推崇，所以我積極找唐先生的書來讀。從學校圖書館可以借到《古文字學導論》（北大石印講義本）和《天壤閣甲骨文存》，但借不到《殷虚文字記》。幸虧胡先生有《殷虚文字記》的抄本，把它借給了我。我把這三種書的主要内容都抄録了下來。讀了這些書，我非常欽佩唐先生，深深感到唐先生是全國最高明的文字學家和古文字學家。正是唐先生的這些書，使我能夠在學習和研究古文字的過程裏，較快地走上一條比較正確的道路。

一九五六年本科畢業後，我當了胡先生指導的「甲骨學與商代史」研究生。一九五六年冬，胡先生調北京，任中國科學院歷史研究所先秦史組研究員。我跟隨胡先生到歷史所，以復旦研究生的身份在先秦史組學習。一九五七年，歷史所把《古文字學導論》刻寫油印，發給年輕的研究人員學習，並請唐先生來所作了一次關於古文字的演講。我是在這次演講會上第一次看到唐先生的。不過我只是坐在會場裏聽先生演講，並没有向先生進一步請教的機會。

我第一次跟唐先生面對面地交談，是在一九五八年。那一年歷史所派一批年輕的研究人員參加作爲國慶十周年獻禮項目的中國歷史博物館新館籌建工作。我的編制雖然不屬歷史所，但是也被派去參加這項工作。我分配到奴隸社會段，在郭寶鈞先生領導下從事殷商段的陳列設計工作。

新館的陳列品，絶大多數需要從全國各有關單位徵調，調的還幾乎都是頂尖的精品。這件事在今天是絶對辦不到的，但在那時各單位都大力支持。殷商段的陳列品有不少需要向故宮博物院徵調。當時唐先生好像是故宮博物院陳列部主任，負責跟殷商段接洽調撥文物的事。郭寶鈞先生和我，在原來要故宮調撥的文物名單上，開列了大量精品。唐先生看了名單，微笑着説，調是要調的，但是没有必要調那麼多；接着就用筆在名單上劃掉了很多項。他所劃掉的，在名單所列文物中都還有同類物品，少了這些東西，新館的陳列不會受多大影響，我們就都同意了。我覺得唐先生把這件事處理得非常好。

談完正事，我利用這難得的機會，向唐先生請教了一些問題。現在還記得的，是關於「䍜」字的問題。我爲了在陳列中表示商代的田獵方法，需要用甲骨文中象「隹」在「网」下之形的一個字，問先生這個字應該怎樣釋。先生説，你就釋作从「网」从「隹」的「䍜」(zhào)好了，這個字是見於《説文》的。這個意見，唐先生在此前所發表的書和文章裏没有講過，只見於山西教育出版社一九九九年出版的遺稿《甲骨文自然分類簡編》(見一三四頁)。李孝定先生在《甲骨文字集釋》中也釋此字爲「䍜」，(見一二八九頁，他人多釋此字爲「羅」)，但此書的出版在一九五八年之後。唐先生在《簡編》中對「䍜」字的考釋乃是他的創見，決没有受過他人影響。我想在《簡編》中，類似「䍜」字的例子一定不少。

我在一九六〇年底分配到北大中文系工作。一九六二年，系裏請唐先生給本科高年級生開文字學，讓我當這門課的助教。文字學是一學期的課，每周上一次，我的任務是用學校的小車去接唐先生，並隨堂聽課，爲以後自己開文字學作準備。朱德熙先生在《紀念唐立厂先生》一文中，説唐先生在西南聯大時「上課從來不帶講稿」(《古文字研究》第二輯4頁)。這次上課也還是這樣，只有一次由於要舉的一個例子情況比較複雜，才帶了一張抄有這個例子的小紙片。儘管先生没有講稿，課卻講得很有條理，語言也很順暢易懂，聽起來很舒服。

先生講課，喜歡批評郭沫若先生，時常説這個郭沫若講錯了，那個郭沫若講錯了，但卻很少批評別的學者。我想這説明唐先生很看重郭先生。他覺得郭先生有資格挨他批，那些「自鄶以下」的，他就不屑於提了。

朱德熙先生在上文所引的那篇紀念文章裏，説他在「文化大革命」後第一次見到唐先生，「是一九七二年在文物出版社召開的馬王堆一號墓座談會上」，他們二位「一見面就大談遺册（引者按：指馬王堆一號墓所出遣策）裏的問題」（七頁）。我没有參加那次座談會，但此後不久，跟隨朱先生到故宫裏去看過一次唐先生，好像是朱先生事先跟唐先生約好的。唐先生先讓我們看了一些尚未發表過的故宫所藏青銅器的銘文拓本，接着又大談他對馬王堆一號墓遣策的一些問題的意見。唐先生見面的那間屋子裏掛着一塊小黑板，唐先生還不時把那些不易聽懂的字在黑板上寫出來。他講得興高采烈，我們也聽得很入神。講到最後，他笑着加上了一句：「我這都是胡説八道。」惹得我們也笑了起來。唐先生的意見其實有不少是很有價值的，不過他雖然笑着説那句話，卻顯得很真誠，一點没有故作謙虚的味道。這是唐先生真率、開朗的性情的自然流露。

大約在一九七二年或稍晚一些的時候，語言研究所爲了扭轉「文化大革命」中語言研究陷於停頓的局面，在北京召開過一個討論如何開展語言研究的會議。大概由於朱先生的推薦，我也被邀參加，跟唐先生分在一個小組。有些著名學者在大會上作了談個人研究計劃的發言，唐先生是其中之一。他的計劃很龐大，可惜後來大部分没有實現。唐先生發言的具體内容，現在已經記不很清了，但有一件事印象還很深。唐先生的計劃中有一項是《説文解字》研究。在唐先生發言之前，以研究《説文》著稱的陸宗達先生已經發了言，他的計劃裏當然也有《説文》研究。唐先生提到了這一點，並帶着微笑説，他們兩位的書將來寫出來，一定是很不一樣的。聽了唐先生的話，有不少人笑了。唐先生所以這樣講，顯然是由於陸先生繼承了章、黄《説文》研究的傳統，而他則要從古文字學的角度去研究《説文》。唐先生研究《説文》的書没有寫出來，實在可惜。

一九七四年，爲了整理馬王堆帛書和銀雀山漢簡，有關領導調集了一批專家，由文物出版社組織他們進行工作。唐先生、朱先生都在被調之列。我由於王振鐸先生的推薦，也被調去參加工作。整理工作就在文物出版社所在的紅樓裏進行，直到一九七六年唐山地震，我們才離開紅樓。在紅樓的兩年時間裏，跟唐先生常常見面，有時還在一起開會討論問題。在被調的專家裏，唐先生年紀最大。但是他不但工作效率一點也不比别人低，而且還搶着幹重頭活。他爲了給馬王堆帛書《老子》甲本的圖版定稿，整整一個通宵没睡，是最突出的一例。這件事在朱先生的紀念文章裏有生動的描述，這裏就不重複説了。

唐先生對晚輩毫無架子的優點，在工作中也充分體現了出來。馬王堆帛書《戰國縱横家書》的整理工作，是唐先生負責的。我没有參加這項工作。這部書的釋文在《文物》上發表後，我對着帛書照片讀了一遍，對有些字的釋法有不同意見。唐先生知道了，就在一天傍晚下班以後，拿着刊登釋文的那本《文物》，到紅樓地下層我的臨時宿舍裏來找我，把我的意見逐個記在有關釋文旁邊。唐先生比我大三十四歲，是我的老師的老師。他知道我對釋文有意見，完全可以讓我寫一份書面材料。但是他卻在下班之後推遲回家，親自找我，親筆記録我的意見，這是我想不到的。

唐先生是一九七九年初逝世的。先生享壽不算短，晚年還生過一場大病，但在學術方面，思想始終清晰、敏捷，逝世前不久還在勤奮寫作，聽説最後中風倒地時手裏還拿着書。先生學術生命力的旺盛是驚人的，可惜來不及寫完他在甲骨文和金文研究方面的兩部總結性著作就猝然離去，給學術界留下了無法彌補的遺憾。

原載《中國文物報》二〇〇一年二月十四日五版（題爲《我與唐蘭先生的淵源》，爲編者所加，且有删改），今據原稿收入。

高山仰止　永懷師恩

今天是我的導師、著名歷史學家、古文字學家、青銅器考古學家唐立厂（庵）師誕辰百年紀念日，又當先生辭世二十二週年之際，我以授業者心喪之餘，回憶當年先生對我的耳提面命、諄諄教誨，心存無限感激，難以充分表述，謹追訴一些往事，從中可以看到一代大師爲人處世的高風亮節。

1957年11月，唐先生在北京大學歷史系講《中國青銅器的發展》，那是我首次認識他老人家，從而產生了最初的仰慕之情。後來學了鄒衡先生《商周考古》與高明先生《古文字學》兩門課程，對先生及先生所研究的學問增加了更大的興趣。1961年大學畢業後留校，根據教研室需要與本人意願，選擇研究生專業方向爲殷周考古。1962年由係主任翦伯贊教授出面邀請唐先生做我的導師。我能爲有這樣世界知名、德高望重的先生指導而由衷的喜悦。

當時唐先生正擔任故宫博物院副院長，故宫博物院向中外觀衆開放，也是宣傳中國燦爛的古代文化藝術的最佳窗口，其業務工作的繁忙可想而知。每兩周我來故宫請唐先生輔導一次。他總是在百忙之中對我進行耐心輔導。有時他被通知接待重要外賓（如西哈努克親王等），一邊刮胡子，一邊還對我説個不停。爲了打好古文獻基本功，他布置我標點《左傳》全書，或寫出數百條兩周金文釋文，他都認真檢查批改。我到安陽實習所寫的《大司空村殷墓發掘報告》練習稿，他都逐條提出修改意見。

我們約定輔導不用講授，采用對話式，唐先生學識淵博，十分健談。爲了能聽到更多先生的教誨，我當場不記筆記，當晚再進行補記。每當我翻開這些筆記，先生那種既嚴厲又温和的談吐，爽朗的笑聲又回蕩在我的耳邊。除了講述治學方法之外，他還强調培養良好的學風，他提倡清代學者嚴謹的治學態度。同時，他認爲對先秦典籍與科研論著，都要批判的吸收。學會批判，擺脱盲從，明辨是非與真僞，是爲學的第一步。他從不做卡片，也不主張我做，要加重頭腦的負擔，要多看書、多思索，在研究某一課題時，必須材料充分，思考成熟，確有心得，再下筆寫出。寫成文章要反復修改。他舉例說，他寫一篇《老子時代新考》竟利用假期修改一二十遍，眷清後才發表。

他强調理論學習的重要性，他本人認爲文、史、哲這些社會科學，都要學習馬克思主義理論，才能提高水平。他認爲研究方法要辯證、要科學、切記片面性。分析問題要從歷史文獻、古文字、考古學等諸多角度去思考。他批評當時社會上不良學風。有些人爲了名利，只顧寫文章，自己還没弄懂，邊看書邊抄書，匆忙建立不扎實的體系後，便自以爲了不得，錯了也不肯改正。唐先生認爲搞科研目的是爲了人民、要對學術有貢獻，要經得起時間的考驗，要少而精。總之，要老老實實地做學問，要真誠的奉獻。

他不僅始終對我關懷備至，而且他還是全國文博考古工作者的良師益友。當時來信來訪者甚多，他不知爲多少求教者進行過無私的幫助。例如遼西地區發現窖藏青銅器後，遼寧郭大順同志向他請教。在他看過北洞窖藏出土的青銅器銘文後，唐先生認定這裏是孤竹國的銅器。後來李學勤先生考釋其銘文爲孤竹，確是一大創獲。陝西徐錫台同志帶來一飯盒周原出土的西周甲骨文請唐先生指教。唐先生給他一個滿意的答復。1977 年夏天，唐先生到陝西參觀考察，我也同時趕到陝西，陪先生一路考察。那時鳳翔秦都雍城宫殿遺址發現了一處地窖式建築，陝西同志懷疑是糧食倉窖，當他們將這一發現情況向唐先生做了介紹，未看現場，唐先生便判斷爲冰窖。他說故宫皇家冰窖也同樣有多道槽門與排水設施。又說《詩經·豳風·七月》：「二之日鑿冰沖沖，三之日納于凌陰」，定此遺址爲「凌陰」，確屬冰窖性質。胡北江陵望出楚墓發掘後，在方壯猷先生倡議下，請唐老對越王劍銘文進行考釋，唐先生于 1976 年 1 月三次復信，不僅對越王勾踐劍進行考釋，而且對越王墓之説提出質疑。他曾對望山楚墓竹簡進行部分考釋，並讓我將手稿轉交給湖北陳振裕同志，並説僅供他們參考。

唐先生晚年想解决中國文字起源及中國古代文明的探索問題。早在 20 世紀 30 年代他就關注中國文字的起源，後來又提出有一種由數字組成的奇字（後來張政烺先生推斷爲數字卦）。唐先生對吴越陶文、大汶口陶文都加以研究，并且沖破傳統觀念。大膽探索新課題。依據大汶口文化陶文與考古遺存，推斷中國已有六千年文明史，并且有幾篇專論，引起中外學界重視。他認爲中國文明起源要大爲提前的觀點，已被後來的考古發現所證實，被越來越多的學者所認可。一個與世紀同齡的人竟有這樣的探索精神與創新膽識，是難能可貴的。

中國古文字研究會于 1978 年在長春召開成立大會，先生因病未能與會。會後讓我將有關會議資料交給唐老。古文字研究會期間，在交談中，有人問爲什麽于省吾先生爲一級教授，唐先生還是三級教授？我向先生轉問。唐老聽後，哈哈大笑。他說：「于省吾先生是我的好友，他學問大、功力深，當之無愧。」唐先生說，文博系統，三級已經到頂。我想起那年于老帶研究生林澐、張亞初來故宫參觀青銅器館時，是唐先生通知我向于老好好學習。這件事對我教育很深。後來自己在擔任十年河南省文物考古研究所所長期間，常用這種教導來克服自己的名利思想。也用此例向個别人進行過如何對待待遇、榮辱問題的思想工作。當1993年國家文物局借調我參加全國各省市館藏青銅器一級品確認專家組時，我立即辭去了所長職務來從事這一工作。連續數年，跑遍了全國二十多個省市。時常記住老師的教誨。嚴肅認真地進行鑒定工作。工作中還時常想起1964年跟隨唐先生到天津各博物館鑒定青銅器的情景。鑒定期間，我曾在遼寧朝陽中風患了面癱，回鄭州治癒後仍堅持將此鑒定工作堅持到底。

最可敬的是唐先生活到老、學到老、工作不服老，老而彌堅的雄心壯志和忘我獻身的精神。唐先生本來興趣廣泛、多才多藝，但到晚年，想把一生積累的學術心得加以總結，感到必須集中精力，争分奪秒的去拼搏。他積極去參加馬王堆出土帛書的整理。一次，我去拜訪他，見他正將導引圖照片剪下來重新拼接，他説原來的復原圖有錯位，想加以修正。還有一次我去他家，他説文物局裏陳滋德同志曾告訴他，想讓他到出土文獻研究室去負責研究工作，他已提出調我來做助手。而且説已同意將我全家調來，爲此我們都很高興。不久他竟然不幸仙逝，此事便未辦成。事後我想爲什麽在年逾古稀時，他還不顧年邁體弱，敢于承擔重任。這使我回憶起一件往事，1978年，先生患病時，我前去探望先生，他手贈一首咏志詩，我當時鈔寫下來。詩中是這樣寫的：

病榻默占

生與老病死相俱，忘我虚夸讀五車。
槁木死灰談似易，心猿意馬幾能拘。
刑天志在將干戚，倉頡獨傳善作書。
華族終當邁現代，食芹常欲獻區區。

現在重讀此詩，想到當年一位愛國老學者願爲祖國富强、爲中華民族的振興而奮不顧身的豪邁氣概躍然紙上。可是早在1939年，他剛到不惑之年時，在《天壤閣甲骨文存並考釋》一書序中寫到：「今垂衰老，惟古文字與秦以前歷史文化，稍具體系，然心意雖有開悟，下筆更覺艱鈍。……生丁離亂，又將遠行。恐日暮不虞，填委溝壑。」他在「九一八」事變後，從東北回到北京，七七事變後又要只身從北京前往南方轉移。國難當頭，人民流離失所，生命朝不保夕，人豈能不衰老？而寫此《病榻默占》詩時已年近八旬，仍壯心未已，生命之火還在熊熊燃燒。時代變了，新中國使先生煥發了青春活力。晚年的唐先生精力過人，一天能寫上萬字文章，多所創獲。由此可見學者心境與國運興衰息息相關。今天召開的百年誕辰紀念會就證明他所付出的勞動已得到社會的承認和尊重，他獻身的事業已後繼有人。

如今的形勢更加好轉，重視知識，重視人才已開始在社會上蔚然成風。當年批判研究生制度爲培養精神貴族、修正主義苗子的時代已經一去不復返。客觀環境已經有利于科學研究的開展，如今我雖已年逾花甲，還要認真整理好温縣盟書，努力做好文物鑒定與科研工作，牢記先生教誨。高山仰止，永懷師恩，只有努力奮鬥，才能無辱于師教。

附記：此乃2001年1月9日故宫博物院召開唐蘭先生百年誕辰紀念會上的發言。本人爲新中國建立後先生所帶的唯一的研究生，在會上作爲學生代表做了發言。《中國文物報》2001年1月17日第二版報導説：「唐蘭先生的學生郝本性先生深情回憶起恩師的諄諄教誨和曾與其共處的時光，字字句句感人至深。」

原載《中國文物報》2011年1月17日。

後記

一

唐蘭先生去世後，其次子唐復年就着手進行遺作的整理出版工作。他先作了兩個提綱性的目録：《已刊作品編年目録》收入一七九目，《未刊遺稿分類目録》收入四十餘目。他整理的第一部著作是《殷虚文字記》，新版中增補了唐蘭先生《致沈兼士信》、一九三七年寫的《補正》、一九七八年寫的《跋》等，手寫影印排版，由中華書局一九八一年五月出版發行。他整理編輯的第二部著作是唐先生一部尚未完成的遺作《西周青銅器銘文分代史徵》，他做了兩項有益的工作，一是校勘了全部引文，二是爲全書增配了五百九十一幅銘文拓片，手寫影印排版，由中華書局一九八六年十二月出版發行。其後他又編輯了《西周青銅器銘文分代史徵器影集》，增配了五百零七幅器形照片，由中華書局一九九三年八月出版發行。接着，他整理編輯《唐蘭先生金文論集》，收録唐先生各個時期已發表論述青銅器及其銘文的論文四十篇，另有《蔑曆新詁》《關於夏鼎》《關於大克鐘》《論周昭王時代的青銅器銘刻》《中國青銅器的起源與發展》五篇是經他從遺稿中整理出來、後續刊發的，全書共四十五篇，手寫影印排版，由紫禁城出版社一九九五年十月出版發行。再後，他又整理編輯了《甲骨文自然分類簡編》，這是唐先生爲寫一部甲骨文字典性質著作的資料考證彙編，遠未完成，該書手寫影印，由山西教育出版社一九九九年三月出版發行。此外，他還從遺稿中新整理刊發了《神龍蘭亭辨僞》《長沙馬王堆漢軑侯妻辛追墓出土隨葬遣册考釋》《論大汶口文化中的陶温器——寫在〈從陶鬶談起〉一文後》等三篇論文。在整理編輯工作初期，他經常請教張政烺先生，張先生曾爲《金文論集》題寫書名和序言，爲《史徵》題寫書名等，後來張先生身體衰弱到去世，就没有力量再繼續幫助他了。他選擇整理的著作一部分爲早年出版的，另一部分是唐先生生前尚未完成的著作，後者整理難度十分大。爲整理父親遺作，唐復年在一九八三年秋，曾就讀於吉林大學中國古文字研究進修班，聆聽于省吾、姚孝遂、陳世輝、林澐、何琳儀等著名古文字學家的授課，一九八四年結業後，他邊自學邊工作，二十餘年來忘我投入，終積勞成疾，後幾部書的整理工作是在重病中完成的。他的整理編輯工作基本忠實於原作，爲唐蘭先生著作的保存和傳布作出了很大貢獻。

二〇〇四年七月，復年病重不起，唐先生家屬經協商議定，將家藏全部刊本及遺稿交由故宫整理編輯出版，當時由原紫禁城出版社編輯白建新先生從唐家接收了全部目録、刊本和遺稿，在唐復年工作的基礎上，經過進一步歸納，於二〇〇五年一月編寫出《〈唐蘭文集〉編輯方案》和《〈唐蘭文集〉編輯工作基礎目録》，並於當月由故宫科研處主持召開了首都部分學者的討論會，與會學者一致表示支持故宫編輯出版唐先生著作，並對如何做好這項工作提出許多寶貴建議。

二〇一二年白建新先生在閱讀項目小組整理編輯的《論文集》初稿時，對文稿排序辦法曾提出補充建議，他還找到一篇原移交稿中未見的已刊論文《續封泥考略序》，這兩項均已被項目小組采納。

項目小組的工作是在上述唐復年、白建新二位先生工作的基礎上開始進行的。

二

二〇〇六年五月十五日由故宫副院長李文儒、科研處長余輝主持召開會議，宣佈經院務會議決定唐蘭先生著作整理編輯出版工作作爲特殊項目列入故宫科研計劃執行，確定劉雨爲項目主持人。劉雨提議此次整理編輯該書要求全面收進唐蘭先生在多學科領域的全部著作，特別要收進大量未刊的遺稿，應該採用張政烺先生曾提到過的《唐蘭全集》作爲書名。經請示院領導和徵求各顧問意見，書名遂定爲《唐蘭全集》，項目名稱確定之後，遂即投入各項準備工作：

（一）經故宫院領導批准，聘請以下國内外著名學者爲項目顧問：

國家中華字庫工程首席專家　復旦大學　裘錫圭教授

北京大學　高　明教授

中山大學　曾憲通教授

吉林大學副校長　吴振武教授

河南省原考古所所長　郝本性研究員

陝西省原考古所副所長　吴鎮烽研究員

美國芝加哥大學　夏含夷教授

英國倫敦大學亞非學院　汪　濤教授

（二）籌建以劉雨、丁孟爲正副組長的整理編輯小組，聘請有關學者參加工作：

院外專家：聘請中國社會科學院考古研究所　嚴志斌博士；

經北京大學李家浩、劉緒、董珊等教授推薦，聘請宋華强、劉洪濤、馮峰、孫順、閻志、劉雲、鄭妞七位博士；

經北京師範大學趙平安教授推薦，聘請沈之傑、王丹、李冬鴿、孫光英、王子揚、鄭倫班、翟勝利、司曉蓮、田訪九位博士。

院内專家：劉雨、施安昌、丁孟、盧巖、華寧、楊安。

（三）二〇〇七年五月唐蘭先生家屬將全部手稿移交故宫圖書館善本組保管。

（四）截止到二〇〇七年九月之前，白建新先生陸續複印並移交有關資料給整理編輯小組。

（五）確定整理工作的宗旨爲：存真，求全，時間服從質量。

根據首都部分專家討論會精神，接受以前整理工作的經驗教訓，在開展工作之前與整理者約定，此次整理工作的最高標準是如實再現唐先生的作品原貌，不允許夾雜整理者的觀點和意見，未刊遺稿的整理，對其具體内容不作校訂修改，特別是遺稿中作者游移未定的内容要如實體現，不得代爲作肯定表述，堅決執行「存真」的宗旨。

（六）製定校勘、標點、底本、整理後記等項統一的整理細則。

三

從項目啓動起，經過七年的努力，截止到二〇一三年六月，分散在二十餘位學者手中的稿件全部陸續整理完成，上交項目小組，全書整理編輯的主幹工作基本完成，進入統校、統編、統定流程。

參與具體工作的院外成員均爲經學術界著名學者推薦，並經由項目小組分別考核，擇優選聘的青年學者，他們在工作中認真遵守有關規定和細則，服從分工調度，團結協作，克服重重困難，認真地完成了各自負擔的任務。

宋華强與嚴志斌兩先生負責整理難度較大的《甲骨文自然分類簡編》和《西周青銅器銘文分代史徵》兩部書的工作，他們設計的整理方案和細心的校對工作顯示了較高的學術水準，被裘錫圭先生稱道爲「是在目前現實條件下所能找到的最佳人選」（見《裘錫圭先生致故宫科研處信》）。

劉洪濤先生負責遺稿中幾部有關《説文》論著的整理工作，他用三年時間完成了三十餘萬字的整理與録入，此項工作需識别許多草字並做大量電腦造字，十分繁難，他的工作一絲不苟，表現出過人的毅力。劉雲先生在《續修四庫全書》裏面找到唐蘭先生早年摹寫的唐人寫本《切韻》，還通過大量查閲國家圖書館和北京大學圖書館資料，糾正了許多以前目録中的錯漏。馮峰先生對《國策繫年》《竹書紀年戰國表》兩篇遺稿的整理一絲不苟，受到項目小組好評。孫順、鄭妞兩先生負責整理的音韻學論文和信札，其工作顯示了很强的專業素養。沈之傑先生負擔《讀李孝定甲骨文字集釋》三萬餘字的整理録入工作，及部分帛書論述的整理録入校對等，由他整理的稿件曾在北師大諸同學中作爲範本傳閲。參與工作的十幾位院外學者均係當時在校碩士、博士生，他們很好地完成了各自擔負的任務，爲自己的求學歷程平添了一次難得的實踐機會，也爲《唐蘭全集》項目的完成作出了貢獻。

副組長丁孟先生負責領導全組的行政工作，並擔當唐先生有關石鼓論述五萬餘字遺稿的整理録入工作。院内學者施安昌先生負責唐先生《讀漢以後金石記》等遺稿的整理工作，盧岩先生負責部分甲骨文著述的整理工作，華寧先生負責書畫類稿件的整理工作。我院青年學者楊安先生最後加入整理團隊，擔當查遺補缺工作，他從民國時期報刊雜誌和書信集中，新查出近百篇原來不掌握的唐先生早期的文章、詩詞和書信，並獨自完成了排版後數百萬字的終校工作，爲實現《全集》「求全」的整理宗旨，發揮了重要作用。劉雨主持全書的整體設計，製定諸項整理細則，分派整理任務，並與每位領受任務的學者溝通交流，商定整理方案，統一各稿的整理編輯體例，完成全書的終審、終定工作。院内六位學者都帶着對老院長崇敬緬懷的心情，盡心盡力工作，高質量完成了各自擔當的任務。

四

唐蘭先生從上世紀二十年代開始發表學術論著，至一九七九年初去世，一生創作了大約六百萬字左右的論著，在漫長歲月中，特別是「文革」期間先後散失近二百萬字的遺稿，現已收集到的資料有四百多萬字，其中已刊著述三百餘萬字，未刊遺稿百餘萬字。先生治學，志向高遠，常作大的構想和寫作計劃，但時間和精力有限，學術興趣又易作轉移，因此留下許多未完成的作品，這些遺稿是先生學術體系中的有機組成部分，對我們瞭解唐先生學術思想形成的過程很有幫助，對後代學術研究也有一定啓示作用，理應加以整理公佈，這部分内容是本次《唐蘭全集》整理編輯工作有别於一般學術整理工作的重要不同點。唐先生的未刊遺稿除有少數接近完成之外，多數遠未完成，有的只開了個頭，思緒跳躍，字迹潦草模糊，有的文章無標點，文内的層次、次序也不固定，有的文字還往往寫在篇框之外，字迹識别、邏輯次序，内容理解難度都很大。原來我們曾設想全部遺稿按原樣複製出版，這樣既省時省力，又可以避免整理過程中出現的誤讀、誤判，減少整理者的負擔與責任。但經過一段時間的工作，我們發現有的遺稿書寫於二三百字的稿紙上，不長的一篇文章，就要佔去幾十頁篇幅，也有的文稿小字書寫於比A３紙面還大的草紙上，密密麻麻，無法再縮小。如影印出版全部遺稿，一方面，即使專家學者看這些原始遺稿也會十分吃力，更不用説一般讀者，幾乎不可能通讀；另一方面，照原樣複製出版，勢必會喧賓奪主，即《全集》未刊作品篇幅遠大於已刊作品。這次《全集》的出版，是十分難得的一次全面展示唐先生一生學術貢獻的歷程，是學術界盼望已久的重要學術整理工程。爲對唐蘭先生的作品負責，也爲對讀者負責，項目小組決定，整理者要最大限度地辨識草字和模糊字，理清作者的思路，組織好散見於文稿周邊和篇外各段插入文字的邏輯次序，吃透遺作的原意，在不添加任何整理者意見的原則下，將其編輯成有條理的可閲讀的文字形式，並將遺稿全部用電腦録入成電子文本。因多數遺稿與古文字論述有關，因此電子録入的過程中需要新造大量電腦字庫裏没有的古文字，有時一頁千餘字的稿子，竟要造上一二百個古文字。完整準確地完成這百餘萬字的整理録入工作，只有多人反覆校對，才可最大限度地減少錯誤，整理小組全體同仁爲此付出了艱鉅努力。爲使讀者對唐先生原稿有一個感性的認識，我们在大部分遺稿録文後面，都附上一兩頁原稿的示例複製件，其全部遺稿，待以後有條件時，經過逐篇作特殊處理後，再設法單獨影印出版。

五

故宫兩届院長鄭欣淼先生、單霽翔先生對《唐蘭全集》的整理編輯工作都十分重視，經常給以及時的指導。故宫研究院和科研處領導余輝、宋玲萍、章宏偉等先生對該項目做了許多協調和幫扶的工作。《唐蘭全集》的整理編輯工作，也得到學界同仁的廣泛關注和支持，特别是得到諸位應聘顧問的指導和幫助，我們工作的每個關鍵設計和實施步驟都曾向裘錫圭老師徵求過意見，他總是耐心聽取情況介紹，明確表達個人意見，使我們少走了不少彎路。高明老師一直關心《全集》的整理出版工作，曾對《甲骨文自然分類簡編》手稿提出過具體的整理意見，也欣然爲本書題寫了書名。郝本性先生是唐蘭先生「文革」前最後一位研究生，從第一次籌備會開始，他就積極參與工作，每次到北京出差，都必和我們一起研究討論有關問題，應對困難，還把自己珍藏的先生遺稿、書信和有關資料毫無保留地提供給項目小組。曾憲通先生把唐先生寫給容庚先生的十二通書信提供給我們，使讀者可以從中看到兩位老友幾十年來推心置腹交談的情景。唐先生的《殷虚文字記》没有正式發行過，存世原書很難找到，是吴振武先生把吉林大學圖書館于省吾先生的舊藏書複製給我們，方解困局。吴鎮烽先生的《殷周金文資料通鑒》所提供的大量金文資料，爲我們的工作帶來不少方便。美國著名學者夏含夷教授早年在與朱德熙先生交談時，曾親聆朱先生對唐蘭先生學問的讚譽，他準備在海外組織介紹唐蘭先生學術成就的工作，並打算先翻譯《中國文字學》一書。英國倫敦大學的汪濤先生始終關注和支持《唐蘭全集》的工作，本書的《前言》就是由他親自翻譯的。全體顧問在二〇一三年都接到了我們寄去的《唐蘭全集整理編輯工作報告》和有關資料，他們都認真作了審讀，並認真給予書面回覆，他們的指導幫助對保證本書的質量起到了關鍵的作用。

另外，韓國全南道大學漢學家吴萬鍾教授、日本漢學家崎川隆教授十分景仰唐蘭先生的學問，也正在着手將唐先生的《中國文字學》翻譯成韓文和日文，並準備向韓、日兩國學術界介紹唐先生的著作。臺北中研院史語所陳昭容研究員爲我們提供了唐先生的學生李孝定先生的有關資料。山西教育出版社《甲骨文自然分類簡編》一書的責任編輯王佩瓊、張沛泓兩先生爲我們補充提供該書十分關鍵的目録原件，並詳盡地向我們介紹了當年出版該書的過程細節。湖南省文物考古研究所劉彬徽研究員向我們提供了唐蘭先生寫給他的信，還提供了兩幅湖南出土𦚢蝪尊的器形圖片。故宫學者劉潞研究員向我們提供了她父親劉大年先生收藏的唐先生信一封。清華大學出土文獻研究與保護中心沈建華教授提供唐蘭致她父親沈之瑜先生信兩封。雲南著名收藏家陳立言先生多年專門收藏西南聯大時期教授們的手稿書信,他熱情地向我們無償地提供了珍藏多年的唐蘭未發表過的手稿三篇(複印文本十二頁),並親自爲我們拍攝了西南聯大紀念碑唐先生手寫篆書題額照片,還提供了唐蘭學生李埏先生一九四五年在昆明結婚時的照片、唐先生親筆賀書以及有西南聯大三十位著名教授署名的婚禮嘉賓題名喜帖,殷焕先先生致唐蘭先生信等。安徽合肥計算機專業的朱勤同學曾幫助我們做過大量掃描和資料整理工作。

國家圖書館、北京大學圖書館、北京師範大學圖書館仝衛敏先生、天津圖書館李國慶先生等,有的爲我們查閲有關資料提供了方便,並主動爲我們查閲和複製了許多珍貴資料。

我們十分贊賞唐蘭先生的哲嗣唐震年、唐復年、唐豫年、唐益年四位先生,他們爲學術界珍藏了唐先生這批重要的遺作,並毫無保留地提供給故宫《唐蘭全集》項目小組,爲我國學術事業的發展做了一件十分有意義的工作。

本書的編輯排版工作因有大量古文字内容和許多不規範的未刊文稿,有一定難度,上海古籍出版社的領導和編輯們對此書的出版十分重視,想出許多辦法,克服困難,保證了作品的質量和出版時間,我們對他們的敬業精神和辛勤勞動十分感謝!

在此,我們向所有熱心幫助過《唐蘭全集》的朋友們表達崇高的敬意!

在八年多的時間裏,我們雖然始終堅持「存真、求全、時間服從質量」的宗旨,兢兢業業工作,但是唐先生著述學科面廣,涉及古籍、古文字衆多,整理者的學識與水平有限,錯誤和缺陷在所難免,我們誠懇希望學界同仁,不吝指正。

《唐蘭全集》整理編輯小組
劉　雨
丁　孟
二〇一五年九月四日